【东方文化集成】

《东方文化集成》为季羡林教授所倡导，由北京大学东方学研究院《东方文化集成》编委会组织撰写出版。

这是一项迎接二十一世纪东方文化复兴和再创辉煌的世界性文化工程。

《南海寄归内法传》研究

王邦维 著

东方文化集成

中华文化编

《南海寄归内法传》研究

王邦维 著

国家出版基金项目
NATIONAL PUBLICATION FOUNDATION

綫装書局

图书在版编目（CIP）数据

《南海寄归内法传》研究 / 王邦维著．-- 北京：线装书局，2022.7
（东方文化集成 / 季羡林主编．中华文化编）
ISBN 978-7-5120-4659-7
Ⅰ．①南… Ⅱ．①王… Ⅲ．①佛教②《南海寄归内法传》—研究 Ⅳ．
① B94
中国版本图书馆 CIP 数据核字 (2021) 第 192423 号

东方文化集成

中华文化编

《南海寄归内法传》研究

王邦维　著

出 品 人：王利明
项目主持：李　媛
责任编辑：曹胜利
出版发行：线装书局
地　址：北京市丰台区方庄日月天地大厦 B 座 17 层（100078）
电　话：010-58077126（发行部）010-58076938（总编室）
网　址：www.zgxzsj.com
经　销：新华书店
印　制：河北清静堂印刷有限公司
开　本：850mm × 1168mm　1/32
印　张：14.5
字　数：326 千字
版　次：2022 年 7 月第 1 版第 1 次印刷

线装书局官方微信

定　价：58.00 元

《东方文化集成》编辑委员会

编委会声明

为铭记季羡林等多位已故前辈对《东方文化集成》的历史贡献，为表达对他们的怀念，编委会特决定，在编委和顾问名单中保留他们的名字，不做变动。

《东方文化集成》总序

季 羡 林

我们正处在一个新的“世纪末”中。所谓“世纪”和“世纪末”，本来是人为地创造出来的。非若大自然中的春、夏、秋、冬，秩序井然，不可更易，而且每岁皆然，决不失信。“世纪”则不同，没有耶稣，何来“世纪”？没有“世纪”，何来“世纪末”？道理极明白易懂。然而一旦创造了出来，它就产生了影响，就有了威力。上一个“世纪末”，19世纪的“世纪末”，在西方文学艺术等意识形态领域中就出现过许多怪异现象，甚至有了“世纪末病”这样的名词，这是众所周知的事实，无待辩论与争论。

当前这一个“世纪末”怎样呢？

我看也不例外。世界上许多国家和地区都出现了政治方面天翻地覆的变化，不能不令人感到吃惊。就是在意识形态领域内，也不平静。文化或文明的辩论或争论就很突出。平常时候，人们非不关心文化问题，只是时机似乎没到，争论不算激烈。而今一到世纪之末，人们非常敏感起来，似乎是憬然醒悟，于是东西各国的文人学士讨论文化的兴趣突然浓烈起来，写的文章和开的会议突然多了起来。许多不同的意见，如悬河泄水，滔滔不绝，五光十色，纷然杂陈。这样就形成了所谓“文化热”。

在这一股难以抗御的“文化热”中，我以孤陋寡闻的“野狐”之身，虽无意随喜，却实已被卷入其中。我是一个有话不说辄如骨鲠在喉的人，在许多会议上，在许多文章中，大放厥词，多次谈到我对文化，特别是东方文化与西方文化的联系，以及东方文化在未来的新世纪中所起的作用和所占的地位等等的看法，颇引起了一些不同的反响。

为说明问题计，现无妨把我个人对文化和与文化有关的一些问题的看法简要加以阐述。我认为，在过去若干千年的人类历史上，民族和国家，不论大小久暂，几乎都在广义的文化方面做出了自己的贡献。这些贡献大小不同，性质不同，内容不同，影响不同，深浅不同，长短不同：但其为贡献则一也。人类的文化宝库是众多的民族或国家共同建造成的。使用一个文绉绉的术语，就是“文化多元主义”。主张世界上只有一个民族创造了文化，是法西斯分子的话，为我们所不能取。

文化有一个很突出的特点，就是，文化一旦产生，立即向外扩散，也就是我们常说的“文化交流”。文化决不独占山头，进行割据，从而称王称霸，自以为“老子天下第一”，世袭珍藏，把自己孤立起来。文化是“天下为公”的。不管肤色，不择远近，传播扩散。人类到了今天，之所以能随时进步，对大自然，对社会，对自己内心认识得越来越深入细致，为自己谋的福利越来越大，重要原因之一就是文化交流。

文化虽然千差万殊，各有各的特点，但却又能形成体系。特点相同、相似或相近的文化，组成了一个体系。据我个人的分法，纷纭复杂的文化，根据其共同之点，共可分为四个体系：中国文化体系，印度文化体系，阿拉伯伊斯兰文化体系，自古希腊、罗马一直到今天欧美的文化体系。再扩而大之，全人类文化又可以分为两大文化体系：前三者共同组成东方文化体系，后一者为西方文化体系。人类并没有创造出第三个大文化体系。

东西两大文化体系有其共同点，也有不同之处。既然同为文化，当然有其共同点，兹不具论。其不同之处则亦颇显著。其最基本的差异的根源，我认为就在于思维方式之不同。东方主综合，西方主分析，倘若仔细推究，这种差异在在有所表现，不论是在人文社会科学中，还是在理工学科中。我这个观点曾招致不少的争论。赞成者有之，否定者有之，想同我商榷者有之，持保留意见者亦有之。我总觉得，许多人（包括我自己在内）对东西方文化了解研究得都还不够深透，有的人连我的想法了解得也还不够全面，不够实事求是，却唯争论是尚，所以我一概置之不答。

有人也许认为，我和我们这种对文化和东西文化差异的看法，是当代或近代的产物。我自己过去就有过这种看法。实则不然。法国伊朗学者阿里·玛扎海里所著《丝绸之路》这一部巨著中有许多关于中国古代发明创造的论述，大多数为我们所不知。我在这里不详细介绍。我只引几段古代波斯人和阿拉伯人论述中国文化和希腊文化的话：

由扎希兹转载的一种萨珊王朝（226—Ca. 640 年）的说法是："希腊人除了理论之外从未创造过任何东西。他们未传授过任何艺术。中国人则相反。他们确实传授了所有的工艺，但他们确实没有任何科学理论。"（329 页）

羡林按：最后一句话不符合事实，中国也是有理论的。这就等于黑格尔说：中国没有哲学。完全是隔膜的外行话。

书中还说：在萨珊王朝之后，费尔多西、赛利比和比鲁尼等人都把丝绸织物、钢、砂浆、泥浆的发现一股脑儿地归于耶摩和耶摩赛德。但我们对于丝织物和钢刀的中国起源论坚信不疑。对于诸如泥浆——水泥等其余问题，它们有 99%的可能性也是起源于中国。我们这样一来就可以理解安息——萨珊——阿拉伯——土库曼语中一句话的重大意义："希腊人只有一只眼睛，唯有中国人才有两只眼睛。"约萨法·巴尔巴罗于 1471 年和 1474 年在波斯就曾听到过这样的说法。他同时还听说过这样一句学问深奥的表达形式："希腊人仅懂得理论，唯有中国人才拥有技术。"（376 页）

关于一只眼睛和两只眼睛的说法，我还要补充一点：其他人同样也介绍了另外一种说法，它无疑是起源于摩尼教：

"除了以他们的两只眼睛观察一切的中国人和仅以一只眼睛观察的希腊人之外，其他的所有民族都是瞎子。"（329 页）

我之所以这样不厌其烦地引这许多话，绝不是因为外国人夸中国人有两只眼睛而沾沾自喜，睥睨一切。令我感兴趣的是，在这样漫长的时间以前，在波斯和阿拉伯地区就有了这样的说法。我们今天不能不佩服他们观察的细致与深刻，一下子就说到点子上。除了说中国没有理论我不能同意之外，别的意见我是完全同意的。在当时的世界上，确实只是中国和希腊有显著、突出、辉煌的文化。现在中国那一小撮言必称希腊的学者们或什么“者们”，可以憬然醒悟了。

但是这也还不是令我最感兴趣的问题。我最浓烈的兴奋点在于，正如我在上面所说的那样，畅谈东西文化之分，极富于近现代的摩登色彩。波斯和阿拉伯传说都证明：东西文化之分的说法，古已有之，于今为烈而已。其次，令我感到欣慰的是，文化的东西二分法，我并非始作俑者，古代的“老外”已先我言之矣。令我更感到欣慰的是我讲的东西方思维方式是东西文化的基础。波斯和阿拉伯古代的说法，我认为完全证实了我的看法。分析出理论，综合出技术，难道不是这样子吗？

时至今日，古希腊连那一只眼睛也早已闭上，欧洲国家继承并发扬了古希腊辉煌的文化，使欧洲文化光照寰宇。工业革命以后，技术也跟了上来，普天之下，莫非欧风。欧美人昏昏然陶醉于自己的胜利之中，以“天之骄子”自命，好像有了两三只眼睛。但他们完全忘记了历史，忽视了当前的危机。而中国呢，则在长时期内，由于内因和外因的缘故，似乎把两只眼睛都已闭上。古代灿烂文化不绝如缕。初则骄横自大，如清初诸帝那样，继则震于西方的船坚炮利，同样昏昏然拜倒在西方的什么裙下，一直到了今天，微有苏醒之意，正在奋发图强中。

从上面谈到的历史事实中，我得出了一个结论：上下五千年，纵横十万里，东西文化的变迁是“三十年河东，三十年河西”。这本来是两句老生常谈，是老百姓的话，并不是我的发明创造。我提出来说明东西文化的关系，国内外都有赞成者，国内外也有反对者，甚至激烈反对者。我窃以为这两句话只说明了一个事实。中国古代哲学讲变易，佛家讲无常，连辩证法也讲事物时时都在变化中。大自然、人类社会和人类内心，无不证明这两句话的正确。我不过捡来利用而已。《三国演义》开宗明义就说：“话说天下大势，分久必合，合久必分。”说的不也就是这个浅显的道理吗？

可是东西方都有人昧于这个浅显的道理。特别是在西方，颇有人在有意识或无意识中，觉得自己的辉煌文化会万岁千秋地辉煌下去的。中国追随者也大有人在。他们根本没有意识到，文化也像世间的万事万物一样，不会永驻的，也是有一个诞生、发展、成长、衰竭、消逝的过程的。

但是，中国有一句俗话：是非自在人心。人是能够辨是非，明事理的。以自己的文化自傲的西方人也不例外。在第一次世界大战以前，西方这种人简直如凤毛麟角。一战爆发，惊醒了某一些有识之士。事实上在一战爆发前，就有人有了预感。德国学者奥斯瓦尔德·斯宾格尔（Oswald Spengler）在1911年就预感到世界大战迫在眉睫。后来大战果然爆发。从1917年起，斯宾格尔就开始写《西方的没落》。书一出版，立即洛阳纸贵。他的基本想法是：文化都可以分为四个阶段：一，青春；二，生长；三，成熟；四，衰败。尽管他的推论方法，收集资料，还难免有主观唯心的色彩。但是，他毕竟有这一份勇气，有这一份睿智，敢预言当时如日中天的，他认为在世界历史上八个文化中唯一还有活力的文化也会“没落”。我们不能不对他表示敬意。美中不足的是，他还没有认识到东方文化和西方文化的存在和交流关系。（参阅齐世荣等译《西方的没落》上下册，商务印书馆，1995年）

在西方，继斯宾格尔而起的是英国历史学家汤因比（Arnold J. Toynbee，1889—1975年）。他自称是受到了前者的影响。二人同样反对“欧洲中心主义”，是他们有先见卓识之处。汤因比继承了斯宾格尔的意见，认为文化——他称之为“文明”——都有生长一直到灭亡的过程。他把人类历史上的文明分为21种，有时又分为26种。这些意见都表述在他的巨著《历史研究》中（1934—1961年），共12卷。他比斯宾格尔高明之处，是引入东方文化的讨论。到了70年代，他同日本社会活动家池田大作对话时，更进一步加以发挥，寄希望于东方文化。（参阅《展望二十一世纪》，国际文化出版公司，1985年）

我并不认为，斯宾格尔和汤因比——继他们之后欧美一些国家还有一批哲学家和历史学家、社会学家，赞成他们的意见，我在这里不具引——等的看法都百分之百正确。但在举世昏昏，特别是欧美人昏昏的情况下，唯独他们闪耀出一点灵光，是十分难能可贵的。他们的看法从大体上来看，我认为是正确的。如果借用上面提到的古代波斯和阿拉伯人的说法，我就想说：希腊人及其后代的那一只眼睛，后来逐渐变成了两只眼睛；可物极必反，现在快要闭上了。中国人的两只眼睛，闭上了一阵，现在又要睁开了。

闭上眼睛的欧美人士，绝大多数一点也不了解东方，而且压根儿也没有了解的愿望。我最近多次听人说到，西方至今还有人认为中国人还缠小脚，拖辫子，抽大烟，养小老婆。甚至连文人学士还有不知道鲁迅为何许人者。在这样地球越变越小，信息爆炸的时代，西方之“文明人”竟还如此昏聩，真不能不令人大为惊异。反观我们中国，情况恰恰相反。欧美的一切，我们几乎都加以崇拜。汉堡包、肯德基、比萨饼，甚至莫须有的加州牛肉面，只要加一个洋字，立即产生大魅力，群众趋之若鹜。连起名字，有的都带有点洋味。个人名字与店铺名字，莫不皆然。至于化妆品，外国进口的本来就多。中国自造的也多冠以洋名，以广招徕。爱国之士，无不痛心疾首，谴责这种崇洋媚外的风气和行为。然而，从一分为二的观点上来看，也有其有利的一面。孙子说：“知己知彼，百战不殆。”专就东西而论，现在的情况是，我们对西方几乎是了若指掌，而西方对东方则如上面所说的那样，是一团漆黑。将来一旦有事，哪一方面占有利条件和地位，昭如日月矣。

对西方的文化，鲁迅先生曾主张“拿来主义”。这个主义至今也没有过时。过去我们拿来，今天我们仍然拿来，只要拿得不过头，不把西方文化的糟粕和垃圾一并拿来，就是好事，就会对我们国家的建设有利。但是，根据我上面讲的情况，我觉得，今天，在拿来主义的同时，我们应该提倡“送去主义”，而且应该定为重点。为了全体人类的福利，为了全体人类的未来，我们有义务要送去的，但我们决不会把糟粕和垃圾送给西方。不管他们接受，还是不接受，我们总是要送的。《诗经·大雅》说：“投我以桃，报之以李。”西方文化给人类带来了一些好处。我们中国人，我们东方人，是懂得感恩图报的民族。我们决不会白吃白拿。

那么，报些什么东西呢？送去些什么东西呢？送去的一定是我们东方文化中的精华。送去要有针对性，针对的就是我在上面提到的那一个西方文化产生的“危机”。光说“危机”，过于抽象。具体地说，应该说是“弊端”。近几百年以来，西方文化产生的弊端颇多，举其大者，如环境污染、大气污染、臭氧层破坏、生态平衡破坏、物种灭绝、人口爆炸、新疾病丛生、淡水资源匮乏，等等。此等弊端，如不纠正，则人类前途岌岌可危。弊端产生的根源，与西方文化的分析的思维方式有紧密联系。西方对为人类提供生存所需的大自然分析不息，穷追不息，提出了“征服自然”的口号。“天何言哉！”然而“天”——大自然却是能惩罚的，惩罚的结果就产生了上述诸种弊端。

拯救之方，我认为是有的，这就是“改弦更张”、“改恶向善”，而这一点只有东方文化能做到。东方文化的基本思维方式是综合，表现在哲学上就是“天人合一”，张载的《西铭》是一篇表现“天人合一”思想最精辟的文章：“乾称父，坤称母，予兹藐焉，乃混然中处。故天地之塞吾其体，天地之帅吾其性。民吾同胞，物吾与也。”（下略）印度哲学中的“梵我一如”，也表达了同样的思想。总之，东方文化主张人与大自然是朋友，不是敌人，不能讲什么“征服”。只有在了解大自然，热爱大自然的条件下，才能伸手向大自然索取人类衣、食、住、行所需要的一切。也只有这样，人类的前途才有保障。

我们要送给西方的就是这种我们文化中的精华。这就是我们“送去主义”的重要内容。

我们的“李”送了出去，接受不接受呢？实际上，我们还没有正式地送，大规模地送。连我们东方人自已，其中当然包括中国人，还不知道，还不承认自己的这种宝贝，我们盲目追随西方，也同样向自然界开过战，我们也同样有那一些弊端，立即要求西方接受，不也太过分了吗？不过，倘若稍稍留意，人们就会发现，现在世界各国，不管出于什么动机，也不管是根据什么哲学，注意到上述弊端而又力求改变的人越来越多了。今年《日本经济新闻》刊载了高木韧生的文章，说 21 世纪科研重点将是“人类生存战略”。

这的确是见道之言。我体会，这里所说的“科研”包括文理两个方面。作者把科研提高到“人类生存”这个高度来看，不能不谓之有先见之明，应该受到我们大家的最高的赞扬。至于惊呼人口爆炸的文章，慨叹新疾病产生的议论，让人警惕环境污染、臭氧层破坏、生态平衡的破坏、淡水资源的匮乏等等的号召，几乎天天可见。人类变得聪明起来了，人类前途不是漆黑一片了。我想，世界各国每一个有心人，无不为之欢欣鼓舞。我这一个望九之年的耄耋老人，也为之手舞足蹈了。

我在上面刺刺不休说了那么多话，画龙点睛，不出一点：我曾在一次国际学术讨论会上说过一篇短话，题目叫做“只有东方文化能够拯救人类”。我在上面说的千言万语，其核心就是这一句短短的话。至于已经来到我们门前的21世纪究竟是什么样子？西方文化究竟如何演变？东方文化究竟能起什么具体的不是空洞的作用？人类的前途究竟何去何从？所有这一切问题，都有待于历史发展的进程来加以证明。从前我读过一个近视眼猜匾的笑话。现在新的一个世纪还没有来临，匾还没有挂出来，上面有什么字，我们还不能知道。不管自诩眼睛多么好，看得多么远，在这一块尚未挂出来的匾前，我们都是近视眼。

在这样的情况下，我认为，我们最重要的任务就是学习，就是了解。我们责怪西方不了解东方文化，不了解东方，不了解中国，难道我们自己就了解吗？如果是一个诚实的人，他就应该坦率地承认，我们中国人自己也并不全了解中国，并不全了解东方，并不全了解东方文化。实在说，这是一出无声的悲剧。

了解的唯一途径就是学习，而学习首先必须有资料。对我们知识分子来说，学习资料首先是文字，也就是书籍。环顾当今世界，在“欧洲中心论”还有市场的情况下，在西方某一些人还昏昏然没有睁开眼睛的时候，有关东方的书籍，极少极少。有之，亦多有偏见，不能客观。西方如此，东方也不例外。即使我们有学习的愿望，也是欲学无书。当然，东方各国的情况不尽相同，各国刊出书籍的多寡也不尽相同。但总之是很少的。有的小一点的国家，简直形同空白。有个别东方国家几乎毫无人知，它们的存在在一团迷雾中，若明若暗，似有似无。这也是一出无声的悲剧。

就是为了这个缘故，我们这一批人不自量力——或者更明确地说是认真“量”过了自己的“力”，倡议编纂这一套巨大空前的《东方文化集成》。虽然，我们目前的队伍，由于历史造成的原因，还不是太大；我们的基础还不是太雄厚；但是，我们相信主观能动性。我们想“挽狂澜于既倒”，我们决非徒托空言。世界人民、东方人民、中国人民的需要，是我们的动力。东方人民和西方人民的相互了解，是我们的愿望。东方人民和西方人民越来越变得聪明，是我们的追求。我们老、中、青三结合，而对著作的要求则是高水平的。我们希望，能通过这个活动，既提高了中国对东方文化的研究水平，又能培养出一批学有专长的人才，收得一举两得之效。

我们既反对“欧洲中心主义”，我们反对民族歧视。但我们也并不张扬“东方中心主义”。如果说到或者想到，在21世纪东方文化将首领风骚的话，那也是出于我们对历史发展的观察与预见，并不出于什么“主义”。本着这种精神，我们对东方几十个国家一视同仁。国家不论大小，人口不论多寡，历史不论久暂，地位不论轻重，我们都平等对待，决不抬高与贬低，拜倒与歧视。每一个东方国家都在我们丛书中占有地位。但国家毕竟不同，资料毕竟多寡悬殊，我们也无法强求统一。有的国家占的篇幅多一点，有的少一点，这是实事求是，与歧视毫无关联。我们虔诚希望，在即将来临的21世纪中，中国的两只眼睛都能睁开，而且睁得大大的，明亮而睿智。西方的一只眼睛能变成两只，也同样睁开，而且睁得大大的，明亮而且睿智。世界上各个民族也都有了两只眼睛，都要睁得大大的，明亮而且睿智。我们共同学习，努力互相了解。我们坚决相信，只要能做到这一步，人类会越来越能相互了解，世界和平越来越成为可能，人类的日子会越来越好过，不管还需要多么长的时间，人类有朝一日总会共同进入太平盛世，共同进入大同之域。

1996年3月20日

目 录

研究篇

注释篇

研究篇

引言

在中国古代佛教的文献中,《南海寄归内法传》是一部很有特色的著作。《南海寄归内法传》的作者义净,是唐代的僧人。义净幼年出家,很年轻的时候就决心到印度求法。高宗咸亨二年(671),义净从广州登船,沿今天的中南半岛南行,首先到达位于今天苏门答腊岛上的古国室利佛逝,在此停留半年,然后再往西,经马来半岛西岸的古国羯荼,再转向北行,在咸亨四年二月到达位于今天孟加拉湾北部、古代东印度的耽摩立底国,停留一年后,最后到达当时印度最有名、规模也最大的佛教寺院那烂陀。义净在那烂陀学习十一年,然后在武后垂拱元年(685)离开那烂陀,仍取海路归国,中途又在南海一带停留将近十年,最后在证圣元年(695)五月抵达洛阳。从此在洛阳与长安两地翻译佛经,直到去世。

《南海寄归内法传》是义净最重要的著作之一,写成于武后天授二年(691)。当时义净于归国途中,停留在南海室利佛逝国,同时写成的还有另一部书《大唐西域求法高僧传》。两部书写成后,他让人送回国,呈送给当时的皇帝武则天,书名中的"寄归"二字,就由此而来。

义净赴印求法,主要的目的是寻找和学习佛教的戒律。他曾经长期住在印度的那烂陀寺,也到过印度其他一些地方,还在南海地区长时间停留过。他每到一处,都非常注意观察寺院中佛教僧人和僧团宗教生活的规则,即佛教的戒律实际应用和执行的情况,并且随时与中国的情况做对比。义净认为,印度寺院所执行的戒律和实际实行的规则,是中国佛教徒真正应该学习的榜样。义净撰写《南海寄归内法传》,根据的是佛教戒律的规定和他自己的所见所闻,“谨依圣教及现行要法”。他想通过这部书,把当时印度通行的佛教戒律介绍到中国。在他看来,只有这样,中国的佛教才能得到正确的发展。中国历代求法僧的著作,大多都是行记或类似于行记,但义净的这部书,专门讲佛教宗教生活的规制,就像是他根据自己在印度和南海地区实地考察而写成的一份专题报告,这在求法僧的著作中是唯一的。今天要研究7世纪前后印度和东南亚地区的佛教历史,义净的书可以说不可或缺。

义净赴印求法,来回所经过的路线,古代称作“南海路”,也就是今天所说的“海上丝绸之路”。他在印度和南海生活多年,不仅对各个地方的佛教,也对风俗、文化、教育、物产、医药等方面的情况都有所注意,在《南海寄归内法传》中做了详略不等的记载。

依照佛教过去的传统,有关戒律的问题,只在佛教僧团内部处理,学习和研究戒律和有关戒律的书,也只有出家的僧人可以撰写。因此《南海寄归内法传》这部书,在近代以前,基本只是一种“内部读物”,流传不广,知道的人也不多。一千多年间,只有日本江户时代著名的僧人兼学者慈云饮光(1718—1804)撰写过《南海寄归内法传解缆钞》一书,对《南海寄归内法传》做过详细的研究。不过,慈云饮光的研究,虽然可以说已经达到了当时的最高水平,但基本上还是没有突破传统学术的范围。

到了近代,情况有了变化。19世纪以后,欧洲的东方学研究渐成气候,知道和关心《南海寄归内法传》的人一下多了起来。书中的一些片段,先是有了法文和俄文的翻译,学者们在研究中引用。到1896年,则有了由当时在欧洲留学的日本青年学者高楠顺次郎翻译的《南海寄归内法传》完整的英译本。高楠的译本,不只是简单地翻译,很多地方有高楠所做的注释,注释中不仅体现了高楠自己的研究,也相当充分地反映了当时欧洲东方学和印度学研究的成果。这个英译本,得到了当时研究印度宗教很著名的学者 Max Müller 充分的肯定,很快成为欧洲东方学和印度学研究的重要参考书之一。

不过,在这之后,学者们对《南海寄归内法传》整体上的研究至今仍然不多,已有的一些也大多是日本学者所为,国内只是近年来关注的人稍多了一些。本书的内容,即以义净的《南海寄归内法传》作为研究对象,提出一些以前没有人提出过的问题,详加分析,同时尝试得出结论。作者希望通过这样的研究,能够增加今天对 7 世纪前后印度与东南亚地区佛教发展的状况以及历史上中印文化交往过程的理解。

本书的一部分,根据作者 1987 年在北京大学东方语言文学系提交的博士论文修改而成。另外的一部分,则是此后所写的几篇与《南海寄归内法传》直接相关的文章。这些情况,也在这里说明一下。

第一章

作者与时代：义净生平考述

知人论世，本章拟根据现存有关史料，考察《南海寄归内法传》的作者义净生平所有事迹，并说明他在历史上的影响。

一、籍贯、家世与出家事迹

义净，唐代齐州（今山东济南一带，唐时治历城，辖数县，地域更宽）山庄人，姓张，本字文明。义净是他出家后的僧名。

义净生于唐贞观九年（635）。现存有关义净的史料，除了义净自己的两部著作《南海寄归内法传》（以下简称《寄归传》）和《大唐西域求法高僧传》（以下简称《求法高僧传》）中的一些片段外，保存在唐代著作中的，主要有智昇的《续古今译经图纪》和《开元释教录》（以下简称《开元录》）卷九、圆照的《贞元新定释教目录》（以下简称《贞元录》）卷十三中的义净的小传。我们考察义净的生平，主要就依靠这些史料以及其他一些零星的材料。义净生于贞观九年，是依照《开元录》等讲他去世于先天二年（713），去世时七十九岁推算出来的。

关于义净的籍贯，过去历来有两种说法。一种说是齐州，一种说是范阳（今河北涿县）。主张范阳说的人较多。近代人梁启超、蒋维乔、冯承钧、汤用彤等都持范阳说。法国学者沙畹（Emmanuel-èdouard Chavannes，1865—1918）、日本学者高楠顺次郎等也持此说。主张齐州说的人较少。陈垣先生编《释氏疑年录》，即持齐州说。但是细考这两种说法，应该说齐州一说是正确的。详细的考证请见拙文《义净籍贯考辨及其他》。①

义净生在齐州山庄。山庄一地，名不见经传，很使人怀疑是"山茌"一名之误。古书"庄"字常写作"莊"或"荘"，与"茌"字形非常相近。而唐初齐州所辖数县，山茌正是其中之一，位置在州治历城之西，即今济南市西的长清县。②义净后来七岁时入齐州城西四十里许的佛寺出家，也恰好在这一带。这样推断起来，义净极可能就是齐州山茌人。

唐代是佛教最盛的时代，齐州地区佛教也很流行。长清县境内有著名的灵岩寺，梵宇辉煌，僧人众多，当时被称为"天下四大名刹"之一。大概这给义净从小就信仰佛教创造了环境和条件。义净出家时的两位师父就是从这座寺庙出来的。

据唐中宗《大唐龙兴三藏圣教序》讲，义净的高祖曾经做过东齐郡守，并且"仁风远扇，甘雨随车，化阐六条，政行十部"。③前者大概是事实，后面的话恐怕只是一般的赞誉之词。但所有这些都已不可详考。从时间上推断，那可能是隋代初年或更早的事。不过，义净的高祖既然做过郡守一级的官僚，说明他的家庭至少在高祖一辈是有地位的。他的祖父和父亲虽然没做官，但"放旷一丘，消遥三径"，恐怕也不是很贫寒。魏晋南北朝以及隋唐时代，有地位的人家子弟很小就出家为僧，是很常见的事。玄奘和他的哥哥长捷就是例子。④《高僧传》《续高僧传》《宋高僧传》中的例子更多。

贞观十五年(641)，义净只有七岁，便出家到了齐州城西

① 《中华文史论丛》，1984年第4辑，第77—90页。

② 《新唐书》卷三八《地理志》二，4/993。以下所引二十四史及《资治通鉴》均使用中华书局出版标点本，第一个数字表示册数，第二个数字表示页数。

③ 《昭和法宝总目录》卷三，第1421页c。

④ 《大慈恩寺三藏法师传》(简称《慈恩传》)卷一，T50/221c。以下引佛教书籍凡使用《大正新修大藏经》版本者均标注为T，T后第一个数字代表卷数，第二个数字代表页数，abc代表上中下三栏。

四十里许的土窟寺。后来义净在《寄归传》卷四“古德不为”章里自己讲到这件事：

且如净亲教师，则善遇法师也，轨范师则慧习禅师也。年过七岁，幸得亲侍。斯二师者，并太山金舆谷圣人朗禅师所造神通寺之大德也，俗缘在乎德贝二州矣。二德以为山居独善，寡利生之路，乃共诣平林，俯枕清涧，于土窟寺式修净居，即齐州城西四十里许。

朗禅师即二秦时有名的僧人竺僧朗。他最早在泰山西北麓造神通寺，也就是后来一般所称的灵岩寺的前身。土窟寺现在在哪里，已不可考。不过，寺虽以土窟名，未必就在土窟中。

七岁的孩子出家，恐怕不完全是自己的主意。由此看来义净的家庭是信仰佛教的。义净的年纪很小，两位师父对他很是爱护。他在《寄归传》里又写道：

又（慧习）禅师每于闲夜，见悲龆丱，曲伸进诱。或调言于黄叶，令蠲忆母之忧。或喻说于乌禽，希怀报养之德：“汝可务绍隆三宝，令使不绝，莫纵心百氏，而虚弃一生。”既而童子十岁，但领其言，而未闲深旨。每至五更，就室参请。禅师必将慈手赐抚搦摩，实如慈母之育赤子。或餐甘膳，多辍味见贻。但有取求，无违所请。法师乃恩厉父严，禅师则慈伸母爱。天性之重，诚无以加。（同上卷章）

义净写这段话的时候，已经是五十六七岁的老人，可见师徒之间当年确实相处得非常融洽，相互间有很深的感情。

贞观十九年（645），义净十一岁。这一年，玄奘在印度游学十几年后，终于回到长安。这是当时轰动朝野的一件事情。义净虽然年纪不大，但已经开始懂事了，至少从师父那里，也知道了这件事。第二年，亲教师善遇法师去世，葬在土窟寺的西园。这时义净的佛教信仰已经比较坚定了。义净自己说：

法师亡日，净年十二矣。大象既去，无所依托。遂弃外书，钦情内典。十四得沾緇侣，十八拟向西天。至三十七，方遂所愿。（同上卷章）

只是他晚年临终时的讲法稍有不同：

年始一十有七，思游五印之都。[①]

而智昇在《续古今译经图纪》和《开元录》卷九中为他撰写的小传则说他"年十有五，志游西域"。[②] 但不管怎么说，义净很年轻时就萌发了到印度去求法的念头，这是事实。义净有这样的想法，很明显地是因为受了前辈僧人法显和玄奘，尤其是玄奘的成功形象的鼓舞。所以义净后来在写《求法高僧传》时，第一句话就是："观夫自古神州之地，轻生徇法之实，显法师则创辟荒途，奘法师乃中开王路。"[③] 始终是把法显和玄奘当作自己的榜样。

永徽六年（655），义净满二十一岁。按照惯例，慧习禅师为他举行了授具足戒的仪式，他正式成为一位僧人。《宋高僧

① 《贞元录》卷十三，T55/870b。
② T55/370a 及 T55/568b。
③ 文字依拙稿《大唐西域求法高僧传校注》，中华书局，1988 年，以下皆同。

传》卷一讲他“法腊五十九”,就是从这一年开始算起。[1] 他自己则在《寄归传》中讲道:

> 及至年满进具,还以禅师为和尚。既受戒已,忽于清夜行道之际,烧香垂涕而伸诲曰:“大圣久已涅槃,法教讹替,人多乐受,少有持者。汝但坚心重禁,莫犯初篇。余有罪愆,设令犯者,吾当代汝入地狱受之。烧指烧身,不应为也。”进奉旨日,幸蒙慈悲,赐以圣戒,随力竭志,敢有亏违,虽于小罪,有怀大惧。(同上卷章)

从这一段回忆看来,大约就是从这个时候开始,义净特别重视佛教戒律的学习,这可能也是他后来特别选择律作为他翻译的主要对象的原因之一。从此以后的五年之间,义净主要学习律典。《寄归传》接着讲:

> 于是五稔之间,精求律典。厉律师之文疏,颇议幽深;宣律师之钞述,窃谈中旨。既识持犯,师乃令讲一遍,方听大经。乞食一餐,长坐不卧。虽山寺村遥,亦未曾有废。(同上卷章)

这段时间是从永徽六年到显庆四年(659)。

当时僧人都有出外游学的风气。义净可能也想到了这件事,可是没有下定决心。然而慧习禅师鼓励他出外游学,告诉他说:“我目下且有余人给侍,勿废听读,而空住于此。”于是义净才辞别慧习,“杖锡东魏,颇沉心于《对法》《摄论》;负笈西

① T50/711a。

京，方阅想于《俱舍》《唯识》。”当时这几部经刚由玄奘译出不久，十分流行，讲习的人很多。义净通过游学，大大提高了自己在佛教方面的修养。

麟德元年（664）二月五日，大翻译家、一代高僧玄奘在长安去世。玄奘的葬礼极为隆重，据说“京邑及诸州五百里内送者百万余人”。[①] 这时义净很可能也正在长安。如果是这样，玄奘的葬礼一定会给他留下很深的印象。

玄奘去世后，义净去印度的决心更坚定了。

二、西行求法

唐高宗咸亨元年（670），义净已经三十六岁，可是他去印度的愿望还没有实现。这一年他在长安，仍然是在各个寺庙里听习佛经。听习中他认识了并州的僧人处一、莱州的僧人弘袆，还有其他两三位僧人。大家都有去印度求法的意思，便相约一起出发。义净先由长安返回齐州，向慧习禅师请命。[②] 慧习禅师非常支持他远行的打算，对他说：“尔为大缘，时不可再。激于义理，岂怀私恋？吾脱存也，见尔传灯。宜即可行，勿事留顾。观礼圣踪，我实随喜。昭隆事重，尔无间然。”真是对义净很大的鼓励。

义净又来到善遇法师的墓前，向去世已经二十多年的法师辞行。这时正是秋天，墓前霜林半拱，宿草填茔。义净仍然对他这位小时候的师父非常地感激，他自己写他在墓前的情形：

---

① 《慈恩传》卷十，T50/278a。

② 《寄归传》卷四：“来日从京重归故里。”日人高楠顺次郎在翻译此段时，以为故里即指范阳，误。

神道虽疏，展如在之敬；周环企望，述远涉之心。冀福利于幽灵，报慈颜之厚德矣。（同上卷章）

作为学生，义净始终没有忘掉老师早年教诲之恩。这一点并不是人人都能做到的。

告别了两位恩师，大约在咸亨二年（671）年初，义净从齐州南下，经过濮州、曹州，先到扬州。到扬州时正是夏天。按照僧人的规矩，要坐夏三个月，于是义净在扬州停留了三个月。坐夏结束，已是秋天，义净偶然遇见一位要到岭南道龚州做郡守的人，名叫冯孝铨。两人相随一起到了广州。最初一起相约赴印的伙伴中，处一因为母亲年老，一开始就未能成行；弘祎走到江宁，便改变了主意；在丹阳遇见的一位僧人玄逵，走到广州，也因病而返；唯一剩下的伙伴只有晋州的年轻僧人善行。义净明白，此行艰难，诚非易事。“神州故友，索尔分飞。印度新知，冥焉未会。”义净非常感慨，一时踯躅，难以为怀，便模仿张衡《四愁诗》，写了两首诗：

我行之数万，愁绪百重思；
那教六尺影，独步五天陲。

上将可陵师，匹士志难移；
如论惜短命，何得满长祇！（《求法高僧传》卷下）

短短两首小诗，他赴印求法奋不顾身的坚定决心跃然纸上。

在广州的时候，因为冯孝铨的邀请，义净又到了岗州，从冯氏家族得到很多资助。他最后能够成行，很大程度就是靠着冯家在财力上的支持。咸亨二年的十一月，义净和善行一起，搭乘上波斯商人的货船，终于开始了去印度的旅程。这时义净已经三十七岁了。

古代在南海中航行，并不是件容易的事。义净在《求法高僧传》卷下里描写这段行程：

> 至十一月，遂乃面翼轸，背番禺。指鹿园而遐想，望鸡峰而太息。于时广莫初飚，向朱方而百丈双挂；离箕创节，弃玄朔而五两单飞。长截洪溟，似山之涛横海；斜通巨壑，如云之浪滔天。

真是惊心动魄，艰危之状，可以想象。

但是这次航行还算顺利，风疾船快，不到二十天，义净他们便到达了南海中的室利佛逝国（今印度尼西亚苏门答腊岛巨港）。室利佛逝那时是南海最重要的交通、贸易中心之一，当地很繁华，佛教也颇流行。义净在这里停留了六个月，学习声明，也就是学习梵语，为到印度求法做进一步的准备。同行的善行却在这里生了病，只好回国。

室利佛逝国当时一定给义净留下了很深很好的印象，他后来专门为其他打算去印度求法的中国僧人介绍这个地方：

> 又南海诸洲，咸多敬信。人王国主，崇福为怀。此佛逝廓下，僧众千余。学问为怀，并多行钵。所有寻读，乃与中国不殊。沙门轨仪，悉皆无别。若其高僧欲向西方为听读者，停斯一二载，习其法式，方进中天，亦是佳也。[1]

[1] 这是义净在他所翻译的《根本说一切有部百一羯磨》一书中所写的一条注。见原书卷五，T24/477c。

这大概算是义净自己出国留学的经验。

室利佛逝国王对义净确实十分友好。《求法高僧传》又讲：

> 王赠支持，送往末罗瑜国。复停两月，转向羯荼。至十二月，举帆还乘王舶，渐向东天矣。（卷下）

和玄奘当年在高昌得到高昌王麴文泰的帮助一样，义净能得到室利佛逝王的帮助，对他很有好处。室利佛逝国当时在南海是大国，势力很大。十多年后，当义净再次回到这里时，末罗瑜已经被室利佛逝并吞了。

从羯荼往北行，经过裸人国，义净终于到达了印度。根据《寄归传》，这时是咸亨四年（673）二月八日，离他出发的时间，已经有一年多了。

在耽摩立底国，义净遇见另一位中国僧人大乘灯。大乘灯是玄奘法师的徒弟，比义净先到印度。义净在耽摩立底国住了一年，进一步学习梵语，然后和大乘灯一起，跟随一支有几百人的商队，继续往中印度去。

当时印度小国割据，路上并不太平。和玄奘一样，义净在印度也遇到了危险。就在离开耽摩立底后不久，他在途中遭遇山贼，被洗劫一空，差一点丢掉性命。不过这还只是义净第一次遇险。后来他回国时从那烂陀到耽摩立底，同样的事情又发生过一次。

这时是在咸亨五年，义净在印度周游各处佛教圣址。但是义净在印度详细的游踪我们很难一一追寻。《求法高僧传》卷下有关的一段记载是：

> 从此北行数日，先到那烂陀，敬根本塔。次上耆阇崛，

见叠衣处。后往大觉寺，礼真容像。山东道俗所赠纯绢，持作如来等量袈裟，亲奉披服。濮州玄律师附罗盖数万，为持奉上。曹州安道禅师寄拜礼菩提像，亦为礼讫。于时五体布地，一想虔诚。先为东夏四恩，普及法界含识。愿龙华总会，遇慈氏尊，并契真宗，获无生智。次乃遍礼圣迹，过方丈而届拘尸；所在钦诚，入鹿园而跨鸡岭。

那烂陀、耆阇崛、大觉寺都在摩揭陀国。方丈是指维摩诘的故宅，在薜舍离国。拘尸城附近的双树林是释迦牟尼涅槃的地方。鹿园就是鹿野苑，是释迦牟尼初转法轮的地方，在婆罗痆斯国。鸡岭也在摩揭陀国。从《求法高僧传》卷上的《道希传》中还可以知道，义净还到过中印度的菴摩罗跋国。和义净一起同行的，仍然是大乘灯法师。

除此以外，只有义净在他翻译的《根本说一切有部毗奈耶杂事》里写的一条注可以稍微多提供一点信息：

比于西方，亲见如来一代五十余年居止之处，有其八所：一、本生处；二、成道处；三、转法轮处；四、鹫峰山处；五、广严城处；六、从天下处；七、祇树园处；八、双树涅槃处。[①]

本生处在劫比罗伐窣堵国。成道处在摩揭陀国菩提伽耶。转法轮处在婆罗痆斯国鹿野苑，也就是前面讲的鹿园。鹫峰山就是耆阇崛山。广严城就是薜舍离城。从天下处又称为三道宝阶，在劫比他国。祇树园在室罗伐悉底国。双树涅槃处就在

① 原书，卷三八，T24/399a。

拘尸城城边。这些都是古代印度最有名的佛教圣址，玄奘的《大唐西域记》中有很详细的记载。不过，除了这些地方，我们就不大清楚义净在印度究竟还到过些什么地方。唐中宗《大唐龙兴三藏圣教序》讲义净"所经三十余国，凡历二十余年"，[1]义净自己也说"历三十之外国"。[2]这三十多个国家，大概还包括义净从海道赴印所经过的地方。但其中在印度境内究竟有哪些国家，没有更多的材料可以说明。不过，不管怎么说，三十余国的数目，比起玄奘是少多了。

周游了各处的佛教圣址后，义净又回到那烂陀寺。那烂陀寺那时是印度佛教尤其是大乘佛教的学术中心，义净因此在那烂陀住了很长时间，足足有十一年，这却超过了玄奘。义净自己记载，他在垂拱元年（685）离开那烂陀东归。照这样推算，他住在那烂陀的时间是从上元二年（675）到垂拱元年。这和前面的经历在时间上也刚好衔接得起来。

在那烂陀的十一年里，义净努力学习佛教的各种经典，又收集准备以后带回国的各种梵本佛经。玄奘当年的老师戒贤这时已经去世了，但是那烂陀寺有学问的僧人还是不少。义净在那烂陀的老师有宝师子大德。宝师子擅长讲授《瑜伽十七地》，这显然是继承了戒贤的传统。离那烂陀不远有一座有名的羝罗荼寺，义净在那里也有一位名叫智月的老师。这位智月，很可能还是玄奘当年见过的那位智月，年纪已经很大了。[3]义净在《寄归传》里写道：

---

① 《昭和法宝总目录》卷三，第1421页c。

② 《贞元录》卷十三，T55/870b。

③ 《大唐西域记》卷九讲那烂陀寺："智月则风鉴明敏，戒贤乃至德幽邃。"《大唐西域记校注》，中华书局，1985年，第757页。以下引《大唐西域记》均用此校注本。

其西方现在，则羝罗荼寺有智月法师，那烂陀中则宝师子大德，东方即有地婆羯罗蜜呾啰，南裔有呾他揭多揭婆，南海佛誓国则有释迦鸡栗底。斯并比秀前贤，追踪往哲。晓因明论，则思拟陈那；味瑜伽宗，实罄怀无著。谈空则巧符龙猛，论有则妙体僧贤。此诸法师，净并亲狎筵机，餐受微言。（卷四“西方学法”章）

看来义净也是到处寻师访友。他的这些老师都是些大乘僧人。

义净在那烂陀住的时间很长，因此有机会很仔细地观察那烂陀寺寺院里的规则、僧人们的日常生活，甚至包括寺院建筑中某些很细小的特点。这为他后来写《寄归传》提供了活的材料。他在《寄归传》里多次提到那烂陀，把它作为佛教寺院的典范。他还为那烂陀寺画了一张图，附在他写的《求法高僧传》里。可惜这张图早就佚失了。

那时在那烂陀寺里学习的中国求法僧不只是义净一个人。义净先后在这里遇见好些中国僧人，其中《求法高僧传》中直接提到姓名的有玄照、慧轮、道琳、智弘、无行等。有的中国僧人虽然没有见到，但求法僧们互相都知道消息。义净后来专门把他们求法的事迹写成一部书，也就是《求法高僧传》。

中国求法僧们远离家乡，去国万里，都是多年在外，很想念自己的祖国。春中之时，觉树初绿，竹苑新黄，僧人们常常远足登高。一次，义净与另一位中国僧人无行在一起，结伴同游离那烂陀不远的鹫岭。两人瞻奉既讫，远眺乡关，无任殷忧。义净赋诗二首，其中短的一首表达了他感觉岁月易逝、事业未成的忧虑和对家乡的怀念：

游，愁；

赤县远，丹思抽。

鹫岭寒风驶，龙河激水流。

既喜朝闻日复日，不觉颓年秋更秋。

已毕耆山本愿诚难遇，终望持经振锡往神州！

这两首诗都收在《求法高僧传》里。

在那烂陀的这十年里，义净不仅学习，也着手开始翻译佛经。他翻译出了《根本说一切有部毗奈耶颂》和《一百五十赞佛颂》。但只是初稿，后来回国以后又加以删正。看来这时他已经在考虑以后的翻译计划了。

垂拱元年（685），义净在那烂陀学习了十年之后，打算回国了。他的好朋友无行禅师送他离开那烂陀，东行六驿，才执手言别。此时两人“各怀生别之恨，俱希重会之心，业也茫茫，涕泪交袂矣”，都十分地难过。没到耽摩立底，义净又一次在路上遇到劫贼，不过终于还是到达了耽摩立底，随身还带着梵本三藏五十万余颂。

义净回国的路线，和去印度时完全一样，仍是由海路乘船东归。但是不管在《求法高僧传》还是在《寄归传》中，都没有关于他回国行程的比较详细的记载。只有义净翻译的《根本说一切有部百一羯磨》里他自己写的一条注里讲到这事：

（耽摩立底）即是升舶入海归唐之处，从斯两月泛舶东南，到羯茶国，此属佛逝。舶到之时，当正二月。若向师子洲，西南进舶，传有七百驿。停此至冬，泛舶南上，一月许到末罗游洲，今为佛逝多国矣。亦以正二月而达，停至夏半，泛舶北行，可一月余，便达广府，经停向当年半矣。

若有福力扶持，所在则乐如行市。如其宿因业薄，到处实危若倾巢。[1]

这条注本来是为中国到印度求法的僧人介绍归国的路程，但看来也是义净自己返国时行程的实录。依照这条注，义净回国时又再次在羯荼国停留过差不多近一年的时间。他在《求法高僧传》卷下的《道琳传》中讲自己“回至南海羯荼国，有北方胡至”，也可以证实这一点。从前后的时间推算，这时应该是垂拱二年(686)。到了冬天，义净再次乘船，回到末罗瑜。这时大约是垂拱三年的正二月间。然后又回到室利佛逝。

义净第二次在室利佛逝停留的时间更长。他在《寄归传》里说：

> 旋踵东归，鼓帆南海，从耽摩立底国，已达室利佛誓，停住已经四年，留连未及归国矣。(卷四“西方学法”章)

义净写这段话时，是在天授二年(691)上半年。[2] 在此之后，他还继续留在室利佛逝，一直到长寿二年(693)夏天乘船返回广州。这前后一共有六年多。

但是在这段时间里义净实际上已回到广州过一次。《求法高僧传》卷下所附的《重归南海传》中就讲到这事：

---

① 这是义净在他所翻译的《根本说一切有部百一羯磨》一书中所写的一条注。见原书卷五，T24/477c。

② 义净在天授二年五月十五日遣僧人大津将《寄归传》等书送回国。见《求法高僧传》卷下《大津传》。又《求法高僧传》各本此句或作天授二年，或作天授三年，拙稿《大唐西域求法高僧传校注》取天授二年一说。义净于垂拱三年春初抵末罗瑜，然后到室利佛逝，至天授二年五月，恰好四年。《寄归传》卷二“便利之事”章：“幸希万一而能改，亦宁辞二纪之艰辛。”二纪，此指二十年，非二十四年。《寄归传》卷一“序”：“住持八纪，弘济九居。”释迦牟尼在世八十年，一纪十年。义净在咸亨二年赴印，到天授二年也正好二十年。

净于佛逝江口升舶，附书凭信广州，见求墨纸，抄写梵经，并雇手直。于时商人风便，举帆高张。遂被载来，求住无路。是知业能装饰，非人所图。遂以永昌元年七月二十日达于广府，与诸法俗重得相见。

这是一件很有趣的事。照着义净自己的说法，他似乎是因为很偶然的机会被载运回国。但是季风将起，岂能不先有所知？商船起碇欲行，虽然须借风便，恐怕也不至于慌到连立即下船的片刻时间都没有，以至于"求住无路"的地步。至于说"业能装饰，非人所图"，显然只能说是一种托词。而如果只是"见求墨纸"与"并雇手直"，这两件事，一般说来，写一封信足已能够办到，何必一定要义净本人重蹈风波之险，再受颠沛之苦？须知他自己是深知海上航行的艰难危险的。退一步讲，即使需要义净亲自到广州一趟，他也不用寻这种托词。这究竟是为什么呢？

这里我们只好做一种设想：义净本人要回国，但并不打算马上回国，他只是要先寻个理由（这理由可能也的确是事实），回广州一次，让大家知道他求法归来，打算翻译佛经的事。但这一点用心，他又不愿或不便说得太明显。这从他回广州后的举动可以看出来：

于时在制旨寺，处众嗟曰："本行西国，有望流通。回住海南，经本尚阙。所将三藏五十余万颂，并在佛逝国，事须覆往。既而年余五十，重越流波，隙驷不留。身城难保，朝露溘至，何所嘱焉？经典既是要门，谁能共往收取？随译随受，须得其人。"（《求法高僧传》卷下）

其实，这五十余万颂三藏早已从印度带到了室利佛逝，既然在自己手中，何不径直载运回国？广州或中国其他的地方难道不可以译经吗？何必一定要从中国约请助手到外国去翻译中文书，写中文书，然后又送回中国来？要知道，当时在广州，在长安，在洛阳，译经的中国僧人有，外国僧人也有。此举岂不是舍近求远，徒事周折？至于说“经本尚阙”的话，恐怕也是托词。因为义净后来最终回到洛阳时，带回的也还是那五十余万颂梵本，并未增加什么。

不过，义净的这点用心说来也无可厚非。当年玄奘从印度回国，一路上都匆匆忙忙，可是走到于阗，却停了下来，一面给皇帝上表，说要回来，一面却“为于阗王留连，未获即还”。玄奘当时在表章里也找了一条理由：“今已从钵罗耶伽国经迦毕试境，越葱岭，渡波谜罗川，归还达于于阗。为所得大象溺死，经本众多，未得鞍乘，以是少停，不获奔驰，早谒轩陛，无任延仰之至。谨遣高昌俗人马玄智随商侣奉表先闻。”[①] 其实这是玄奘的借口。玄奘的意思，一是先探探皇帝的态度，因为他当年偷渡出关，希望不致因此而有什么麻烦；二是预先让大家知道。玄奘在于阗就这样停留了七八个月，直到唐太宗的诏书到达，才又重新进发。果然人未到而声名早已先到。等玄奘真正到达长安之日，万人空巷，列簿相迎，“始自朱雀街内，终届弘福寺门，数十里间，都人仕子，内外官僚，列道两旁，瞻仰而立，人物阗闉”。[②] 这是本朝的史事，过去不过才四十来年，义净与玄奘其心相通，景仰前辉，未必就不想比隆往事。但此意似乎又不宜明说，由此恐怕才想出这么个主意与托词。而后来的事实果然也证明义净的办法是成功的。

① 《慈恩传》卷五，T50/251c—252a。
② 同上，卷六，T50/252c。

制旨寺是当时广州最大的佛寺之一,寺里的僧人给义净介绍了几位助手。义净在广州只停留了三个来月。永昌元年(689)十一月一日,义净与他约请的四位僧人——贞固、怀业、道宏、法朗一起,再次搭乘商船出发。[①]“广府法俗,悉赠资粮。”大家都知道他求法成功,快要回来了。十二月,船到达室利佛逝。

第二年是载初元年,这时武则天早已做了中国的皇帝。九月,武则天正式改国号为周,又改元天授。这一年和天授二年(691)上半年,义净在这四位僧人的协助下,翻译了一些经典,又写成了《求法高僧传》与《寄归传》。天授二年五月十五日,义净派遣另一位中国僧人大津,带着他写给朝廷的表文,并附上新写成的四卷《寄归传》、两卷《求法高僧传》以及新译的十卷其他的经论,送往长安。义净这次要向皇帝直接报告的是“望请天恩于西方造寺”。[②]这时正是武则天改唐为周的第二年。义净一定知道,这位女皇帝当时正大力扶持佛教,借重佛教的影响,宣称自己是弥勒佛转世,而且又最喜欢玩些新鲜的花样来抬高自己,这正是他上表的最好机会。至于附上的新译成的经论,虽然数量不多,但已经可以表明自己的成绩。因为义净本来就不是要在室利佛逝长久地翻译下去。

派出大津以后,义净现在在室利佛逝只是等待回国了。

三、归国与两京译经

武周长寿二年(693),义净已经五十九岁。这年夏天,他终于从室利佛逝回到了广州。三年前从广州约请去室利佛逝

① 永昌元年十一月即载初元年正月。是年改用子正,以永昌元年十一月为载初元年正月,至久视元年始复寅正。见《资治通鉴》卷二〇四及二〇七。

② 见《求法高僧传》卷下《大津传》。

的四位僧人中，法朗去了诃陵国，后来死在那里，怀业不打算回国，只有贞固和道宏相随回国。

关于义净从室利佛逝回到广州的时间，各书都没有明文记载，只记载义净在证圣元年(695)仲夏抵达洛阳，因此过去一般都把这件事系在证圣元年。但是这并没有直接的证据。相反，既然义净在仲夏抵达洛阳，据《旧唐书》卷四一《地理志》四，广州至洛阳四千九百里，[①] 即使假定以日行百里计，义净从广州到洛阳，一路上至少也得走四十九天。这样，义净从广州出发的日子至迟也在三月。古代航海，全借自然风力。南海和印度洋上，每年季风交替，冬季为东北风，夏季为西南风。从室利佛逝北上，必定在夏季。从广州南航，必定在冬季。所以朱彧《萍洲可谈》卷二说："船舶去以十一月、十二月，就北风；来以五月、六月，就南风。"[②] 而义净在他翻译的《根本说一切有部百一羯磨》一书中写的一条注里也恰好提到了这段行程："停至夏半，泛舶北行，可一月余，便达广府。"[③] 因此，义净从室利佛逝返回广州，必定不可能在证圣元年年初，而只能在此以前，但又在天授二年(691)以后的某一个夏天。这是其一。

此外，细按《求法高僧传》卷下所附《重归南海传》，其中最后讲："其僧贞固等四人，既而附舶俱至佛逝，学经三载，梵汉渐通。法朗顷往诃陵国，在彼经夏，遇疾而卒。怀业恋居佛逝，

① 原书，5/1712。

② 《守山阁丛书》本。以求法僧为例，《求法高僧传》中的僧人大津被义净派遣回国，从室利佛逝出发的日子是五月十五日。义净第一次从室利佛逝返回广州，出发的日子虽不清楚，抵达广州的时间是七月二十日。计算时间，出发时间在五六月间。两次从广州南行，日期都在十一月。法显从多摩梨帝(即耽摩立底)乘船到师子国，也是"泛海西南行，得冬初信风，昼夜十四日到师子国"。而从耶婆提返国，则以四月十六日出发，东北行趣广州。见《法显传》，T51/864c。

③ 这是义净在他所翻译的《根本说一切有部百一羯磨》一书中所写的一条注。见原书卷五，T24/477c。

不返番禺。唯有贞固、道宏相随俱还广府，各并淹留且住，更待后追。”这就是说，义净第二次从广州到达室利佛逝，在室利佛逝和其他四位僧人一起住了三年，即天授元年、天授二年、天授三年。此后义净从室利佛逝回到广州，只能是在长寿二年，也就是长寿二年的“夏半”。这是其二。①

如果这样的推断是正确的，义净第二次回到广州，又在广州停留了一年多，即从长寿二年的下半年到证圣元年的年初。

证圣元年五月仲夏，义净从广州到达洛阳。洛阳当时称为东都，皇帝武则天多数时间都住在这里。义净到洛阳之前，是否和玄奘当年一样，先接到皇帝的诏书，史无明文。但从他到达洛阳时受到的盛大欢迎看，皇帝先有准备，他也应该是先接到诏书，而后再出发的。②

义净到达洛阳那天，欢迎仪式规格之高，甚至超过当年的玄奘。玄奘抵达长安时，只是京城留守房玄龄派了一位司马、一位大将军，再加上长安县县令迎接，其余迎接的人虽然多，可都是僧人与一般老百姓。义净这次回来，却是女皇帝武则天亲自出城迎接。《开元录》卷九记载这段经历：

以天后证圣之元乙未仲夏还至河洛，得梵本经律论近四百部，合五十万颂，金刚座真容一铺，舍利三百粒。天后敬法重人，亲迎于上东门外。洛阳缁侣，备设幢幡，兼陈鼓乐，在前导引。敕于佛授记寺安置。所得梵本，并令

---

① 拙稿《大唐西域求法高僧传校注》附录二《义净生年编年》将义净此次归国事从证圣元年向前逆推一年，系在长寿三年。当时注意到了从室利佛逝到广州，又从广州到洛阳两段行程在时间上的前后关系，但未注意到《重归南海传》中“学经三载”一句，未能同时从义净重返室利佛逝的时间往下推，以确定义净等再次归国的准确时间。今改正之。

② 卢璨在先天二年（713）义净去世时撰写的《大唐龙兴翻经三藏义净法师之塔铭并序》中说：“以证圣元年届于东洛，敕命有司具礼兼遣，洛邑僧众尽出城迎。”T55/871c。似乎当时皇帝对义净返回洛阳一事确有准备。

翻译。[1]

这段记载虽然简单，但是天后亲迎，在当时可是件极其了不得的事。同样的殊荣，玄奘当年也未能得到。义净大概也如愿以偿，后来临终时还提到这件事："天子亲迎，群公重法。"[2]这一年，义净已经六十一岁了。

这时还发生了一件事，与义净有关。事情发生在证圣元年五月，正是义净第一次见到武则天的时候。赵明诚《金石录》卷二五有一篇碑跋，跋文讲：

> 右《唐中兴圣教序》，中宗为三藏法师义净所作。唐奉一书。刻石在济南长清县界四禅寺。寺在深山中，义净真身塔尚存。今屡往游焉，得此文入录。案《御史台记》，奉一齐州人，善书翰，武后时为御史，后坐诛剪皇族，废。[3]

《唐中兴圣教序》即《大唐龙兴三藏圣教序》。在历代的"圣教序"中，除了唐太宗和武后的"圣教序"外，这篇"圣教序"也算比较出名。原文尚存。[4]赵明诚是北宋密州诸城人，其妻李清照是济南人，夫妻俩在北宋灭亡前在济南住了很长一段时间。赵明诚在长清见到这块唐碑，是极可信的事。但最有意思的是下文中记这块碑碑侧的内容：

---

① T55/568b。

② 《贞元录》卷十三，T55/870c。

③ 文字依《四部丛刊》本。这条材料，最初是方广锠先生告诉我的，谨此致谢。

④ 全文见《昭和法宝总目录》卷三，第1421页c。当时刻碑"龙兴"二字作"中兴"。中宗复辟，神龙元年诏天下诸州各置"大唐中兴寺"，图史及制诰并加"中兴"二字。后右补阙张景源上疏请改"中兴"为"龙兴"，中宗从之，天下寺观、图史及制诰并改如此例。见《唐会要》卷四八"龙兴寺"条，第6页b—第7页a。也许山东长清或陕西西安至今还保存有原碑，但我没有机会去访查。

右《圣教序》碑侧云：则天尝得玉册，上有名十二字，朝野不能识，义净能读。其文曰：天册神皇万岁忠辅圣母长安。证圣元年五月上之，诏书褒答。

以下赵明诚又评论道：

案宋莒公《纪年通谱》，武后以证圣元年九月授“天册金轮圣神”之号，故大赦改元。先是司饩局人于水际得石函，有玉册云：神皇万岁忠辅圣母长安。故改元协瑞，其文与义净所载小异云。余尝谓义净方外之人，然区区为武后称述符命，可笑也。然陶弘景号称一代高士，在梁武时，亦屡上图谶，岂独义净哉！

原来武则天这年的授号与改元还有这么一段故事。作为正史的新旧《唐书》及《资治通鉴》都记载了这次授号与改元之事，可是却漏掉了这段有趣的情节。[①] 过去不管讲义净，还是讲武则天，还没有谁提到过这件事。赵明诚记下的碑侧的这段文字，至晚镌于北宋，可能还更早一些，正好可以补正史书中的阙遗。武则天做皇帝时，最好符瑞图谶。造玉册的人在骗人，义净骗武则天，武则天骗天下的老百姓，各有各的打算。义净一到洛阳，便立了一“功”，武则天先把他安排在佛授记寺住下，

① 见《旧唐书》卷六，1/124；《新唐书》卷四，1/95；《资治通鉴》卷二〇五，14/6503。《资治通鉴》所记尊号略有不同，作“天册金轮大圣皇帝”。看来应以此碑与新旧《唐书》所记为是。同样的事情以前也有。例如垂拱四年四月，武承嗣伪造瑞石，上刻文作“圣母临人，永昌帝业”，令雍州唐同泰表称获之于洛水。武后大悦，号其石为“宝图”。五月，加尊号“圣母神皇”。七月，更命“宝图”为“天授宝图”，洛水为“永昌洛水”，如是等等。次年改元永昌。见《资治通鉴》卷二〇四，14/6449。

大概也是“寓深意焉”。[①] 这件事不大不小，却正好从一个侧面反映出当时的政治风气。从义净方面讲，当然有他自己的一番用意。玄奘当年为了和皇帝搞好关系，不也做过好些相似的事吗？ “不依国主，法事难立。”历代的高僧大德差不多都明白这个道理。

因为义净读出的玉册上的这段文字，证圣元年九月，武则天改元为“天册万岁”。十月二十六日，佛授记寺僧明佺领衔编写的《大周刊定众经目录》编成，义净列名编书大德之列，被称作“汉三藏翻经大德大福先寺义净”。[②] 大概义净在佛授记寺没住多久，便移住到大福先寺。不过，从义净刚到洛阳仅五个月，书就编成的事实来看，义净只是仅仅列名编者之列而已，恐怕并未参加多少实际工作。而这部经录确实也编得很不好，被后来的智昇批评为“虽云刊定，繁秽尤多。虽见流行，实难凭准”。[③]

和玄奘一样，义净马上就开始了翻译佛经的工作。不过，他最初并没有独自翻译，而是与于阗国来的僧人实叉难陀，还有复礼、法藏等共同翻译《华严经》。译场设在东都大内大遍空寺内，武后“亲临法座，焕发序文，自运仙毫，首题名品”。[④] 在译场中，义净的职务是与南印度来的僧人菩提流志共同宣读梵本。

圣历二年（699）十月八日，《华严经》全部译完。圣历三

① 佛授记寺原名敬爱寺。《唐会要》卷四八：“敬爱寺，怀仁坊，显庆二年，孝敬在春宫，为高宗武太后立之。以敬爱寺为名，制度与西明寺同。天授二年，改为佛授记寺。其后又改为敬爱寺。”第 7 页 b。此寺改名，正在武则天声称得佛授记，应做皇帝，改国号为周之时。改名事与薛怀义直接有关。《旧唐书》卷一八三：“（怀义）于建春门内敬爱寺别造殿宇，改名佛授记寺。” 14/4741。

② T55/476a。原文作 “大福光寺”，但 “光” 字实为 “先” 字之讹。

③ 《开元录》卷九，T55/565c。

④ 同上，T55/566a。

年即久视元年(700),从这年起,义净开始独自翻译佛经。他住在大福先寺。五月五日,义净译出《入定不定印经》。武则天为此写了一篇《大周新翻圣教序》,其中把义净称作“缁俗之纲维,绀坊之龙象”。[①] 这可以说明义净当时的地位。

根据《开元录》卷九的记载,从久视元年到长安三年(703),一共三年多近四年的时间里,义净先是在洛阳大福先寺,后来在长安西明寺,共译出佛经二十部一百一十五卷。译经的速度平均一年约三十卷。考虑到义净这时已经是六十多近七十的高龄,应该说他是很勤奋的。他这时的年纪比玄奘回国译经时的年纪要大得多。

义净什么时候离开洛阳,到了长安,什么时候又离开长安,回到洛阳,文献中都没有明确的记载。从经录中知道,大足元年(701)九月二十三日他还在洛阳,长安三年十月四日他住在长安,而在长安四年年初,他又回到了洛阳。这几个时间点恰好和武后的行踪合得起来。武则天大足元年十月从洛阳回到长安,长安三年十月又回到洛阳。从义净当时的地位和武则天对义净的态度推测,义净完全可能一直随驾而行。长安四年的四月,义净应嵩山少林寺僧人的邀请,去过一次少林寺,重结戒坛,他为此写了一篇《少林寺戒坛铭并序》。铭文刻在碑上,但碑今天可能已经不存了。[②]

神龙元年(705),唐中宗即位。二月,国号又重新恢复为唐。唐中宗和他母亲一样,也是一位信佛的皇帝。在此以后的几年里,从《开元录》等的记载看,义净跟随唐中宗,先住在洛阳,后住在长安,始终很受皇帝的优待。《开元录》记载的几件事就可以说明:

---

① 《昭和法宝总目录》卷三,第 1425 页 b。

② 文见《金石萃编》卷七十,亦见《全唐文》卷九一四。

神龙元年,唐中宗为义净新译的佛经写了《大唐龙兴三藏圣教序》,又亲御洛城西门,“宣示群辟净所新翻,并令标引”。这算是又一次难得的殊荣。

神龙二年,义净随唐中宗回到长安。唐中宗命令在大荐福寺内专门辟出一所翻经院,作为义净翻译工作的地方。大荐福寺就是现在西安有名的小雁塔所在的寺院。

神龙三年,唐中宗召义净进宫,同翻经沙门一起坐夏。义净在宫中大佛光殿译出《药师琉璃光十佛本愿功德经》二卷。翻译时,“帝御法筵,手自笔受”,真是毕恭毕敬。[①]

但是就义净自己而言,最重要的工作仍然是翻译。他已经是七十多岁的高龄,所余时日不多。他抓紧时间,翻译不辍。他的成绩有:

神龙元年,译出佛经四部六卷。

景龙四年(710),译出佛经二十部八十八卷。

唐睿宗景云二年(711),译出佛经十二部二十一卷。

这几个数字,加上他在长安三年以前翻译的部数与卷数,一共是五十六部二百三十卷。但这只是《开元录》举出的数字。他实际翻译的佛经,数量不止于此。现存的他翻译的根本说一切有部的多种律中,至少就有七部五十卷没有包括在内。为什么会这样,原因不清楚。可能是当时译出后未来得及最后删定,也就没有得到广泛流通,《开元录》中就没有列入。或者也可能是《开元录》的疏略。[②] 所有这些,其中绝大部分都是义净自久视元年到景云二年,也就是从六十六岁到七十七岁十二年内翻译的。在这样的年纪,取得这样的成绩,说明他的确是十分努力。

① 《开元录》卷九,T55/568c。

② 详见下节“著译编年目录”。

义净翻译佛经的方法和玄奘一样，仍然是组织译场。他亲自领导过的译场前后至少有四个，规模都很大。译场中有中国僧人，也有外国僧人，还有不少当时的高官显宦。例如景龙四年他在长安大荐福寺领导的译场直接参加者就有四十余人：

> 吐火罗沙门达磨末磨、中印度沙门拔弩证梵义；罽宾沙门达磨难陀证梵文；居士东印度首领伊舍罗证梵本；沙门慧积、居士中印度李释迦、度颇多等读梵本；沙门文纲、慧沼、利贞、胜庄、爱同、思恒等证义；沙门玄伞、智积等笔受；居士东印度瞿昙金刚、迦湿弥罗国王子阿顺等证译；修文馆大学士特进赵国公李峤、兵部尚书逍遥公韦嗣立、中书侍郎赵彦昭、吏部侍郎卢藏用、兵部侍郎张说、中书舍人李乂、苏颋等二十余人次文润色；左仆射舒国公韦巨源、右仆射许国公苏瓌等监译；秘书大监嗣号王邕监护。[1]

真是各色人等，济济一堂。当然，要组织起这样的译场，离不开最高统治者皇帝的支持。而义净和玄奘一样，在这方面都很会与皇帝打交道。

除了译经，义净其他的时间就是教授学生。《开元录》卷九讲他"译缀之暇，曲授学徒。凡所行事，皆尚其急。滤漉涤秽，特异常伦。学侣传行，遍于京洛"。[2]说明他当时的学生很不少。其中有一位慧日，在义净的鼓励下，后来也去了印度。[3]

太极元年（712），义净已经是七十八岁的高龄，终于不能再继续工作。他出现生病的迹象。二月十二日，门人崇勗为他

---

① 《开元录》卷九，T55/568c—569a。

② T55/569a—b。

③ 慧日事迹见《宋高僧传》卷二九，T50/890b—c。

画了像。新皇帝唐睿宗为这幅画像写了一篇“赞”。看来他这时“道茂年衰”，已经在为后事做准备了。七月二十五日，唐睿宗传位给唐玄宗，玄宗改元先天。这一年里，义净的病势越来越沉重。他想在临终前回到家乡齐州去，可是卧床不起，已经不可能了。

先天二年（713）正月六日，正是年初，太上皇唐睿宗派人来问候他。正月十七日初夜，义净知道自己不行了，便吩咐人准备好纸笔，留下遗书。二更时分，遗书写好。到后半夜，义净便溘然去世于长安大荐福寺翻经院内，终年七十九岁，照着僧人的规矩，法腊五十九。

义净的葬礼在二月七日举行。举行葬礼这天，“京城四众，陈布威仪卤簿，供养香花”，送葬的门人有一万余人。葬礼十分隆重。太上皇派遣中使吊慰，赐物一百五十段，追赠鸿胪卿。他埋葬在长安延兴门东陈张村阁院内，院内建立灵塔。五月十五日，灵塔建成，塔上铭文题为“大唐龙兴翻经三藏义净法师之塔铭并序”，由银青光禄大夫行秘书少监同安侯卢璨撰文，开业寺沙门智业书字。四十年后，唐肃宗乾元元年（758），为了纪念义净译经的功绩，又在塔院所在的地方建起一座寺院，称作“金光明寺”，因为义净翻译过有名的《金光明最胜王经》。[①]

四、著译编年目录

义净在证圣元年（695）五月回到洛阳。从证圣元年到圣历二年（699）的最初四年里，义净只是在实叉难陀的译场里协助实叉难陀翻译《华严经》。自久视元年（700）起，义净便独立

① 此俱见《贞元录》卷十三，T55/871a—872b。

组织译场，翻译佛经，一直到唐睿宗景云二年(711)。据《开元录》卷九，在这段时期里他一共译经五十六部，合二百三十卷。下面依编年次序将义净所译佛经列举出来。

久视元年(700)：

《入定不定印经》一卷，五月五日在洛阳大福先寺译毕。第二出，与北魏瞿昙流支所译《不必定入定入印经》同本。武后为制《大周新翻圣教序》。

《长爪梵志请问经》一卷，十二月二十三日在洛阳大福先寺译毕。

《根本萨婆多部律摄》二十卷，译出时处同上。或作十四卷，今《大正藏》本即十四卷。

大足元年(701)：

《八无暇有暇经》一卷，九月二十三日在洛阳大福先寺译毕。

《妙色王因缘经》一卷，译出时处同上。

《大乘流转诸有经》一卷，译出时处同上。

《庄严王陀罗尼咒经》一卷，译出时处同上。

《善夜经》一卷，译出时处同上。

《弥勒下生成佛经》一卷，译出时处同上。第六出，与鸠摩罗什译《弥勒下生经》等同本。

《无常经》一卷，《开元录》称是此年九月二十三日在洛阳大福先寺译毕。但根据《寄归传》卷二中的原注："此经别录附上"，此年应是重缀。《开元录》未能详审。

长安三年(703)：

《六门教授习定论》一卷，无著本，世亲释。十月四日在长安西明寺译毕。

《取因假设论》一卷，陈那造。译出时处同上。沙门智积等笔受。

《掌中论》一卷，陈那造。译出时处同上。第二出，与《解卷论》同本。

《根本说一切有部百一羯磨》十卷，译出时处同上。

《根本说一切有部尼陀那目得迦》十卷，译出时处同上。或作八卷。今《大正藏》本作十卷，其中尼陀那五卷，目得迦五卷。

《根本说一切有部毗奈耶》五十卷，译出时处同上。沙门波仑、惠表等笔受。

《曼殊室利菩萨咒藏中一字咒王经》一卷，译出时处同上。第二出，与宝思惟出者同本。

《能断金刚般若波罗蜜多经》一卷，译出时处同上。第五出，与鸠摩罗什、北魏菩提流支、陈真谛等出者同本。

《金光明最胜王经》十卷，译出时处同上。第五出，与北凉昙无谶所译四卷本同本。

《龙树菩萨劝诫王颂》一卷，原在东印度耽摩立底国译，至都重缀，时在久视元年至长安三年间。第三出，与《劝发诸王要偈》等同本。

神龙元年(705)：

《大孔雀咒王经》三卷，是年在东都内道场译出。第八出，与梁僧伽婆罗等出者同本。

《香王菩萨陀罗尼咒经》一卷，是年在洛阳大福先寺译出。

《佛为胜光天子说王法经》一卷，七月十五日在洛阳大福先寺译出。玄伞笔受。第三出，与旧《谏王经》及唐译《胜军王经》并同本。

《一切功德庄严王经》一卷，译出时处同上。玄伞笔受。

以上四部，唐中宗为制《大唐龙兴三藏圣教序》。

神龙三年(707):

《药师琉璃光七佛本愿功德经》二卷,此年夏于长安大内佛光殿译出。译时皇帝亲御法筵,手自笔受。第四出,与隋达摩笈多等出者同本,但广略有异。

景龙四年(710):

《浴像功德经》一卷,四月十五日在长安大荐福寺翻经院译出。第二出,与宝思惟出者同本。今《大正藏》本题作《浴佛功德经》。

《数珠功德经》一卷,译出时处同上。第二出,与宝思惟出者同本。今《大正藏》本题作《曼殊室利咒藏中校量数珠功德经》。

《成唯识宝生论》五卷,译出时处同上。一名《二十唯识颂释论》,护法造。玄伞、智积等笔受。

《观所缘释论》一卷,译出时处同上。护法造。玄伞、智积等笔受。

《佛为难陀说出家入胎经》二卷,是年在长安大荐福寺译出。出《根本说一切有部毗奈耶杂事》第十一、十二卷,编入《宝积》,当第十四会,改名《入胎藏会》,今《大正藏》本即此名。

《观自在菩萨如意心陀罗尼咒经》一卷,译出时处同上。第三出,与实叉难陀、宝思惟等出者同本。

《佛顶尊胜陀罗尼经》一卷,译出时处同上。第五出,与杜行顗、日照、波利等出者同本。

《拔除罪障咒王经》一卷,译出时处同上。

《五蕴皆空经》一卷,译出时处同上。智积等笔受。出《杂阿含经》第二卷异译。

《三转法轮经》一卷,译出时处同上。玄伞等笔受。出《杂阿含经》第十五卷异译。

《譬喻经》一卷，译出时处同上。玄伞等笔受。

《疗痔病经》一卷，译出时处同上。玄伞等笔受。

《根本说一切有部苾刍尼毗奈耶》二十卷，译出时处同上。

《根本说一切有部毗奈耶杂事》四十卷，译出时处同上。

《根本说一切有部戒经》一卷，译出时处同上。

《根本说一切有部苾刍尼戒经》一卷，译出时处同上。

《根本说一切有部略毗奈耶杂事摄颂》一卷，译出时处同上。

《根本说一切有部略毗奈耶尼陀那目得迦摄颂》一卷，译出时处同上。

《根本说一切有部毗奈耶颂》五卷，毗舍佉造。先在印度那烂陀译出，回国后删正，是年奏行。今《大正藏》本作三卷。

景云二年（711）：

《称赞如来功德禅咒经》一卷，闰六月二十三日在长安大荐福寺翻经院译出。第二出，与隋译《十二佛名神咒经》同本。玄伞、智积等笔受。

《佛为海龙王说法印经》一卷，译出时处同上。玄伞、智积等笔受。

《略教诫经》一卷，译出时处同上。玄伞等笔受。

《能断金刚般若波罗蜜多经论颂》一卷，无著造，是年在长安大荐福寺译出。玄伞、智积等笔受。

《能断金刚般若波罗蜜多经论释》三卷，无著造颂，世亲释。译出时处同上。玄伞、智积等笔受。

《因明正理门论》一卷，大域龙即陈那造。译出时处同上。玄伞、智积等笔受。第二出，但除首段三百余字以外，其余部分与玄奘所译《因明正理门论本》文字上几乎完全相同，显然是借用了玄奘的译文。

《观总相论颂》一卷，陈那造。译出时处同上。智积等笔受。

《止观门论颂》一卷，世亲造。译出时处同上。玄伞等笔受。

《手杖论》一卷，释迦称造。译出时处同上。玄伞等笔受。

《法华论》五卷，造者莫知。是年译出。译本开元年间即佚。

《集量论》四卷，陈那造。是年译出。译本开元年间即佚。

《一百五十赞佛颂》一卷，摩咥里制吒造。先在印度那烂陀寺译，是年于长安大荐福寺重缀。

这里有一点需要说明，以上标注的译出时间，实际上是译本奏行的日期，所以很多都相同。这五十六部佛经，除掉最后的《法华论》与《集量论》两部九卷外，现在全部存在。但现存的义净所翻译的佛经，还有根本说一切有部的律七部五十卷，是《开元录》没有收录的，却收录进了后来成书的《贞元录》。这七部律是：

《根本说一切有部毗奈耶药事》二十卷。今《大正藏》本作十八卷。

《根本说一切有部毗奈耶破僧事》二十卷。《贞元录》注："内欠二卷。"但今《大正藏》本实作二十卷。

《根本说一切有部毗奈耶出家事》五卷。《贞元录》注："内欠一卷。"今《大正藏》本作四卷。

《根本说一切有部毗奈耶安居事》一卷。

《根本说一切有部毗奈耶随意事》一卷。

《根本说一切有部毗奈耶皮革事》二卷。

《根本说一切有部毗奈耶羯耻那事》一卷。今《大正藏》本题作《根本说一切有部毗奈耶羯耻那衣事》。

这七部律具体是在什么时候译出的，没有记载可以说明。《贞元录》卷十三在录下经名和卷数后只说："右此上从《药事》下七部共五十卷，并从大周证圣元年至大唐景云二年以来两京翻译，未入《开元释教录》。今搜检乞入《贞元目录》。于内由欠三卷,为访本未获,且(且?)附阙本录中收。切依前遗失,兼误为别生,故重标于此耳。"[1] 联系《开元录》所讲的义净"又出说一切有部跋窣堵约七八十卷,但出其本,未遑删缀,遽入泥洹,其文遂寝"一句话,这七部律可能就是这其中的一部分。[2]

除了翻译的佛经外,义净自己撰写的著作共有五部,合九卷。它们是:

《南海寄归内法传》四卷。

《大唐西域求法高僧传》二卷。

《别说罪要行法》一卷,或无"别"字。

《受用三水要法》一卷,或作《受用三水要行法》。

《护命放生轨仪》一卷,或作《护命放生轨仪法》。

其中前两部当然是义净最重要的著作,写成时间是在天授二年。[3] 后面三部什么时候写成,没有明文记载,过去有人认为是和《寄归传》及《求法高僧传》同时写成,但实际上没有什么根据。[4] 相反,义净在《寄归传》与《求法高僧传》中一点

---

① 《贞元录》卷十三,T55/869a。五代南唐保大三年(945)恒安编成的《续贞元释教录》补充得更详细一些:"右上七部五十卷是大唐三藏义净从大周证圣元年,止大唐景云二年以来两京宣译,准长安四年十二月十四日敕及景云二年闰六月二十六日敕,编入经目。今准《开元释教录》中遗漏不收,今拾遗补阙编入《贞元释教录》。" T55/1052c。如果依这种说法,这五部律在义净译出以后就已经奏上颁行。这和智昇在《开元录》中讲的"其文遂寝"的"一切有部跋窣堵约七八十卷"的情形还不完全一样。但这五部律确实都是"跋窣堵"类的著作。我因此怀疑智昇的说法在细节上不是很准确。

② 原书卷九,T55/569a。

③ 义净在天授二年五月十五日遣僧人大津将《寄归传》等书送回国。见《求法高僧传》卷下《大津传》。又《求法高僧传》各本此句或作天授二年,或作天授三年,拙稿《大唐西域求法高僧传校注》取天授二年一说。义净于垂拱三年春初抵末罗瑜,然后到室利佛逝,至天授二年五月,恰好四年。《寄归传》卷二"便利之事"章:"幸希万一而能改,亦宁辞二纪之艰辛。"二纪,此指二十年,非二十四年。《寄归传》卷一"序":"住持八纪,弘济九居。"释迦牟尼在世八十年,一纪十年。义净在咸亨二年赴印,到天授二年也正好二十年。

④ 例如民国十三年(1924)天津刻经处刻印的《南海寄归法要》,即将五种书印在一起,认为是同时寄归的。唯一勉强可以看作理由的是《开元录》把这五种书著录在一起,后三种书与《寄归传》在内容上也很接近。但《开元录》著录各书,先分译和著两大部分,然后译经中大致又以经、律、论分类,并不以著译时间先后为序。比较各书译时及排列次序,即可知道。

没有提到后三种书，说明这三种书写成很可能不在同时，而在其后。

在早期经录未载的义净著译的作品中，还有《略明般若末后一颂赞述》一卷和《梵语千字文》一卷。前者为了解印度佛教哲学思想史和“般若”类经典的形成和发展提供了一些重要的资料。[①] 后者是否真是义净所著，曾有过争论，但确是一部有用而又显得有点特别的书。印度学者师觉月有专门的研究著作。[②] 此外，在《全唐文》卷九一四和《金石萃编》卷七十中，尚收有义净《少林寺戒坛铭并序》一文，写于长安四年（704）四月。《贞元录》卷十三中录有义净临终时所写的遗书。宋法云编《翻译名义集》卷七有《题取经诗》一首。再有就是义净自己在《寄归传》和《求法高僧传》中提到的《南海录》《西方记》《西方十德赞》《中方录》四种书，很像是义净自己的著作。其中《南海录》一书，《宋史》卷二〇四《艺文志》三曾著录为一卷，把它归入地理书类。虽然未题撰者，或者就是同一部书。[③] 说明这部书至少在宋元之际还是存在的。但其他三种书除义净自己提到过以外，不见于任何其他书中，看来是很早就亡佚了。

以上是义净著译作品的整个情况。总起来说，《开元录》卷九说他翻译和撰述的著作共六十一部二百三十九卷的说法不完全正确，其中有所遗漏。先天二年义净去世时，卢璨为他撰写《塔铭》，说他“前后所翻经一百七部，都四百二十八卷，并敕编入一切经目”。[④] 但不管是《开元录》还是《贞元录》所记的数目，或者以现存的能见到的实际数目相比较，都与此相差

① 见 Gi. Tucci, *Minor Buddhist Texts*, Part Ⅰ & Ⅱ, First Indian Ed., Delhi, 1986, p.11 ff。

② P. C. Bagchi, *Deux Lexiques Sanskrit-Chinois*, Paris, Tome Ⅰ, 1929, Tome Ⅱ, 1937.

③ 原书，15/5161。

④ T55/871c。

甚远。看来义净的著作在他去世后有不少很快就散佚了，现存的只是其中一部分。

五、简短的评价

义净是一位僧人，我们今天要对他作出一个评价，我以为主要需考虑在当时的条件下，他一生的活动为发展中国的文化以及中外文化的交流做出了什么贡献。其他的都是次要的，而就这方面而言，义净无疑是一位相当杰出的人物。

首先谈义净求法这件事。在佛教史上，中国僧人西行求法，如果从三国魏时的朱士行算起，到北宋为止，其间时近千年，人逾数百，但是其中真正能够到达印度本土，又学有成就，最后回到中国传译经典、著书立说的并不多。以此作为标准，能够举出名字的也就只有法显、玄奘、义净三人。三人之中，译经最多、影响最大的当然首推玄奘，其次就是义净。古代中外文化的交流，有多种形式，其中宗教文化的交流以及由此而引起的其他方面的交流在一段时间里占有主要的地位。在当时的历史条件下，僧人们的求法运动便是这种交流活动中重要的一部分。作为一位求法僧，义净对此做出了显著的贡献。

义净为什么要到印度求法？除了他自己的宗教热忱，恐怕也与当时中国佛教发展的状况有些关系。我们知道，佛教自西汉末、东汉初时传入中国，中间经过魏晋南北朝，到了隋唐时代，不仅站住了脚跟，与儒、道鼎足而立，而且在中国的社会环境中形成了具有中国自身特点的中国佛教。唐代便是这个发展的顶点。佛教在唐初虽称极盛，但作为一种被统治阶级所利用的宗教，自身存在的问题仍然很多，其中一个问题就是戒律弛坏。僧人中藏垢纳污，秽闻层出，不仅一般世俗群众不满,佛教徒中的有识之士也深有所感。此外,僧人们对佛教戒律的研究和解释,在唐初形成了中国佛教的一个专门的宗派"律宗",但就是在律宗内部,或在其他的僧人之间,对戒律的理解和解释都出现种种分歧,在实践上更是各行其是,并且互相指斥。玄奘西行,是因为他感觉当时的中国佛教徒在某些重要的宗教教理上理解不明,歧异纷纭,发生混乱,所以决定冒死到佛教的老家印度去求取"真经",以求解决中国的问题。[①] 义净的西行在某些意义上也有些相似。不过,义净最注意的不是教理上的问题,而是戒律方面的规定和僧伽内部的制度。义净的目的是想用印度"正统"的典范,来纠正当时中国佛教的偏误,矫治时弊,力挽颓风。义净在未回国以前,在室利佛逝便写了《寄归传》四卷,特别详细地记载了印度佛教的僧伽制度和戒律规定,先行寄归回国;回国以后翻译的经典又以律藏为主;传授学徒,以持律为先,看来就是这个目的。对比之下,他在翻译和著述方面所取得的成绩,倒更足以为后世称道。

义净翻译和著述方面的情况,在上一节里已经详细地作了介绍,从中可以看到他所翻译的佛经的内容和数量。但是他的翻译的价值还不仅仅体现在翻译的数量上。他花气力最多翻译出的根本说一切有部的律,近代在克什米尔发现了一部分梵文原本。这使汉译本与梵文本的对比研究成为可能。[②] 他翻译的《金光明最胜王经》,后来被转译成藏文。汉本、藏本,

---

① 《慈恩传》卷一:"(玄奘)法师既遍谒众师,备餐其说。详考其理,各擅宗涂。验之圣典,亦隐显有异,莫知适从。乃誓游西方,以问所惑,并取《十七地论》,以释众疑,即今之《瑜伽师地论》也。"T50/222c。后来玄奘到达那烂陀,又这样回答戒贤。T50/236c。

② 参见季羡林《记"根本说一切有部律"梵文原本的发现》一文,载于季羡林:《中印文化关系史论丛》,人民出版社,1957年。

加上现在尚存的梵本,都是进行对比研究的好材料。①

在义净自己著述的作品中,有必要再次特别提到《求法高僧传》和《寄归传》。前面已经讲过,这是他最重要的两部著作。从今天研究历史的角度来看,这两部书具有很重要的价值。其中《求法高僧传》一书记述的是唐初自太宗贞观十五年(641)以后至武后天授二年(691),五十年间五十七位中国僧人(包括义净本人,也包括今属朝鲜的新罗,今属越南的交州、爱州,今属阿富汗的覩货罗,今属乌兹别克的康国等地的几位僧人)到印度及南海一带游历、求法的事迹。书后所附的《重归南海传》,又记载武后永昌元年(689)随义净重往室利佛逝译经的四位中国僧人的事迹。它是一部僧传,但是却为研究唐代初年的中印关系、中印之间的交通、中国与印度的佛教历史,以及南海方面的情况提供了重要的资料。别的不论,从19世纪末到20世纪60年代,国外就先后出版了它的一个法文全译本、一个英文节译本、两个日文全译本。直到1986年8月,又出版了一种新的英文全译本,虽然这个最新译本译文中的问题仍然很多。② 可见学术界对这部书的重视。

至于《寄归传》,从内容到体例则是很有特点的另一类型

① 国外已有有关的著作出版:J. Nobel, *Suvarṇaprabhāsottamasūtra, das Goldglanzsūtra, ein Sanskrittext des Mahāyāna-Buddhismus, I-Tsing's chinesische version und ihre tibetische übersetzung*, 2 vols., Leiden, E. J. Brill, 1958。原书未见,不知仅是三种文本的合刊,还是包括有具体的对比研究。

② 法译本是:*Mémoire compose à t' Époque de la Grande Dynastie T'ang sur les Religieux Éminents qui allérent chercher la Loi dans les pays d'Occident*, traduit en Fransais par Éd. Chavannes, Paris, 1894;英文节译本是:*The Life of Huien-Tsiang by the Shaman Hwui Li, with an introduction containing an account of the works of I-Tsing*, trans. by S. Beal, London, 1911; 1973年印度德里曾重印此书;日译本一个是足立喜六的译本,日本昭和十七年(1942)出版;另一个是高田修的译本,收入《國訳一切經》"和汉撰述部"通卷第七九,昭和三十六年(1961)出版;最近出版的一个英译本是:*Chinese Monks in India,* trans. by L. Lahiri, Delhi, Motilal, 1988。此外,我在1982年完成了拙稿《大唐西域求法高僧传校注》,其中"前言"部分对此书有比较详细的介绍。

的著作。它是义净在游历印度与南海二十余年后，根据自己的所见所闻，“谨依圣教及现行要法”（原书卷一“序”），对当时印度、南海、中国佛教状况的实际记录。它涉及的面比《求法高僧传》更广，需要提出来研究的问题也更多。全书以类分章，一章一题（仅卷二“尼衣丧制”两题合一），杂而不乱，章法分明，合在一起，讲的中心题目只是一个：“内法”——律，也就是佛教僧人宗教生活中的行为准则。《寄归传》一书，既不同于游记型的《法显传》，也不同于玄奘向皇帝正式呈交的地理志型的《大唐西域记》，而好像是义净根据自己求法写下的笔记整理出来的一份专题考察报告。因此，它为我们今天了解 7 世纪时印度佛教僧伽内部宗教生活的状况提供了几乎是最多、最详细的信息。和《大唐西域记》《法显传》《求法高僧传》一样，它很早就引起了西方和日本学者的注意。在 19 世纪末，先后有一些学者把其中的一些重要章节翻译成法文、俄文，最后日本学者高楠顺次郎把全书译成英文，在英国出版。后来又有一个日文译本。① 这些都可以说明《寄归传》一书的价值。近现代研究印度佛教史的著作，只要是水平比较高一些的，可以说没有不提到、不引用这一部书的。其中的一些章节，几乎可说就是在《寄归传》的英译文的基础上改写成的。② 关于这部书，

---

① 这些学者是日本的笠原研寿（Kenjiu Kasawara）、藤岛了稳（Ryauon Fujishima），英国的 S. Beal，俄国的 Wassilief。高楠顺次郎的英译本是：*A Record of the Buddhist Religion as practised in India and the Malay Archipelago*, by I-Tsing, trans. by Takakusu, Oxford, 1896。笠原与高楠都是 Max Müller 的学生，在翻译时得到了 Max Müller 的指导和帮助。Max Müller 专门为高楠的英译本写了一封长信，作为序言印在书前。这个英译本是目前国外最通行使用的本子，20 世纪 60 至 80 年代还在多次重印。可惜译出时间已经九十年整，太旧，译文中问题也不少。日文译本收在日本出版的《國訳一切經》“和汉撰述部”通卷第八四，译者是小野玄妙，昭和三十四年（1959）出版。

② 例如 S. Dutt, *Buddist Monks and Monasteries of India*, London, 1962; L. M. Joshi, *Studies in the Buddhistic Culture of India during the 7th and 8th Centuries A. D.*, 2nd ed. Delhi, 1977。

下面还将专门地提出一些研究意见。

在翻译的方法上，义净也有自己的一些特点。从目前的研究结果来看，他在译法上比较灵活。[①] 他组织的译场，在有的地方分工比玄奘的译场还细。[②] 在他翻译的佛经包括他自己撰写的著作中，有一个显著的特点是在译文或正文下常常可以看到他加写的注。注文订正译音、译义，考核名物制度，有时还说明是典语（梵语）还是俗语，由此可以看出他在翻译及著述时的认真态度。注文中常常遗留下一些有关佛教历史的非常重要、有时是绝无仅有的史料。

总起来说，义净是一位虔诚的佛教徒，他的所有行为、动机都出于自己的宗教信仰。他回国后也做过一两件迎合讨好皇帝的事，但客观地看，在封建时代里，皇帝就是国家，是天下最大的"施主"，不依靠皇帝，佛法怎么可能得到弘扬？因此这几乎是当时所有佛教僧人都可能会做的事。义净的成绩和贡献，主要在于他翻译和撰述的著作。《宋高僧传》的作者赞宁在写完《义净传》后评论说：

> 然其传度经律，与奘师抗衡。比其著述，净多文性。传密咒最尽其妙，二三合声，尔时方晓矣。[③]

赞宁的"系"又说：

---

① 我只见到两篇依据梵本对义净的翻译专门作对比性研究的文章：一是所引季羡林《记"根本说一切有部律"梵文原本的发现》，二是任远的《从〈根本说一切有部毗奈耶药事〉梵汉本的比较看义净的翻译风格》。后者未刊。这里提到的说法主要就依据这两篇文章。但应该说明，这方面的研究至今还开展得很不够，因此很多结论还有待于以后做出。

② 参见季羡林为《大唐西域记校注》一书所写的"前言"，原书，第 10—16 页。

③ T50/711a。

传译者宋齐已还，不无去彼回者。若入境观风，必闻其政者，奘师、法师（指义净）为得其实。此二师者，两全通达，其犹见玺文知是天子之书可信也。《周礼》象胥氏通夷狄之言，净之才智，可谓释门之象胥也欤。[1]

这段评论，应该说是公允的。义净在历史上确实是一位为中国文化的发展、为中外文化的交流做出了突出贡献的人物。

① T50/711a—b。

第二章

《南海寄归内法传》研究之一：义净时代印度佛教的部派与大小乘问题

在佛教的发展史上，部派和大乘的出现是很重要的两件事，但也是佛教史研究中所遇到的最困难的问题之一。部派是怎样出现的？究竟是怎么回事？大乘是怎样出现的？它和在它以前就有，在它出现后和它并存，被它称为“小乘”的佛教之间的关系是怎么回事？部派在这之中又处于一种什么样的地位？这些问题，直到现在还没有谁能给出一个满意的回答。本章的目的也并不准备去全面讨论或解决这些问题，仅仅只打算以义净的《寄归传》的记载为基础，结合一些有关的材料，对义净时代印度佛教的部派及大乘、小乘之间的关系这一问题作一些初步的探讨。在目前的研究阶段上，这种探讨仍然只能算是一种尝试和探索。

一、问题的提出

首先，我想引一段义净《寄归传》中的原文。《寄归传》卷一“序”：

> 诸部流派，生起不同。西国相承，大纲唯四。

以下是义净的原注，进一步解释佛教的这四大部派：[1]

---

① 有人怀疑过注文非义净本人所撰写，但没有可靠的理由。我以为《寄归传》（也包括义净其他的著作）中的原注肯定是义净本人所写，理由有两条：一、从注文本身看，很多注的内容非义净很难写出，本条即如此。义净翻译的佛经中更有类似的情形。例如本

一、阿离耶莫诃僧祇尼迦耶,周云圣大众部,分出七部,三藏各有十万颂,合三十万颂,周译可成千卷。二、阿离耶悉他陛攞尼迦耶,周云圣上座部,分出三部,三藏多少同前。三、阿离耶慕攞萨婆悉底婆拖尼迦耶,周云圣根本说一切有部,分出四部,三藏同前。四、阿离耶三蜜栗底尼迦耶,周云圣正量部,分出四部,三藏二十万颂,律有三十千颂。然而部执所传,多有同异,且依现事,言其十八。分为五部,不闻于西国之耳。

然后又是正文:

其间离分出没,部别名字,事非一致,如余所论,此不繁述。故五天之地及南海诸洲,皆云四种尼迦耶。

这里讲的是佛教部派的状况。至少,讲的是7世纪时,即义净时代佛教部派的状况。

依照传统的说法,在释迦牟尼涅槃后大约一百年的时候,佛教的僧团内部,第一次出现公开的大的分裂。这事发生在佛教的第二次结集——毗舍离结集后,分裂的结果是产生了佛教的两大部派:上座部与大众部。在此后的几百年间里,从上座部与大众部里又继续不断地分裂出新的派别,最后形成了所

文第一章"义净生平考述"中引用的《根本说一切有部毗奈耶杂事》卷三八及《根本说一切有部百一羯磨》卷五中的几条注,完全是义净本人的口气。义净写书和译书时自己为自己的书加注,正是义净著译的一个特点。见本文第一章第五节"简短的评价"。二、《寄归传》最早的抄本发现于敦煌,抄写年代约在8世纪前半期,此距义净著书时间极近。此抄本上正文注文俱全,且注中"唐言"俱作"周言"。武周享祚仅一代,武则天又死于义净之前,此"周"字断然为当时原文,注文亦应是义净本人所写。见拙稿《敦煌写本〈南海寄归内法传〉(P.2001)题记》。至于法国汉学家沙畹把这个"周"字看作五代后周之"周",因而得出注文是后周时人所加的结论,其误无须细辨。见其《求法高僧传》法译本,p. 203。

谓的“小乘十八部”或“小乘二十部”。[①] 这些部派的名称及其互相之间分合关系，在各种佛教文献及近现代发现的碑铭中记载各异，非常复杂。但是其中最主要的几个，晋代法显、唐初玄奘，到印度求法时都亲眼见到过。玄奘的《大唐西域记》通篇都有记载。义净的情况也一样，上面所引《寄归传》中的记载说明的是同样的一件事情，除了在一些细节上，我们没有理由怀疑义净的记载不真实或不可靠。

正因为如此，近现代所有论及印度佛教尤其是 7 世纪时的印度佛教的著作，只要可能，几乎没有不引用或利用义净这一段记载的。我们可以随便举几个例子：

吕澂：《印度佛学源流略讲》，上海人民出版社，1979 年，第 38、61、158、279、281、296 页。

宫本正尊：《大乘と小乘》，佛教学の根本问题第三，东京，八云书店，昭和十九年（1944），第 282、543—546 页。

水野弘元：《佛教の分派とその系统》，《讲座佛教》第Ⅲ卷，《インドの佛教》，东京，大藏出版株式会社，昭和五十二年（1977），第 94、104、111—112 页。

平川彰等编：《大乘佛教とその周边》，讲座大乘佛教 10，东京，春秋社，昭和六十年（1985），第 135—137 页。

P. V. Bapat (ed.): *2500 Years of Buddhism*, New Delhi, 1956, pp. 112, 120.

N. Dutt: *Buddhist Sects in India*, Delhi, 1977, pp.

---

① 现存有关佛教部派分裂历史的资料很多，最重要的如：Dīpavaṃsa, Mahāvaṃsa, Kathāvatthu，《十八部论》，《部执异论》，《异部宗轮论》等。但各种记载相互之间歧异很大。此处所举为一般的说法。十八部或二十部也只是概举。在不同的条件下，可以举出更多的部派数目。近现代讨论部派问题的著作也很多，见 É. Lamotte, *Histoire du Bouddhisme Indien*, Louvain, 1976, p. 571 所举书目。但这还仅是其中最主要的一部分。

310—312.

S. K. Singh: *History and Philosophy of Buddhism*, Patna, 1982, pp. 122, 136, 251.

J. Przyluski: *Le Concile de Rājagṛha*, Paris, 1926, pp. 313-316.

É. Lamotte: *Histoire du Bouddhisme Indien*, Louvain, 1976, pp. 601—602.

一般都认为,义净在这里讲的是小乘佛教,他所讲的四个部派,仍然是传统意义上的"十八部",他不过把这"十八部"归纳为四个大部而已。上面所列举的那些著作,几乎都是这样来理解义净《寄归传》的这段记载的。

但是,我们知道,当时在印度(当然也包括中国及义净谈到的南海地区)早已不是小乘佛教的一统天下,而是大小乘并存。公元7世纪,当玄奘、义净等到印度时,大乘佛教早已得到充分发展,就是在大乘的内部,也已经出现了不同的派别。玄奘和义净到印度求法,本来就是以大乘僧人的身份去的。[①] 玄奘暂且不论,那么义净是怎样看待大乘,怎样记载大乘佛教的状况的呢?

《寄归传》卷一,就在我们上面的引文后不远,义净又写道:

其四部之中,大乘小乘区分不定。北天南海之郡,纯

① 中国僧人除极少数例外,可以说几乎都是大乘僧。中国译经始于后汉,几乎一有译经,就有了大乘经典。大乘佛教的学说因此很早就在中国广泛流传并为中国僧人所普遍接受。玄奘和义净在赴印前都学习并通解大乘经典,回国后又都翻译了不少大乘经典。外国有的学者因为义净传译根本说一切有部的律而把他划入小乘僧的范围,这无疑是错误的。把中国佛教的律宗归入小乘,例如意大利学者 Gi. Tucci 为 1980 年版 *Encyclopaedia Britannica* 所撰写的 Buddhism 条,同样也是错误的。错误的原因就在于他们对我们在下文中将要讨论的几个问题在认识上很混乱,而这种混乱目前在学术界里却又很普遍。

是小乘。神州赤县之乡，意在大教。自余诸处，大小杂行。

大教即大乘。这里讲的是大乘小乘当时在地理区域上大概的分布情况。照义净本来的意思，在他前面所列举的四大部派中间，似乎或者可以是大乘，或者可以是小乘，其间大乘小乘分别不定。换句话说，义净此处所讲的四大部派，并不完全就指的是小乘佛教，其中也包括大乘佛教。这就与过去的研究者对此段文字的理解不一样了。进一步讲，也就与一般对这一段时期的佛教部派以及大小乘的理解、看法、研究的结论不完全一致了。

因此，我觉得我们可以由此提出这样几个问题：

一、怎样理解义净在《寄归传》里讲的佛教部派？义净讲部派，是从什么角度讲的？是什么意思？

二、7 世纪时印度的佛教部派与大小乘的关系是怎么回事？部派是不是仍然应该被看成是小乘佛教？大乘在部派之内还是之外？

三、当时的佛教部派与大小乘的实际状况究竟怎样？

这些应该说是涉及佛教史尤其是这一段时期佛教史的重要问题。通过对这些问题的研究，如果能得到比较合乎历史事实的看法，我以为对我们今后在更大的时间和空间范围内去探讨佛教史，是有意义的。

二、义净讲的部派是什么

为了说明第一个问题，我想首先还是把《寄归传》中除了上节中所引的那一小段以外直接提到部派的文字都抄引出来：

次有弘法应人，结集有五七之异；持律大将，部分为十八之殊。随所见闻，三藏各别。著下裙则裾有偏正，披上服则叶存狭广。同宿乃异室绳围，两俱无过；受食以手执画地，二并亡愆。各有师承，事无和杂。

有部则正，余三并偏。有部则要须别室，正量以绳围床。有部手请，僧祇画地也。（此段为原注）

然其所钦，处有多少。摩揭陀则四部通习，有部最盛。罗荼、信度则少兼三部，乃至正量尤多。北方皆全有部，时逢大众。南面则咸遵上座，余部少存。东裔诸国，杂行四部。师子洲并皆上座，而大众斥焉。然南海诸洲有十余国，纯唯根本有部，正量时钦，近日已来，少兼余二。

南至占波，即是林邑，此国多是正量，少兼有部。

然东夏大纲，多行法护。关中诸处，僧祇旧兼。江南岭表，有部先盛。而云《十诵》《四分》者，多是取其经夹以为题目。

详观四部之差，律仪殊异，重轻悬隔，开制迢然。出家之侣，各依部执，无宜取他轻事，替己重条，用自开文，见嫌余制。若尔则部别之义不著，许遮之理莫分。岂得以其一身，遍行于四？裂裳金杖之喻，乃表证灭不殊。行法之徒，须依自部。

频毗娑罗王梦见一氎裂为十八片，一金杖斩为十八段，怖而问佛。佛言："我灭度后，一百余年，有阿输迦王，威加赡部。时诸苾刍，教分十八。趣解脱门，其致一也。此即先兆，王勿见忧耳。"（此段为原注）

凡此所论，皆依根本说一切有部，不可将余部事见糅于斯。此与《十诵》大归相似。有部所分三部之别，一法护、二化地、三迦摄卑，此并不行五天，唯乌长那国及

龟兹、于阗杂有行者。然《十诵律》亦不是根本有部也。(以上卷一)

诸部律文皆云刺合。

四部律文未见。

五天四部并皆著用。

然四部之殊,以著裙表异。一切有部则两边向外双襵,大众部则右裙蹙在左边,向内插之,不令其堕。西方妇女著裙,与大众部无别。上座正量,制亦同斯,但以向外直翻傍插为异。腰绦之制,亦复不同。尼则准部如僧,全无别别。

即如有部裙制。

斯谓圆整著裙,成萨婆多之部别。

检验四部众僧,目见当今行事,并复详观律旨,大同如此立净。

其筯则五天所不闻,四部亦未见。(以上卷二)

礼拜敷其坐具,五天所不见行;致敬起为三礼,四部罔窥其事。

正量部中说其陈弃,既其部别,不可依斯。《了论》虽复见文,元非有部所学。(以上卷三)

斯依萨婆多,非余部也。(以上卷四)

我们看到,第一,义净在这里始终是以四部的框架来介绍当时的佛教的。他讲的部,译音字是“尼迦耶”,梵文和巴利文的原字是 nikāya。这都确定无疑。其次,义净是把部派和律联系在一起讲的。

佛教为什么会发生分裂,部派是怎样产生的,部派的状况究竟怎样,这在佛教史的研究中一直是一些很复杂、学者中间一直有很大争论的问题。这里不打算,也不可能全面地讨论这些问题。但是我想提出一点来讨论:最早的部派分裂无疑和律有最直接、最重要的关系。"擒贼擒王",我想,以导致第一次分裂的毗舍离结集作为讨论的对象和起点,应该说具有典型的意义。在这次结集上,两派僧人所争论的主题,就是如何执行律的问题。

义净《根本说一切有部毗奈耶杂事》卷四十有这样一段:

> 大师圆寂,佛日既沉,世无依靠。如是渐次至一百一十年后,尔时广严城(即毗舍离)诸苾刍等,作十种不清净事,违逆世尊所制教法。不顺苏怛罗,不依毗奈耶,乖违正理。诸苾刍等将为清净,皆共遵行,于经律中不见其事。①

十件什么事呢?

> 一者时诸苾刍作非法不和羯磨,非法和羯磨,法不和羯磨。是诸大众闻此说时,高声共许。此即名为高声共许净法。斯乃违背佛教,乖越正理,不顺苏怛罗,不依毗奈耶。时广严城诸苾刍等,作不清净,将为清净,睹斯非法,云何舍而不问?称扬宣说,皆共遵行。二者时诸苾刍作非法不和羯磨,非法和羯磨,法不和羯磨。诸人见时,悉皆随喜。此即名为随喜净法。斯乃违背佛教,乖越正理,

① T24/411c。需要注意的是,这里及下文中多次讲到"不顺苏怛罗,不依毗奈耶","于经律中不见其事",却只字不提三藏中的论藏。道理很简单,论藏后出,虽然说一切有部(根本说一切有部与它是既有联系又有区别的两个部派)的论藏在佛教所有的部派中可能是最为庞大,最为丰富,发展得最充分。

不顺苏怛罗,不依毗奈耶。时诸苾刍将为清净,称扬宣说,皆共遵行。三者诸苾刍自手掘地,或教人掘。此即名为旧事净法。广说如上,乃至皆共遵行。四者诸苾刍以筒盛盐,自手捉触,守持而用,和合时药,噉食随情。此即名为盐事净法。乃至皆共遵行。五者诸苾刍未行一驿半驿,便别众食。此即名为道行净法。乃至皆共遵行。六者诸苾刍不作余食法,二指噉食。此即名为二指净法。乃至皆共遵行。七者诸苾刍和水饮酒。此即名为治病净法。乃至皆共遵行。八者诸苾刍当以乳酪一升和水搅之,非时饮用。此即名为酪浆净法。乃至皆共遵行。九者诸苾刍作新坐具,不以故者佛一张手,重帖而自受用。此乃名为坐具净法。乃至皆共遵行。十者诸苾刍躬持好钵,涂拭香华。即令求寂持以巡门,普告诸人,作如是语:"遍广严城,现在人物,及四远来商客之类,若有布施,若金、若银、贝齿之类置钵中者,得大利益,富乐无穷。"既多获利,所有金宝皆共分张。此即名为金宝净法。斯乃违背佛教,乖越正理,不顺苏怛罗,不依毗奈耶。时诸苾刍作不净事,将为清净,称扬宣说,皆共遵行。①

这十件事就是僧团内部引起争论的原因,因此而在毗舍离城举行了所谓的"七百结集"。

巴利文律藏 *Cullavagga* 第十二章讲的是同样的事:

Tena kho pana samayena vassasataparinibhute bhagavati Vesālikā Vajjiputtakā bhikkhū Vesāliyaṃ dasa vatthūni dīpenti:

① T24/411c—412a。

kappati siṅgiloṇakappo, kappati dvaṅgulakappo, kappati gāmantarakappo, kappati āvāsakappo, kappati anumatikappo, kappati āciṇṇakappo, kappati amathitakappo, kappati jalogi pātuṃ, kappati adasakaṃ nisīdanaṃ, kappati jātarūparajatan ti.[①]

以下就叙述长老 Yasa 到毗舍离城，认为这十事“非法”，由此而邀集了东西方的长老，在毗舍离城举行结集的事。

Dīpavaṃsa 也讲了这件事，其中第四章 47、48 的记载与 Cullavagga 在字句上几乎完全一样，这里就不再抄引。第五章是专门讲部派，又讲到这件事，说它是引起这一次派部分裂的原因：

> Nikkhante paṭhame vassasate sampatte dutiye sate
> mahābhedo ajāyittha theravādanam uttamo./
> Vesālivajjiputtakā dvādasa sahassā samāgatā
> dasa vatthūni dīpesuṃ Vesāliyaṃ puruttame./
> siṅgiloṇadvāṅgulakappaṃ gāmantarāmavāsanaṃ
> numatiāciṇṇamathitajalogiñ cāpi rūpiyaṃ
> nisīdanaṃ adasakaṃ dīpiṃsu buddhasāsane./
> uddhammaṃ ubbinayañ ca apagataṃ satthusāsane
> atthaṃ dhammañ ca bhinditvā vilomāni dīpayiṃsu te./
> tesaṃ niggahanatthāya bahū buddhassa sāvakā
> dvādasa satasahassāni jinaputtā samāgatā. /
> etasmiṃ sannipātasmiṃ pāmokkhā aṭṭha bhikkhavo
> satthukappā mahānāgā durāsadā mahāgaṇī:/

① *The Vinaya Piṭaka*, edited by H. Oldenberg, Vol. Ⅱ, *The Cullavagga*, London, 1930, Ⅻ, 1. 1, p. 294.

Sabbakāmī ca Sāḷho ca Revato Khujjasobhito
Vāsabhagāmi Sumano ca Sāṇavāsi ca Sambbuto/
Yaso Kākaṇḍakaputto jinena thomito isi,
Pāpānaṃ niggahatthāya Vesāliyaṃ samāgatā./
Vāsabhagāmi ca Sumano Anuruddhassānuvattakā,
avasesā therānandassa diṭṭhapubbā tathāgataṃ./
Susunāgassa putto Asoka tadā āsi mahīpati,
Pāṭaliputte nagaramhi rajjaṃ kāresi khattiyo./
tañ ca pakkhaṃ labhitvāna aṭṭha therā mahiddhikā
dasa vatthūni bhinditvā pāpe niddhamayimsu te./
niddhametvā pāpabhikkhū madditvā vādapāpakaṃ
sakavādasodhanatthāya aṭṭha therā mahiddhikā/
arahantānaṃ sattasataṃ uccinitvāna bhikkhavo
varaṃ varaṃ gahetvāna akaṃsu dhammasaṃgahaṃ./
Kūṭāgārasālāy' eva Vesāliyaṃ puruttame
aṭṭhamāsehi niṭṭhāsi dutiyo saṃgaho ayan ti./
Nikkaḍḍhitvā pāpabhikkhū therehi Vajjiputtakā
aññaṃ pakkhaṃ labhitvāna adhammavādībahū janā/
dasa sahassi samāgantvā akaṃsu dhammasaṃgahaṃ,
tasmāyaṃ dhammasaṃgīti Mahāsaṃgīti vuccati./ ①

事情还是发生在释迦牟尼涅槃后一百年，参加结集的有七百比丘，其中最重要的人物是八位长老：Yasa，Sabhakāmī，Sāḷha，Revata，Khujjasobhita，Vāsabhagāmi，Sumana 和 Sambhuta。那时的国王名叫 Asoka，音译也就是阿育王。但这不是著名的

① *The Dīpavaṃsa*, edited by H. Oldenberg, London, 1879, 5.16—31, pp. 35—36.

孔雀王朝的阿育王，他是 Susunāga 的儿子，在 *Mahāvaṃsa* 里又被称作 Kālāsoka。[①] 结集的结果宣布"十事"非法。持不同意见的跋耆比丘们(Vajjiputtakā)因此在另外的地方也举行了结集。因为他们人数众多，他们的结集被称作 Mahāsaṃgīti（"大结集"或"大众结集"）。这就是大众部(巴利文 Mahāsaṃgītika，梵文 Mahāsaṅghika)这名字的来源。相反，正统派都是由有地位的长老们组成，所以被称作上座部(巴利文 Theravāda，梵文 Sthaviravāda)。

Mahāvaṃsa 第四章的记载是：

> Atīte dasame vasse Kālāsokassa rājino
> sambuddhaparinibbāṇā evaṃ vassasataṃ ahu./
> Tadā Vesāliyā bhikkhū aneke Vajjiputtakā
> siṅgiloṇaṃ dvaṅgulaṃ ca tathā gāmantaraṃ pi ca/
> āvāsānumatāciṇṇam amathitaṃ jalogi ca
> nisīdanaṃ adasakaṃ jātarūpādikaṃ iti/
> dasavatthūni dīpesuṃ kappantī ti alajjino[②]

时间仍然是在释迦摩尼涅槃后一百年，还说明是在 Kālāsoka 王统治的第十年的末尾。在叙述了这次结集的事后，接着第五章一开始就讲部派分裂由此而起：

---

① 这个名字后来引起了很多混乱，有人说这个 Asoka 就是孔雀王朝的阿育王，也有人说不是。看来恐怕不是。*Mahāvaṃsa* 第四章说 Susunāga 本是一位大臣，被众人推举为王。他和孔雀王朝没有关系。*Dīpavaṃsa* 和 *Mahāvaṃsa* 都另外记载了孔雀王朝的阿育王的许多事迹。但两个阿育王的区别在古代可能就不清楚了。孔雀王朝的阿育王又被称作 Dhammāsoka 或 Dharmāśoka，意译"法阿育"。Kālāsoka 可以译作"黑阿育"。两个名字相似，可能是引起混乱的原因。当然也有人提出其他种种解释。也有人怀疑这个 Kālāsoka 根本是个虚构的人物。

② *Mahāvaṃsa*, edited by W. Geiger, London, 1908, Ⅳ, 8—11ab, pp. 21—22.

Yā Mahākassapādīhi mahātherehi ādito
katā saddhammasaṃgīti theriyā ti pavuccati./
Eko va theravādo so ādivassasate ahu,
Aññā cariyavādā tu tato oraṃ ajāyisuṃ./
Tehi saṃgītikārehi therehi dutiyehi te
Niggahītā pāpabhikkhū sabbe dasasahassakā/
akaṃs' ācariyavādaṃ te Mahāsaṃghikanāmakaṃ.①

这里,作为 Theravāda 的对立面,持不同意见的比丘们被称作 ācariyavāda,也就是指 Mahāsaṃghika。②

Samantapāsādikā 是专门解释律的著作,其中《序品》讲的也是这件事:

Athānukkamena gacchantesu rattiṃdivesu vassasataparinibhute bhagavati Vesālikā Vajjiputtakā bhikkhū Vesāliyaṃ kappati siṅgiloṇakappo kappati dvaṅgulakappo kappati gāmantarakappo kappati āvāsakappo kappati anumatikappo kappati āciṇṇakappo kappati amathitakappo kappati jalogi pātuṃ kappati adasakaṃ nisīdanaṃ kappati jātarūparajatan ti imāni dasa vatthūni dīpesuṃ. Tesaṃ Susunāgaputto kālāsoka nāma rājā pakkho ahosi.③

《善见律毗婆沙》卷一里相应的一段汉译是:

---

① *Mahāvaṃsa*, edited by W. Geiger, London, 1908, V, 1—4ab, p. 28.

② *Dīpavaṃsa* 也用 ācariyavāda 来称呼非上座部的其他部派僧人。见原书,5.54, p. 38。

③ *Samantapāsādikā*, edited by J. Takakusu and M. Nagai, London, 1924, Vol. I, p. 33.

于是众圣日夜中次第而去。世尊涅槃已,一百岁时,毗舍离跋阇子比丘,毗舍离中十非法起。何谓为十?一者盐净;二者二指净;三者聚落间净;四者住处净;五者随意净;六者久住净;七者生和合净;八者水净;九者不益缕尼师坛净;十者金银净。此是十非法。于毗舍离现此十非法,诸跋阇子。修那伽子名阿须,阿须尔时作王,党跋阇子等。[1]

古代的汉译与巴利文原文基本上都合得起来。Susunāga译作"修那伽",Kālāsoka译作"阿须"。后者没有用古代通常的音译译作"阿育",也没有用通常的意译译作"无忧"。这一点值得注意。这是当时的译者僧伽跋陀罗与僧猗为了和孔雀王朝的阿育王相区别而另撰的一个译名。至于"十事",巴利文文献方面的材料是一致的,和《根本说一切有部毗奈耶杂事》的记载比较起来,在次序上有些差别,在内容上则大同小异。

另外几种汉译律的记载也大致相同。我简单列举几种,不抄原文,只把"十事"的内容举出来:

《十诵律》卷六十:

一、盐净;二、指净;三、近聚落净;四、生和合净;五、如是净;六、证知净;七、贫住处净;八、行法净;九、缕边不益尼师檀净;十、金银宝物净。[2]

《萨婆多部毗尼摩得勒伽》卷五:

---

① T24/677c。

② T23/450b。

一、盐净；二、二指净；三、聚落净；四、酇酪净；五、如是净；六、随喜净；七、生酒净； 八、习净；九、缕尼师檀净；十、受金银净。[①]

《五分律》卷三十：

一、盐姜合共宿净；二、两指抄食食净；三、复坐食净；四、越聚落食净；五、酥油蜜石蜜合酪净；六、饮阇楼伽酒净；七、作坐具随意大小净；八、习先所习净；九、求听净；十、受畜金银净。[②]

《四分律》卷五四：

一、得二指抄食；二、得村间；三、得寺内；四、得后听可；五、得常法；六、得和；七、得与盐共宿；八、得饮阇楼罗酒；九、得畜不割截坐具；十、得受取金银。[③]

《毗尼母经》卷四：

一、二指抄饭食；二、入聚落得食；三、界里群品作法；四、赞叹群品作法；五、前人作法后人复作；六、酥油蜂蜜石蜜以酪和食；七、昨日受盐今日得和饮食；八、得饮奢留伽酒；九、坐具不剪须得敷；十、金银七宝得自手捉亦得畜之。[④]

---

① T23/597b。
② T22/192a—b。
③ T22/968c。
④ T24/819c。

我再把西藏佛教学者 Bu ston 所著的 *chos vbyung* 中有关的一段抄引在下面：

> bsdu ba gnyis pa ni/ ston pa vdas nas lo brgya dang bcu lon pa na/ yangs pa can gyi dge slong rnams kyis rung ba ma yin pavi gzhi bcu/ a la la dang rjes su yi rung spyod pa dang/ brtags pa dang ni lan tshwa dag dang lam dang ni/ sor mo gnyis kyis rung dang dkrugs dang gdin ba dang/ gser dngul byas pa vdi ni bar sdom yang dag bsdus/ zhes pa de dag kun du spyod do/ ①

事情是在佛灭后一百一十年。“十事”的内容在藏文里概括在一个偈颂里，可是偈颂里只列出了九条，即：高声呼，随喜，观旧，盐，道行，二指，搅酪浆，座具，金宝。但这显然是因为疏忽，因为下文中解释这十件事时讲到了“治病”（nad pa）一条。

法显和玄奘也都讲到了这次结集，只是没有具体地列举出“十事”的内容。《法显传》“毗舍离”条写道：

> 佛般泥洹后百年，有毗舍离比丘错行戒律，十事证言，佛说如是。尔时诸罗汉及持律比丘凡有七百僧，更检

① Bu ston 此书成书于元至治二年（1322），全名是 *bde bar gshegs pavi bstan pavi gsal byed chos kyi vbyung gnas gsung rab rin po chevi mdzod ces bya ba bzhugs so*。引文见德格版叶 85a 面或拉萨木刻版叶 86b 面。此处引文出德格版，其中 brtags 拉萨版作 brtag；tshwa 拉萨版作 tsha。中央民族学院周季文副教授代为抄出此段引文，谨此致谢。此书汉译本有郭和卿译《佛教史大宝藏论》，北京，民族出版社，1986 年。郭译此段作：“关于第二次结集法藏：是在佛尊灭度后一百一十年的时候，由毗舍离诸比丘称‘十事非法’：即高声呼、随喜行、观旧事、盐事、道路行法、两指抄事、（藏文缺‘治病事’）、酪浆搅法、坐具事、金宝事等。由此诸事制定净戒的缘起，即第二次结集。这些都属于行为方面的戒律。”郭书，第 111 页。郭译好些地方与原文意思出入太大，下文中也有一些译得很奇怪的地方。

校律藏。后人于此处起塔，今亦现在。[1]

《大唐西域记》卷七“吠舍釐国”条的叙述则更详细生动一些：

> 城东南行十四五里，至大窣堵波，是七百贤圣结集处。佛涅槃后一百年，吠舍釐城有诸苾刍，远离佛法，谬行戒律。时长老耶舍陀住憍萨罗国，长老三菩伽住秣菟罗国，长老釐波多住韩若国，长老沙罗住吠舍釐国，长老富阇苏弥罗住波罗梨弗国。诸大罗汉心得自在，持三藏，得三明，有大名称，众所知识，皆是尊者阿难弟子。时耶舍陀遣使告诸贤圣，皆可集吠舍釐城。犹少一人，未满七百。是时富阇苏弥罗以天眼见诸大贤圣集议法事，运神足至法会。时三菩伽于大众中右袒长跪，扬言曰：“众无哗，钦哉念哉！昔大圣法王，善权寂灭，岁月虽淹，言教尚在。吠舍釐城懈怠苾刍，谬于戒律，有十事出，违十力教。今诸贤者深明持犯，俱承大德阿难指诲，念报佛恩，重宣圣旨。”时诸大众莫不悲感，即召集诸苾刍，依毗奈耶，诃责制止，削除谬法，宣明圣教。[2]

在各种律里面，记载唯一不同的是《摩诃僧祇律》。《摩诃僧祇律》卷三三也讲到了毗舍离结集这件事，可是它记载引起分歧的原因不是“十事”，而是因为毗舍离的“诸比丘从檀越乞索”，“哀声而乞，时人或与一罽利沙槃，二罽利沙槃，乃至十

① T51/862a。
② 原书，校注本，第601—602页。

罽利沙槃，至布萨时盛著盆中，持拘钵量分，次第而与。”[1] 这行为太过分，长老耶舍以为“不净”，因此召集七百比丘，“更集比尼藏”，结果是重新诵出“五净法”，不是说哪些事“非法”，不该做，而是说哪些事该做，可以做。最后宣布“乃至诸长老，是中须钵者求钵，须衣者求衣，须药者求药，无有方便，得求金银及钱”。对“求金银及钱”一事公开认可了。[2]《摩诃僧祇律》记载不同的原因很简单，它属于大众部的律。就是在这次结集之后，两部僧众分道扬镳，出现了上座部与大众部。在此之后，各派编订各派自己的律，说法与记载不同，是很自然的事。上面所引的讲到“十事”的几种律，虽然部派也不一样，但如果要归属到最早分裂的两大部派，都属于上座部系统，所以它们的记载互相之间也就大同小异了。但说到底，分歧的根源还是在律。就这一点而言，这几种文献都是一致的。而且，如果我们细心地考虑一下，上座部系统的律与大众部系统的律在有关第二次结集这件事的记载上的不同，反过来恰恰也可以说明这就是这两大部派当年分道扬镳的一个最主要的起点。

但是这里有一个细小的地方还应该注意，《摩诃僧祇律》的原本是法显从印度带回中国，后来又亲自翻译的。虽然《摩诃僧祇律》不讲“十事”而讲“五净法”，但是我们从上面《法显传》里的引文看到法显自己仍然讲“十事”，可见法显显然记载了当时他自己听见的一个传说，而没有管《摩诃僧祇律》里有另一种说法。

---

① T22/493a。罽利沙槃，梵文 kārṣāpaṇa，巴利文 kahāpaṇa。义净把它译作“迦利沙波拏”，在他所翻译的《金光明最胜王经》卷六的一条注里解释说：“此是根本梵音，惟目贝齿，而随方不定。或是贝齿，或是金银铜铁等钱。然摩揭陀现今通用，一迦利沙波拏有一千六百贝齿。总数可以准知，若准物直，随处不定。”T16/431a。义净的解释很周到。

② 五净法是：一、制限净；二、方法净；三、戒行净；四、长老净；五、风俗净。见《摩诃僧祇律》卷三二及三三，T22/492a，T22/493a—c。

上面抄引了不少有关毗舍离结集的材料，目的只是想说明，引起佛教僧团分裂的最初、最直接、最主要的原因是由于在律上面的歧异。我们已经看到，不管是各部派的文献，还是法显、玄奘所记载的当时的传说，不管是“十事”，还是“五净法”，也不管各种文献中“十事”的具体内容有怎样的不同，它们在这一点上都是一致的。[①] 义净在《寄归传》一开始就讲“次有弘法应人，结集有五七之异；持律大将，部分为十八之殊。随所见闻，三藏各别”。我以为他说的也就是这个意思。

对于佛教最初的部派分裂，过去还有另外一种完全不同的说法，认为分歧之起，不在于律，而是在于对阿罗汉果有不同的看法，即对所谓“大天五事”的争论。这一说法出于世友所著《异部宗轮论》。《大毗婆沙》卷九九也提到了这件事。这也是一种比较有影响的说法，因此我们也把它提出来简单地讨论一下。《异部宗轮论》讲：

> 如是传闻，佛薄伽梵般涅槃后，百有余年，去圣时淹，如日久没。摩揭陀国俱苏摩城，王号无忧，统摄赡部，感一白盖，化洽人神。是时佛法大众初破，谓因四众共议大天五事不同，分为两部：一大众部，二上座部。四众者何？一龙象众，二边鄙众，三多闻众，四大德众。其五事者，如彼颂言：余所诱无知，犹豫他令入，道因声故起，

① 上面所引的文献，《根本说一切有部毗奈耶杂事》如其名，属于根本说一切有部；巴利文文献属于上座部；汉译《善见律毗婆沙》也可能属于上座部；《十诵律》及《萨婆多部毗尼摩得勒伽》属于说一切有部；《五分律》属于化地部；《四分律》属于法藏部；《毗尼母经》或说属于法藏部（平川彰：《律藏の研究》，东京，1960年，第703页），或说属于雪山部（吕澂：《印度佛学源流略讲》，上海人民出版社，1979年，第39页）；《摩诃僧祇律》属于大众部；其余的则是古代的佛教史著作。另外，关于毗舍离结集，我知道 M. Hofinger 有一本书专门讨论这件事：*Étude sur le Concile de vaiśālī*, Bibliothèque du Muséon, Vol. 20, Louvain, 1946。但我只知道这个书名，没见到原书。

是名真佛教。[①]

这里未提到毗舍离结集，而是“四众共议”，只是时间上还是在释迦牟尼涅槃后“百有余年”，又把阿育王牵扯了进来，事情具体发生在哪里也不清楚。[②]从大天的目的是贬低阿罗汉，而明显地为后来大乘佛教的菩萨信仰张其先声来看，这个说法的真实性就有些问题，使人怀疑它是晚出的。[③]就是关于“大天”这个名字，《异部宗轮论》就讲到有前后同名的两个人，除了“大天五事”的大天以外，还有另外一个大天：

第二百年满时，有一出家外道，舍邪归正，亦名大天。大众部中出家受具，多闻精进，居制多山，与彼部僧重议五事，因兹乖诤，分为三部：一制多山部，二西山住部，三北山住部。[④]

可是《异部宗轮论》的两种异译本，一种是《十八部论》，另一种是《部执异论》，却都没有提到第一个大天，而只提到第二个大天。关于最初的分裂，《十八部论》的讲法是：

佛灭度后百一十六年，城名巴连弗，时阿育王王阎浮提，匡于天下。尔时大僧别部异法。时有比丘，一名能，二

① T49/15a。据窥基《异部宗轮论述记》(《续藏经》第一辑，第八十三套，第三册，第221页b)及《大唐西域记》卷三等，世友为说一切有部僧人。

② 《大毗婆沙》卷九九讲这件事发生在波吒梨城，即华氏城。当时有波吒梨王，但未说是阿育王。整个故事带有很浓重的神话色彩。见T27/510c—512a。

③ “大天五事”与大乘思想有关，这点早已经有学者指出。见季羡林等：《大唐西域记校注》，中华书局，1985年，第331页；É. Lamotte, *Histoire du Bouddhisme Indien*, pp. 300—312；A. K. Warder, Indian Buddhism, pp. 215, 289。

④ T49/15b。

> 名因缘，三名多闻，说有五处，以教众生，所谓从他饶益、无知、疑由观察、言说、得道此是佛。从始生二部：一谓摩诃僧祇，二谓他鞞罗。[1]

这里，大天没有了，变成了能、因缘、多闻三比丘。“说有五处”的内容也有些不一样。但后面讲到第二个大天的记载与《异部宗轮论》是一致的。《部执异论》也没提到第一个大天，但其他的差别还不算大：

> 如是所闻，佛世尊灭后满一百年，譬如朗日隐颎悉多山。过百年后更十六年，有一大国名波吒梨弗多罗，王名阿输柯，王阎浮提，有大白盖，覆一天下。如是时中大众破散，破散大众凡有四种：一大国众，二外边众，三多闻众，四大德众。此四大众共说外道所立五种因缘。五因缘者，如彼偈说：余人染污衣，无明疑他度，圣道言所显，是诸佛正教。思择此五处，分成两部：一大众部，二上座弟子部。[2]

一种文献的三种译本，在关键的问题上有这样的差别，是值得注意的。

和《异部宗轮论》与《大毗婆沙》一样，把大天和“大天五事”与根本分裂联系在一起的还有一种文献，就是吉藏的《三论玄义》。吉藏是隋唐时代最有名的和尚之一，中国佛教三论宗的创始人。他活动的时代比玄奘稍早一些。《三论玄义》本来是阐发三论宗的教义，但也谈到佛教的部派：“言诸部异执者，或二部，或五部，或十八部，或五百部。”然后又谈到部派的

① T49/18a。原书失译人名，附秦录。或说后秦鸠摩罗什译。
② T49/20a。原书陈真谛译。

起源，而提出另外一种说法，说二部起于第一次结集，即王舍城结集：

言二部者，如来二月十五日入涅槃，诸圣弟子四月十五日于王舍城祇阇崛山中结集三藏，尔时即有二部名字。一上座部，谓迦叶为上座，迦叶上陈如一夏，为佛以法付属迦叶，名上座部也。迦叶所领，但有五百人，依《智度论》，则有千人。二大众部，即界外大众，乃有万数，婆师波罗汉为主，此云泪出，常悲苦众生而泪堕也。即五比丘中之一人。而年大迦叶教授界外大众，所以有二众。迦叶有五百罗汉，前入界内，结集三藏。后多人来，结集三藏，迦叶并不许之。有二因缘：一者五百皆聪明人故，二者已羯磨竟故。依《智度论》，阿阇世王但设千人食，故余人来不得。从是以来，至佛灭度后百一十六年，但有二部名字，未有异执。[①]

这又是一种奇特的说法。"未有异执"，仅有名字，在情理上很难讲得通。而且连哪月哪天释迦牟尼涅槃，哪月哪天举行结集的日子都有了，反而使人怀疑。但接着所讲的就和《异部宗轮论》比较一致了：

百一十六年外，有舶主儿名摩诃提婆，端正聪明，作三逆罪，后入佛法。凡有二事，一者取诸大乘经，内三藏中释之，诸阿罗汉结集法藏时，已简除此义，而大众部用此义，上座部不用之。因而起诤，遂成二部。二者摩诃提

① T45/8b。所引《智度论》指《大智度论》卷二，原书鸠摩罗什译。见 T25/67c。

婆自作偈言：余人染污衣，无明疑他度，圣道言所显，是诸佛正教。以此一偈安置戒后，布萨诵戒竟，亦诵此一偈。[1]

下面也讲到了第二个大天，事迹和《异部宗轮论》讲的一样，只是还作了区别，第一个大天叫“舶主儿”大天，第二个大天叫“贼住主”大天。吉藏的讲法也不是没有根据，根据可能是当时到中国来译经的印度僧人真谛所传的说法。[2]可是这种说法一看就知道是在为大乘张目，清清楚楚地露出了马脚，显然有大乘僧人后来编造的成分。对这两个大天，吕澂先生在他的《印度佛教史略》里的结论是否定前一个的存在，“前后毕竟同为一人，即贼住大天真为历史人物，舶主儿大天则其影写者也”。[3]他后来在他的《印度佛学源流略讲》一书里更进一步发挥他的意见，认为根本分裂起于“大天五事”之说“说得相当支离且有明显的年代错误”。吕澂看到了其中的问题，他的意见应该说是正确的。[4]

但是有一点也需要注意，《三论玄义》讲上座、大众两部分裂发生在第一次结集上，这种说法其实玄奘也讲到了。《大唐西域记》卷九讲到第一次结集时说：

于是迦叶扬言曰：“念哉谛听！阿难闻持，如来称赞，

① T45/8b。

② 见 P. Demiéville, *L'Origine des sectes Bouddhiques d'après Paramārtha*, Mélanges Chinois et Bouddhiques, Ⅰ, 1931—32, Bruxelles, pp. 15—64。

③ 吕澂：《印度佛教史略》，商务印书馆，1935 年，第 31 页 b。吕澂也讨论了结集与部派的问题，认为根本分裂由“大天五事”起之说不可信。见同书，第 27 页 b—第 32 页 b。

④ 吕澂认为，这是把两件先后发生的不同的事，即《摩诃僧祇律》讲的“五净法”与后来南方案达派的“大天五事”混淆了起来，因而虚构出引起根本分裂的头一个大天，这是说一切有部的“臆造”。吕澂的分析很精到。见其《印度佛学源流略讲》，第 26、32、33、73 页。

集素呾缆藏。优波釐持律明究，众所知识，集毗奈耶藏。我迦叶波集阿毗达磨藏。”雨六月尽，集三藏讫。以大迦叶僧中上座，因而谓之上座部焉。[1]

而且，这里讲参加结集的有一千人。这和一般讲的“五百结集”不一样。其实“千人结集”这个说法就出于《大智度论》，吉藏在《三论玄义》中已经说明了这点。和吉藏一样，玄奘接着就讲，在大迦叶主持的结集之外，另有大众部的结集：

诸学无学数百千人，不预大迦叶结集之众，而来至此，更相谓曰：“如来在世，同一师学，法王寂灭，简异我曹。欲报佛恩，当集法藏。”于是凡圣咸会，贤智毕萃，复集素呾缆藏、毗奈耶藏、阿毗达磨藏、杂集藏、禁咒藏，别为五藏。而此结集，凡圣同会，因而谓之大众部。[2]

前面说了，这种说法与《异部宗轮论》不一样。可是《异部宗轮论》和《大毗婆沙》却都是玄奘自己亲自翻译的。表面看来，玄奘自己是矛盾的，但其实也不，前者他是在照录，后者是在照翻，两者并不求一致。他自己大概并没有一个肯定的意见。这与前面讲到的法显在《法显传》里讲“十事”，而在自己翻译的《摩诃僧祇律》里却讲“五净法”的情形一样。而第一次结集就有“五藏”的说法也很可疑。一般认为，佛教在它早期的发展阶段中，最早出现的只是律藏和经藏。律藏和经藏是否在第一次结集时就已完全形成，已经是一个很大的疑问。而阿毗达磨藏出现的时间则更要晚一些。至于禁咒，这是在早期

① 原书，校注本，第 739 页。
② 原书，校注本，第 741 页。

佛教中很少,甚至可能没有的东西,更谈不上"禁咒藏"。

在佛教的历史上,各种派别以及后来的大乘,为了提高自己的地位,在编纂自己一家一派的文献时,往往都尽量把自己的历史往前写,尽量与释迦牟尼或者至少与释迦牟尼的某几位直传弟子挂上钩。这几乎可说无一例外。因此,许多传说实际上都是晚出的,这样的例子举不胜举。这给研究佛教史造成了很大的困难与混乱。我们在考察研究部派最初分裂的历史时遇到的也是同样的问题。上面所列举的各种文献异说纷纭,原因大多就在这里。这需要我们做仔细的比较和鉴别。例如上面讲到的第一次结集即有二部之说,明显的是晚出的说法,很可能是大众部为了与上座部平起平坐,表明自己的传统久远而编造出来的。[①] 再例如在提到部派的文献中,研究者们常常引用的有《文殊师利经》,其中卷下讲:

> 根本二部从大乘出,从般若波罗蜜出,声闻缘觉诸佛悉从般若波罗蜜出。文殊师利!如地水火风虚空,是一切众生所住处,如是般若波罗蜜及大乘是一切声闻缘觉诸佛出处。文殊师利白佛言:"世尊!云何名部?"佛告文殊师利:"初二部者,一摩诃僧祇,二体毗履。我入涅槃后一百岁,此二部当起。"[②]

下面再详细地讲二部怎样继续分裂。但很明显,前面的那一大段都是大乘僧人神话式的编造。原因很简单,因为它是大乘的经典。

再例如《舍利弗问经》也讲二部的起源:

① 吕澂先生也有同样的看法。见其《印度佛教史略》,第 26 页 b—27 页 b。
② T14/501a—b。

时有一长老比丘，好于名闻，亟立诤论，抄治我律，开张增广。迦叶所集，名为大众律。外采综所遗，诳诸始学，别为群党，互言是非。时有比丘，求王判决，王集二部，行黑白筹，宣令群曰："若乐旧律，可取黑筹，若乐新律，可取白筹。"时取黑者乃有万数，时取白者只有百数。王以皆为佛说，好乐不同，不得共处。学旧者多，从以为名，为摩诃僧祇也。学新者少，而是上座，从上座为名，为他俾罗也。[①]

这也是明显地站在大众部的立场上讲话，只是仍然以律为发生歧异的起点。所以，我们在使用各类文献时，应该充分考虑到这一点，而采取比较谨慎的态度。

这里我想说明一点，在研究佛教的历史尤其是早期佛教的历史时，律应该是一种很重要的材料。可惜过去的研究工作往往忽视了这一点。[②] 在现存所有的佛教文献中，律是最早编纂而成的几种文献之一。它的核心部分形成于释迦牟尼去世以后，阿育王时代以前，其中有些内容甚至可能更早一些。[③]

---

① T24/900b。原文中的"王"，据上文讲是阿育王的孙子弗沙蜜多罗。

② 季羡林在《商人与佛教》一文中讲，他"还没有见到充分利用这些资料的文章"。他因此"提倡一种利用佛典律藏的风气"。原文见《第十六届国际历史科学大会中国学者论文集》，中华书局，1985 年，第 104 页。

③ 奥地利学者 E. Frauwallner 认为，现存的各个部派的律，至少其中的 Skandhaka 部分，出自一部共同的原始的律的文本（same basic text）。这部文本在阿育王时代以前就已经形成了。见其 *The Earliest Vinaya and the Beginnigs of Buddhist Literature*，1956，pp. 1—23。他是在对比了现存的各种律的内容后得出这样的结论的。印度学者 S. Dutt 认为，大致在公元前 4 世纪中期，佛教僧伽就已经有了一部完整的律。见其 *Buddhist Monks and Monasteries of India*，London，1962，p.77。但是 Frauwallner 认为部派起于阿育王之后的看法似乎失之太晚。阿育王铭文中的"第一号小石柱诏书"（Minor Pillar Edict，No.1）已经提到僧伽的分裂，虽然没讲到这种分裂是否就是部派的分裂。见 D. C. Sircar，*Inscriptions of Aśoka*，New Delhi，1975，pp. 59—60。此外，一般认为编成于阿育王时代的 *Kathāvatthu* 已经讲到了部派，并批评了大众部和说一切有部的某些观点。这表明这个时候不仅已经有部派，而且部派已经进一步发展，不再只是上座、大众根本二部了。当然，也有人认为 *Kathāvatthu* 成书的时间实际上要比这晚。

这可以说早于现存各种经藏中的多数著作,更早于论藏中各种著作,当然更早于大乘佛教及其他各种与大乘佛教有关的文献了。从这一点讲,利用律来研究早期佛教的历史相对来说比较可靠,它有特殊的价值。在上面有关毗舍离结集和部派分裂的讨论中,我以为应该重视律提供给我们的信息。部派问题涉及佛教的早期历史比较多,就更是如此。

我们在上面的讨论中已经看到,部派最初的分裂和律有这样直接与重要的关系,而义净在《寄归传》里也总是把部派和律联系在一起讲。义净的看法是这样,有意义的是,我们在藏文佛教文献中也能找到与义净一样的说法。由藏族佛教学者 vGos lo gzhon nu dpal 撰写的 *deb ther sngon po* 在 bstan pavi gtad rabs kyi skabs 一章里叙述到了佛教所谓的“付法藏师”的法统,最后总结说:

de ltar bshad pa de dag thams cad so so thar pavi bslab pa la bstan par byas nas gtad pavi rabs yin no/ [①]

这是根据佛教的戒律来讲佛教的“法统”。这本书接下来的一章是 sde pa bco brgyar du gyes pavi skabs(“部分十八章”),专门讲佛教的部派分裂,其中第一句话就是:

so so thar pavi bstan pa yang sde pa rnam pa bco brgyad du gyes pa las/ rnam pa bco brgyad po thams cad kyang sangs

① 原书,四川民族出版社,1985 年新印版,第 48 页。这本书有郭和卿的汉译本:《青史》,西藏人民出版社,1985 年;也有 G. N. Roerich 的英译本:*The Blue Annals*, Calcutta, 1949, Part One。

rgyas kyi bstan pa nyid yin pa ni/ [1]

这便是直截了当地把佛教的十八部派和律的分歧联系在一起考虑。

另一位著名的西藏佛教学者 Tāranātha 的看法和观点与义净几乎完全一样，他所撰写的 *rgya gar chos vbyung* 是一部关于印度佛教史的名著，其中第四十二章 sde pa bzhivi don lcung zad dpyad pavi skabs（"略述四部章"）专门讨论部派问题。Tāranātha 列举了各种有关部派的说法，然后说：

> de ltar yang vphags yul dang gling phran rnams kyi dge vdun kun 1a sde pa bzhi so sovi kha vdzin byed pa ma vdres par yod cing/ sde pa bco brgyad so sovi ni gzhung lugs dang/ glegs bma da ltavi bar du yod kyang de dang devi grud mthav vdzin pa ni so sor ma vdres pa cher med la/ [2]

这里讲的是整个印度（vphags yul，梵文字 Āryadeśa，义净在《寄归传》里译作"圣方"）以及斯里兰卡（gling phran rnams，包括斯里兰卡甚至南海诸岛）等地的佛教部派的情况。我们可以把这段话与义净在《寄归传》一开始就讲的"五天之地及南海诸洲，皆云四种尼迦耶"相比较，二者真是何其相同！只是最末一句所讲的情况看来比义净的时代要稍晚一些。Tāranātha 最后还总结说：

---

① 原书，四川民族出版社，1985 年新印版，第 48 页。这本书有郭和卿的汉译本：《青史》，西藏人民出版社，1985 年；也有 G. N. Roerich 的英译本：*The Blue Annals*, Calcutta, 1949, Part One。

② 原书，拉萨木刻版，1946 年，叶 135a—b 面。这本书有 Lama Chimpa 和 A. Chattopadhyaya 合译的英译本：*History of Buddhism in India*, Calcutta, reprint, 1980；18 世纪还有 V. P. Vasil'ev 的俄译本和 A. Schiefner 的德译本。

sde pa bzhivi dbye vbyed kyang vdul bavi spyod pa las dbye bar ko dkos so/[①]

这句话几乎等于就是《寄归传》中“详观四部之差,律仪殊异”一句的翻译。

这两部书也都是从律的角度来考虑和叙述部派分裂的历史。和义净比起来,两部书成书的时代都比较晚,但在西藏同类的著作中又算比较早的。*deb ther sngon po* 写成于元顺帝至正十八年(1358),也有一种说法是明宪宗成化十二年至十四年(1476—1478)之间。[②] *rgya gar chos vbyung* 写成于明神宗万历三十六年(1608)。[③] 两位作者写书时根据的是他们当时所见到的大量的佛教文献与8世纪以来先后来到西藏的许多印度僧人的传承。两部书都算是藏文佛教史籍中最有名的著作,书中的观点被认为是具有代表性的。这些观点应该说值得我们重视:他们与义净前后相差七八百年,为什么看法却与义净这样相似呢?

概括起来说,毗舍离结集以后,佛教分裂为上座、大众两大部派,在这以后的几百年间里,上座、大众二部又继续发生所谓的“枝末分裂”,最后形成所谓的“十八部”“二十部”或更多的部。但这些后来的分裂和最初的分裂比较起来,对于我们所要讨论的问题而言,相对来说不是那样重要,我们这里关心的是导致部派分裂的最初的最根本的原因。应该说,这个原因就在于律的分歧。

---

① 原书,拉萨木刻版,1946年,叶136a面。

② 郭和卿汉译本“后记”中主张第一种说法。G. H. Roerich 主张第二种说法。两种说法是因为各自推算藏历的方法不同,刚好相差120年。

③ *History of Buddhism in India*, p. Ⅶ, Tāranātha 是西藏 Jo nang pa 僧人。

但是有一点还应该说明一下，部派的分裂，最初发端于律方面的歧异，不等于部派之间在宗教教义与宗教哲学上就没有分歧。恰恰相反，从原始佛教发展到所谓的部派佛教，正是在部派佛教这个时期，佛教的宗教教义与哲学得到了大发展，异说纷纭，出现了大量的 abhidharma 类的著作。在佛教的宗教思想发展史上，这是很重要的一个阶段。但这和律的歧异是两回事，它发生得可能要稍晚一些。反映在《异部宗轮论》《大毗婆沙》、*Kathāvatthu* 等书里那些部派之间在教义和哲学上的分歧，就是在这种情况下出现的，这在另一个层次上促进了部派进一步的分化。大乘思想的出现及其后来的发展，看来就和部派佛教的这个阶段有密切的联系。近年来，国外有的学者在研究早期佛教史时，把部派分为三种类型，第一种是律的部派（vinaya sects 或 vinaya schools），第二种是教义的部派（doctrinal schools），第三种是哲学的部派（philosophical schools），认为这三种类型的部派的分化发生在三个不同的层次和阶段上，它们之间既有区别又有联系。[①] 提出这种意见的基础，就在于看到了部派问题的复杂性，引起部派分化的原因前后并不完全一样，部派在不同的情况下有不同的内涵意义。这种看法是有一定道理的。

现在我们也许可以回到最前面提出的第一个问题上来：义净在《寄归传》里讲的部派（nikāya）是什么意思？他是从什么角度讲的？通过上面的分析和讨论，我以为我们是否可

① 见 H. Bechert, Note on the Formation of *Buddhist Sects and the Origins of Mahāyāna, German Scholars on India*, Varanasi, 1973, pp. 8—10; Buddha-Feld und Verdienstübertragung: Mahāyāna-Ideen im Theravāda-Buddhismus Ceylons, *Bulletin de la Classe des Lettres et des Sciences Morales et politiques*, Seśerie-Tome LXⅡ, 1976, 1—2, Bruxelles-Palais des Académies, pp. 30—33; *Buddhist Sanskrit Literature in Sri Lanka*, A Lecture to be given at the International House of Japan, 1982, pp. 5—6。

以得出这样一个结论：义净讲的部派，主要是从律的角度讲的。从这种意义上讲，所谓部派，主要是指共同使用与遵守同一种戒律，按照这种戒律的规定而举行出家(pravrajana)、受戒(upasaṃpadā)等宗教活动，过共同的宗教生活，因而互相承认其僧人身份的某一特定的僧团组织。因此，使用不同的律就成为区别不同部派的主要标志。最重要的部派都有自己的"三藏"，尤其是自己的律。[①] 部派最初的分裂在于在戒律方面的分歧。由戒律不同而立异说，由学说不同而进一步变更戒律，由此形成众多的不同的派别。但是直到7世纪为止，律仍然是区别部派的最基本的标准。

三、部派与大乘、小乘的关系问题

在确定了部派(至少是义净所讲的部派)的意思与内涵以后，我们现在进一步讨论前面提出的第二个问题：在义净看来，大乘佛教在部派之内还是在部派之外？7世纪时印度佛教的部派是不是仍然应该完全被看成小乘佛教？我仍然还是先把义净《寄归传》中与大小乘直接有关的材料抄引在下面：

> 然南海诸洲有十余国，纯唯根本有部，正量时钦，近

① 这里讲的是最主要的几个部派，如义净在《寄归传》里讲的四大部派都有自己的一套三藏。其中上座部的完全保存了下来，说一切有部与根本说一切有部的律(梵文原本及数种汉译、藏译)与论(汉译本数量最多)都保存了下来，大众部的律(汉译，也有一种混合梵文原本)保存了下来，正量部仅有少量的论(汉译)和一部律论(汉译)保存了下来。其他一些较重要的部派如法藏部、化地部也都有自己的律(汉译)并保存了下来。此外，现存的佛教文献，尤其是汉译文献部分很多部派归属不明。不过实际上所谓十八部派中并不是所有的部派都发展出一套完整的三藏，有一些"支末部派"可能就没有自己独立的文献。它们只能"借用"或部分"借用"它们的"根本部派"或其他部派的文献。在佛教史上，部派文献的发展与部派学说的发展情况一致，只有少数的部派最后形成了一套完整的学说，也只有少数的部派最后发展出自己单独的一套文献。

日已来，少兼余二。斯乃咸遵佛法，多是小乘，唯末罗游少有大乘耳。

其四部之中，大乘小乘区分不定。北天南海之郡，纯是小乘。神州赤县之乡，意在大教。自余诸处，大小杂行。考其致也，则律检不殊，齐制五篇，通修四谛。若礼菩萨、读大乘经，名之为大；不行斯事，号之为小。所云大乘无过二种：一则中观，二乃瑜伽。

理合大小双修，方顺慈尊之训。（以上卷一）

即道大乘虚通，何净何秽。（以上卷二）

无问大乘小乘，咸同遵此。（以上卷四）

看得出来，义净在《寄归传》里直接提到大小乘的文字与直接提到部派的文字比较起来要少得多。但是他毕竟提到了，这说明他是注意到了大乘佛教的，也注意到了大乘佛教与部派的关系。此外，《寄归传》里提到了不少的佛教僧人，还包括他们的一些著作。值得注意的是，他们多数都是佛教史上著名的大乘僧人。义净提到的著作也多数是大乘佛教的经典。例如卷四“赞咏之礼”章讲到的僧人有马鸣、摩咥里制吒、龙树、无著、世亲和月官。除了马鸣和摩咥里制吒，其余的都是著名的大乘僧人。按照有些人的说法，甚至连马鸣和摩咥里制吒也是大乘僧人。同卷“西方学法”章里讲到的大乘僧人更多，几乎把印度佛教史上最有名的大乘僧人都包括了进来：

斯乃远则龙猛、提婆、马鸣之类，中则世亲、无著、僧贤、清辩之流，近则陈那、护法、法称、戒贤及师子月、安惠、德惠、惠护、德光、胜光之辈。斯等大师无不具前内外众德，各并少欲知足，诚无与比。俗流外道之内，实此类而难得。

义净在此还加了一条注:“广如《西方十德传》中具述。”《西方十德传》讲的什么,因为原书已佚,我们已经无从详知。但从义净这里的上下文可以知道,“十德”就是这里提到的僧人其中的某十位,他们是大乘僧人。义净本人的大乘倾向在这里很明显。

义净又提到大乘的著作,主张要好好学习。例如卷四“长发有无”章:

> 瑜伽毕学,体穷无著之八支。

这“八支”是:

> 一、《二十唯识论》;二、《三十唯识论》;三、《摄大乘论》;四、《对法论》;五、《辨中边论》;六、《缘起论》;七、《大庄严论》;八、《成业论》。此中虽有世亲所造,然而功归无著也。

这些都是大乘瑜伽行派最重要的著作。除此以外,僧人还应该:

> 因明著功,镜彻陈那之八论。

“八论”是:

> 一、《观三世论》;二、《观总相论》;三、《观境论》;四、《因门论》;五、《似因门论》;六、《理门论》;七、《取事施设论》;八、《集量论》。

义净本人对大乘中观派与瑜伽行派的学说也很清楚。卷一序：

> 中观则俗有真空，体虚如幻；瑜伽则外无内有，事皆唯识。

他还在卷四“西方学法”章里的一条注文里详细解释中观派“二谛”的学说：

> 覆俗谛者，旧云世俗谛，义不尽也，意道俗事覆他真理。色本非瓶，妄为瓶解。声无歌曲，漫作歌心。又复识相生时，体无分别，无明所蔽，妄起众形，不了自心，谓境居外。蛇绳并谬，正智斯沦。由此盖真，名为覆俗矣。此据覆即是俗，名为覆俗。或可但云真谛覆谛。

此外，义净在《寄归传》里多次提到那烂陀寺，这是当时最著名的大乘佛教的学术中心。义净在此学习长达十年之久，对它称扬备至。

以上只是《寄归传》中与大乘有关的部分段落，其他类似的段落还很多，但它们已经足以说明，义净既明白部派的区别，也清楚大乘与小乘的不同。他在以“四部”的框架来介绍印度佛教时，丝毫没忘掉还有大乘佛教。作为一位大乘僧人，他提倡“大小双修”，但更重视学习大乘经典。这正是当时一般大乘僧人对大小乘学说普遍的态度。

义净的《求法高僧传》里也有好些地方提到大小乘，其中一个例子最能说明义净对大乘、小乘的界限很清楚。《求法高僧传》卷上讲求法僧会宁：

> 以麟德年中杖锡南海，泛舶至诃陵洲。停住三载，遂共诃陵国多闻僧若那跋陀罗于《阿笈摩》内译出如来焚身之事，斯与大乘《涅槃》颇不相涉。然大乘《涅槃》西国净亲见目云其大数有二十五千颂，翻译可成六十余卷。

大乘《涅槃》指的就是宣传大乘学说的《大般涅槃经》，讲的所谓“一阐提皆有佛性”，有两种汉译本。[①] 小乘的《涅槃经》与此不同，义净对此很清楚。

究竟什么是大乘呢？这个问题，过去的研究者们已经作过很多的讨论。我在这里举两位学者的意见。这两位学者的著作出版时间比较早一些，但在学术界有一定的影响，他们的看法到今天仍然还有代表性。这两位一位是英国学者 Charles Eliot，他的 *Hinduism and Buddhism* 一书第二卷第十六章的题目就是 Main Features of the Mahayana。Eliot 给大乘下了七条定义：

> 1. A belief in Bodhisattvas and in the power of human beings to become Bodhisattvas.
>
> 2. A code of altruistic ethics which teaches that everyone must do good in the interest of the whole world and make over to others any merits he may acquire by his virtues.
>
> 3. A doctrine that Buddhas are supernatural beings, distributed through infinite space and time and innumerable.
>
> 4. Various systems of idealist metaphysics.
>
> 5. A canon composed in Sanskrit and apparently later

① 一种称为“北本”，四十卷，北凉昙无谶译；一种称为“南本”，三十六卷，南朝宋慧观与谢灵运等润文改治而成。

than the Pali canon.

6. Habitual worship of images and elaboration of ritual. There is a dangerous tendency to rely on for mulae and charms.

7. A special doctrine of salvation by faith in a Buddha, usually Amitābha and invocation of his name.①

另一位是印度学者 Nalinaksha Dutt，他的 *Aspects of Mahāyāna Buddhism and its Relation to Hīnayāna* 一书是一部比较有名的专门研究大小乘佛教的著作，其中第一章里给大乘下的定义恰好也是七条：

1. the conception of the Bodhisattva,
2. the practice of the Pāramitās,
3. the development of Bodhicitta,
4. the ten stages (bhūmi) of spiritual development,
5. the goal of Buddhahood,
6. the conception of Trikāya,
7. the conception of Dharmaśūnyatā or Dharmasamatā or Tathatā.②

只有义净的定义最为简单：

若礼菩萨，读大乘经，名之为大。不行斯事，号之为小。

我们看到，前两位学者的意见大同小异。虽然他们力图

---

① 原书，London，1921，Vol. Ⅱ，p.6。原文稍长，此处略微作了删节。

② 原书，London，1930，p. 34。

把大乘佛教主要的特点都总结出来，但什么是大乘最主要、最带普遍性、最能够以一概全的特点，他们并没说得很清楚，而且他们定义中的有些特点只能说是大乘中某些派别的特点，而不能说是所有大乘的特点。义净《寄归传》的定义相对来说最简单，但恰恰指出了大小乘之间最基本的区别。

前面两个有关大乘的定义都没提到大乘与部派的关系，也没有考虑到律方面的问题。但是义净讲到了，那就是我们在讨论一开始就提到的“其四部之中，大乘小乘区分不定”。接着义净才补充道：“考其致也，则律检不殊，齐制五篇，通修四谛。若礼菩萨，读大乘经，名之为大；不行斯事，名之为小。”义净认为，部派的分别和大小乘的分别是两回事，大乘在四部之中，因为大乘僧人执行的律仍然是旧有的部派的律。

实际的情况是不是如此呢？

有一个最好的例子。比义净早去印度四十年，基本上与义净同一时代的玄奘在《大唐西域记》里留下了一个重要的记载，那就是当时在印度和斯里兰卡存在“大乘上座部”。什么是“大乘上座部”，季羡林先生在他的《关于大乘上座部的问题》一文中有很详尽精到的论述，原文可以参看。季羡林的结论是：所谓“大乘上座部”，是“受大乘影响的小乘上座部”。季羡林还引用 Louis de La Vallée Poussin 的话说，“这指的是遵守小乘上座部的律而又采用大乘某一些教义的寺庙”。季羡林认为“这比较接近事实”。[①] 这也就是说，就大乘上座部的僧团而言，他们执行的律，仍然是上座部的律，他们的“法统”，仍然是上座部的“法统”，而且“戒行贞洁，定慧凝明，仪范可师，济济

---

① 季羡林：《关于大乘上座部的问题》，《中国社会科学》1981 年第 5 期，第 197 页。季羡林认为大乘上座部是“受大乘影响的小乘上座部”。我以为不妨就把它看成大乘，没有必要再在“上座部”一名前仍然保留“小乘”这个定语。

如也”。[1] 但同时他们又接受了大乘的学说，这就是为什么玄奘把他们称作“大乘上座部”，而在义净的记载中仍然是讲“师子洲并皆上座，而大众斥焉”的原因。换句话说，“大乘上座部”就可以看作部派中的大乘，或者也可以被称为“上座部大乘”，两个名称形略异而实相同。“四部之中，大乘小乘区分不定”这句话，在此可以找到一个注脚。

这里可能会有人因此而提出一个问题：既然有大乘上座部，会不会有大乘的其他什么部，比如说按照义净的四大部派划分法，会不会有大乘说一切有部、大乘大众部，或者大乘正量部？

回答是，从理论上讲，这完全是可能的，不过理论上的可能不一定就是现实。我们现在除了“大乘上座部”以外，还没有找到其他完全与此相同的例子。我想，其原因可能在于原来的部派或在原来的部派里，要被称作“大乘 ×× 部”，必须要具备一定的条件，比如要有一个完整的、基本上一致接受大乘学说的僧团组织，才能得到这样一个新的称呼。而且，从当时的情况来看，这一派的僧人自己未必就这样称呼自己，只是其他人，可能也只有其他人，比如中国求法僧玄奘根据他自己的所见所闻所考察的结果，给这派僧人加以这样一个称呼。这也是为什么我们除了在《大唐西域记》里知道有“大乘上座部”这么一个名字以外，在其他任何地方也没见到这个名称的原因。就是对当时斯里兰卡的这一派僧人来说，我怀疑他们未必就肯公开承认或接受这个称号。因为我们看到，尽管在历史上斯里兰卡的佛教各派或多或少地都接受过大乘的影响，但

① 《大唐西域记》卷十一。校注本，第 878 页。同书卷八在讲到摩揭陀国摩诃菩提僧伽蓝的“大乘上座部”时也说这里的僧徒“律仪清肃，戒行贞明”。《大唐西域记》提到“大乘上座部”共有五处，其中两处都称赞这个部派的僧徒能守持戒律，颇能说明一些问题。

他们在公开的场合都始终一致强调自己的上座部传统。而且，大乘的影响和地位在斯里兰卡实际上是时盛时衰，几起几落，很多时候甚至受到很严厉的排斥与打击，因此实在有点“偷偷摸摸”的味道。[①] 我们只要注意到这些特点，就比较容易明白玄奘是在什么历史背景和条件下提出“大乘上座部”这个名称的。这对上座部来说是一个特例，但就整个部派与大小乘的关系来说，却是一个通例。它说明了部派与大小乘之间的关系究竟是怎么回事。

虽然我们在其他的部派里没有找到完全类似于“大乘上座部”的例子，但是我们在其他部派里可以找到不少大乘僧人的例子。

我们先举说一切有部为例。

诃梨跋摩：《出三藏记集》卷十一《诃梨跋摩传序》讲，诃梨跋摩是中天竺婆罗门子，“抽簪革服，为萨婆多部达磨沙门究摩罗陀弟子”。老师教他迦旃延所造《大阿毗昙》，他精其文义，却慨叹其“浮繁妨情，支离害志”，因此为同辈所诋。他在数年内精读三藏。“时有僧祇部僧，住巴连弗邑，并遵奉大乘”，“要以同止，遂得研心方等，锐意九部”，造出《成实论》一书。[②] 诃梨跋摩的时代约在4世纪。一般认为，《成实论》是小乘空宗走向大乘空宗的一部很重要的过渡性的著作，其实就是一部大乘的著作。中国南北朝时佛教僧人中有专门讲习这部书的成实学派，也被称为“成实宗”，当时很有影响。诃梨跋摩是说一切有部的僧人，可是却接受和宣传大乘的学说。

---

① 例如 Vohārikatissa 王（215—237）和 Gothābhaya 王（320—322）都曾严厉地禁止大乘的“邪说”在斯里兰卡传播。见 H. Bechert, *Buddhist Sanskrit Literature in Sri Lanka*, pp. 2—3, 12—13；季羡林：《关于大乘上座部的问题》，第193页。

② T55/78c—79a。

无著：无著是大乘瑜伽行派开宗立派的人物，印度最著名的大乘僧人之一。据陈真谛编译的《婆薮槃豆法师传》，他是健陀罗国人，“于萨婆多部出家”。[①] 无著的时代在四五世纪。

世亲：世亲是无著的弟弟，也可说是瑜伽行派最著名的论师，与他哥哥齐名。《婆薮槃豆法师传》说他“亦于萨婆多部出家”。[②] 书中还记载了一个故事，说世亲在阿缅阇国，因为“造《七十真实论》，破外道所造《僧佉论》”，“王以三洛沙金赏法师，法师分此金为三份，于阿缅阇起三寺，一比丘尼寺，二萨婆多部寺，三大乘寺”。[③] 这说明世亲即使在信仰大乘后，于大乘与萨婆多部并无轩轾之分。因为他本来就属于这一部派。阿缅阇国即《大唐西域记》里的“阿踰陀国”。《大唐西域记》专门记载了阿踰陀国中的好些和无著、世亲有关的故事及寺庙。这里是他们兄弟活动的主要地方。[④] 值得注意的是，当玄奘到印度去时，阿踰陀国是“伽蓝百有余所，僧徒三千余人，大乘小乘，兼功习学”。[⑤] 这可能就与无著、世亲曾在这里的说一切有部中宣传大乘学说有关，所以僧徒们“兼功习学”。[⑥] 玄奘的时代比无著、世亲晚两三百年。

dge vdun vbangs：这个藏文译名可以还原成梵文 saṃghadāsa。他是世亲的弟子。*rgya gar chos vbyung* 第二十三章有关的记载是：

btsun pa dge vdun vbangs ni/ slob abon dbyig gnyen

① T50/188c。
② 同上。
③ T50/190a—b。
④ 原书，卷五。校注本，第 449—456 页。
⑤ 同上，第 449 页。
⑥ 本章下一节将要专门讨论这种“大小二乘，兼功习学”的情况。

gyi slob ma zhig ste/ yul lho phyogs pa rigs bram ze/ sde pa thams cad yod par smra ba yin/ des rdo rjevi gdan du yun ring du bzhugs shing/ rdo rjevi gdan du vdul ba dang/ mngon pavi chos gzhi nyi shu rtsa bzhi brtsugs/ [①]

这位 dge vdun vbangs 是婆罗门出身，南方人。他也是说一切有部的僧人，曾在释迦牟尼成道的金刚座那地方住过很长一段时间，又在那里建了二十四座律和论的寺庙（原文如此：vdul ba dang mngon pavi chos gzhi）。下文中还讲他后来到了克什米尔，在那里大力宣传大乘。克什米尔就是自他以后，信大乘的人才渐渐多起来。

鸠摩罗什：鸠摩罗什是中国佛教史上最著名的译师之一，后秦时人，出生在西域的龟兹。《高僧传》卷二《鸠摩罗什传》讲他“至年二十，受戒于王宫，从卑摩罗叉学《十诵律》”。[②]《出三藏记集》卷十四又讲他“从佛陀耶舍学《十诵律》”。[③] 看来鸠摩罗什是在说一切有部出家的，而当时西域一带最流行的正是说一切有部。鸠摩罗什当然是大乘僧人。

佛陀耶舍：罽宾人，“年十九，诵大小乘经数百万言”。他曾经是鸠摩罗什的老师，鸠摩罗什曾经跟他学习过《十诵律》。罽宾是说一切有部的大本营，他二十七岁受具戒，看来很可能是在说一切有部出家。他善解《毗婆沙》，这是说一切有部论藏中最重要的著作。他来中国后还帮助鸠摩罗什翻译过《十住经》，这是大乘经，又与竺佛念一起译过《四分律》六十卷。佛陀耶舍最后回到罽宾，还寻得一部《虚空藏经》，委托商贾寄

① 原书，拉萨木刻版，叶 68a—b 面。

② T50/331a。

③ T55/100c。

与凉州诸僧,这也是一部大乘经。看来他也是一位大乘僧人。他的事迹见《出三藏记集》卷十四与《高僧传》卷二。[①]

佛陀跋陀罗:又译作"佛大跋陀罗",意译是"觉贤"。《高僧传》卷二有他的传。据说他祖籍是迦维罗卫,与释迦牟尼同乡。他长在北天竺,"博学群经,多所通达,少以禅律驰名"。[②]后来他在罽宾遇到中国的求法僧智严,被智严邀请到中国。初到长安,因为与鸠摩罗什有些龃龉,离开长安到南方江陵、建业等地,译出《大方广佛华严经》等一大批大乘经典。他是大乘僧人,可是《出三藏记集》卷十二载僧祐撰《萨婆多部记目录序》又把他称为"长安城内齐公寺萨婆多部佛大跋陀罗",说明他也是说一切有部僧人。[③]僧祐的这篇《序》还把马鸣、龙树、提婆等都列入萨婆多部传承的目录中。

般若跋陀罗:印度摩揭陀国低罗择迦寺出家大德。他与玄奘同时。《慈恩传》卷四讲他"本缚罗钵底国人,于萨婆多部出家,善自宗三藏及声明、因明等"。[④]低罗择迦寺,义净《寄归传》和《求法高僧传》译作"羝罗荼寺",《大唐西域记》译作"鞮罗择迦伽蓝"。《大唐西域记》卷八讲,此寺"僧徒千数,并学大乘"。[⑤]因此般若跋陀罗应该也是大乘僧人。《慈恩传》还讲玄奘在此"就停二月,咨决所疑"。[⑥]

---

① T55/102a—c 与 T50/333c—334b。佛陀耶舍是否肯定是说一切有部的僧人还有待进一步商榷。《开元录》卷四引《四分序》(即《四分律序》)称耶舍为"昙无德部体('体'字疑衍)大乘三藏沙门"。T55/517b。因此耶舍也可能是法藏部僧人。但总之证明他既信大乘,又属于某一部派。任继愈主编《中国佛教史》第二卷以佛陀耶舍为小乘僧人肯定是错误的。见原书,中国社会科学出版社,1985 年,第 259 页。

② T50/334b—335c。

③ T55/89c。汤用彤先生亦据此考证觉贤是说一切有部僧人,又引僧肇《致刘遗民书》谓僧肇称觉贤为"大乘禅师",并论觉贤所传禅法为大乘禅。见其《汉魏两晋南北朝佛教史》,中华书局,1983 年,上册,第 217—220 页。

④ T50/244a。

⑤ 原书,校注本,第 650 页。

⑥ 同注④。

舍利越魔：他是唐代天宝年间出使北印度，后来在印度出家的中国僧人悟空的老师。悟空受戒时在迦湿弥罗，“于蒙鞮寺讽声闻戒，讽毕，听习根本律仪。然于北天竺国皆萨婆多学也”。可见舍利越魔是说一切有部僧人。悟空归国时，舍利越魔三藏“乃手授梵本《十地经》及《回向轮经》并《十力经》”。[①] 这些都是大乘经典。可见舍利越魔又是大乘僧人。

还有一个比较特殊的事例，不是印度僧人，而是中国僧人。帮助玄奘撰写《大唐西域记》和译经的辩机在《大唐西域记》书后写过一篇“赞”，其中先讲了好些有关玄奘的事迹，最后讲到他自己：“少怀高蹈之节，年方志学，抽簪革服，为大总持寺萨婆多部道岳法师弟子。”[②] 这位道岳，在隋末唐初也有些名气，《续高僧传》卷十三有他的传，当然是大乘僧人。[③] 可是他的弟子却这样称呼他，这不能有别的解释，只能说明他虽是在中国，也是依说一切有部的律出的家，同时更说明当时的中国僧人究竟是怎样在理解和使用部派这个称谓的。我们要知道，辩机在当时算是在佛教方面很有学问，既了解中国，又相当了解印度情况的一位僧人。

再举大众部。

《出三藏记集》卷十一《诃梨跋摩传序》讲：“时有僧祇部僧，住巴连弗邑，并遵奉大乘。”[④] 上面讨论说一切有部时在“诃梨跋摩”条中已经引用了这条材料。

《慈恩传》卷四讲玄奘在驮那羯磔迦国，“逢二僧，一名苏部底，一名苏利耶，善解大众部三藏。法师就停数月，学大众部

---

① T51/979c—980b。

② 原书，校注本，第 1049 页。

③ 道岳事迹见《续高僧传》卷十三，T50/527a—528b。

④ T55/79a。

《根本阿毗达磨》等论。彼亦依法师学大乘诸论。遂结志同行，巡礼圣迹”。[1] 苏部底和苏利耶看来都是大众部的僧人，估计本来信仰小乘，但也学习大乘。

kun dgav snying po。前面引用过的 *rgya gar chos vbyung* 第三十一章讲：

> slob dpon kun dgav snying po ni/ vkhrungs sa ma ga dha pa/ rigs rje rigs/ sde pa phal chen pa/ grub mthav rnam rig dbum pa/ vi kra ma la śī lar rig pavi gnas lnga la sbyangs pa zhig yin la/ [2]

kun dgav snying po 可以还原成梵文 Ānandagarbha。这是讲 Ānandagarbha 生在摩揭陀，贵族家庭出身（rigs rje rigs）。他是大众部僧人，又是唯识－中观派（grub mthav rnam rig dbum pa）。他在著名的 Vikramaśīla 寺学习过五明。*rgya gar chos byung* 第三十一章讲的是 Masurakṣita 王、Vanapāla 王与 Mahīpāla 王时代的事，因此 Ānandagarbha 的时代比义净晚。

同书第三十三章又有同样的事例：

> nub sgo srung ba slob dpon ngag gi dbang phyug grags pa ni/ yul vā rā ṇa sīr sku lkhrungs rigs ni rgyar rigs yin/ dge vdun phal chen pavi sde pa las rab tu byung ba/ mkhan pos

---

① T50/241b—c。

② 原书，拉萨木刻版，叶 111b 面。原文中 Vi kra ma la śī la 一词中第一个 la 字衍。grub mthar rnam rig dbum pa 是大乘佛教中后期出现的一个派别，它综合了瑜伽行派（唯识）与中观派两派的观点而各有取舍。代表人物是 Śāntarakṣita（约 8 世纪人）。见 D. Seyfort Ruegg, *The Literature of the Madhyamaka School*, Wiesbaden, 1981, pp. 87—100；吕澂：《印度佛学源流略讲》，第 244—248 页。

btags pavi mtshan ni śī la kī rti zhes byavo/①

这位 ngag gi dbang phyug grags pa 生在婆罗痆斯，出身王族。他在大众部出家，亲教师给他取名为 Śīlakīrti。他又信仰密宗，以下就叙述他到处宣传密宗及大乘学说的事迹。他的名字梵文可还原为 Vāgīśvarakīrti。他是 Vikramaśīla 寺的六门大学者(mkhas pa sgo drug)之一。时代是在 Canaka 王统治时期。

还有同书第三十七章：

bal po buddha śrīs kyang vi kra ma śī lar phal chen sde pavi gnas brtan cung zad mdzad/ slar bal povi yul du phar phyin dang gsang sngags sogs mang du gsungs/ ②

这位 Buddhaśri 是尼泊尔人。同 Vāgīśvarakīrti 一样，他信仰密宗和大乘。他还在 Vikramaśīla 寺里做过一段时间大众部的上座(gnas brtan)。这样看来，Vikramaśīla 寺里的大众部僧人还很不少。③ 这座寺院是印度后期佛教史上最有名的密宗和大乘的中心，地位和影响可与早一些的那烂陀寺相比。Buddhaśri 后来回到了尼泊尔，仍然宣传大乘与密宗的学说。

同书同章还有一例：

---

① 原书，叶 115b 面—叶 116a 面。

② 原书，叶 124b 面。

③ 这一事实还可以从其他方面得到证实。北京民族图书馆收藏的梵文贝叶经中有大众一说出世部的两种律：Bhikṣu-vinaya 和 Bhikṣuṇī-vinaya。这两种律最早有可能就是在 Vikramaśīla 寺抄写而后被带到西藏，其后再由民族图书馆所收藏。这是现存为数极少的大众部的梵文文献中的两种。参见 Gustav Roth：The Language of the Ārya-Mahāsāṃghika-Lokottaravādin，载 *Die Sprache der ältesten buddhistischen Überlieferung*，Göttingen，1980，p. 82。结合这里所引的藏文文献方面的材料，这也可以证明 Vikramaśīla 寺里确有大众部存在。

slob dpon chen po ratna rakṣi ta ni/ pha rol du phyin pavi theg pa dang/ rig gnas spyi la śākya śri dang mkhyen pa mnyam pa/ tshad ma la śākya śri mkhas/ gsang sngags la vdi nyid mkhas par grags shing/ byin rlabs dang nus mthu yang mnyam mo zhes grags pa zhig yin la/ sde pa phal chen pa yin/ vi kra ma śī lar sngags kyi slob dpon mdzad/ ①

这里把大乘称为 pha rol du phyin pavi theg pa（波罗蜜多乘）。这位 Ratnarakṣita 就很精通这个 pha rol du phyin pavi theg pa 的学说，也精通密咒（gsang sngags）。他同时是一位大众部僧人，还做了 Vikramaśīla 寺的 sngags kyi slob dpon（密咒阿阇梨）。

还有一个中国僧人的例子。《续高僧传》卷二九《慧胄传》讲：

释慧胄，蒲州蒲坂人。少在道门，乐崇福事。受具已后，师表僧祇。及至立年，又专禅诵。晓夕相继，偏重《法华》。②

慧胄是隋唐时人，卒于贞观初年，年六十九，住长安清禅寺。他可以说是一位依大众部律出家的中国大乘僧人。

再举化地部和正量部。

《婆薮槃豆法师传》讲无著在说一切有部出家，但《大唐西域记》卷五讲无著是"从弥沙塞部出家修学"。③ 两种记载不一

① 原书，叶 124b 面。
② T50/697c。
③ 原书，校注本，第 452 页。

致，但不影响我们想要说明的问题。

《慈恩传》卷四讲，印度钵伐多国“有二三大德，并学业可遵，（玄奘）法师停二年，就学正量部《根本阿毗达磨》及《正法论》《教实论》等”。[①] 看来他们是正量部僧人。《大唐西域记》卷十一讲此国“伽蓝十余所，僧徒千余人，大小二乘，兼功习学”。[②] 这几位大德看来就是这种“大小二乘，兼功习学”的僧人。

还有犊子部的例子。

rgya gar chos vbyung 第二十三章讲：

> slob dpon phyogs kyi glang po ni/ lho phyogs grong khyer siṅga vakta zhes bya ba kañcivi yul dang nye ba zhig du bram zevi rkis su vkhrungs shing/ mu stegs kyi grub mthav thams cad la shin du mkhas par byas pa zhig gnas ma buvi sde pavi mkhan po sde pa de nyid kyi grub mthav vdzin pa nā ga datta ste glang po byin zhes bya ba las rab tu byung zhing nyan thos kyi sde snod gsum la mkhas par byas nas/[③]

这位 phyogs kyi glang po 就是著名的陈那，梵文名字是 Dignāga。这里讲他出身婆罗门，生在南印度 Kañci 附近的一个叫作 Siṅgavakta 的城里。他出家时的亲教师名叫 Nāgadatta，是一位犊子部的僧人。陈那还通晓小乘的三藏。因此看来陈那是在犊子部出的家。犊子部和正量部的关系很密切，它本来是正量部的本宗，只是到了玄奘和义净的时代，正量部的影响

---

① T50/243c—244a。
② 原书，校注本，第 933 页。
③ 原书，叶 66a 面。

变得很大，它反而被正量部取而代之。[1] 因此我们可以把犊子和正量看作一个大的部派。义净《寄归传》里就是这样看的。

犊子部还有一例。

提婆罗：提婆罗造，北凉道泰翻译的《大丈夫论》是一部典型的大乘著作，其中专门讲大乘菩萨的布施、大悲、大愿等，可是书的末尾，作者的题名是："阿阇梨犊子部提婆罗大菩萨生在南方，是所作竟。"[2] 很明显，这位提婆罗大菩萨就是一位犊子部的大乘僧人。部派的称谓与大乘大菩萨的称谓在这里合作一处，一点也不矛盾。[3]

另外，除了前面已经讲到的"大乘上座部"，我们还可以为上座部补充两个例子。

护法是大乘瑜伽行派的重要论师，曾主持过那烂陀寺，是戒贤的老师，因此也可说是玄奘的太老师。据《大唐西域记》卷十，护法是南印度达罗毗荼国建志补罗城人，此国大臣之长子，少年时在此国出家。此国"伽蓝百余所，僧徒万余人。皆遵学上座部法"。[4] 看来护法很可能就是在上座部出的家。

---

① 见吕澂《印度佛学源流略讲》，第 156—159 页。E. Frauwallner 干脆把它们称作 Vātsiputriya-Sāmmatīya School，它们使用的律是一种。见其 *The Earliest Vinaya and the Beginnings of Buddhist Literature*, pp. 8, 10。

② T30/268a。原书共两卷。

③ 吕澂的《印度佛学源流略讲》一书已经注意到了这里的问题。吕澂讲："犊子本是小乘，但作者却自称菩萨。"书又是大乘的书，他把这归结为"犊子一系与大乘的联系是十分密切"，这是"小乘学者为大乘写书"。吕澂原书，第 156—157 页。其实提婆罗就是一位大乘僧人。一位僧人，试想要是不信仰大乘，怎么能写出大乘的书？提婆罗信仰大乘，写大乘的书，一点不影响他作为犊子部僧人的地位。同样地，吕澂在讲到"大乘上座部"时说那是因为"玄奘似乎也把方广看得与大乘差不多了"。见同书，第 84 页。其实大乘上座部就是上座部中的大乘。这是很明白的事。吕澂书中还举了另一个贤胄部的例子，情况和提婆罗刚好相反。《三法度论》是正量部的兄弟部派贤胄部的著作，可是注释者僧伽先却是一位大乘僧人。吕澂说这是"大乘学者为犊子部论作注"。不过吕澂以下的结论还是与上一例相同，认为这只是证明了犊子部与大乘的关系密切。其实，这位大乘学者恐怕本身就属于这一部派，所以才为本部派的书作注。见同书，第 157 页。《三法度论》的汉译后记和序见《出三藏记集》卷十，T55/73a—b。

④ 原书，校注本，第 851 页。

《慈恩传》卷四讲，玄奘听说僧伽罗国有“大德等解上座部三藏及《瑜伽论》”，玄奘本来打算“往彼参学”，可是“未去之间，而彼王死，国内饥乱，有大德名菩提迷袛湿伐罗（原注：此云觉自在云）、阿跋耶邓瑟哳罗（原注：此云无畏牙），如是等三百余僧，来投印度，到建志城”。玄奘和他们相见，“引《瑜伽论》要文大节征之，亦不能出戒贤之解”。[①] 这指的应该就是大乘上座部的僧人。他们不是少数，而是一来就是“三百余僧”。

还有一个例子。*rgya gar chos vbyung* 第十三章讲到一位大乘僧人，有可能属于上座部：

> lho nub yul sauraṣṭa zhes bya bar bram ze rigs ldan zhes bya ba yod de/ devi tshe khul aṅgar vkhrungs pavi gnas brtan chen po dgra bcom pa nandā zhes bya ba theg pa chen povi ches vdzin pa yod do zhes thos nas/ theg pa chen po nyan pavi don du de spyan drangs so/ [②]

Sauraṣṭa 正确的梵文写法是 Saurāṣṭra，这就是《大唐西域记》卷十一中所记载的西印度的“苏剌侘国”。这里讲苏剌侘有一位名叫 rigs ldon 的婆罗门，迎请一位名叫 Nanda 的精通大乘学说的僧人去宣讲大乘。这位 Nanda 被称作 gnas brtan chen po dgra bcom pa（大上座阿罗汉），会不会就是上座部的僧人，原书记载不很清楚。但是这位来自 Aṅga 的 Nanda 住在 Sauraṣṭra，这正是《大唐西域记》中记载有“大乘上座部”的五个地方中的一个，因此这种可能性也存在。[③] 原书把 Nanda 放

---

① T50/241c—242a。

② 原书，叶 32b 面—33a 面。

③ 原书卷十一“苏剌侘国”条：“伽蓝五十余所，僧徒三千余人，多学大乘上座部法。”校注本，第 917 页。

在比迦腻色迦王稍晚一些的时代，叫作 theg pa chen po shin tu rgyas par mgo brtsams pavi skabs（大乘大发展时期）。这说明苏剌侘国很早就有大乘僧人在活动。

上面所列举的这些大乘僧人，四个主要部派的都有，有的时代比义净早，有的基本上与义净同时，有的比义净晚，但可以说明同一个问题。[①] 我们要注意的是，从一方面看，这些大乘僧人在宗教信仰上或者原来是小乘，后来转变为大乘，或者一开始就信仰大乘；而在另一方面，就某种"组织关系"而言，他们仍然具有作为他们原来的（或者说是本来的）部派成员的身份，仍然是那个部派的僧人。他们在信仰上的转变，并不如过去一般所认为的那样，意味着就一定要完全脱离他们原来的部派。[②] 他们只是没有在原来的部派里形成一个显著的集团，或者没有某种合适的机会，以致得到"大乘 ×× 部"的称号。实际上，我们可以设想，在每一个部派里，既有一部分僧人信仰新的大乘的学说，也有一部分僧人仍然信仰原来的所谓的"小乘"的学说。[③] 如果说在大乘出现前，我们还可以把部派佛教看作小乘佛教的话，那么在大乘出现后，情况就完全不同，不能再在部派与小乘之间画等号了。应该说，这就是 7 世纪时印度佛教的实际历史状况。而且，我们有理由相信，在 7 世纪以前，这种现象已经为时已久，存在相当长一段时期了。大小乘的问

---

① 所举部派例子的多少和时代的先后与材料的来源很有关系。汉文文献的时代较早，说一切有部的例子较多，是因为早期的汉文文献多记载西北印度及中亚地区的情况，这一地区当时正是说一切有部最为流行。藏文文献的时代较晚，讲到的僧人多是在东印度，因为当时印度佛教已开始衰落，中心已转移到东印度。可惜印度本土很少保存有关于这方面的材料。

② 如 A. K. Warder 就这样讲。见其 *Indian Buddhism*, Delhi, 1980, p. 358。此书有王世安的中译本《印度佛教史》，商务印书馆，1987 年。

③ Louis de La Vallée Poussin 也有类似的观点。他的一篇文章可能就是讨论这个问题：Opinions sur 1es Relations de Deux Véhicules au Point de Vue du Vinaya。但我没找到这篇文章，只是从其他论文的注中知道他有这样的看法。

题与部派问题是两回事，两者之间虽然有关联，但从根本上讲更是有区别的。部派滥觞于律，而后逐渐在教义与哲学上有新发展，各张其说，而大乘的起源则完全只与教义与信仰有关。如果把二者混同起来，那是不正确的。①

上面的讨论多数都与律有关，因此我们有必要也考虑到所谓大乘律的问题。我们说大小乘的问题不能与部派问题相提并论，原因之一就是大乘没有像最主要的几个部派一样，单独发展出自己完整的一套律的系统，即所谓的“广律”。大乘实际上没有一部称得上是律的著作。在现存的梵文佛教典籍中，没有发现过一部如同部派律一样的大乘的律的著作，只有 Śāntideva 的 *Śikṣāsamuccaya* 多少比较集中地讲了大乘僧人在宗教生活中应该遵守的规则。但这部书不能算是一部真正的律。② 汉译的所谓几种大乘律，其中最重要的如《梵网经》，经过考证，证明是伪经。③ 另一种《菩萨戒本》，实际上是《瑜伽师地论》中的一部分，是论不是律。④ 其他的大乘律和部派的律也有很大的不同。而且我们看到，所谓大乘的戒律，不管

---

① 这个问题过去似乎很混乱，尤其是国外的研究著作常把部派与大乘并列，都译为 sect 或 school。例如 A. K. Warde, *Indian Buddhism,* pp. 7,287,328 等处。

② Śāntideva, *Śikṣāsamuccaya*, edited by C. Bendall, Bibliotheca Buddhica, St. Petersburg, Ⅰ,1897, Ⅱ,1898, Ⅲ,1901, Ⅳ,1902。梵文原本是 Bendall 在尼泊尔发现的。Śāntideva 一般认为大约是 7 世纪末的人，这与义净差不多同时。也有人认为他是 8 世纪初的人。见 D. Seyfort Ruegg, *The Literature of the Madhyamaka School*, Wiesbaden, p. 82。*Śikṣāsamuccaya* 在中国赵宋时有一个汉译本，题名《大乘集菩萨学论》，二十五卷，法护译。但原作者题名法称(Dharmakīrti)。译文本身也很差。

③ 见汤用彤先生《汉魏两晋南北朝佛教史》，中华书局，1983 年，下册，第 594—595 页。此外，Śāntideva 在 *Śikṣāsamuccaya* 里一点也未提到这部书，也可算是一个佐证。N. Dutt 注意到了这一点，但不知道《梵网经》是伪经，因此只认为这证明在 Śāntideva 时代《梵网经》并不流行。见其 *Aspects of Mahāyāna Buddhism and its Relation to Hīnayāna*, p. 294。

④ 《梵网经》因为被看作大乘戒律中最重要的著作，也被称为《菩萨戒本》。另有两种《菩萨戒本》，一种是昙无谶译，一种是玄奘译，都出自传为弥勒所说的《瑜伽师地论》。吕澂先生把这类著作称作“经中之律”。见其《印度佛学源流略讲》，第 183 页。由此其实可以看出所谓“大乘律”发展的来源与脉络。

是《梵网经》的“十重戒”“四十八轻戒”，[①] 还是《十住毗婆沙》的“六十五种尸罗波罗分”，[②] 还是《大智度论》的“十善为总相戒，别相为无量戒”，[③] 还是发展到最后通行的“三聚净戒”的种种说法，都不过是把大乘“利益众生”的理论推而广之，应用到原来部派的戒律的某些条文上，做一些修改、补充或扩大而已。这些所谓的大乘戒律，都是随着大乘学说的发展而逐步形成的，因此多数反映在大乘经和论方面的著作里。例如 *Śikṣāsamuccaya* 的第一章便讲：

> uktāni ca sūtrānteṣu bodhisattvaśikṣāpadāni/ yathoktam āryaratnameghe kathaṃ ca kulaputra bodhisattvā bodhisattvaśikṣāsaṃvarasaṃvṛtā bhavanti/ iha bodhisattvaḥ evaṃ vicārayati/ na prātimokṣasaṃvaramātrakeṇa mayā śakyam anuttarāṃ samyaksaṃbodhim abhisaṃboddhum/ kiṃ tarhi yāni imāni tathāgatena teṣu teṣu sūtrānteṣu bodhisattvasamudācārā bodhisattvaśikṣāpadāni prajñaptāni teṣu teṣu mayā śikṣitavyam iti/ [④]

bodhisattvaśikṣāpada 就是指大乘僧人应该遵守的基本戒律规定（菩萨学处）。Śāntideva 认为，这些规定是在大乘经里面。这里他引的就是 *Ratnamegha*（《宝云经》）。他的书的第二章也这样讲：

① 原书，卷下，T24/1004a—1009b。
② 原书，卷十六，T26/109c—110a。
③ 原书，卷四六，T25/395b。
④ 原书，同 98 页注②，I，p. 17。

> sūtrāṇāṃ ca sadekṣaṇād bodhisattvaśikṣāpadāni hi prāyaḥ sūtreṣveva dṛśyante/ teṣu teṣu sūtrānteṣu bodhisattvasamudācārā bodhisattvaśikṣāpadāni prajñaptānīti vacanāt/ ①

这里引的是*Caturdharmakasūtra*。Śāntideva 在 *Śikṣāsamuccaya* 里几乎通篇都是这样不停地引用各种经和论（主要是大乘的）来说明大乘僧人应该做什么和不应该做什么，但就是没提到一部完整的如同部派律一样的大乘律著作。他有时也提到所谓小乘律的 *prātimokṣa*，不过他认为只有这个对于大乘僧人是不够的。

我们再以大乘的“三聚净戒”为例来说明这一点。“大乘律”《菩萨璎珞本业经》卷下讲“三聚净戒”是：

> 戒有三缘：一自性戒，二受善法戒，三利益众生戒。②

进一步的解释是：

> 佛子！今为诸菩萨结一切戒根本，所谓三受门：摄善法戒，所谓八万四千法门。摄众生戒，所谓慈悲喜舍，化及一切众生，皆得安乐。摄律仪戒，所谓十波罗夷。③

大乘论《瑜伽师地论》卷四十也讲这“三聚净戒”：

---

① 原书，同 98 页注②，Ⅰ，p. 41。

② 原书，T24/1019b。有的学者，例如日本的镰田茂雄，认为《菩萨璎珞本业经》也是一种伪经。这种说法恐怕是正确的。见其《中国仏教史》，东京，1978 年，第 135、142 页。

③ 原书，T24/1020b—c。

云何菩萨一切戒？谓菩萨戒略有二种：一在家分戒，二出家分戒，是名一切戒。又即依此在家出家二分净戒，略说三种：一律仪戒，二摄善法戒，三饶益有情戒。①

下面解释这三种戒的具体内容，然后总结说：

是名菩萨三种戒藏，亦名无量大功德藏，谓律仪戒所摄戒藏，摄善法戒所摄戒藏，饶益有情戒所摄戒藏。②

这种大乘律与部派律完全是两回事。所以过去有的中国僧人说大乘有戒无律，这倒是看出了其中的部分问题。大乘律与部派律不能相提并论，大小乘的问题和部派问题也是两回事。唐代以明律著称的道宣就很明白这一点，所以他最后总结说：

若据大乘，戒分三品。律仪一戒，不异声闻。非无二三有异，护心之戒，更过恒式。③

这也就是中国大乘僧人所谓的“别受”与“通受”。虽然是大乘僧人，出家时也必须先依“声闻”戒律的规矩办理手续，因为大乘佛教本身并没有，似乎也没打算在这方面完全独立地搞一套自己的规矩。对印度僧人来讲，从我们前面所举出的那些例子来看，只要有明确的记载，他们或者总是在某一部派出家，成为这一部派之一员，或者径直地被称为某一部派的僧人。信仰大乘与在某一部派中依照这一部派的律“出家”“受

① 原书，T30/511a。
② 原书，T30/514b。
③ 《四分律行事钞》卷下，T40/149b。

戒”,参加宗教生活并不矛盾。

藏文文献方面的材料在这一点上的说法也一样。*rgya gar chos vbyung* 第十三章讲到大乘初期的大发展时说:

> theg pa chen po pa de dag kyang rnal vbyor spyod pa sems tsam pa sha stag yin cing/ de dag sngon sde pa bco brgyad so so la rab tu byung ba yin bas/ phal cher de dag dang gnas lhan cig tu bzhugs pas nyan thos stong phrag mang povi dbus na theg pa chen po re re gnas pa tsam yin navang/ nyan thos rnams kyis zil gyis gnon mi nus pavo// ①

这就是说,所有的大乘僧人一开始都是在部派中出家受戒,他们虽然信仰大乘,仍然还留在部派之中,信小乘的僧人比信大乘的数量上要多很多,不过小乘终究不能压倒大乘。我们要注意,说这话的人,正是一位大乘僧人。

同书第四十二章专门讨论部派问题,作者在列举了各种有关部派的说法后,最后总结说:

> de yang sngon nyan thos kho navi bstan pa dar bavi tshe de dag 1a grub mthav tha dad pa dag nges par yod la/ theg chen dar ba nas theg chen gyi dge vdun thams cad kyang sde pa de rnams nyid kyi khongs su gdogs kyang grub mthav theg chen nyid vdzin pavi phyir sngon gyi so sovi grub mthas ma gos la/ nyan thos rnams de nas kyang yun ring rab tu grub mthav ma vdres par skyong ba byung yang phyis ni grub mthav vdres te gnas so// theg pa che chung gi grub mthav gang

① 原书,叶 33b 面。

vdzin kyang rung vdul bavi spyos pa dang/ lag len ni ma vdres par gnas pa yin pas/ sde pa bzhivi dbye vbyed kyang vdul bavi spyod pa las dbye bar go dgos so// ①

这是很好的一段总结，表达的就是我们想要说明的观点。

四、义净时代佛教部派与大小乘的实际状况

现在讨论前面提出的第三个问题：义净时代佛教部派与大小乘的实际状况。

我们的讨论仍然从《寄归传》开始。先谈部派。

《寄归传》讲到部派的地方很多，在前面大多已经抄引出来了。但是总的来说，义净对部派当时的状况谈得比较笼统，他只是概括性地介绍了部派的源流、文献状况与地理分布以及部派之间在律方面的一些差异。这对我们了解这段时期有关的佛教历史还很不够。不过我们正好有其他僧人的记载可以与此对照，其中《大唐西域记》的记载当然最为详细。而更重要的是，《大唐西域记》，也包括与《大唐西域记》密切相关的《慈恩传》，写成的时间与《寄归传》前后相差不过四十余年，再加上义净自己写的《求法高僧传》，记载的都是同一时代的事情。这不仅使这几种书的对比有了可能，而且也使这种对比研究更具有价值。②

① 原书，叶 135b 面。

② 在进行这种对比时，我想过利用近现代在印度通过考古所发现的铭文方面的材料。我查阅过静谷正雄所编《インドの仏教碑銘目録》，京都，1979 年。这本书分四部分，分别根据以前已出版的各种铭文目录重新分类，编号并作出简单的提要。书比较新，搜罗应该说是相当全面，但其中与玄奘、义净时代或与此相近的时代有关的佛教部派的材料很少，因此不大可能利用起来进行直接的对比。这反过来仍然说明玄奘和义净的记载对于了解这段时期佛教的历史有多么重要。其他的一些印度碑铭目录我未能找到，但看来也不会在这方面有更多的材料。

先谈部派的一般情况。

义净在《寄归传》中讲了四个部派，他说："诸部流派，生起不同。西国相承，大纲唯四。"也就是大众、上座、根本说一切有、正量四部。他又说："其间离分出没，部别名字，事非一致，如余所论，此不繁述。故五天之地及南海诸洲，皆云四种尼迦耶。"玄奘《大唐西域记》广泛地记载了中亚、印度以及斯里兰卡的佛教状况，其中明确提到部派归属的共有四十五处，其中大众部三处，上座部（包括大乘上座部）七处，说一切有部（此处与根本说一切有部同）十四处，正量部十九处，再有说出世部一处，专门讲到"律仪传训有五部焉"一处。[①] 通观《大唐西域记》全书，如果除掉最后两处，直接讲到的部派名称也就是这四个。而说出世部是大众部的一个支部，"五部"中的法密、化地、饮光则都是说一切有部的支部，另外二部就是说一切有部与大众部。玄奘和义净两人的记载可以互相证实。看来玄奘和义净一样，记载的"并是西方师资现行"，而不是依着《异部宗轮论》一类的著作而纸上谈兵，应该说这是可靠的第一手资料。

再看部派的地理分布。《寄归传》首先讲："然其所钦，处有多少。"然后对各个部派在各地区的分布情况作了概括性的介绍。我们就以义净的介绍为纲，来与玄奘的记载作一对比性的研究。

先看摩揭陀。《寄归传》的记载是："摩揭陀则四部通习，有部最盛。"

《大唐西域记》卷八、卷九两卷是专门讲摩揭陀的，记载了好些寺庙，可惜直接提到部派的地方只有两处。一处是卷八的"菩提树北门外摩诃菩提僧伽蓝"，这就是著名的大觉寺。它

---

① 最末一处比较特殊，下面将要专门讨论。

是僧伽罗王修造的，造制宏壮，“僧徒减千人，习学大乘上座部法”。[①] 另一处是卷九的“迦布德迦伽蓝”，“僧徒二百余人，学说一切有部”。[②] 此外，摩揭陀境内有一处“鞮罗择迦伽蓝”，《大唐西域记》卷八讲是“僧徒千数，并学大乘”。[③]《慈恩传》卷四讲寺里有一位在一切有部出家的大德，“善自宗三藏”，这座寺庙也有可能执行的是说一切有部的律。[④]

在这里，玄奘的记载太简，义净的记载太泛，我们没法对摩揭陀的情况作进一步的了解。不过，义净在这里虽然只提到摩揭陀国，但是因为摩揭陀处在当时印度的中心，我以为我们不妨把范围再放宽一些，把玄奘有关中印度其他国家的佛教部派的记载也提出来作一比较。按照玄奘《大唐西域记》五印度的划分，有关中印度的记载有：[⑤]

秣底补罗国：小乘说一切有部；

垩醯掣呾逻国：小乘正量部；

劫比他国：小乘正量部；

　大都城东大伽蓝：正量部；

羯若鞠阇国

　纳婆提婆矩罗城东三伽蓝：小乘说一切有部；

阿耶穆佉国：小乘正量部；

---

① 原书，校注本，第693页。

② 同上，第772页。

③ 同上，第650页。

④ T50/244a。

⑤ 以下所引材料都出自《大唐西域记》各卷各条。因征引甚繁，如不是直接引用原文，一般不再注页码。季羡林在他为《大唐西域记校注》一书写的前言中列有很详细的表，来说明当时印度佛教的一般状况。我所见到的西方及日本学者关于佛教史的著作也有列出类似的表，都可参考。但我这里只列举与讨论问题有关的材料，目的主要是与《寄归传》作对比，取舍的方法和范围因此略有些不同。

鞞索迦国：小乘正量部；

室罗伐悉底国：正量部；

劫比罗伐窣堵国：小乘正量部；

婆罗痆斯国：小乘正量部；[①]

　鹿野伽蓝：小乘正量部；

吠舍釐国

　宫城西北伽蓝：小乘正量部；

伊烂拏钵伐多国：小乘正量部；

　都城中二伽蓝：小乘正量部。

从这些记载看，都是正量部和说一切有部，而正量部最多，加上摩揭陀国有大乘上座部和说一切有部，可是没有大众部。[②]不过，玄奘好些时候根本不提部派，只笼统地讲大乘或小乘，有时甚至连大小乘也不提，只简单地记载有没有佛教寺庙，有几所，僧徒有多少人。因此我们不能肯定整个中印度是不是也是“四部通习”，更不能肯定是不是也是“有部最盛”。

《寄归传》接着讲：“罗荼、信度（原注：西印度国名），则少兼三部，乃至正量尤多。”

《大唐西域记》卷十一正好有“信度国”一条专条。信度国是：“学不好博，深信佛法。伽蓝数百所，僧徒万余人，并学小乘正量部法。”[③]这与义净的说法合得起来。

① 《慈恩传》卷三作小乘说一切有部。T50/235c。

② 《法显传》曾记载：“佛得道处有三僧伽蓝，皆有僧住。众僧民户供给饶足，无所乏少。戒律严峻，威仪、坐起、入众之法，佛在世时圣众所行，以至于今。”T51/863b。我有些怀疑此处所行戒律为大众部律，Āryamahāsaṅghika 的另一译名。佛得道处即菩提伽耶，在摩揭陀国。法显站在大众部的立场，认为佛在世时即有大众部律：“摩诃僧祇众律，佛在世时最初大众所行也。”同上，T51/864b。但是法显的时代比玄奘和义净早两百多年，情况可能会有变化。

③ 原书，校注本，第928页。

可是《大唐西域记》里却没有提到"罗荼"。罗荼一名,梵文是 Lāṭa,古代的铭文和文献中出现过多次,巴利文文献中作 Lāḷa,地理位置在今天印度古吉拉特(Gujarat)马希河(Mahi R.)与基姆河(Kim R.)两河之间。[1] 这与信度国所在的印度河中下游地区正相连接,所以义净不管在《寄归传》,还是在《求法高僧传》中,总是把它与信度连在一起讲。两个国家都属于西印度,因此我们不妨也把《大唐西域记》中有关西印度国家并明确讲到部派的记载提出来作一比较:

阿难陀补罗国:小乘正量部;

苏剌侘国:大乘上座部;

瞿折罗国:小乘说一切有部;

阿点婆翅罗国:小乘正量部;

臂多势罗国:小乘正量部;

阿耄荼国:小乘正量部。

加上上面讲到的信度国也是小乘正量部,除一处说一切有部、一处上座部外,其余都是正量部,正是"正量尤多"。因此,义净上文这段话虽然只讲罗荼、信度,这里也可以看作反映了整个西印度的情况。

《寄归传》接着又讲:"北方皆全有部,时逢大众。"北方具体指什么地区,意思有些模糊。从《寄归传》和《求法高僧传》中讲到"北方"一词的上下文看,义净所谓的北方,范围很宽,大致包括印度西北部以及更广大的中亚地区,即所谓的"胡

① 见拙著《大唐西域求法高僧传校注》卷上《玄照传》中此条注文。

疆”。[1]关于这一地区,《大唐西域记》有关的记载是:

阿耆尼国:小乘说一切有部;
屈支国:小乘说一切有部;
跋禄迦国:小乘说一切有部;
揭职国:小乘说一切有部;
梵衍那国:小乘说出世部;
安呾罗缚国:大众部;
朅盘陀国:小乘说一切有部;
乌铩国:小乘说一切有部;
佉沙国:小乘说一切有部。

我们也可以把北印度考虑进来:

迦湿弥罗国
　城西伽蓝:大众部;
至那仆底国
　荅秣苏伐那僧伽蓝:说一切有部。

我们看到,绝大多数是说一切有部,只有安呾罗缚国和迦湿弥罗国的一座伽蓝是大众部。梵衍那国虽是说出世部,但说出世部是大众部的一支,也可以看成是大众部。正是“时逢大众”。近代在中亚地区发现的梵文佛教文献,很多都属于说一切

① 《寄归传》卷一:“北方胡地使人”;“北方诸胡,覩货罗及速利国等”。卷二:“北方诸国。”卷三:“北方胡国”;“五天之地,皆曰婆罗门国。北方速利,总号胡疆”。《求法高僧传》卷上:“北方僧来”;“北方覩货罗僧寺”;“北方僧来亦住此(指迦毕试国寺)”。卷下:“有北方胡至,云有两僧胡国逢见。”

有部,其中尤其以说一切有部的律为最多,也可以证明这一点。[1]

《寄归传》又讲:"南面则咸遵上座,余部少存。"

这里讲的"南面",我们可以把它看成是指南印度。《大唐西域记》关于南印度的部派的记载是:

> 羯餕伽国:大乘上座部;
> 驮那羯磔迦国:大众部;
> 达罗毗荼国:上座部;
> 跋禄羯呫婆国:大乘上座部;
> 摩腊婆国:小乘正量部;
> 伐腊毗国:小乘正量部。

从这里可以对比的记载看,上座部确实最多,有三处。还值得注意的是,三处上座部中就有两处是大乘上座部,而达罗毗荼的上座部中又出了像护法这样著名的大乘僧人(见前)。其次是正量部,有两处。还有一处是大众部。《大唐西域记》南印度的国家有十三四个,遗憾的是直接有关部派的记载却不多。

《寄归传》又讲:"东裔诸国,杂行四部。"东裔包括哪些地区?义净专门为此加了一条注:

> 从那烂陀东行五百驿,皆名东裔。乃至尽穷,有大黑山,计当土蕃南畔,传云是蜀川西南行可一月余,便达斯岭。次此南畔,逼近海涯,有室利察呾罗国。次东南有郎迦戍国。次东有杜和钵底国。次东极至临邑国。并悉极

① 见平川彰《律藏の研究》,第73—95页。

遵三宝，多有持戒之人。乞食杜多，是其国法。西方见有，实异常伦。

这就是说，这个东裔指的地区很广大，既包括东印度，也包括再往东的缅甸、暹罗以及印度支那半岛的整个地区。义净在注文里讲到的那几个国家，玄奘在《大唐西域记》卷十里也讲到了，不过因为得之传闻，也讲得非常简略。

关于东印度的佛教部派，《大唐西域记》里只有两条记载：

三摩呾吒国：上座部；

羯罗拏苏伐剌那国：小乘正量部。

这也非常简略。不过，关于东印度的耽摩栗底国（义净译作"耽摩立底国"），虽然《大唐西域记》只讲到此国"伽蓝十余所，僧众千余人"，没有提到佛教部派的归属，但是义净在《求法高僧传》卷下讲到中国求法僧道琳在耽摩立底国住了三年，"舍戒重受，学习一切有部律"。《寄归传》卷二"衣食所须"章在介绍了当时佛教寺院中的各种制度后，又举例说："此皆是耽摩立底跋罗诃寺之法式。"考虑到义净在《寄归传》里介绍寺院中律的制度是以根本说一切有部律为标准，他既然以这里的寺院作为榜样，可以推测当时在耽摩立底国流行的是根本说一切有部。

南印度的南面是斯里兰卡岛。《寄归传》接着又讲："师子洲并皆上座，而大众斥焉。"关于当时斯里兰卡的佛教，前面在讲到大乘上座部时已经谈到了。要注意的是，玄奘在《大唐西域记》里讲的"遵行大乘上座部法"，与义净在这里的记载并不矛盾。此外，当时在斯里兰卡，也仍然还有坚持小乘信仰的一派，“斥大乘，习小教”，这就是“摩诃毗诃罗住部”，即大寺派。

以下是南海诸洲。《寄归传》讲的是：“然南海诸洲有十余国，纯唯根本有部，正量时钦。近日已来，少兼余二。”义净在此也加了一条注，说明南海诸洲主要有些什么洲：

> 从西数之，有婆鲁师洲；末罗游洲，即今尸利佛逝国是；莫诃信洲；诃陵洲；呾呾洲；盆盆洲；婆里洲；掘伦洲；佛逝补罗洲；阿善洲；末迦漫洲；又有小洲，不能具录也。

这也就是说大致在今天印度尼西亚一带。古代佛教确实在这一带流行过，可是没有可资对比的材料，我们无从对这一地区的部派作更进一步的了解。

以下就是中国。《寄归传》讲：“然东夏大纲，多行法护。关中诸处，僧祇旧兼。江南岭表，有部先盛。”

很明确，这里当然指的就是部派律，或者说是从部派的角度来讲律。虽然中国的佛教徒一开始就几乎是一边倒的大乘佛教，中国没有小乘的部派，但就律来讲，仍是有部派的区别的。义净的这段记载也可以从其他文献中得到证实。

《续高僧传》卷二一《洪遵传》：

> 先是关内素奉《僧祇》，习俗生常，恶闻异学，乍讲《四分》，人听全稀。还是东川，赞击成务。遵欲广流法味，理任权机，乃旦剖《法华》，晚扬《法正》，来为开（闻？）经，说为通律。屡停炎澳（燠），渐致附宗。开导《四分》，一人而已。迄至于今，《僧祇》绝唱。[1]

---

① T50/611c。

洪遵为隋代僧人，大业四年(608)卒，年七十九。

同书卷二二《智首传》：

关中专尚，素奉《僧祇》。洪遵律师创开《四分》，而兼经通诲，道俗奔随。[①]

又同书同卷《法砺传》：

又往江南，游览《十诵》。[②]

智首和法砺都是隋唐间僧人，都死于唐贞观九年(635)，一位年六十九，一位年六十七，时代略早于义净。

还有《宋高僧传》卷十四《道岸传》：

江表多行《十诵律》，东南僧坚持，罔知《四分》。岸请帝墨敕执行南山律宗。伊宗盛于江淮间者，岸之力也。[③]

道岸是唐初的僧人，开元五年(717)卒，年六十四，与义净同时。[④] 因此《道岸传》中所讲的情况完全可以用来说明《寄归传》。

最后还有一个地方应该谈到。《寄归传》卷一“序”的最末尾似乎很偶然地讲到一句：“有部所分三部之别，一法护、二化地、三迦摄卑，此并不行五天，唯乌长那国及龟兹、于阗杂有

① T50/614b。
② T50/615c。
③ T50/793c。
④ T50/797b。道岸还是有名的鉴真法师的老师，曾为鉴真授菩萨戒。

行者。”无独有偶，刚好《大唐西域记》在“乌仗那国”（即乌长那）一条里有一段记载可以与义净的这段话相对照。

《大唐西域记》卷二讲乌仗那国：

> 崇重佛法，敬信大乘。夹苏婆伐窣堵河，旧有一千四百伽蓝，多已荒芜。昔僧徒一万八千，今渐减少，并学大乘，寂定为业。善诵其文，未究深义。戒行清洁，特闲禁咒。律仪传训有五部焉：一法密部，二化地部，三饮光部，四说一切有部，五大众部。①

法密部就是法护部，饮光部就是迦摄卑部。我们前面讲了，通观《大唐西域记》全书，反复或重复提到的部派只有四个，即上座、大众、说一切有、正量，唯一一处在梵衍那提到说出世部的名字，可以看作例外。但这里一下讲到五个部派，玄奘的这段记载是什么意思呢？玄奘的意思在原文里其实说得很清楚，与义净一样，他是在讲当时乌仗那国流行五种部派的律，同时僧人们都“并学大乘”。在这里，执行某一部派的律和信仰大乘还是小乘是分开的两回事。玄奘、义净两人的记载，除了一两个细节外，在大的方面仍然可以互相证实。

上面以义净的记载为线索，逐条地对照《大唐西域记》。对比的结果，使我们可以更进一步确切地理解义净所讲的部派的意思，部派在当时是怎么回事，以及部派的状况。在此基础上，我们再进一步来讨论大小乘的问题。不过，在前面第二节的讨论中，我们已经看到，《寄归传》里直接讲到大小乘的地方并不多，我们只有更多地依靠《大唐西域记》的材料。

① 原书，校注本，第270页。

《大唐西域记》中明确讲到大乘的地方有:

迦毕试国:并多大乘;
滥波国:并多大乘;
健驮逻国
　跋虏沙城东门外伽蓝:并学大乘;
　山南伽蓝:并学大乘;
乌仗那国:并学大乘;
呾叉始罗国:并学大乘;
　石窣堵波东伽蓝:并学大乘;
　孤山中伽蓝:并学大乘;
乌剌尸国:并学大乘;
迦湿弥罗国
　故伽蓝:并学大乘;
屈露多国:多学大乘,少习诸部;
毗罗删拏国:并学大乘;
战主国
　摩诃娑罗邑数伽蓝:并习大乘;
吠舍釐国
　湿吠多补罗伽蓝:并学大乘;
摩揭陀国:并多宗习大乘;
　鞮罗择迦伽蓝:并学大乘;
　德慧伽蓝:并习大乘;
　摩诃菩提僧伽蓝:大乘上座部;
乌荼国:并学大乘;
憍萨罗国:并学大乘;
羯餕伽国:习学大乘上座部;

僧伽罗国：大乘上座部；
跋禄羯咕婆国：大乘上座部；
苏剌侘国：大乘上座部；
钵伐多国
　城侧大伽蓝：并学大乘；
伐剌拏国：并学大乘；
漕矩吒国；并学大乘；
斫句迦国：习学大乘；
瞿萨旦那国：多学大乘。

这里，我把大乘上座部明确地算在大乘里。另外，《大唐西域记》卷九记载，在因陀罗势罗窭诃山东峰有一座伽蓝，僧人们最初信仰小乘，后来都改为信仰大乘。只是玄奘没讲清楚他到这里时，这座伽蓝还有没有僧人。[①]

《大唐西域记》明确讲到小乘的地方有：

阿耆尼国：小乘说一切有部；
屈支国：小乘说一切有部；
跋禄迦国：小乘说一切有部；
缚喝国：习学小乘；
　纳缚僧伽蓝：小乘；[②]
揭职国：小乘说一切有部；
梵衍那国：小乘说出世部；
迦毕试国

① 原书，校注本，第770—771页。

② 此依《慈恩传》卷二补充，T50/228b。《大唐西域记》未说明是否小乘。《求法高僧传》卷上《质多跋摩传》的记载与《慈恩传》同。

质子伽蓝:并学小乘;

健驮逻国

迦腻色迦王伽蓝:并学小乘;

布色羯逻伐底城北伽蓝:皆遵小乘;

跋虏沙城侧伽蓝:并小乘学;

磔迦国

奢羯罗故城中伽蓝:并学小乘;

至那仆底国

荅秣苏伐那僧伽蓝:小乘说一切有部;

波理夜呾罗国:习学小乘;

萨他泥湿伐罗国:并学小乘;

窣禄勤那国:多习小乘,少习余部;

秣底补罗国:小乘说一切有部;

大伽蓝:并学小乘;

瞿毗霜那国:并学小乘;

垩醯掣呾罗国:小乘正量部;

劫比他国:小乘正量部;

羯若鞠阇国

纳缚提婆矩罗城东三伽蓝:小乘说一切有部;

阿耶穆佉国:小乘正量部;

钵逻耶伽国:并学小乘;

憍赏弥国:学小乘教;

鞞索迦国:小乘正量部;

劫比罗伐窣堵国:小乘正量部;

婆罗痆斯国:小乘正量部;[1]

① 《慈恩传》卷三作小乘说一切有部,T50/235c。

　　鹿野伽蓝：小乘正量部；
战主国：并遵小乘；
吠舍釐国
　　宫城西北伽蓝：小乘正量部；
摩揭陀国
　　孤山东南伽蓝：并学小乘；
伊烂拏钵伐多国：小乘正量部；
　　都城中二伽蓝：小乘说一切有部；
瞻波国：习小乘教；
羯罗拏苏伐剌那国：小乘正量部；
僧伽罗国
　　摩诃毗诃罗住部：斥大乘，习小教；
摩腊婆国：小乘正量部；
伐腊毗国：小乘正量部；
阿难陀补罗国：小乘正量部；
瞿折罗国：小乘说一切有部；
信度国：小乘正量部；
阿点婆翅罗国：小乘正量部；
波剌斯国：小乘说一切有部；
臂多势罗国：小乘正量部；
阿軬荼国：小乘正量部；
朅盘陀国：小乘说一切有部；
乌铩国：小乘说一切有部；
佉沙国：小乘说一切有部。

在这里，玄奘很多地方既明确记载了是小乘，又说明是什么部派，但也有不少地方只记载是小乘，却没说明是什么部派。

《大唐西域记》里还有几个地方，提到了部派的名称，却没有明确地说明是大乘还是小乘：

迦湿弥罗国
　城西伽蓝：大众部；
劫比他国
　城东大伽蓝：正量部；
室罗伐悉底国：正量部；
摩揭陀国
　迦布德迦伽蓝：说一切有部；
三摩呾吒国：上座部；
驮那羯磔迦国：大众部；
达罗毗荼国：上座部；
安呾罗缚国：大众部。

这里有两种可能：一种是玄奘行文时省略，这些部派本来就是小乘的部派，只是玄奘省掉了"小乘"二字；另一种可能是这些地方的寺庙虽然属于某一部派，但是大乘还是小乘并不很清楚，因此玄奘也就未明确说明是大乘还是小乘。因为缺乏更多的旁证，现在似乎还难于对此作出一个肯定的结论。不过，根据义净《求法高僧传》卷下的记载，上面列举的这几个国家，其中的三摩呾吒国至少在义净到印度时是流行大乘的。中国的求法僧人僧哲到了这里。义净书中对此有一段很生动详细的叙述：

国王名曷罗社跋吒。其王既深敬三宝，为大邬波索迦，深诚彻信，光绝前后。每于日日造拓模泥像十万躯，读《大般若》十万颂，用鲜花十万朵亲自供养。所呈荐设，积与人齐。整驾将行，观音先发。幡旗鼓乐，涨日弥空。佛像僧徒，并居前引，王乃后从。于王城内僧尼有四千许人，皆受王供养。

这样看来，国王和国内的僧众都是信仰大乘的。僧哲与义净同时，到印度的时间可能还稍微早一点，也就是说仅比玄奘晚三四十年。因此，就在玄奘到达印度时，三摩呾吒国也很可能是有大乘或流行大乘的。此外，根据《大唐西域记》卷八的记载，玄奘的老师，那烂陀寺著名的戒贤法师就出身于三摩呾吒国的王族。他是大乘瑜伽行派最有名的僧人之一。另外，《大唐西域记》卷八在一开始就讲了摩揭陀国的僧人"并多宗习大乘法教"，上面举出的迦布德迦伽蓝因此也有可能是一座大乘寺庙。但关于其他的几个国家，就没有更多可资参考的材料了。

还有一种现象特别值得注意，《大唐西域记》里不少的地方讲到了"大小二乘，兼功综习"的情况。我把这些地方都列举出来：

阇烂达罗国：大小二乘，专门习学；
秣菟罗国：大小二乘，兼功习学；
羯若鞠阇国：大小二乘，兼功习学；
阿踰陀国：大小二乘，兼功习学；
弗栗恃国：大小二乘，兼功通学；
尼波罗国：大小二乘，兼功综习；
奔那伐弹那国：大小二乘，兼功综习；
恭建那补罗国：大小二乘，兼功综习；

摩诃剌侘国：大小二乘，兼功综习；

契吒国：大小二乘，兼功习学；

邬阇衍那国：大小二乘，兼功习学；

钵伐多国：大小二乘，兼功习学；

狼揭罗国：大小二乘，兼功习学；

活国：大小二乘，兼功习学。

看来当时印度有很多地区都出现了这种情况。这里举出的这些国家，其中比如阇烂达罗、秣菟罗、阿踰陀、邬阇衍那等都是印度历史上的名城，也是佛教在各个地区的中心之一。羯若鞠阇是当时最有势力的戒日王的国家。这些国家的地位当时都相当重要。

“兼功习学”“兼功综习”“兼功通学”是什么意思呢？这里也有两种可能：一种是说在某一个国家或地区里，大乘小乘都有，但大乘与小乘的界限还是存在，它们是分开的两回事。另一种可能是说这一地方的僧人既学大乘，又学小乘，大乘与小乘在互相融合，两者之间的界限开始消失。我倾向于后一种结论。玄奘原文中的“兼功”“综习”“通学”几个词的意思已经相当明白。不同的宗教学说由开始时的对立而到后来逐渐互相融合甚至最后合一，在历史上是屡见不鲜的事。《大唐西域记》讲到僧伽罗国的大乘上座部时不是说阿跋耶祇釐住部“学兼二乘，弘演三藏”吗？那里的学兼二乘的意思再明白不过了。上面所举的那些国家，有些在《慈恩传》里可以对照，《慈恩传》相应的记载是“大小俱学”“大小乘兼学”或“大小乘兼习”。我以为对此应该作同上面一样的理解。

其实，这种现象似乎早就有了。《法显传》里有少数几处记载与此有些相似：

过岭南，到罗夷国。近有三千僧，兼大小乘学。[①]

从此东行三日，复渡新头河，两岸皆平地。过河有国名毗茶，佛法兴盛，兼大小乘学。[②]

（僧伽施国）此处僧及尼可有千人，皆同众食，杂大小乘学。[③]

但通观《法显传》，绝大多数地方是大乘就是大乘，是小乘就是小乘，所谓“兼大小乘学”的地方也只有这三处，数量并不多。法显去印度的时间是在东晋隆安三年（399）到义熙八年（412），这比玄奘、义净早两百多年。我们由此可以得出一个结论：从法显的时代到玄奘、义净的时代，这种现象是由少到多，逐步地在扩展。

我们还可以看看比玄奘与义净晚一些的记载。在义净以后，中国僧人悟空与新罗僧人慧超都曾去过印度。但是悟空的行记叙事太简单，很难进行对比。只有慧超的《往五天竺国传》，残本清末在敦煌藏经洞里被发现，内容稍微详细些。慧超去印度的时间不清楚，只知道回到中国的时间是在开元十五年（727）。这比义净晚三四十年，比玄奘晚八十余年。《往五天竺国传》里有关大小乘的记载是：

摩揭陀：此国大小乘俱行；

中天竺：大小乘俱行；

南天竺；大小乘俱行；

西天竺：大小乘俱行；

① T51/859a。
② 同上。
③ T51/860a。

阇烂达罗国:大小乘俱行;
社吒国:大小乘俱行;
新头故罗国:大小乘俱行;
迦叶弥罗国:大小乘俱行;
健驮罗国:大小乘俱行;
乌长国:专行大乘法也;
览波国:行大乘法;
罽宾国:行小乘;
谢飓国:行大乘法;
犯引国:行大小乘法;
吐火罗国:行小乘法;
骨咄国:行小乘法;
胡蜜:行小乘法;
疏勒:行小乘法;
龟兹国:行小乘法,汉僧行大乘法;
于阗国:行大乘法;
乌(焉?)耆:行小乘法。[①]

除了单独的大乘或小乘外,有很多地区是“大小乘俱行”。但是这句话太笼统,而且慧超所指示的地区,尤其是他讲到的“中天竺”“南天竺”“西天竺”几个地方,往往都太大,因此也很难与玄奘的记载进行对比。我们从中只能得到一个印象:大小乘在很多地区是相间分布,而这和玄奘讲的“兼功综习”或“学兼二乘”的意思看来不是一回事。不过即使这样,我们从上面一系列的对比中也大致可以知道,在 7 世纪时,所谓大乘

① T51/975b—979a。

与小乘不仅与部派的划分是有区别的两回事，而且大小乘常常糅杂混融，有相互合流的趋势。这种现象在法显的时代就已经开始出现，只是到了玄奘、义净时代愈来愈显著。大乘上座部就是这种形势下的产物之一。

大乘与小乘之间，本来就没有一条不可逾越的界限。除了我们在前面已经谈到的它们在律方面的共同性以外，在宗教哲学思想上它们也有不少共同之处。尤其是小乘佛教，大乘佛教的"十地"的说法、"功德转让"的思想、"六度"的思想、"阿赖耶识"的说法，实际上都存在其中。① 从佛教发展的历史

---

① 例如属于大众部系统的说出世部的文献 *Mahāvastu* 就讲到"十地"：

daśa khalu bho jinaputrā bodhisatvāna bhūmayo/……

bhavanti katamā daśa//

durāroheti prathamā bhūmī samupadiśyate/

dvitīyā baddhamānā nāma tṛtīyā puṣpamaṇḍitā//

caturthī rucirā nāma pañcamī cittavistarā/

ṣaṣtī rūpavatī nāma saptamī durjayā smṛtā//

aṣṭamā janmanideśo navamī yauvarājyato/

daśamī tvabhiṣekāto iti etā daśa bhūmayaḥ//

原书，edited by E. Senart，Paris，1882，Vol. Ⅰ，p. 76。"十地"具体的内容，不同的经典中说法常常不一样，但大的框架这里是已经有了。

又例如"六度"的说法在说一切有部的 *Lalita Vistara* 中也能看到：

dānaṃ mi sākṣi tatha śīla tathaiva kṣāntiḥ vīryāpi sākṣi tatha dhyāna tathaiva prajñā/

catura pramāṇa mama sākṣi tathā abhijñā anupūrva bodhicari sarva mameha sākṣī//

原书，herausgegeben von S. Lefmann，erster Teil，Halle，1902，pp. 340—341。

Mahāvastu 说得更清楚：

evam etam ānanda bhavati purimakānāṃ tathāgatānām arhatāṃ samyaksaṃbuddhānāṃ vihārehi viharantānāṃ yathā dānapāramitāprāptānāṃ śīlapāramitāprāptānāṃ kṣāntipāramitāprāptānāṃ vīryapāramitāprāptānāṃ dhyānapāramitāprāptānāṃ prajñāpāramitāprāptānām//

原书，Vol. Ⅲ，p. 226。

又如说一切有部的《大毗婆沙》卷一七八：

"问：如说菩萨经三劫阿僧企耶，修四波罗蜜多而得圆满，谓施波罗蜜多、戒波罗蜜多、精进波罗蜜多、般若波罗蜜多。当言于何时分修何波罗蜜多而得圆满？（以下讲修此四波罗蜜多而得圆满的各种细节，略。）外国师说：有六波罗蜜多，谓于前四加忍、静虑。迦湿弥罗国诸论师言：后二波罗蜜多即前四所摄，谓忍摄在戒中，静虑摄在般若，戒慧满时即名彼满故。故复有别说六波罗蜜多，谓于前四加闻及忍。"

T27/892a—b。

《摄大乘论本》卷上认为小乘也讲"阿赖耶识"，虽然小乘的"阿赖耶识"和大乘的还有

过程看,一方面大乘的一些思想在小乘阶段已见端倪,另一方面,在大乘出现后,小乘的发展实际上又受到大乘的影响。因此,在佛教史上,信仰小乘的僧人往往很容易就转变为信仰大乘,信仰大乘的僧人反过来也有放弃大乘,回过头去信仰小乘的。① 从大的宗教思想体系来说,两者之间的差别当然是有的,但是如果把大小乘之间的关系说得界限分明,门户森严,恐怕只是脱离实际的一种看法。而过去的大乘僧人尤其是中国的一些大乘僧人往往因为宗派的偏见故意夸大二者的区别。我们从这个角度来考虑 7 世纪时印度的佛教状况,也许才能比较合乎历史的实际。

以上就是我们根据《寄归传》及《大唐西域记》等书的材料讨论这一时代的佛教状况的结论。

些区别:

> "复次声闻乘中亦以异门密意已说阿赖耶识,如彼《增一阿笈摩》说世间众生爱阿赖耶识、乐阿赖耶识、欣阿赖耶识,憙阿赖耶识。(中略)《四德经》中由此异门密意已显阿赖耶识。于大众部《阿笈摩》中亦以异门密意说此名根本识,如树依根。化地部中亦以异门密意说此名穷生死蕴。"

T31/134a。

此即 *Aṅguttara Nikāya*, Ⅱ, 128 所说:

> Ālayarāmā bhikkhave pajā ālayaratā ālayasammuditā, sā Tathāgatena anālaye dhamme desiyamāne sussūsati sotaṃ odahati aññā cittaṃ upaṭṭhāpeti.

原书, edited by R. Morris, Part Ⅱ, London, 1888, p. 131。同样的内容又见 Mahāvagga, Ⅰ, 5.2, *Vinaya Piṭaka*, edited by H. Oldenberg, Vol. Ⅰ, London, 1929, p. 4。

"功德转让"思想在小乘佛教中的情况请参见 H. Bechert, Buddha-Feld und Verdienstübertragung: Mahāyāna-Ideen im Theravāda-Buddhismus Ceylons。

① 例如印度僧人德光(Guṇaprabha)。《大唐西域记》卷四讲他"本习大乘,未穷玄奥。因览《毗婆沙论》,退业而学小乘。作数十部论,破大乘纲纪,成小乘执着。"校注本,第 398 页。德光大约是 6 世纪时人。有趣的是,玄奘对德光似乎有些贬斥的意思,而义净却没有。

第三章

《南海寄归内法传》研究之二：提婆达多与提婆达多派问题

本章打算简单地讨论一下对我们了解这一时期的佛教史也有一定关系的一个问题，即提婆达多派的问题。《寄归传》里虽然没有直接提到提婆达多派，但是义净本人却在印度见到过提婆达多派。这件事似乎还很少有人注意到，有关的一条材料夹在义净译的律中的一条注里，至今未见有人提到过。

义净译《根本说一切有部百一羯磨》卷九有一段译文：

> 言立制所得利者，谓诸苾刍或是随党或非随党，共作制要，然后安居于某处村坊街衢之内，某家属我，某舍属汝。若得物时，依制而受，广如大律。

然后义净在解释“随党”与“非随党”二词时加了一段很有意思的长注：

> 此言随党者，谓是随顺提婆达多所有伴属。言非随党者，即是佛弟子。此乃由其住处，则令物随处判(“判”字它本或作“制”——引者)。处中既非两处，故遣两众均分。现今西方在处皆有天授种族出家之流，所有轨仪，多同佛法。至如五道轮回，生天解脱，所习三藏，亦有大同。无大寺舍，居村坞间。乞食自居，多修净行。葫芦为钵，衣但二巾，色类桑皴，不餐乳酪。多在那烂陀寺，杂听诸典。曾问之曰：“汝之轨式，多似大师，有僻邪处，复同天授，岂非天授之种胄乎？”彼便答曰：“我之所祖，实非天

授。”此即恐人嫌弃，拒讳不臣耳。此虽多似佛法，若行聚集，则圣制分途，各自为行，别呈供养。岂况诸余外道，计断计常，妄执自然，虚陈得一。食时杂坐，流俗无分。踵旧之徒，用为通鉴。更相染触，泾渭同波。高尚之宾，须察斯滥。殊行各席，深是其宜。①

义净的这段话，说明了些什么问题呢？我以为至少有下面几点。

一、在义净去印度时，提婆达多派还存在。不仅存在，恐怕数量还不少，“在处皆有”。

二、根据义净的观察，当时的提婆达多派的宗教轨仪和正统的佛教僧人的宗教轨仪差别不大，“多同佛法”。

三、提婆达多派也有自己的“三藏”，而且和其他佛教三藏“亦有大同”。这在以前完全是没有记载的，甚至可说是后来的研究者们没想到的。虽然依着《大唐西域记》等的说法，提婆达多活着时已经“诵持八万法藏”，② 可是谁也没讲过提婆达多派在7世纪时还有他们自己的三藏。如果义净的说法靠得住的话，那么和佛教的三藏一样，这一部三藏一定是提婆达多派在提婆达多以后的几百年里逐步编成的。

四、当时的提婆达多派多数仍然坚持苦行沙门的修行特点：“无大寺舍，居村坞间。乞食自居，多修净行。葫芦为钵，衣但二巾，色类桑皴，不餐乳酪。”可以说这和当时印度的佛教僧团的状况形成鲜明的对比。

五、提婆达多派的僧人有不少在当时印度佛教的学术中心那烂陀寺“杂听诸典”。这说明他们与正统的佛教僧人在当

① 原书，T24/495c。
② 原书，卷六，校注本，第494页。

时并不是水火不相容，更非“不共戴天”。“诸典”指哪些经典，我们不清楚。但我想可能包括正统的佛教经典，不管是大乘的还是小乘的。以那烂陀寺当时是大乘佛教的中心这一点来看，其中可能大乘经典要多一些。

六、他们在公开的场合不承认自己是提婆达多派，“恐人嫌弃，拒讳不臣”。同时他们的组织、宗教活动与正统的佛教徒的区别又是泾渭分明，“各自为行，别呈供养”。

七、最后，我们从义净翻译的《根本说一切有部百一羯磨》的这一段正文来看，似乎提婆达多当时在佛教僧徒中很有一些追随者，以至于苾刍众中可以分为“随党”（宗派主义者）与“非随党”两大类。虽然其他的佛经中把提婆达多与释迦牟尼之间的关系描写得已经是“你死我活”的地步，但是这里苾刍众里的“随党”和“非随党”之间的关系并不如想象中那么紧张，倘若得了布施，还可以“两聚均分”。正文中说“立制得利”，这是世尊所说“八种利”之一。

义净翻译的另一部律《根本说一切有部毗奈耶破僧事》卷十里是这样提到提婆达多的：

> 于是提婆达多谤毁圣说，决生耶（邪？）见，定断善根，但有此生，更无后世。作是知已，于其徒众别立五法，便告之曰：“尔等应知，沙门乔答摩及诸徒众，咸食乳酪，我等从今更不应食。何缘由此？令彼犊儿镇婴饥苦。又沙门乔答摩听食鱼肉，我等从今更不应食。何缘由此？于诸众生为断命事。又沙门乔答摩听食其盐，我等从今更不应食。何缘由此？于其盐内多尘土故。又沙门乔答摩受用衣时，截其缕绩，我等从今受用衣时留长缕绩。何缘由此？坏彼织师作功劳故。又沙门乔答摩住阿兰若处，我

等从今住村舍内。何缘由此？弃捐施主所施物故。”

归结起来，共有五件事，是一段摄颂：

> 不餐于乳酪，鱼肉及以盐，长绩在村中，是天授五法。[①]

我们看到，义净在7世纪时所见到的这些提婆达多派，一千多年后，与其祖师爷仍然何其相似乃尔。此外，提婆达多标新立异，“别立五法”，引起分歧的都是宗教生活中吃、穿、住方面哪些事能做哪些事不能做的具体问题，这使我们自然而然地想到上面已经讨论过的，早期佛教史上跋耆比丘提出来引起争论的“十事”，为了那次争论而举行了毗舍离结集，最终导致了佛教第一次大的部派分裂。这两次争论，在性质上又何其相似。

义净的记载还可从法显与玄奘的记述中得到证实。

《法显传》讲到拘萨罗国舍卫城时说：

---

① T24/149b。“天授五法”又被称作“调达五事”。其他的律里也有记载，但内容略有不同。《五分律》卷二五是：一、不食盐；二、不食酥乳；三、不食鱼肉；四、乞食；五、春夏八月日露坐，冬四月日住于草庵。T22/164a。《四分律》卷四是：一、尽形寿乞食；二、尽形寿着粪扫衣；三、尽形寿露坐；四和五，尽形寿不食酥、盐、鱼及肉。T22/594b。《十诵律》卷四是：一、尽形寿受着衲衣；二、尽形寿受乞食法；三、尽形寿受一食法；四、尽形寿受露地坐法；五、尽形寿受断肉法。T23/24b。《萨婆多部律摄》卷四完全同《根本说一切有部毗奈耶破僧事》。T24/546b—c。巴利文律藏称此为 pañca vatthūni，见 Cullavagga，Ⅶ，3.14：sādhu bhante bhikkhū yāvajīvaṃ āraññakā assu, yo gamantaṃ osareyye vajjaṃ naṃ phuseyya. yāvajīvaṃ piṇḍapātikā assu, yo nimantanaṃ sādiyeyya vajjaṃ naṃ phuseyya. yāvajīvaṃ paṃsukūlikā assu, yo gahapaticīvaraṃ sādiyeyya vajjaṃ naṃ phuseyya. yāvajīvaṃ rukkhamūlikā assu, yo channaṃ upagaccheyya vajjaṃ naṃ phuseyya. yāvajīvaṃ macchamaṃsaṃ na khādeyyuṃ yo macchamaṃsaṃ khādeyya vajjaṃ naṃ phuseyyā 'ti. *The Vinaya Piṭaka*, edited by H. Oldenberg, Vol. Ⅱ, London, 1930, p. 197。

调达亦有众在，常供养过去三佛，唯不供养释迦文佛。[1]

调达也就是提婆达多。拘萨罗国舍卫城即《大唐西域记》中的“室罗伐悉底国”，属于中印度。

玄奘《大唐西域记》除记载了许多与提婆达多有关的遗址和传说外，也在卷十“羯罗拏苏伐剌那国”条里讲道：

别有三伽蓝，不食乳酪，遵提婆达多遗训也。[2]

羯罗拏苏伐剌那国在东印度。

这样，法显、玄奘、义净便在前后不同的时间，分别为他们在三个不同的地方所亲眼见到的提婆达多派留下了记载，而且可能是唯一的，因而也是很重要的记载。因为这些记载和一般的佛经不一样，佛经只是书本上的记载，可信到什么程度，还值得考虑，需要先做一番鉴别和比较。这里讲的却是活生生的事实，它证明佛经上讲的这件事不是向壁虚构。[3]

此外，虽然我们在前面讲了，义净在《寄归传》里没有直接提到提婆达多派，但是《寄归传》卷二“衣食所须”章里有一段话：“而有不噉酥酪，不履皮鞋，不著丝绵，同斯类矣。”从我们上面的分析看，义净这段批评的话很可能影射的就是提婆达多派。因此，就是在《寄归传》里，提婆达多派也不是毫无踪迹可寻。

我们知道，在原始佛教的历史上，提婆达多称得上是一个有名的人物，佛经中关于他的记载比比皆是，对他真是极尽攻

① T51/861a。
② 原书，校注本，第807页。
③ 见季羡林为《大唐西域记校注》写的前言。原书，第132页，他在提到上面所引的玄奘的那段记载时表示了这样的看法。这里几乎就是他的原话。

击诋毁之能事。他虽然是释迦牟尼的堂弟,很早就随释迦牟尼出了家,后来却和释迦牟尼发生了分歧与矛盾,分道扬镳,以至最后从苾刍众中拉走了他的"随党",另立一座山头。要说佛教的分裂,其实这才算是我们所知道的佛教最早的一次分裂。而引起分歧与矛盾的最主要的事是什么呢?我们看到,仍然很大程度体现在律的歧异上面。提婆达多另立异说,"但有此生,更无后世",于是"别立五法",在宗教生活的某些规定上与正统派实行决裂,并以此作为反对释迦牟尼的一种武器,就是这样一种情形。这一点,我以为对我们理解早期的以至于中后期的佛教僧团分裂演化的历史恐怕不无意义。另外,提婆达多虽然在佛经里被描写得"十恶不赦",最后终于堕入"无间地狱",但那只是正统派,也就是我们今天所能见到的一面之词。我们当然不能完全相信。我们需要注意的是,从释迦牟尼时代到法显以至玄奘及义净的时代,其间一千多年,提婆达多派仍然不绝如缕地延续了下来,仍然活动于印度社会之中。而且他们仍然坚持着他们的"祖训",可能还发展出了自己的"三藏"。他们的存在,既说明了他们这一派顽强的生命力,也说明在古代印度社会中有他们存在的条件。可以把他们也看作佛教的一个特殊的支派吗?他们和正统的佛教的各个部派,与大乘、小乘的关系怎样呢?看来当时的佛教僧人,包括法显、玄奘、义净,是不承认他们为佛教徒的。但是他们与正统的佛教僧人仍保持着一定的联系。无论如何,我们由此知道了 7 世纪时提婆达多派仍然存在这一历史事实以及有关的一些细节。

关于提婆达多派,季羡林先生在他为《大唐西域记校注》一书所写的前言里做了一段论述。季先生除引用了上面提到的法显与玄奘的那两段记载外,还引用了义净写的《寄归传》和翻译的《根本说一切有部毗奈耶破僧事》中的两段文字。季羡林先生也认为，7世纪时印度居然还有提婆达多的信徒，而且又这样忠于提婆达多，实在值得深思。季羡林先生在研究中最注意的是提婆达多派的饮食禁忌——不食乳酪和肉的问题。他写道："大乘的起源距提婆达多至少已有几百年的历史，为什么饮食的禁忌竟如此之相似呢？我们都知道，大乘是对小乘的发展与反动，而提婆达多则是释迦牟尼的对手。二者之间难道还有什么联系吗？我觉得，这是个非常值得思考探索的问题。"① 情况的确是这样。如果我们把提婆达多派的问题与佛教的部派、大乘、小乘之间的关系诸问题放在一起进行比较，我们或许会得到一些新的想法吧。

但是这里不准备更详细地讨论提婆达多派的问题了。据说国外有人专门研究过提婆达多，依据的材料多出自巴利文佛教文献，有专书。书未见，不知是否也讨论到释迦牟尼以后以至于义净时代这一特殊的派别的历史？②

---

① 见季羡林为《大唐西域记校注》写的前言。原书，第132页。季先生的意见我大多都赞成，只是我不同意季先生在引了《寄归传》卷一中关于"五噉食五嚼食"那段文字后所说，"学者们的意见是，这里讲的是大乘和尚，他们都不许吃奶制品"这一点。我以为义净在这里只是根据根本说一切有部律在讲这个问题。根本说一切有部律不禁吃肉，也不禁食乳。但义净本人作为大乘僧人，不赞成吃肉，却认为食乳是可以的。《根本说一切有部百一羯磨》卷八义净原注："大师悲愍，为济含生，食肉尚断，大慈杀生，岂当成佛？" T24/491b。又同书卷一原注："每日次第令僧家作好食，以供一人，乃至有日月来，不许断绝。西方在寺多有，此地人不知闻。若不能作食，供乳亦好。"T24/458b。又《寄归传》卷一"受斋轨则"章："方行饼果，后行乳酪及以沙糖。""酥酪纵横，随著随受。"又《慈恩传》卷三讲那烂陀寺多闻大德："月给油三升，酥乳等随日取足。" T50/237a。同书同卷又讲那烂陀寺："国王钦重，舍百余邑，充其供养。邑二百户，日进粳米酥乳数百石。" T50/237c。这些都可以证实这一点。

② 我知道的有关的专著有：B. Mukherjee, *Die überlieferung von Devadatta, dem Widersacher des Buddha in den Kanonischen Schriften*, Müchen, 1966; Rev. by J. W. de. Rong, II J. X, 1967—1968, pp. 297—298; É. Lamotte, Le Buddha insulta-t-il Devadatta, *BSOAS*, XXXIII, 1970, pp. 107—115；田賀龍彦：提婆達多の五法につして，《日本仏教學會年報》，第二九号，昭和三十八年，第311—330页；岩本裕：デ-ヴアダッタの反逆，《仏教説話》，昭和三十九年，第48—66页；関稔：初期仏教教団における異端者の問題，《仏教教団の諸問題》，东京，1974年，第55—70页。但其中除最末一篇文章外，其他的书和文章我都未能找到。最末一篇文章问题谈得很浅，更未谈到释迦牟尼以后的提婆达多派问题。

第四章

《南海寄归内法传》研究之三：义净时代印度的佛教寺院

研究佛教的历史，除了研究它的宗教思想、宗教哲学理论，部派、大小乘等问题以外，很重要的一个方面是研究它的寺院组织和宗教生活的历史。可惜的是，在印度尽管先后出现过大量的佛教文献（经、律、论，包括印度古代语言的原本及保存在其他语言中的各种译本），但是与这方面问题直接有关的具有"实录"性质的文献几乎完全没有。只有在5世纪以后，中国的求法僧到达印度，他们回国后根据自己的所见所闻写下的著作，才可以称得上是一种"实录"性的文献。在这些文献中，如果就研究7世纪时印度的佛教寺院状况而言，《寄归传》无疑是最重要的一部著作。不管在义净以前、同时或是以后，都没有任何一部书像《寄归传》这样详细专门地记载了当时佛教寺院内各方面生活的实际情况。本章即拟以《寄归传》的记载为基础，并结合其他有关的一些材料，就此作一些考察。

一、寺院内部的组织

佛教最初出现时，并没有寺院。从律藏和经藏里的记载看，释迦牟尼最初传道，是带领一群弟子，到处游行，并不长期固定地住在某一个地方。虽然他经常住的地方也有一些，比如室罗伐悉底的逝多林给孤独园，后世把这些地方称作 āvāsa 或 ārāma，汉译佛经中常译作"精舍"，但是实际上它们与后来的佛教寺院是有区别的。在释迦牟尼的时代，游行沙门是一种很流行的风尚，佛教徒也不例外。释迦牟尼在世时，已经接受了一些信仰或支持佛教的国王、商人馈赠的房舍、林园，作为僧人们的常住之处。在他以后，虽然一部分僧人仍然坚持游行的传统，但是越来越多的僧人固定地住在某一个地方，在此基础上，才逐渐形成佛教的寺院，某些寺院的规模也逐渐变得大起来。从释迦牟尼去世到玄奘、义净的时代，一千多年的时间里，佛教寺院的名称、组织形式、与世俗社会的关系和在社会中的地位，大概都发生了相当大的变化。[①] 但这方面的情况目前并不是很清楚。印度地域广大，不同的地区，在不同的时代，前后的情况可能有很大的不同。考虑到义净到过的地方并不是很多，其中有明确记载的只限于中印度与东印度以及南海地区，因此，他的记载可能主要也就反映他这个时代这些地区佛教寺院的情况。义净在那烂陀住的时间最长，他谈到的情况因此尤其可以反映古代印度这座最著名的佛教寺院的实际状况。不过，要是就那烂陀在当时和在整个印度佛教史上的地位而言，应该说这还是具有代表性意义的。

我们先看寺院中有些什么成员。义净在《寄归传》和《求法高僧传》中讲到的寺院内以及与寺院有关的各种成员有：

一、上座。又称住位苾刍，即受大戒满十年（十夏）以上的僧人。梵文名字是 sthavira，义净音译为“悉他薛攞”。

二、小师。又称小苾刍，指已受大戒，但时间还不到十年的僧人。梵文名字是 dahara，义净音译为“铎曷攞”。

三、沙弥。又称“求寂”，指受十戒，已经出家的年轻僧人。

---

① 例如巴利文律典 *Cullavagga*，Ⅵ，1.2 就讲到有五种 leṇa 供僧人住：atha kho bhagavā etasmiṃ nidāne dhammiṃ kathaṃ katvā bhikkhū āmantesi: anujānāmi bhikkhave pañca leṇāni vihāraṃ aḍḍhayogaṃ pāsādaṃ hammiyaṃ guhan ti. *The Vinaya Piṭaka*, edited by H. Oldenberg, Vol. Ⅱ, London, 1930, p. 146。可是后来只剩下两种，一种是北方的 vihāra，另一种是南方的 guhā。见 S. Dutt, *Buddhist Monks and Monasteries in India*, London, 1962, pp. 24, 94。

梵文名字是 śramaṇera，义净音译为“室罗末尼罗”。

以上三种，都算正式的僧人。

四、童子。这是刚进入寺院学习佛教，准备出家的年轻人。《寄归传》讲：“若专诵佛典，情希落发，毕愿缁衣，号为童子。”梵文名字是 mānava。

五、学生。并不信仰佛教，但在寺院里学习，被称为学生。《寄归传》讲：“或求外典，无心出离，名曰学生。”梵文名字是 brahmacārin。

六、净人、户人、供人。这三种人都不是僧人，但是都在寺院里从事一些劳务性的工作，为僧人们服务。因此这里归作一类。而且，他们在某种情况下确实很可能也就是一种人。

七、寺主。《寄归传》里没提到寺主，但是《求法高僧传》里讲到这个名字：“但造寺之人，名为寺主，梵云毗诃罗莎弭。”梵文即 vihārasvāmi。造寺之人不一定就是僧人，因此这个寺主和中国一般所讲的寺主不完全一样。[①]

我们再进一步讨论以上各种人的情况。

先谈僧人。僧人是寺院中最主要的成员。在同一座寺院里，僧人们之间的地位是有差别的。地位最高的是上座，其次是小师，其次是沙弥。《寄归传》里有许多地方讲到上座。僧人们出外赴请受斋，施主行食，首先从上座开始。中间念诵咒愿，最后念诵陀那伽他（dānagāthā），报答施主，上座始终是最主要的人物（卷一“受斋轨则”章）。僧人们举行自恣，上座是主持人（卷二“随意成规”章）。在大的寺院里有不止一位上座，在上座中间，座次又有第一、第二、第三依次的差别（卷四“赞

① 中国的寺主由僧人担任。见《唐六典》卷四：“每寺设上座一人、寺主一人、都维那一人，共纲统众事。”光绪二十一年广雅书局刊本，第 16 页 a。寺主在中国是寺院中的一种高级僧职。

咏之礼”章)。

僧人地位的高低,看来是以两个条件作为区别:一是受戒的年数,二是学问的高低。这第一个条件就是论资排辈,比较的是正式成为僧人的资历。《求法高僧传》讲:“寺内但以最老上座而为尊主,不论其德。”讲的那烂陀寺,就是这个意思。《寄归传》开始第一章“破夏非小”也讲的是这件事:

> 凡诸破夏,苾刍但不获其十利,然是本位,理无成小。岂容昔时受敬,今翻礼卑?习以成俗,本无凭据。依夏受请,盗过容生?故应详审,理无疏略,宜取受戒之日以论大小。纵令失夏,不退下行。

然后第二、第三、第十九、第二十一、第二十四章都讲到这件事。

僧人的资历,有时不仅以受戒的年数论,也以月、以日、以上下午,甚至以分秒论:

> 凡西方南海出家之人,创相见者,问云大德几夏。答云尔许。若同夏者,问在何时。若时同者,问得几日。若日同者,问食前后。同在食前,方问其影。影若有殊,大小成异。影若同者,便无大小。坐次则据其先至,知事乃任彼前差。(卷三“受戒轨则”章)

受戒的时间长短既然如此重要,主持受戒的人因此也尽量给被受戒人方便。那烂陀寺就采用一种“五时”制,把受戒时间安排在“长时”:

那烂陀寺多是长时，明相才出，受其近圆，意取同夏之中多为最大，即当神州六月十七日。明相才出，由不得后夏故。若六月十六日夜将尽而受戒者，则同夏之中最小，由其得后夏故。（同上）

在论资排辈之外，僧人学问的高下也成为获得地位的条件。有学问的僧人可以享受到某些优待：

又见多闻大德，或可一藏精研，众给上房，亦与净人供使。讲说寻常，放免僧事。出多乘舆，鞍畜不骑。（卷二“衣食所须”章）

玄奘《大唐西域记》卷二讲得更详细：

无云律论，絓是佛经，讲宣一部，乃免僧知事；二部，加上房资具；三部，差侍者祇承；四部，给净人役使；五部，则行乘象舆；六部，又导从周卫。道德既高，旌命亦异。[1]

作为有地位的上座，在寺院里除了平时座次在前以外，在其他的待遇上也有各种优待。比如那烂陀寺一年一度的分房，“上座取其好者，以次分使至终”。（卷二“五众安居”章）平时受到一般僧人的敬重。有的还分配有净人侍候。分配去世的僧人所遗留下的财物，如果东西不够多，“纵不普遍，从大者行”。（卷四“亡则僧现”章）

但是这种以出家的时间先后论座次的规矩在某些特殊的

① 原书，校注本，第193页。

情况下也可以被打破。《大唐西域记》卷九记载印度幼日王在那烂陀寺出家的传说时说：

> 出家既已，位居僧末，心常怏怏，怀不自安："我昔为王，尊居最上，今者出家，卑在众末！"寻往白僧，自述情事。于是众僧和合，令未受戒者以年齿为次。故此伽蓝独有斯制。[①]

这座伽蓝就是幼日王在那烂陀为僧人们建立的。未受戒者是指未受大戒。这当然是一种特殊情况。幼日王身为国王，说得上是头一等大施主，僧人们无论如何得破这个例。中国僧人从唐代武则天开始，只要皇帝高兴，出家虽晚，可以敕赐夏腊，一次可以赐到"三十夏"，甚至"五十腊"，受赐者"顿为老成"。[②] 这种举止，更大大超过了印度。

不过，某些上座的地位虽高，但是所有寺院内的重要事务，都必须要经过僧人大会的讨论，取得一致的意见，才可能实行。《寄归传》卷二"衣食所须"章讲：

> 又见寺内不立纲维，但有事来，合众量许。若缘独意处断，随情损益僧徒，不遵众望者，此名俱罗钵底，众共驱之。

《求法高僧传》卷上讲那烂陀寺时叙述得更详细：

> 众僧有事，集众平章，令其护寺巡行告白，一一人前，

① 原书，校注本，第748页。
② 见《大宋僧史略》卷下，T54/251a。

皆须合掌，各伸其事。若一人不许，则事不得成，全无众前打槌秉白之法。若见不许，以理喻之，未有挟强便加压伏。其守库当庄之流，虽三二人，亦遣典库家人合掌为白，若合方可费用，诚无独任之咎。若不白而独用者，下至半升之粟，即交被驱摈。若一人称豪，独用僧物，处断纲务，不白大众者，名为俱罗钵底，译为家主。斯乃佛法之大疣，人神所共怨，虽复于寺有益，而终获罪弥深，智者必不为也。

“俱罗钵底”一名的梵文是 kulapati。这种集众议事的规矩倒是佛教僧团一开始就有的传统，看来一直到 7 世纪时还仍然保留着。[①]

僧人们一经出家，便脱离“王籍”。《寄归传》卷二“衣食所须”章讲：

又见好心来至，具问因由。如来出家，和僧剃发，名字不干王籍，众僧自有部书。后若破戒行非，鸣揵稚而驱遣。为此众僧自相检察，起过难为萌渐。

在《求法高僧传》里，义净也讲：“众僧名字不贯王籍，其有犯者，众自治罚，为此僧徒咸相敬惧。”从这一点看，国家对僧伽事务的干涉似乎没有中国那样多和直接。这是中印两国不同之处。

当时有不少的僧人有游行的习惯，还不时有外国的僧人到印度来求法。外面的僧人如果来到一个寺院，接待上有一定

① 参见 Gokuldas De, *Democracy in Early Buddhist Samgha*, Calcutta, 1955。

的规矩：

> 又见客僧创来入寺，于五日内，和众与其好食，冀令解息，后乃僧常。若是好人，和僧请住，准其夏岁，卧具是资。无学识则一体常僧，具多闻乃准前安置，名挂僧籍，同旧住人矣。（卷二“衣食所须”章）

所谓“准前安置”，就是指“给上房”“净人供使”“放免僧事”“出多乘舆”。玄奘到那烂陀时，看来享受的就是这种待遇。[①] 不过，这种规矩也常常因时因地而略有不同。法显在5世纪初到达北印度乌苌国，他记载当时那里的规矩是：“若有客比丘到，悉供养三日。三日过已，乃令自求所安。”[②] 住的时间只有三天，并且不能长久地住下去。

义净还把客僧的地位分为两种，一种称为“主人”，另一种称为“客”。《求法高僧传》卷下讲中国僧人无行与智弘到了大觉寺，“蒙国家安置入寺，俱为主人。西国主人稍难得也。若其得主，则众事同如也，为客但食而已”。在大觉寺取得这种“主人”地位的，《求法高僧传》中还有卷上的道方。卷上《慧轮传》里讲覩货罗人在印度建造的寺庙，专门为本国人使用。中国僧人慧轮在这里住过，但是“其北方僧来，皆住此寺为主人”，似乎是对本国人的一种优待。

进入寺院，学习佛典，准备出家，但还未正式出家的年轻人被称作“童子”。从《寄归传》里的记载看，每个童子似乎都有自己固定的老师。童子的任务是向老师学习，并且侍候老师。

---

① 玄奘到那烂陀时，先是住在幼日王院，七天以后，又重新安置上房，每天有种种供给，有净人一人、婆罗门一人侍候，免诸僧事，出外行乘象舆。见《慈恩传》卷三，T50/237a。

② 《法显传》，T51/858a。

童子平时要参加一些宗教活动。寺院每天傍晚举行巡行礼赞时，童子和净人手持香花，在唱导师前开路。(卷四“赞咏之礼”章)老师出外，童子要负责拿着老师所有的“资具”。(卷一“水有二瓶”章)老师有什么事，可以随时差遣他们。义净在东印度耽摩立底国就亲眼见到过寺院中的一位小师悄悄地派他的童子把寺院的两升米送给家人妇女。(卷二“衣食所须”章)而且童子必须自己负担自己在寺院里的生活费用。

和童子地位一样，但不学习佛典，而是学习“外典”，也不准备以后做僧人的年轻人被称作“学生”。他们当然更得自己负担自己的生活费用。“斯之二流，并须自食。”(卷三“受戒轨则”章)学生也必须完成一些劳务性的工作，“驱驰给侍”。这与印度古老相传教授学生的传统是一致的。

情况不太清楚的是义净经常提到的净人、户人、供人这几种人的真正身份。《寄归传》中讲到净人及户人、供人的地方很多，我把主要的举出来：

僧人们赴请受斋时，“僧徒器座，量准时宜。或可净人自持，或受他净物”。(卷一“受斋轨则”章)

厨家为僧人们煮饭，其中“有一净人老母”。(同上)

僧人受斋之后，“其所残食皆任众僧令净人将去”。(同上)

“僧家作田，须共净人为其分数。或可共余人户，咸并六分抽一。”(卷二“衣食所须”章)

寺院里的多闻大德，可以“与净人供使”。(同上)

“净人来入厨内，岂得即是村收？”(卷二“结净地法”章)

僧人大小便后，需要漱口、洗手、净身，这时如果“幸有供人，使浇非过”。(卷二“便利之事”章)

寺院中在太阳落山与天刚亮时需要打鼓报时，“斯等杂任，皆是净人及户人所作”。但是打犍稚的事却不能让净人去

做。(卷三“旋右观时”章)

寺院中每天傍晚举行巡行礼赞的宗教仪式时,“净人童子持杂香华,引前而去”,为唱导师开路。(卷四“赞咏之礼”章)

《法显传》也讲到净人。在于阗国的瞿摩帝寺里,僧人们进食时,净人侍候,“净人益食,不得相唤,但以手指”。①

《大唐西域记》卷五讲到中印度羯若鞠阇国的殑伽河边,有三座僧伽蓝,“役使净人数千余户”。②

《慈恩传》里讲到玄奘到那烂陀后,因为有学问,始终有净人侍候。③

上面这些记载说明,净人、户人、供人在寺院里从事的都是一些劳役性的工作。从这一点看,他们似乎是寺院里的仆役。但从他们又参加一些宗教活动看,他们又是一些在家未出家的佛教徒,因此他们中间也可能有一些是出于宗教信仰,而自愿到寺院里去服役的信徒。就前者而言,《寄归传》卷二“衣食所须”章讲到有的寺院“自使奴婢,躬检营农”,卷四“亡则僧现”章讲到僧人死后财产的处理时提到僧人财产中有“奴婢”一条,说明寺院中是有奴婢的,而且这种奴婢没有充分的人身权利,被作为财产对待。同时,寺院从国王的封邑上收取租赋,寺院的土地租与民户,民户除了与寺院分取收成之外,很可能也要为寺院服一些劳役。就后者而言,出于宗教信仰而主动地为寺院服务,也是印度及东南亚国家历史上的传统。因此,上面这两种情况看来都有。只是从上下文的背景来看,净人是对所有在寺院中服役的人的一种统称,户人则很可能是专指耕

① T51/857b。

② 原书,校注本,第 444 页。

③ 玄奘到那烂陀时,先是住在幼日王院,七天以后,又重新安置上房,每天有种种供给,有净人一人、婆罗门一人侍候,免诸僧事,出外行乘象舆。见《慈恩传》卷三,T50/237a。又见原书卷四,T50/245a。

种寺院的土地，因此也为寺院提供劳役性的服务的民户。这些民户同时也可称为净人，如玄奘在上面那条引文里讲到的羯若鞠阇国为三座寺院服务的数千余家民户那种情形。至于供人，可能地位更要低一些，也许其中有一部分是寺院中的奴婢。但目前因为缺乏更多的资料，一时还难以对这些问题作出很肯定的结论。

《求法高僧传》提到了“寺主”这个名称。寺主是指造寺之人。能够造寺的人当然多数是有权势或有钱的国王、大臣或商人。《大唐西域记》讲到的先后在那烂陀造寺的六个国王，《求法高僧传》讲到的建造信者寺的菴摩罗跋国王，建造屈录迦寺的南方屈录迦国王，建造支那寺的室利笈多大王，建造金刚座大觉寺的僧诃罗国王，以及这两部书加上《慈恩传》和《法显传》中讲到的其他许多建寺的大施主，都是这类人。印度近现代在一些佛寺的遗址上发现的一些捐赠铭文很多就是这类人留下来的。这些寺主，如果不是僧人，就不住在寺院里。但他们即使不住在寺院里，他们的地位和对寺院的影响仍可以想象。

以上谈的是寺院中各种成员的情况。一座大的寺院，有许多僧人，加上还有上面谈到的不是僧人，但也在寺院里活动的那几种人，整个寺院必须要有一定的组织手段和比较严格的管理秩序，才可能维持。以那烂陀为例，寺有八院，房有三百，僧人数千，却能管理得井井有条，看来当时印度的寺院在这方面是有一套规矩的。寺院中为此设有各种僧职。义净的记载讲到了其中的几种：

一、护寺。《求法高僧传》卷上讲：“若作番直，典掌寺门，及和僧白事者，名毗诃罗波罗，译为护寺。”梵文是 Vihārapāla。

二、维那。《求法高僧传》又讲：“若鸣犍稚及监食者，名为羯磨陀那，译为授事，言维那者略也。”梵文是 karmadāna。义净在《寄归传》卷四“灌沐尊仪”章里的一条注解释得更详细一些：“授事者，梵云羯磨陀那。陀那是授，羯磨是事，意道以杂事指者授于人。旧云维那者非也。维是周语，意道纲维；那是梵音，略去羯磨陀字也。”这就是所谓的“梵汉并举”。中国唐代的佛教寺院中也有这个僧职，来源即在此。①

三、典事佐史。《求法高僧传》卷上讲到那烂陀寺时提到这个名称：“此之寺制，理极严峻，每半月令典事佐史巡房读制。”但是关于这个职务的更多的情况不太清楚。这应该是一个意译的名称。从字面上看，大约是协助寺院的最高上座管理寺院的人。

以上这三种职务，都是由正式的僧人担任。

此外，有的寺院有属于自己的村庄，寺院中又有自己的仓库，因此也都设有专人管理。《求法高僧传》讲到那烂陀寺提到“守库当庄之流”（见前引文）。这种职务是否是由僧人直接担任，不是很清楚。估计可能是。当然，一些一般的劳务性的职事，看来很多也分配给所谓的“净人”们担任，例如“典库家人”和前面谈到的净人或户人所从事的那些工作。

二、寺院的经济活动

寺院经济是寺院存在的基础。7 世纪时印度佛教寺院的经济状况怎样，与研究同一时期的印度历史包括经济史的情况一样，因为缺乏比较可靠，更缺乏比较系统的数据，也是不很清楚的。义净的《寄归传》相当详细地记载了当时佛教寺院内

① 见《唐六典》卷四：“每寺设上座一人、寺主一人、都维那一人，共纲统众事。”

经济活动的情况，因而在这方面留下了很重要的史料。他的记载很多地方十分生动具体：

> 依如律教，僧家作田，须共净人为其分数。或可共余人户，咸并六分抽一。僧但给牛与地，诸事皆悉不知。或可分数，量时斟酌。西方诸寺多并如是。（卷二“农食所须”章）

六分抽一是印度的传统，但是实际执行起来也不一定。[①] 义净刚到印度时，便亲眼见到这种寺院把土地出租给他人，“为其分数”的事：

> 初至耽摩立底国，寺院之外有一方地，忽见家人取菜，分为三份，僧取一份，自取两归。未解其故，问大乘灯师曰：“斯何意焉？”答曰：“此寺僧徒，并多戒行，自为种植，大圣所遮，是以租地与他，分苗而食，方为正命。省缘自活，无其耕垦溉灌杀生之罪矣。”（同上）

这不是六分抽一，而是三分取一。从寺院租得牛和土地来耕种的就是“净人”，他们与寺院之间的分成实际上就是交纳的地租。只是“无其耕垦溉灌杀生之罪”的说法似乎有些虚伪。而且，印度传统的六分取一的做法变成三分取一，增加了一倍，似乎也贪心了一些。

这种能够被寺院出租给他人并收取地租的土地显然属于

---

① 《大唐西域记》卷二“印度总述”条：“假种王田，六税其一。”校注本，第209页。*Manusmṛti*，Ⅶ，130，131。《摩奴法论》，蒋忠新汉译本，中国社会科学出版社，1986年，第127页。后者讲到六分之一、八分之一、十二分之一几种标准。但这恐怕只是理论上的说法而已，实际的做法常常超过六分之一，而不是少于六分之一。*Manusmṛti*，Ⅹ，118也讲到刹帝利“有难”时可以征收四一税。蒋忠新汉译本，第214页。

寺院私有。过去有些人不承认古代印度存在私有土地，义净的这些记载至少就他讲到的这个时期来说可以完全否定这种说法。[①] 事实上，寺院的经济活动只是整个社会经济活动的一个部分，或者说一个侧面，寺院能够占有土地，说明其他属于统治阶层的各个社会阶层可能占有更多的土地，并且用类似的生产方式经营。这不是土地私有制还能是什么呢？因此，义净有关的这些记载不仅对我们今天了解印度古代的佛教历史有意义，而且能够帮助我们推而广之地去了解古代印度的社会史。而古代印度有没有土地私有制正是学术界长期争论的一个重要问题。

寺院的土地从哪里来？看来只有来自信仰或支持佛教的国王、长者、居士的赠予。法显在义净两百多年前就讲：

> 自佛般泥洹后，诸国王、长者、居士，为众僧起精舍，供给田宅、园圃、民户、牛犊、铁卷书录，后王王相传，无敢废者，至今不绝。[②]

法显到师子国，正遇上国王举行赐地的仪式：

> 时王笃信佛法，欲为众僧作新精舍。先设大会，饭食供养已，乃选好上牛一双，金银宝物，庄挍角上，作好金犁。王自耕顷垦，规郭四边。然后割给民户、田宅，书以铁卷。自是已后，代代相承，无敢废易。[③]

① 土地私有制在印度出现的时间实际上更早得多。它至少可以追溯到释迦牟尼的时代。参见季羡林《罗摩衍那初探》，外国文学出版社，1979 年，第 42—56 页。

② 《法显传》，T51/859b。

③ 同上，T51/865b—c。

当然,这讲的是师子国,不属于印度的范围,但完全可供了解当时的情况作参考。

义净上面讲的那种土地,既然可以出租,很清楚,它们属于寺院所有。除了这种土地外,寺院还有一种"封邑"。文献中有关的记载不少,我们可以举一些例子:

《大唐西域记》卷八记载,玄奘的老师戒贤曾经与外道辩论,戒贤取胜,摩揭陀国国王为了奖赏他,"封此邑城"。戒贤辞不获已,"便建伽蓝,穷诸规矩,舍其邑户,式修供养"。玄奘本人参观过这座伽蓝,把它称作"戒贤伽蓝"。①

最有名的寺院那烂陀寺,《慈恩传》卷三讲:"国王钦重,舍百余邑,充其供养。邑二百户,日进粳米、酥乳数百石。"玄奘快到那烂陀时,就先在属于那烂陀寺的一座"寺庄"里休息,吃过饭。②

只是义净的记载略有不同:"其那烂陀寺,法乃更严。遂使僧徒数出三千,封邑则村余二百,并积代君王之所奉施,绍隆不绝。"(卷二"衣食所须"章)

这个数目在《求法高僧传》卷上中说得更清楚:"此寺内僧众有三千五百人,属寺村庄二百一所,并是积代君王给其人户,永充供养。"

义净在东印度还见过一座支那寺,传说是几百年前印度室利笈多大王为求法的中国僧人建造的,"王见敬重,遂施此地,以充停息,给大村封二十四所"。后来中国僧人亡没,村子归属了其他人,其中三村转属另一座鹿园寺。义净去时,这地方属于提婆跋摩王。他还听说提婆跋摩王常讲:"若有大唐天子处数僧来者,我为重兴此寺,还其村封,令不绝也。"(《求法

① 原书,校注本,第660—661页。

② T50/236c,T50/237c。

高僧传》卷上）

铭文中也有不少类似的材料。例如在西印度的跋腊毗国（Valabhī），在义净以前和义净当时佛教都很盛行，成为西印度佛教的一个中心。跋腊毗的 Maitraka 王朝的国王及国王的亲属们建造了一些寺院，也把属下的村庄的赋税分拨一些给这些寺院，作为维持寺院的费用。这些寺院中最著名的是第一世 Dhruvasena 王的侄女 Duḍḍā 所建立的寺院，后来成为一组寺院群，被称作 Duḍḍā-vihāra-maṇḍala。遗址已经被发掘了出来。发掘出的铭文中有一件记载，这位 Dhruvasena 王将一座名叫 Pippalaruṅkari 的村庄的赋税捐赠给这座寺院，其中一段讲：

> Vihārasya patitaviśīrṇapratisaṃskaranārthaṃ dhūpadīpatailapuṣpopoyogi ca sarvaṃ dravyaṃ valabhyāṃ svabhāgineyī paramopāsikā Duḍḍākāritavihārapratiṣṭhāpitānāṃ bhagavatāṃ samyaksaṃbuddhānaṃ (ā) ryabhikṣusaṅghasya ca piṇḍapātaya...①

这就是说，用此支持寺院日常的开支。Dhruvasena 一世在位的时间是 6 世纪前半期（519—549）。在他以后，Maitraka 王朝的每一个国王都一样地有捐赠。玄奘和义净去印度时，这一地区仍然是这个王朝的国王统治。

在义净之后，仍然有国王捐赠"封邑"给那烂陀寺。近代在那烂陀发现的一块铜版，上面的铭文就是讲 Suvarṇadvīpa

① 此段文字转引自 S. Dutt, *Buddhist Monks and Monasteries in India*, p. 228。原文见 *Indian Antiquary*, Vol. Ⅳ, p. 106。我未能找到后一种书。引文中 puṣpopoyogi 应作 puṣpopayogi，可能是 Dutt 抄错了，也可能原来就是讹写。Dutt 的书还提到其他不少铭文的材料。出土的许多件铭文中当然还有不少和其他人，其中恐怕很多是与商人有关。他们也一样地建寺和捐赠财物。Dutt 未引原文，我目前也无法找到发表这些铭文的原书。

（指今印度尼西亚的苏门答腊，义净在《求法高僧传》里译作“金洲”）的 Bālaputradeva 王在那烂陀建造了一座寺院，当时统治这一地区的 Pāla 王朝的国王 Devapāla 一次就“奉施”了五个村庄。[①] 这是 9 世纪初期的事，虽然比义净的时代要晚一百多年，但性质和可以说明的问题都一样。

但是这种封邑上的土地究竟归谁所有，僧人们仅仅是享受这些村庄原来作为赋税交纳给国王的那份收入，包括有时并接受这些村庄的农民的其他服务，还是完全具有对这些村庄的所有权，我们不是很清楚。估计只是前者，而不是后者。因此这和前面讲的“租地与他，分苗而食”的土地的性质是有区别的。[②] 印度封建时代的土地所有制关系异常地复杂，我们在考察这一时期佛教寺院占有的土地的问题时看来也必须注意到这种背景关系。[③]

从这个角度来理解，其他一些讲得不是很清楚的记载看来也属于这种情形。例如《法显传》讲摩揭陀国：

> 佛得道处有三僧伽蓝，皆有僧住。众僧民户供给饶

---

① 铭文见 *Epigraphia Indica*, Vol. XⅦ, p. 310ff。我未找到原书。此处转引自 S. Dutt 上引书，第 341 页，n.3。

② 有一个稍微间接一些的例子可以帮助说明这种“封邑”的性质。《慈恩传》卷四讲摩揭陀国仗林山胜军论师因为“学该内外，德为时尊”，国主满胄王欲立他为国师。“封二十大邑”。胜军不受。后戒日王又封“八十大邑”，胜军亦不受，说：“受人之禄，忧人之事。今方救生死萦缠之急，岂有暇而知王务哉！”T50/244a。这说明国王是把封邑的收入作为俸禄赐予臣下，也就是《大唐西域记》卷二所讲的“各有分地，自食封邑”。校注本，第 209 页。

③ 印度封建时代的土地所有制关系是印度古代史研究中的一个重要问题，也是一大难题。近年来有些学者特别注意地对这方面的问题做过研究，提出了一些看法，其中不乏真知灼见。见 D. D. Kosambi, *An Introduction to the Study of Indian History*, Rev 2nd ed., Bombay, 1975；同作者，*The Culture and Civilisation of Ancient India in Historical Outline*, New Delhi, 1977；R. Thapar, *Ancient Indian Social History*, New Delhi, 1978；R. S. Sharma, *Indian Feudalism*, 2nd ed., Delhi, 1980。这几本书中都谈到这个问题。

足，无所乏少。[1]

《大唐西域记》卷五讲羯若鞠阇国：

> 临殑伽河有三伽蓝，同垣异门，佛像严丽。僧徒肃穆，役使净人数千余户。[2]

这里的“民户”和被役使的“净人数千余户”，看来都和寺院在经济和人身上有一种特殊的关系。他们可能就是国王赐赠给寺院的，因此必须供养寺院，为寺院服务。从国王的“封邑”中获得赋税收入以及劳务性的服务，应该说是当时寺院经济收入的另一重要来源。

在上面讲到的第一种情况里我们已经看到，某些寺院有自己的土地是很明确的事。除了租地与人，分成而取以外，义净在《寄归传》里还讲到另一种情况：

> 或有贪婪不为分数，自使奴婢，躬检营农。护戒苾刍不噉其食，意者以其僧自经理，邪命养身，驱使佣人，非瞋不可，坏种垦地，虫蚁多伤。日食不过一升，谁复能当百罪？（卷二“衣食所须”章）

虽然义净明白地说明他不赞成这种事，但是他的记载仍然说明这种现象是存在的。寺院不仅有土地，还有种地的“奴婢”或“佣人”。这当然也是封建经营方式的一种。和租地分成的方法比较起来，义净认为这是一种贪婪的行为。其他的僧

① T51/863b。
② 原书，校注本，第444页。

人看来也不全赞成这种事。

大的寺院，比如那烂陀寺，所拥有的土地和寺庄不止一处，寺庄之间便有分工的不同。《慈恩传》已经讲到有每天为那烂陀寺供应数百石粳米和酥乳的村庄，《寄归传》又讲到专门的“供服之庄”：

> 现今西方所有诸寺，苾刍衣服多出常住僧。或是田园之余，或是树果之利。年年分与，以充衣直。问曰：“亡人所有谷食，尚遣入僧，况复众家豆粟，别人何合分用？”答：“施主本舍村庄，元为济给僧众，岂容但与其食，而令露体住乎？”（中略）又西国诸寺，别置供服之庄。神州道场，自有给衣之所。（卷四“受用僧衣”章）

义净时代印度最大的寺院当然首推那烂陀寺。《慈恩传》讲那烂陀寺“僧徒主客常有万人”，可能有些夸大。[①] 义净提供的数目要少一些，“寺有八院，房有三百”（卷四“赞咏之礼”章），常住僧三千五百人（《求法高僧传》卷上），看来是可信的。这样大的寺院，拥有这样多的寺庄，在社会上无疑是一个大的经济活动单位。在那烂陀的遗址上发现的大量印章，数目多达七百五十枚，上面都镌刻着 Śrīnālandāmahāvihārāryabhikṣusaṃghasya（室利那烂陀摩诃毗诃罗阿离耶苾刍僧伽之印）的字样。[②] 印章是社会交往中维持信用的工具。这些印章，虽然不能说都

---

① 原书，卷三，T50/237c。说这个数字有些夸大，理由有两条：一、现在发掘的那烂陀寺的遗址，据做过现场考察的学者估计，不大容易住上一万人。二、撰写《慈恩传》的慧立本人没到过印度，他的记载主要来自玄奘，虽然总的来说可靠性相当高，但在一些细节问题上我们到底不如更相信亲自到过那烂陀，住了长达十年之久的义净的说法。

② *Memoirs of the Archaeological Survey of India*, No. 66, pp. 36, 87ff。此书未见，转引自 L. M. Joshi, *Studies in the Buddhistic Culture of India during the 7th and 8th Centuries A.D.*, 2nd ed., Delhi, 1977, p. 76。

是僧伽对外使用的，但从它们本身的存在，而且数量又这么多来看，当时那烂陀寺不仅对内的管理有一套相当完整的制度和程序，而且对外作为一个宗教单位，同时也是一个经济活动单位，与世俗社会有着怎样频繁而密切的来往。不然没有必要有这么多代表整个寺院僧伽的印章。我们在上面“寺院内部的组织”一节里已经谈到寺院内部设有各种僧职，僧人们担任一定的职守，其中有掌管仓库的“守库”，有管理属于寺院的村庄的“当庄”，也有一般人担任的“典库家人”，这些也都可以从某些方面说明寺院内经济活动的一些情况。从求法僧们的记载看，不管是管理寺庄的收入，还是寺院内部的各种财物的分配使用，那烂陀寺似乎都能做到井然有序。也正是因为有这样一套比较完整的经济管理体制和富足的经济基础，当时印度的这些佛教寺院才可能存在。“由是学人端拱无求，四事自足，艺业成就，斯其力焉。”[①] 正是普通劳动群众创造出的社会财富，才使僧人们能够发展出丰富的佛教文化。

总结起来说，当时印度佛教寺院的经济来源看来主要有四种：一、国王赐赠的“封邑”，也就是封邑上的赋税收入及提供的劳役服务；二、出租寺院直接拥有的土地，租佃分成，“六分抽一”，三分取一，或“量时斟酌”；三、在寺院拥有的土地上“自使奴婢，躬检营农”，直接取得全部收入；四、其他的捐赠。这四种形式中，大概是前两种情形最多，因为义净讲了：“西方诸寺多并如是。”而从那烂陀寺的情形看，前两种形式中又以国王的“封邑”可能占有较大的比例。

对于整个寺院的僧人来说，寺院的财产和收入是公共的。任何重大的事情，当然包括财产的使用和处置，都要通过僧人

① 《慈恩传》卷三，T50/237c。

大会来决定。这一点我们在上面“寺院内部的组织”一节里已经讨论到了。但是在涉及财物问题时似乎特别强调这一规定。《寄归传》就讲：

又见但是外人取与，下至一茎菜，并须问众方用。（卷二“衣食所须”章）

义净还亲眼见到一位僧人因为财物上的问题被寺院除名：

又见有一小师，遣其童子，将米二升送与家人妇女。情涉曲私，有人告众。唤来对勘，三皆承引。虽无恶事，而自负惭心。即出寺门，弃名长去。师遣余人送彼衣物。但是众法共遵，未劳官制。（同上）

在财产方面，还有一个重要的问题是处理寺院里去世的僧人的遗产和遗物。《寄归传》卷四专门有一章“亡则僧现”讨论这件事。这一章写得虽然不长，但是我们可以从中发现很多有意思的地方。义净首先说，凡是准备分配去世僧人的财物，必须“先问负债、嘱授及看病人，依法商量，勿令乖理”。然后再处理“残余之物”。这第一条就说明僧人可以有自己的一些财产。当然，从义净下文中列举的某些物品的性质看，其中也可能有一部分是去世的僧人所代表的寺院所有的财产。有意思的就是义净列举的这些物品和处置这些物品的方法。所有的财产及物品首先要区分为“可分”与“不可分”两种性质，这叫“随应”。我们举出主要的一些项目：

言随应者，所谓田宅、邸店、卧具，毡褥、诸铜铁器，并不应分。于中铁钵、小钵及小铜碗、户钥、针锥、剃刀，刀子、铁勺、火炉及斧凿等，并盛此诸袋，若瓦器，谓钵、小钵、净触君持及贮油物，并盛水器，此并应分，余不合分。其木器、竹器，及皮卧物、剪发之具，奴婢、饮食、谷豆，及田宅等，皆入四方僧。若可转移物，应贮众库，令四方僧共用。若田宅、村园、屋宇，不可移者，应入四方僧。若有所余一切衣被，无问法衣、浴衣，若染、不染，及皮油瓶、鞋履之属，并现前应分。

上面列举的这些东西，大致可以归结为两类：小件、动产可以分给其他僧人，大件、不动产不零散分配，“皆入四方僧”，也就是说仍然归僧人们公有。但是，既然义净在此提到田宅、邸店、村园、屋宇、奴婢，把它们考虑在需要处理的财物之中，不就说明当时有的寺院及僧人实际上占有这些东西吗？我们在前面已经谈到寺院拥有土地和“奴婢”，这里又提到邸店、屋宇等，难道寺院还兼营商业吗？看来这种可能性也不是不存在。

义净接着又列举道：

四足之内，若是象、马、驼、骡、驴乘，当与国王家。牛羊入四方僧，不应分也。若甲铠之类，亦入国王家。杂兵刃等，可打作针锥、刀子及锡杖头，行与现前僧伽。

寺院里的僧人有这样多的牲畜作为财产，做什么用呢？前面讲了“僧家作田”，僧人提供牛和土地，牛看来是耕种寺院的土地用的。象、马、驼、骡、驴有可能是用来作为坐骑或驮运物品。但是其他的东西呢？尤其是甲铠与兵刃，僧人有这种东西，难道还打仗，或者仅仅是作为保护自己的武器，如同中国的少林寺僧人那样吗？须知兵刃自古为凶器，当年五印度的霸主戒日王在钵逻耶伽国大施场作“无遮大施”，“五年所积府库俱尽”，以至身上穿的、头上戴的，都“无复孑遗”，但还是把象、马、兵器留了下来，“拟征暴乱，守护宗庙”。[1]但是寺庙里的甲铠和兵刃又做什么用呢？

义净列举的物品还有酒：

> 若酒欲酸，可埋于地，待成醋已，僧应食之。若现是酒，应可倾弃，不合酤卖。

酒是佛家禁止之物，但这遗留下来的酒又从何而来呢？仅仅是贮存起来供在非常特殊的情况下治病用吗？“不合酤卖”，难道有人卖酒吗？

义净下面又说明了珍宝珠玉的处置方法，其中提到“宝等所成床榻之属”以及“诸金银及成未成器，贝齿诸钱”。虽是僧人，金银珠宝，应有尽有，足以说明当时有的寺院中有的僧人非常地富有，已经到了奢侈享受的地步。

当时的僧人还放债。义净最后讲到券契的处理办法：

> 所有券契之物，若能早索得者，即可分之。如未得者，券当贮库，后时索得，充四方僧用。

这再次说明了当时佛教寺院和世俗社会在经济关系上的密切。寺院中的僧人能够有这样多的财物，寺院富有的程度可

① 《慈恩传》卷五，T50/248c。

以想象,僧伽的腐化恐怕也不可避免。认真地说,这对佛教本身并不是好事,也许就是当时佛教在印度开始堕落、衰亡的原因之一吧。

三、寺院的宗教生活

《寄归传》对7世纪时印度佛教寺院的生活作了全面的叙述。依据《寄归传》,我们几乎可以把一千多年前这些佛教僧人们日常生活的大部分面貌重新勾画出来。[①] 但是这里不准备这样做,这里只打算根据《寄归传》谈到的情况将寺院宗教生活中的"受斋"和"随意"这两件事提出来讨论。至于其他方面的情况,或者可以参考义净原书,或者留在以后再讨论。

先谈受斋。《寄归传》卷一"受斋轨则"一章专门讲这件事。我们知道,佛教虽然有时号称是"出世"的宗教,但是实际上恰恰相反,除了少数例外,大多数佛教徒,尤其是大乘佛教徒都不是出世,而是积极地入世。佛教的僧团始终与社会保持着密不可分的联系。这种情形,在古代印度如此,在中国也如此。我们在上面讨论佛教寺院的经济活动的一节里已经看到,在至关重要的衣食来源问题上,佛教僧人是怎样地和世俗社会发生关系。受斋则是僧人们与世俗人往来的另一个侧面。它既是一种宗教活动,又是一种社会活动,从中很可以反映出当时佛教宗教生活中的一些特点。

义净的叙述分成三个部分。第一部分讲印度受斋的规矩,分作几个程序:

---

① 例如 L. M. Joshi 上引书中的第四章 Monastic Life and Discipline 几乎就完全是抄引《寄归传》写成的。只是作者依靠的是高楠顺次郎的英译本,英译本中原来翻译上的错误以及有时再加上作者进一步的发挥,使他在书中作出好些更错误的结论。例如对义净所讲到的"家主""寺主""维那""护寺"等几种人的含义和地位的理解,等等。见原书 pp. 75—76。

一、施主事前发出邀请，“礼拜请僧”，放斋之日，再次“来白时至”。“僧徒器座，量准时宜。或可净人自持，或受他净物。”施主家一切准备就绪。

二、僧人们来到施主家。安置停当，首先看水。如水中无虫，用此水洗脚，然后休息片刻。时间将近中午，“施主白言时至”，僧人们洗手，施主也洗手。施主先在僧人们面前“置圣僧供”，然后正式行食。行食时依着僧人的地位而有先后。施主合掌跪在上座前，口唱“三钵罗佉哆”（善至）。上座回答：“平等行食。”然后依次授食。授食之人必须当前并足，恭敬曲身，两手执器，器中盛放食物。僧人们随受随食。食物当然十分丰厚。

三、僧人们吃完饭，漱口，洗手。从座位上起来，右手满捧食物，出外“普施众生”。再捧食一盘，跪在上座前。上座洒水念咒。然后僧人们捧出屋外，撒在幽僻的地方，或者树林里，或者河池中，算是布施给“先亡及余鬼神”。

四、然后施主授齿木，供净水。最后僧人们向主人告别，口中念道：“所有福业，悉皆随喜。”僧人们再各自念诵伽他。

这是印度当时一般受斋的规矩，还有另外两种，程序大同小异。一种是食前所有僧人在佛像前蹲踞合掌，各自念诵。另一种是食前有一人在佛像前长跪合掌，大声赞佛，施主在一旁燃灯散花，以示虔诚，又用香泥涂抹僧足。同时“鼓乐弦歌，随情供养”。

义净叙述的第二部分讲南海方面受斋的规矩，讲得也很详细，只是场面更大，供奉更丰厚。原书具在，这里不再重述。

第三部分叙述“北方诸胡，覩货罗及速利国等”的受斋规矩。这部分讲得比较简单，因为义净本人没有亲自到过这一地区。

从义净有关当时僧人受斋的很生动的记载中，我们可以看到些什么问题呢?

第一,当时世俗社会对僧人斋供的优厚。义净讲:“然其斋法,意存殷厚。所余饼饭,盈溢盘盂,酥酪纵横,随著皆受。”他自己初到东印度耽摩立底国,也想设供斋僧。(可见也有僧人斋僧的,不过这种情况可能是少数。)他本想弄得简单朴素些,可是其他人告诉他说:“若才足而已,何为不得?然而古来相承,设须盈富。若但满腹者,恐人致笑。闻师从大国来,处所丰赡,若无盈长,不如不设。”义净只好依照当地的习惯办理。这种普遍的奢靡风气和寺院中积聚起来的大量财富一样,从消极的方面讲,只能使僧人们更加满足和追求于生活的享受,实际的结果是腐蚀了佛教的僧团。

第二,设供斋僧,既然要做到如此丰厚,才不致被人讪笑,斋主必定都是富贵之家。当时印度的情形是这样,南海方面更是如此。斋家所用的器皿,或是金瓶,或是金澡罐。供奉时要有香花鼓乐、童男童女。供奉的食物一定要丰盛得“肴馔饮食,数盈百味”,“一人残食,可供三四”,甚至“十人食亦未尽”。斋供结束时又另有赠送,“或作如意树以施僧,或造金莲华以上佛。鲜华齐膝,白氎盈床”。所有这些,都不是一般人能办得到的。这正是义净讲的“王家及余富者”。虽然义净也提到有设食只有三二十般的“贫窭之辈”,但既然能有“三二十般”,恐怕也不是很穷的人家。如果是国王斋僧,“国王乃舍尊贵位,自称奴仆,与僧授食,虔恭彻到,随著皆受,更无遮法”。对僧人真是恭敬到极点。当时佛教的支持者看来主要就是这样一些人,说明佛教所联系的社会阶层越来越从下往上转移。

第三,功德转让的信仰在当时普遍流行。所谓功德转让,是指一个人(或佛、菩萨)由于行善或做了其他好事,可以获得功德,这种功德不仅自己可以享用,一定条件下也可以转让给其他人。这是大乘佛教很强调的一点。但是这种说法在早期佛教中比较少见,它是随着佛教的发展,尤其是大乘佛教的发展而逐渐发展起来的。施主设斋的目的,就是要为自己或与自己有关的人获取功德。义净的记载很能说明这一特点。印度斋僧,斋供未了,总有一个必不可少的程序,将供食普施众生,然后"以上先亡及余神鬼应食之类"。这时上座还必须洒水念诵咒愿:

> 以今所修福,普沾于鬼趣。食已免极苦,舍身生乐处。菩萨之福报,无尽若虚空。施获如是果,增长无休息!

僧人们最后口云"所有福业,悉皆随喜"而散。很清楚,这就是在实行功德转移。义净这里讲的是大乘的情况。而在当时主要奉行小乘的南海地区也一样。南海斋僧,最末一个程序也是僧人们念诵陀那伽他,内容是:"须称施主名,愿令富乐。复持现福,回为先亡。后为皇王,次及龙鬼。""回为先亡",这也是在转移功德。

功德转移的学说是怎样产生的?有的学者认为,它是亡灵祭的传统在佛教中的继续和发展,也有的学者倾向于认为是由佛教内部大乘教义的发展所决定的。[①] 我们这里不准备详细地讨论这个问题,只是要说明义净的记载反映了这种学说在当时流行的情形。可以说,对这种功德转让学说的信仰实际上就是举行这种斋僧活动的最主要的思想契机。从施主讲,布施了财物,为自己或为自己有关的人,包括家里的"先亡"取

① 见 H. Bechert, *Buddha-Feld und Verdienstübertragung: Mahāyāna-Ideen im Theravāda-Buddhismus Ceylons*。这篇文章专门讨论这个问题,其中在表达自己的看法时列举了其他一些学者的看法。讨论功德转让的部分主要在 pp. 27—44。

得了功德；从僧人讲，接受了布施，将功德留给了施主，“功德随喜”（puṇyānumodānā）。双方公平交易，各得其所。施主的供斋与僧人的受斋其实不过就是这么回事。佛教在历史上总是和商人有着特殊的关系。[①]《寄归传》里有几处也很称赞商人。佛教的施主们很多都是一些大商人。设供斋僧的富者当然很多也是商人。他们虽未正式出家为僧，但是从世俗社会方面讲，他们对佛教的影响无疑是巨大的。我怀疑这种功德转让的想法的产生与商人把一切社会关系都看成交易的思想有一种直接的关系。在商人们和一些僧人眼中，宗教的功德其实不过是另一种可以交换、可以转移的“精神财产”。

其次再简单谈一下“随意”与寺院内部的制度问题。《寄归传》卷二“随意成规”章专门讲这事：

> 凡夏罢岁终之时，此日应名随意，即是随他于三事之中任意举发，说罪除愆之义。旧云自恣者，是义翻也。

随意是梵文 pravāraṇa 的意译。坐夏本是僧人的事，但是坐夏结束，参加这天活动的不只是僧人，还有许多世俗群众：

> 于时俗士云奔，法徒雾集，燃灯续明，香华供养。明朝总出，旋绕村城，各并虔心，礼诸制底。棚车舆像，鼓乐张天，幡盖萦罗，飘扬蔽日，名为三摩近离，译为和集。凡大斋日，悉皆如是，即是神州行城法也。

这种行城又称为行像。法显在于阗，在印度巴连弗邑和

① 季羡林《商人与佛教》一文专门讨论这个问题。原文收入《第十六届国际历史科学大会中国学者论文集》，中华书局，1985 年。

在师子国都亲眼见过，是一种僧俗群众都参加的盛大热烈的宗教活动。这种时候，国王或其他信佛的群众又要做大量的布施。佛教传入中国，在中国，也就是“神州”，也时有举行。

但是这一天最重要的事还是“随意”：

> 过午咸集，各取鲜茅可一把许，手执足蹈，作随意事。先乃苾刍，后方尼众，次下三众。若其众大，恐延时者，应差多人，分受随意。被他举罪，则准法说除。

这其实就是僧伽内部的一种批评与自我批评的活动，执行批评的标准就是佛教的律。僧伽依照规定每半个月举行一次的“布萨”，也是同样的性质。这实际上是强调纪律，维持宗教信仰，调整僧伽内部关系的一种方法和方式。只是我们不知道这种活动在当时认真到什么程度，是不是很有效，也不太清楚在举行这种活动时是不是绝对只限于正式的僧人参加，而把所有其他人排斥在外。依照义净的记载，当时印度的僧人“名字不贯王籍”，“其有犯者，众自治罚”，僧伽内部的问题自己内部处理。要维持好寺院内僧人之间的团结和纪律，除了传统的书本上的戒律规定外，还必须要有一些具体的办法和制度。以那烂陀寺为例，虽然《慈恩传》讲“建立以来七百余载，未有一人犯讥过者”，[①]但是义净也说明了：“此之寺制，理极严峻，每半月令典事佐史巡房读制。”（《求法高僧传》卷上）可见也不是一件容易的事。我们读义净在《求法高僧传》中对那烂陀寺内部建筑形制的那些记载，每间僧房房门只安一扇，不许安帘，以便僧人们互相检查，寺院的门“虽非过大，实乃装架弥坚”，

① 原书，卷三，T50/237c。这句话恐怕只能看作慧立的溢美之词。

吃饭时还得“重关返闭”，“意在防私”，等等，恐怕也只能得到同样的印象。

四、寺院的教育

在古代印度，文化教育和宗教很难分开，作为正统宗教的婆罗门教、印度教是如此，佛教也是如此。很多佛教寺院既是宗教中心，也成为文化教育的中心。《寄归传》有不少关于这方面的记载。卷三“受戒轨则”“师资之道”以及卷四“西方学法”都是有关寺院教育的专章。这为我们今天了解当时佛教寺院的教育情况提供了很多有用的数据。

先谈寺院教育的内容。

佛教的寺院教育，当然首先是宗教教育，传授的课程围绕这个中心来安排，但是却不局限于此。以那烂陀寺为例，《慈恩传》讲：“僧徒主客常有万人，并学大乘兼十八部，爰至俗典《吠陀》等书，因明、声明、医方、术数，亦俱研习。”[①]不仅那烂陀寺如此，其他寺院看来也一样，而且各个寺院有各自不同的特点。玄奘遍游印度，每到一个地方，只要知道有通解典籍，有学问的僧人，不管通解的是大乘典籍还是小乘典籍，还是其他方面的学问，都向他们学习。《慈恩传》中这样的事例比比皆是。那烂陀寺偏重瑜伽行派的学说和典籍，玄奘在此主要向他的老师戒贤学习《瑜伽师地论》，当然也附带学习其他的典籍。那烂陀附近的羝罗荼寺有一位说一切有部的僧人般若跋陀罗，精通说一切有部以及声明、因明，玄奘在此停留两个月，专门向他学习。其他许多地方的佛教寺院里都有一些各自精

① 原书，卷三，T50/237b。吕澂先生把当时那烂陀寺佛学教育的内容归纳为五科，即因明、对法、戒律、中观、瑜伽。见其《奘净两师所传的五科佛学》，载《现代佛学》，1956，1。

通不同典籍的僧人,玄奘都分别向他们学习过。这些僧人在各自的寺院里讲授的课程便各有特点。

这个时期佛教寺院教育的另一个特点是对外开放。到寺院里来参加学习的不仅有正式的僧人,有来学习佛典,准备取得僧人资格的“童子”,还有不当僧人,仅仅为学习外典而来的“学生”。关于后两种人,我们在前面“寺院内部的组织”一节里已经谈到了他们在寺院中的身份和地位。值得注意的是义净还讲到“西国僧寺,多有学生,来就苾刍习学外典,一得驱驰给侍,二乃教发好心。既有自利利他,畜之非损”。因此看来寺院教育这种对外开放的现象还十分普遍。在那烂陀寺,佛教历史上最早的分裂派——提婆达多派,甚至也可以来“杂听诸典”,虽然正统的佛教徒们根本不承认他们为佛教徒。

寺院教育的对外开放,对佛教本身的发展无疑是有好处的,它使寺院可以从社会各方面获得更多的支持。在寺院中学习的“童子”和“学生”,不仅要自己负担自己的生活费用,而且要为寺院提供一些劳务性的服务。这对寺院只有好处,所以义净说是“自利利他”。这同时还有利于帮助佛教寺院和那些即使是不信仰佛教的世俗群众建立起比较良好的关系,扩大佛教的影响。印度古代的一些统治者,例如 Gupta 王朝的几位国王,本来主要都信仰婆罗门教,可是却在那烂陀为佛教徒建造寺院。义净时代 Valabhī 的 Maitraka 王朝的国王本来也只信仰湿婆教,可是却也表现出支持佛教的态度,建造寺院。他们这样做的原因,除了政治策略上的考虑外,其中之一看来就是他们也把这些佛教寺院的建设看作有利于自己统治的一种文化教育事业,从而给予一定的支持。寺院教育的对外开放,因此不仅符合寺院本身的利益,也符合统治者的利益。

从求法僧们的记载看，寺院中教学的方法主要是由有学问的僧人开设讲座。仍以那烂陀为例，《慈恩传》讲“寺内讲座日百余所”，又讲“凡解经论二十部者一千余人；三十部者，五百余人；五十部者，并（玄奘）法师十人。唯戒贤法师一切穷览，德秀年耆，为众宗匠”。① 实在不啻现代一所颇具规模的大学。戒贤法师被称作“正法藏”，这地位有些像今天大学里地位最高的正教授或校长。他在为玄奘重新开讲《瑜伽师地论》时，听者有数千人之多。

在同一座寺院里，不同的学术观点都可以得到表达。那烂陀寺是以瑜伽行派为主的寺院，但是其他派别的僧人也可以升座宣讲自己的观点。玄奘在那烂陀时，中观派僧人师子光开讲《中论》和《百论》，专门就批评瑜伽行派的观点。玄奘又对他进行反批评。两人反复辩论，听师子光讲论的僧人开始时似乎不少，可是据说后来“学徒渐散，而宗附法师”。最后玄奘将自己在辩论中形成的观点写成一篇三千颂的论文《会宗论》。② 这也很有些像今天某些大学里的做法。这种在学术思想上的开放态度无疑是促成佛教宗教哲学思想的学术水平在当时达到一个空前绝后的高度的原因之一。

辩论本来就是古代印度各派宗教在宣传教义时最喜欢使用的一种方法，佛教寺院里也常常举行各种辩论。《慈恩传》和《大唐西域记》里有很多这方面的记载。一个僧人的名声和地位往往首先在于能否在辩论中战胜对方。《大唐西域记》卷九里有一段讲到那烂陀寺的叙述颇为生动：

---

① 原书，卷三，T50/237b。

② 同上，卷四，T50/244b—c。

> 故异域学人，欲驰声问，咸来稽疑，方流雅誉。是以窃名而游，咸得礼重。殊方异域，欲入谈议，门者诘难，多屈而还，学深今古，乃得入焉。于是客游后进，详论艺能，其退飞者，固十七八矣。二三博物，众中次诘，莫不挫其锐，颓其名。[①]

这段文字，有些地方也许有点过于形象化，但要是说僧人们在研讨学问时常常进行激烈的争辩，恐怕是符合当时的实际的。

7世纪时，梵语仍然是印度最通行的“雅语”。在寺院里学习的人（僧人或非僧人）首先要学好声明，因为这是识字读书写文章的基本条件。《寄归传》卷四“西方学法”章记载了一系列书名，有《悉谈章》《波你尼经》，钵颠社攞（Patañjali）、伐掇诃利（Bhartṛhari）及其他人的“疏”或“释”，还记载了学习的程序。这些是最基本的课程，“法俗悉皆通学”，然后再进一步学习因明，或者再加上医明与工巧明。[②] 如果不是僧人，也不想当僧人，学习到一定程度，通解了一些典籍，便可以离开寺院，出外去求取功名事业。义净在讲到这种情形时说：

> 闲斯释已，方学缉缀书表，制造诗篇，致想因明，虔诚《俱舍》。寻《理门论》，比量善成；习《本生贯》，清才秀发。然后函丈传授，经三二年，多在那烂陀寺，或居跋腊毗国。斯两处者，事等金马石渠、龙门阙里，英彦云聚，商榷是

① 原书，校注本，第757页。

② 义净此处未提到医明与工巧明。但是《慈恩传》中讲到那烂陀寺中僧人研习“医方”和“术数”，即医明与工巧明。义净在《寄归传》卷三“先体病源”章里讲到他自己“于此医明，已用功学，由非正业，遂乃弃之”。

非。若贤明叹善，遐迩称俊，方始自忖锋锷，投刃王庭，献策呈才，希望利用。坐谈论之处，己则重席表奇；登破斥之场，他乃结舌称愧。响震五山，声流四域。然后受封邑，策荣班，赏素高门，更修余业矣。

跋腊毗前面已经提到过，是当时西印度佛教文化学术的一个中心。上面讲的那些在寺院中“习学外典”的“学生”，数量不少，看来就是这种人。这再次说明当时寺院教育所包括的内容不仅仅限于佛教这一较小的范围，接受教育的也不仅仅限于寺院内的佛教僧人。当然，寺院中多数的还是僧人。作为僧人，就留在寺院里进一步学习佛教的经律论。

对于出家僧人的教育，寺院里专门有一整套程序和规则。每个僧人刚出家时都有一位亲教师（upādhyāya）和一位轨范师（ācārya）作为专职的导师，在相当长的一段时间内负责对他的宗教生活和学习进行指导。义净《寄归传》卷三“受戒轨则”章里对此有很详细的叙述，原书可以参考。有关的规则实际上也是寺院教育制度的一部分。

关于当时寺院中弟子和老师的关系，义净也作了一些专门的介绍。弟子对老师必须十分地尊敬。每天早上先要送上齿木、澡豆、水巾，敷置好坐处，然后在老师面前，踞地合掌，表示问候。老师回答，才退下读经。弟子一天所有的活动，包括吃饭这样的事，都要先请示老师。夜晚分作三时，初夜和后夜都是诵经的时间，老师个别地教授经文。弟子然后为老师按摩身体或折叠衣服。平时所有生活上的事，弟子都要为老师代劳。当然，照义净的记载，老师对弟子也必须十分爱护。平时尽心地教导，如果弟子生病，老师应该亲自照顾，“躬自抱持汤药所须，忧同赤子”。从这些记载看得出来，这是一种正常融洽的师生关系。更多的细节可以参考《寄归传》卷三"师资之道"章。

总结起来,从义净和玄奘有关的记载中,大致可以得到这样的结论:这一时期在印度佛教寺院中已经形成了一套比较完整的教育体系和制度。它具有对外开放的特点。教学的内容以佛教为中心,但也包括其他非佛教但是重要的文化典籍,能够同时满足社会的一般需要和佛教寺院本身的需要。佛教的寺院教育已经发展到一个相当成熟的阶段,从而成为古代印度整个文化事业重要的一部分。

五、义净对中国佛教的批评:中印佛教的某些对比

义净在《寄归传》里详细地记载了当时印度佛教寺院生活的各方面的情况,作为一位中国僧人,他这样做的最终目的,是想用印度"正统"的典范,来纠正中国佛教的"偏误"。这与他后来回国以后着重翻译律的目的是一致的。这一点,我们在前面第一章"作者与时代:义净生平考述"的最末一节"简短的评价"里已经谈到过。《寄归传》里的每一章,在介绍了印度某一方面的情况后,几乎总要对比中国的情况,直接或间接地对当时中国佛教寺院中的某些状况进行批评。这从侧面为我们了解义净时代中国佛教的历史提供了不少资料。这里简单地提出几件比较典型的事进行讨论,或许能更进一步增加我们对印度佛教和中国佛教各自的一些历史特征的认识。

先谈僧伽与国家的关系问题。义净在《寄归传》和《求法高僧传》里都讲到印度"众僧名字不贯王籍","其有犯者,众自治罚"。从义净以及其他求法僧的记载看,当时的国家政权对僧伽的事务直接的干涉不多。这与印度本身历史发展的特点有直接的关系。印度在历史上很少,或者可以说几乎没有出现

过真正强有力的、能够充分集中权力的政权。掌握政治权力的统治阶层通常是通过支持、参与的方式利用宗教为自己的统治服务，但是一般不直接控制和干涉宗教组织内部的事务。比较突出的例外在历史上只有阿育王，他领导的政权是印度古代唯一的相对来说最具有集权力量的政权，在一定程度上实现了统一印度，建立一个大帝国的目的，因此他曾经在他的诏书中制止佛教僧伽内部的分裂，表现出积极干涉佛教事务的态度。①

但是中国的情况则完全不同，中国历史上多数时间都有很强有力的中央集权的政权（即使在短暂的分裂时期，各个政权对于自己统治的地区的控制也是直接而较有力量的），因此国家对宗教尤其是佛教实行直接的控制和干涉。从南北朝起，朝廷即设有专门机构掌管僧人出家、僧籍等事务。隋朝统一中国，依照北魏旧制，设昭玄寺掌管佛教，后改名崇玄署。唐初制度相同。武后延载元年（694）又规定僧尼事务归祠部管辖。以后有关的制度虽略有变化，但佛教僧人由国家直接控制这一特点一直没有改变，而且这种控制总是越来越严格。从中央到地方，都有专门的机构和官吏管理僧人的事务。唐初的情形，依照《唐六典》卷四，《旧唐书》卷四三、四四，《新唐书》卷四八等所载，规定天下诸州佛寺总五千三百五十八所，其中僧寺三千二百四十五所，尼寺二千一百一十三所，每所寺院设上座一人、寺主一人、都维那一人，合称三纲。三纲以及京师的大

① 这份诏书一般被称作"第一号小石柱诏书"（Minor Pillar Edict, No. 1）。铭文发现在阿育王在 Allahabad、Sanchi 及 Sarnath 竖立的石柱上。见 D. C. Sircar, *Inscription of Aśoka*, New Delhi, 1975, pp. 59—60。印度历史学家 R. Thapar 在其 *Aśoka and the Decline of the Mauryas* 一书中认为它刻于阿育王执政后期，在公元前 246 年左右。此外，第二号小石柱铭文也与佛教有关，内容是指示 Mahāmātra 必须在佛教徒每次举行 uposatha 时亲自到场。

德僧由鸿胪寺选申尚书祠部。两京度僧尼，要有御史一人在场。各州的佛教也包括道教方面的事务由功曹、司功管理。僧尼的簿籍每三年一造，制为三份，一份留州，一份留县，一份报送祠部。[①] 可见国家对佛教寺院及僧人管理的严格。这就是《寄归传》中讲的“神州出家，皆由公度”。（卷三“受戒轨则”章）所以义净在介绍了印度那烂陀寺及耽摩立底国跋罗诃寺的制度后说：“亦未见有俗官乃当衙正坐，僧徒为行侧立。欺轻呼唤，不异凡流。送故迎新，几倦途路。若点检不到，则走赴公门。求命曹司，无问寒暑。”这个“俗官”，看来就是指中国专门管理僧人的地方官员。对照印度，义净对此很不满意。但是他似乎不能明白，中国和印度的社会环境极不相同，在中国，要在一个集权的具有整体性的社会中容纳一个独立于“王籍”之外的社会团体（不管是宗教的还是其他的），正如在印度要求出现一个中国式的中央集权国家一样地不可能。

其次谈谈当时中国佛教腐化的问题。佛教内部的腐化，当然不是只从唐代开始的，也不只是中国才有的现象。但是唐代的佛教既称极盛，这个问题就尤其突出。义净是僧人，他写《寄归传》的目的之一就是想就此提出一些批评，以维持佛教的纪律，求得“正法永住”。这些批评往往反映出当时的一些历史事实。这在《寄归传》中不时可以看到。

举一个例子。义净在卷二“衣食所须”章里讲到僧人可备有“十三资具”，有了这十三种资具，便能“盖兼中下。遂使少欲者无盈长之过，多求者亡阙事之咎”。可是当时中国有些僧人提倡“百一供身”。[②] 他因此批评道：“且如多事俗徒，家具尚

① 此依《新唐书》卷四八《百官志》三，4/1252。《唐六典》卷四作：“其籍一本送祠部，一本送鸿胪，一本留于州县。”光绪二十一年广雅书局刊本，第16页a—第16页b。

② 见道宣《四分律删繁补缺行事钞》卷下一，T40/109b。

不盈五十，岂容省缘释子，翻乃过其百数？准验道理，通塞可知。"僧人出家，照理说本来应该过一种清苦简朴的生活，可是有的却要刻意追求生活上的舒适与享受，无怪乎当时许多人都想出家为僧。

南北朝以至隋唐时代，中国佛教寺院的富有是很有名的。各种文献，不管是正史、各种文集，还是佛教自己的文献如《高僧传》《续高僧传》《弘明集》《广弘明集》等，里面都有不少有关的记载。这种情形在《寄归传》中也可见到一些：

宁容寺家巨富，谷麦烂仓，奴婢满坊，钱财委库，不知受用，相共抱贫。可否之宜，智者时镜。(卷四"受用僧衣"章)

从上下文看，义净的意思本来是责备有的僧人虽有钱财，却不肯分与其他僧人共同享用，但是这却正暴露出当时寺院积聚财富的情形。而且，这些僧人越是富有，却越是吝啬。当时有的寺院以粪便作为药物，给生病的人服用，反而美其名曰"龙汤"。义净在《寄归传》卷三专门写了"除其弊药"一章，激烈地批评此事：

自有方处，鄙俗久行，病发即服大便小便，疾起便用猪粪猫粪。或缸盛瓮贮，号曰"龙汤"。虽加美名，秽恶斯极。

义净认为，根子就在于这些僧人的吝啬，又说：

用此患人，诚为可鄙，勿令流俗习以为常。外国若闻，诚损风化。又复大有香药，何不服之？己所不爱，宁堪施物？（中略）不畜汤药之直，临事定有阙如。违教不行，罪愆宁免？钱财漫用，急处便闲。若不曲题，谁能直悟？呜呼！不肯施佳药，遂省用龙汤，虽复小利在心，宁知大亏圣教。

义净又批评当时有些僧人贪婪财利：

又有赍持尊像在大道中，尘坌圣容，以求财利。或有钩身刺脸，断节穿肌，诈托好心，本希活命。如斯之色，西国全无。宜劝导人，勿复行此。（卷四“尊敬乖式”章）

权势和过量的财富实际上总是使一切社会集团腐化的原因和基础。当时佛教僧伽中的某些僧人正占有这两种东西，在这种情形下，他们的腐化堕落还能避免得了吗？

还有一件义净批评得很厉害的事是“烧身”。烧身这种风气，南北朝时就颇流行，隋唐时流风仍炽。《寄归传》卷四“烧身不合”“傍人获罪”两章专门批评烧身，“古德不为”章还提到此事。我们今天读《高僧传》《续高僧传》《宋高僧传》及其他文集中有关的那些记载，或烧指，或焚臂，或馘首，或刊鼻，或房中去势，或出血和香，或穷身系索，挂锭为灯，或身面焦拆，火中礼拜，真是骇人听闻。[①]这种举动，不足云勇，实显其陋，实在只能说是佛教僧人中的一种堕落事。除了义净，其他很多僧人看来也并不赞成这种事。就是写《高僧传》的慧皎，对这种事也不是完全赞成。他在记载了这些故事以后，也认为这是“有得有失，得在忘身，失在违戒”。对于一般的邀名之辈或无

① 见《高僧传》卷十二“亡身篇”、《续高僧传》卷二七“道身篇”、《宋高僧传》卷二三“遗身篇”、徐陵《东阳双林寺傅大士碑文》等。

知之徒，慧皎更批评说：

> 至如凡夫之徒，鉴察无广，竟不知尽寿行道，何如弃舍身命。或欲邀誉一时，或欲流名万代。及临火就薪，悔怖交切。彰言既广，耻夺其操，于是僶俛从事，空婴万苦。若然非所谓也。[1]

有一点还需要指出，唐初正是中国佛教的律宗盛行的时候。律宗以研究和解释佛教的戒律为立宗的基础。律宗中由道宣所倡的南山一宗在当时影响尤其比较大。义净的批评，有些便是针对此宗。例如前面提到的“百一供身”和“龙汤”，义净不赞成，但却都是南山宗认为可行的事。其他衣食住行方面的一些细节问题上义净也大多持有不同的意见。义净在写《寄归传》时，似乎对当时中国佛教律学界的状况整体都很不满意。他在开首的“序”中便说：

> 且神州持律，诸部互牵，而讲说撰录之家，遂乃章钞繁杂。五篇七聚，易处更难。方便犯持，显而还隐。遂使覆一篑而情息，听一席而心退。上流之伍，苍髭乃成；中下之徒，白首宁就。律本自然落漠，读疏遂至终身。师弟相承，用为成则。论章段则科而更科，述结罪则句而还句。考其功也，实致为山之劳；核其益焉，时有海珠之润。

这是对律宗的又一批评，也是对当时中国佛教这方面情况的一个生动写照。讲说撰录，章钞繁杂，诸部互牵，正是指的

① 《高僧传》卷十二，T50/406b。

律宗。义净撰写《寄归传》的动机之一,就是想纠正这种现象。只是从后来的实际情况看,义净的主张似乎并没有产生多大的影响。[①]

① 《宋高僧传》卷十六记载:唐德宗贞元年间有僧人道澄,姓梁氏,京兆人。“受具之后,习听南山律,于诸学处微其玷缺。”出行常以瓶杖自随,护生为切。又不常住一寺,以为“西域三时分房,俾无贪著,观门易立”。T50/806b。这些正是义净在《寄归传》中提倡的主张,道澄似乎是受了义净的影响。

第五章

题敦煌本《南海寄归内法传》

唐义净撰《南海寄归内法传》,伯希和编号 P. 2001。义净原书四卷,今敦煌写本仅存第一卷。原件藏巴黎,据 1970 年巴黎出版之 *Catalogue des Manuscrits Chinois de Touen-Houang* (*Fonds Pelliot chinois*), Volume Ⅰ(《敦煌汉文写本目录(伯希和藏汉文卷子)》,第一卷)介绍,可知原卷状况:

Écr. soignée, assez petits car., traits fins. Quelques car. omis ajoutés entre les lignes à l'encre rouge sur les premières ff., puis à l'encre noire. 24 à 28 col. par f., 27. à 30 car. par col. Commentaries en petits car. sur col. simples ou dédoublées. Marges non tracées, sup. 1 à 1.5 cm, inf. 0.5 à 1.2cm.

Rouleau de 15 ff. don't 14 de 34.7 à 36,3cm (f.7: 7.4cm).Pap. à pâte irrégulière, fin, mou et fragile, bis. Taches d'humidité. Réparation d'origine.

(28.9 à 29.5×508 cm)

字体工整,相当小,笔画纤细。开始数行间缺漏之文字用朱笔补写,其后用墨笔补写。每纸 24 至 28 行,每行 27 至 30 字。小字注,单行或双行。边缘无线,上缘宽 1 至 1.5 厘米,下缘宽 0.5 至 1.2 厘米。

原卷 15 纸,其中 14 纸长 34.7 至 36.3 厘米(第 7 纸长 7.5 厘米)。纸张不均匀,薄、软、脆,灰褐色。有水渍斑点。原已修补。

全卷高 28.9 至 29.5 厘米，长 508 厘米。[①]

国内今藏影片，共十三张。

原卷既残，前后均无题记，何时所抄颇难断定。唯知义净于唐高宗咸亨二年（671）自广州附舶赴印度，武后垂拱元年（685）离开印度，仍取道海路东归，又在南海一带滞留将近十年，方于证圣元年（695）返抵洛阳。《南海寄归内法传》一书即义净居留于南海室利佛逝国期间所撰，并于天授二年（691）与其另一著作《大唐西域求法高僧传》及其他一些佛教经论一起被送回长安。原卷抄写时间当然在此之后，此为上限，所需考定者唯下限之大概时期。

敦煌写本今藏于巴黎者甚多，其中无年代题记者亦多，近年来有法国学者取新研究方法，专就写本的纸张进行鉴定，以有年代题记可判明年代之写本与无年代题记难于判明年代之写本就纸张之质地相比较，以确定后者写成的大致年代。法国学者戴仁（Jean-Pierre Drège）研究敦煌写本纸张，他对大量写本做了分析比较后，把敦煌本《南海寄归内法传》归入 8 世纪前半期写本的范围。[②] 此论断应予重视。

以书写字体而论，敦煌本《南海寄归内法传》书法工整，俊逸娟秀，实可认为出于唐代抄经高手。有意思的是，若将此写本之书体与今藏于伦敦之另一敦煌写本《大唐西域记》残卷（S.2659）相比较，二者极相类似，或俱出于同一无名之抄手欤？而据向觉明先生意见，就书法而言，后者"大概是八九世纪之

① *Catalogue des Manuscrits chinois de Touen-Houang* (Fonds Pelliot chinois), Vol. Ⅰ, Paris, 1970, p.1.

② Jean-Pierre Drége, Papiers de Dunhuang, Essai d'analyse morphologique des manuscrits chinois dates, *T'oung Pao*, Vol. LXⅦ, 3—5 (1981), p. 358.

间的写本”。[①] 向先生经眼敦煌写本甚多，判断与戴仁基本一致，应非一般之偶合。

伯希和当年从敦煌携走汉文卷子数量甚多，此卷编在第一号，足见伯希和本人当初对此卷颇为注意。

义净于唐高宗咸亨二年（671）自广州乘船，赴印求法，武后时代返国，证圣元年（695）回到洛阳，其后就在洛阳与长安两地译经，声名极著。武后中宗两朝，对他都极为优待。义净去世于玄宗先天二年（713）。他一生著译甚多，过去多依《开元释教录》卷十三及《宋高僧传》卷一之说法，称他前后译经律论五十六部，二百三十卷，又撰《大唐西域求法高僧传》等五部九卷，共六十一部二百三十九卷。[②] 但据《贞元新定释教目录》卷十三所录唐卢璨所撰《大唐龙兴翻经三藏义净法师之塔铭并序》云，则“前后所翻经总一百七部，都四百二十八卷，并敕编入一切经目”。[③] 唯现存其著译作品部数卷数俱与此相差甚殊。

义净撰《南海寄归内法传》，在其从印度归国，停留于南海室利佛逝国期间。书撰写之后，武后天授二年（691），寄归回国，其后在佛教界内就颇流行。今日所能见到三件古抄本，一件发现于敦煌藏经洞，另两件现存于日本，俱为 8 世纪时抄本，足见其一时流传之情形。其与《大唐西域求法高僧传》等书一起，在义净在世时，或最迟在他去世之时，就“并敕编入一切经目”。[④] 以后历代传抄翻刻，就多在藏经中。

唐代的佛教经录方面，最早著录《南海寄归内法传》的是

---

① 《大唐西域记古本三种》，“引言”，北京：中华书局，1981 年，第 4 页。

② 《大正藏》第五十五卷，第 568 页中；第五十卷，第 710 页上。

③ 《大正藏》，第五十五卷，第 869 页下。

④ 《贞元录》卷十三，T55/871c。

《开元释教录》,以后历代经录均依此转录。经录中在书名前常常还加上"大唐"二字,成为《大唐南海寄归内法传》。但这只是当时抄录书题的一个惯例。从义净原书中文字看,题目径直就是《南海寄归内法传》。除掉经录,后代其他目录学著作很少有著录《南海寄归内法传》者,盖因此书历来只是佛教界"内部读物"。这是《南海寄归内法传》与义净同时撰成的《大唐西域求法高僧传》不同之处。

海内所存宋代以前古写本,今知仅存三件。一件即此敦煌写本,另两件存日本。

日本所存两件写本,一件原藏日本石山寺,今收藏于日本奈良县天理大学图书馆。此写本书法圆润茂密,丰腴遒厚,亦甚精妙。据称为日本奈良时期(710—784)写本,估计很可能亦为当时中国写经,被携往日本者。其中"正"字均抄作"缶",这是武则天载初元年(690)正月所造的十二个"新字"之一。[①]这种写法流行时间很短,可以说明这个抄本抄写时间可能确实相当早。可惜原卷也残缺不全,仅存卷一大部和卷二起首一部。卷一开首残去一大段,保存的文字从"序"中的"水溢平川"句起至卷末,中间亦间有个别残缺处。卷二保存的文字从卷首起,至"随意成规"章的"初篇若犯"句。[②]

日本所存另一件则为日本守屋孝藏氏收藏。原卷书法亦极精美,但残缺过甚,仅存卷四从"时人见闻,莫不深赞"至"规镜目前,智者详悉"一节。原件据说也是奈良时期写本,为日本守屋孝藏氏所收藏。推测也应是中国写经,当年被携往日

① 见《资治通鉴》卷二〇四,14/6462—6432。载初元年正月即永昌元年十一月,自是改用子正。"新字"字形亦见《宣和画谱》及《历代画谱》等。

② 见影印本。收入天理大学出版的《西域求法高僧传集》,天理图书馆善本丛书,第五卷,昭和五十五年(1980)。

本者。[1]

三件写本，年代大致相同，抄成时间不过在义净原书开始流传后数十年间。其中一西行于瓜沙，二东渡至扶桑，由此或可想见义净此书当时传抄之情形。千年之下，而又俱得存留，虽非全帙，亦幸事矣。

依上引卢璨《义净塔铭》所言，《南海寄归内法传》一书在义净去世后即入藏。北宋开宝年间开版雕刻全藏，今仅存少量残卷，其中虽无此书，但原帙中当即有此。开宝以后，历代雕刻藏经，亦俱收入此书。兹就今国内所见古本举例如下：

一、《赵城金藏》本；

二、《思溪藏》本；

三、《碛砂藏》本；

四、《高丽藏》本；

五、《洪武南藏》本；

六、《永乐南藏》本；

七、《永乐北藏》本；

《径山藏》以下不赘列。以上刻本，其中《南海寄归内法传》俱是全帙，但刊刻年代最早者不过在南宋初，时间至少晚于上列几种写本两三百年。

今试以此敦煌写本《南海寄归内法传》与日本古写本及数种宋明旧刻略略相较，可知三种古写本颇相近，而写本与刻本则稍异，或可由此得见原书一二旧貌，且取为校勘之助。兹略举数例言之：

原卷第二十七行，影片第二，第二十四行：

序文："诸部流派，生起不同，西国相承，大纲唯四。"以下

① 日本古典保存会据以影印为《南海寄归内法传卷第四残简》一书，昭和十八年（1943）。

小字注文举四部梵文名称之音译，又以汉文释其义，称为“周云”或“周译”。今《赵城金藏》本、《高丽藏》本俱作“唐云”“唐译”，日本写本此段残，其他各本则多与敦煌本同。按武则天改唐为周在载初元年（690）九月，义净撰书以及此书最早流传，正值此时，文中称“周云”“周书”，颇能合于当时史实。“周云”“周译”之改为“唐云”“唐译”，应是武则天之后，中宗神龙元年（705）恢复国号以后事。印本佛经中，《赵城金藏》与《高丽藏》虽属较早刊刻者，但毕竟已在数百年后，未能存其原字。但二本在全书末尾（卷四）仍有一句：“义净敬白大周诸大德。”其中“大周”二字犹存，显为当时漏改之处，尚可窥见此改动之痕迹。至于法国汉学家沙畹曾以此“周”为“后周”，其误显然，无须细辨。

原卷第三十六行，影片第三，第三行：

小字注：“次东有扗和钵底国。”“扗”即“杜”字。“杜和钵底”，诸本皆作“社和钵底”，日本写本此段仍残。按杜和钵底，义净原书卷三（惜敦煌本此卷已残去）又作“杜和罗”，其《大唐西域求法高僧传》卷上则译作“杜和罗钵底”，玄奘《大唐西域记》卷十译作“堕罗钵底”，[①]《旧唐书》卷一九七《南蛮西南蛮传》又作“堕和罗”，[②]《新唐书》卷二二二下《南蛮传》下作“堕和罗”，亦作“独和蛮”。[③]诸译名俱为梵文 Dvārapatī 之音译。其国在今泰国湄南河下游一带，古都在今曼谷北约七十公里处。“社”为“扗”即“杜”之讹。诸刻本皆误，唯敦煌写本存其真迹。

原卷第七十四行，影片第四、第七行：

“大周西域行人传一卷。”《赵城金藏》本、《高丽藏》本作“大

① 《大唐西域记校注》，第 803 页。
② 中华书局标点本，第 16 册，第 5273 页。
③ 同上，第 20 册，第 6303 页。

唐西域高僧传一卷",《碛砂藏》本、《洪武南藏》本、《永乐南藏》本、《永乐北藏》本则作"大唐西域高僧传二卷";唯日本古写本与敦煌写本同,作"大周域行人传一卷","域"字前脱一"西"字。按今本义净此书书名作"大唐西域求法高僧传",裁为二卷。但由此也可知道此书当时尚有一二异名。而《大周西域行人传》一名,无疑为武周时所立,后始废除。

但敦煌写本亦有若干错讹处。试举一例:

原卷第三十八行,影片第三,第五行:

小字注:"即今尸利佛游是。""尸利佛游",南宋及明代诸刻本俱同敦煌写本;《赵城金藏》本、《高丽藏》本则作"尸利佛逝";日本古写本此段残。今按应依后者。尸利佛逝,梵文Śrīvijaya,义净《大唐西域求法高僧传》、《新唐书》卷二二一下《南蛮传》下、《唐会要》和《册府元龟》等作"室利佛逝""尸利佛誓""佛逝""佛誓",唐时为南海中一大国,都城旧地在今印度尼西亚苏门答腊岛上巨港(Palembang,又译巴邻邦)一带。逝、遊、遊三字形近,传抄而致误。

《南海寄归内法传》一书,对于今日研究印度佛教史、中国佛教史、唐代中外关系,乃至古印度及南海地区之历史、地理、文化、社会生活等,其重要性自不待言。1896年日本学者高楠顺次郎曾将其译为英文,由牛津大学出版社出版。当时英国著名梵学及印度学专家马克斯·缪勒曾撰一长信致高楠,附印于英译之前,对此书推崇备至。此书遂广为西方及印度学者所知。但高楠之英译,所据主要为清代刻本,并未进行原文之校勘,译文中颇有值得商榷之处。其注释距今已整九十年,亦颇陈旧。旧译旧注,可纠正补苴处甚多。

此举一例言之。印度佛教分为大小二乘,世皆晓然。十八部派,俱属小乘,几乎毋庸置疑。义净此书卷一"序"中举列当时印度佛教四部即四种尼迦耶(nikāya)之名称,传承及典籍数量,过去诸家论及小乘部派,多引此段文字,以标明当时部派之分野,但却往往忽视原书在此段文字之后,有“其四部之中,大乘小乘区分不定”一句,为上文作补充。从上下文看,揣义净原意,四种尼迦耶中,或大乘,或小乘,并不可限为一定。换言之,四种尼迦耶中,未必尽是小乘。此则与传统说法大异。此一疑点,过去很少有人提出,仔细论及者则更少,似颇有研究之必要。

第六章

再谈敦煌写卷P.2001号：学术史与《大唐西域求法高僧传》的书名

巴黎法国国家图书馆收藏的伯希和敦煌汉文写卷 P. 2001 号,是一份很有意思的卷子。卷子上抄写的是唐义净的《南海寄归内法传》,但不完整,仅存《南海寄归内法传》的卷一部分。1989 年,我发表过一篇小文章,谈这份写卷,题目是《题敦煌本〈南海寄归内法传〉》。[①]2015 年 9 月,有机会见到日本的落合俊典教授,谈话中讨论到日本的佛教写经,于是又想到这份卷子,有一些想法,再在此处谈一下。

说法藏敦煌汉文写卷 P. 2001 很有意思,有两点理由:第一,它排在整个伯希和汉文写卷编号的第一位。法国所藏的伯希和汉文写卷,一共 5579 个编号,排在第 1 号的,为什么会是这份写卷?[②]伯希和汉文写卷的号,是伯希和自己编的,这个第 1 号,是伯希和随便给出的吗?这样的问题,从来没有人提出过,现在问这样的问题,是不是有点奇怪?虽然有点奇怪,我还是想提出这个问题,理由见下面。第二,这份写卷,抄写的是唐代义净的《南海寄归内法传》。《南海寄归内法传》在佛教和佛教文献史上的重要意义,不必我多讲。敦煌写卷中,抄写《南

---

① 《敦煌写本〈南海寄归内法传〉(P.2001)题记》,《中国文化》,创刊号,北京:生活·读书·新知三联书店,1989 年,第 44—46 页。

② 据《敦煌遗书总目索引》,北京:商务印书馆,1983 年。但耿昇译《伯希和敦煌石窟笔记》书中耿昇撰写的“代序”说,据《巴黎国家图书馆所藏伯希和敦煌汉文写本目录》,伯希和汉文写卷编有 4040 号。《伯希和敦煌石窟笔记》,兰州:甘肃人民出版社,2007 年,第 21 页。为此我问过法国国家图书馆写本部的罗栖霞(Julie Lechemin)女士,她用电子邮件告诉我,法国国家图书馆目前编成的伯希和汉文写卷目录共包括有 6040 个编号。不过,虽然前面的大部分编号可以确定由伯希和自己给出,但伯希和给出的编号究竟是到哪里为止他们也不清楚。法国国家图书馆编成的目录出版都是在伯希和去世以后,也大部分不是伯希和自己编的。

海寄归内法传》的，这是唯一的一份，因此，从文献学和文本的角度讲，很值得注意。在内容方面，最值得注意的，则是其中提到的义净的另一部重要著作——《大唐西域求法高僧传》一书最早的书名。

这两点理由，也可以看作两个可以讨论的问题。以下是我对两个问题的一些意见，上面提到的那篇文章里讲过的，就不讲或少讲，主要谈几点新的想法。

先谈第一个问题。

伯希和从敦煌藏经洞弄走了大批的写卷，当然也还有其他的一些东西，伯希和把它们最后都带回到巴黎。回巴黎以后，伯希和为写卷编了目录，称作《伯希和目录》，2000号以前留给了非汉文，即藏文文献，2001号开始，是汉文文献。汉文文献的第一号，即P. 2001号，这个第一号，伯希和为什么就给了《南海寄归内法传》？当然，最简单的解释，这不过是一个偶然的结果。但我觉得，问题似乎不是这么简单。

说问题不是这么简单，是因为在我看来，当时在伯希和的心里，显然很注意这个东西。伯希和在他的学术背景下，认为这部书很重要。

我们是不是可以做这样的设想：伯希和从中国回到巴黎，着手编目，在他面前，这么多文书，他编目时，是见一卷取一卷，随手拿起一份就给一个号呢，还是孰先孰后，多少有所考虑，工作时有一定规矩的呢？伯希和是一位学者，而且是一位思维细密的学者，他工作的方式，我以为一定是后一种。我甚至认为，伯希和从敦煌带走这些文书的过程中，包括最初的拣选，到装箱，到法国后开箱，他都有一定的工作程序和规范。如果不是这样，伯希和就不成其为伯希和。

我们还可以做进一步的设想：伯希和遇到一个万年千年

都难逢的机会，钻进了藏经洞，面前一大堆贵重得不得了的写卷和绢画等等宝贝，有机会拿走一部分，但又不是全部，机会难得，怎么办？其中挑哪些拿走，收获才算最大，最不虚此行？这些具体的问题，肯定都在伯希和的考量之中。我们看伯希和在藏经洞中的工作照片，就是这样。他时间有限，紧张地检查一个一个的写卷，看是什么内容，手边一个小本，做简单的记录。有的赶紧记下，赶紧挑出来，有的当时就放弃。已经挑出来的，还要分为首选或是次选。挑出来后，与王道士谈好交易的条件，从洞里取出来，赶紧装箱，装箱时也不能太乱，因为考虑到回去还要整理。伯希和为此做了记录。回到巴黎，他编目时最初的工作基础，就是这些记录，包括他当时的工作笔记和日记。[①]

伯希和在藏经洞里翻检写卷的情况，在他的日记里有逐日的记载。他发现《南海寄归内法传》，是在他进入藏经洞的第十二天，即 1908 年 3 月 14 日。在这天的日记里，他提到他发现了"义净的《南海寄归内法传》"，还说他特地把《南海寄归内法传》与其他十件写卷一起"单独放在一边"。这十件写卷中，第一件是玄奘的《大唐西域记》，第二件他认为也与玄奘有关，第三件即《南海寄归内法传》。[②] 其他几天的日记中，伯希和还多次提到义净以及义净翻译的佛经。

伯希和在写卷中发现了玄奘《大唐西域记》和义净的《南海寄归内法传》，这让他很兴奋。他检阅写卷时，有他自己的几个关注点，其中之一就是中国求法僧的著作。对此伯希和也专门讲道：

---

① 笔记和日记在伯希和身后由法国学者整理了出来，成为两种书。两种书都有汉译本：一种即前面提到的《伯希和敦煌石窟笔记》，另一种是《伯希和西域探险日记》，也是耿昇翻译，北京：中国藏学出版社，2008 年。

② 《伯希和西域探险日记》，第 490 页。

这次对佛教文献的大搜罗中，特别吸引我注意的还是那些取经进香人的游记。有关在他们之中的最著名者玄奘的材料。……

我既未遇到有关法显的著作，也未找到有关悟空的任何材料。但在藏经洞中，义净却由《南海寄归内法传》的一种漂亮写本所代表，这就是由高楠顺次郎先生翻译过的那部著作。您知道，义净著作的现有文本并非无可指责的，高楠先生颇有成效地使用了18世纪写成的注释。它们是由日本诠释者于18世纪写在一种单独的稿本中（如果我没有搞错的话）。因此，我希望我发现的写本会提供某些好的写法。①

伯希和的这些话，写在他1908年3月26日给法国西域国际考察委员会主席，也是伯希和担任这次考察任务的推荐人塞纳（Émile Senart，1847—1928）——当时法国很有名的一位印度学家——的信中。② 伯希和3月3日进入藏经洞，他在藏经洞里挑选写卷和其他文物的工作，就结束在这一天。

伯希和见到《南海寄归内法传》，为什么立即就表现出这样大的兴趣，显然与当时欧洲的学术研究状况，以及他早期所受过的学术训练有关。

---

① 《伯希和敦煌石窟笔记》，第420页。伯希和还讲，他得到王道士的允许，进入藏经洞，一下见到这么多宝物，第一个反应是，"我于是便迅速作出了决定，必须至少是简单地研究一下全部藏经。我应该在此完成这项工作。从头到尾地展开收藏于此的15000—20000卷文书，这是无法想象的。我即使用6个月的时间也无法完成它。但我必须至少是全部打开它们，辨认每种文书的性质，看一下在何种程度上能有幸为我们提供新文献。然后将它们分成两份，其一是精华和高级部分，也就是要不惜一切代价让他们出让的部分；另一部分是尽量争取获得的部分，而在无奈时也只得放弃的部分"。《伯希和敦煌石窟笔记》，第414页。伯希和显然一开始就考虑到了要怎么选取和带走他认为最有价值的一部分写卷。

② 这封信在《伯希和敦煌石窟笔记》书中的标题是《敦煌藏经洞访书记》。

在欧洲研究东方学、印度学的学者中,注意到《南海寄归内法传》的学者不止一位,但其中最突出的应该说是英国牛津大学的德裔学者 Friedrich Max Müller(1823—1900)。所有这些,又与日本学者有关。

Max Müller 是 19 世纪末和 20 世纪初欧洲在东方学尤其是印度学研究方面很有影响的一位学者。Max Müller 不懂中文,但他在东方学研究方面学识广泛,尤其是在与日本学者——大多是明治时代到欧洲留学的年轻的日本学生的接触后,他对汉语佛教文献有了很多的了解。他注意的不仅是保存在印度的梵本佛经和佛经的汉译,也注意在汉语文献中保留的求法僧著作。在此稍早一些时候,已经有学者做过《南海寄归内法传》一些段落的翻译,例如英国的比尔(Samuel Beal,1825—1889)以及俄国的瓦西列夫(V. P. Vasil'ev)。

Max Müller 的主要研究领域是印度宗教。《南海寄归内法传》是研究印度佛教——有些地方超出佛教——的重要文献,所以 Max Müller 很希望有人能把《南海寄归内法传》翻译出来,为印度宗教,尤其是佛教的研究提供新的资料。

在当时的情况下,要完成这项任务,Max Müller 最寄希望的,是日本的学者。这很自然,Max Müller 当时已经跟日本的学者有了一些联系。他找到的——或者也可以说是日本学者找到了他——是日本明治时代的三位学者:笠原研寿(Kenjiu Kasawara)、藤岛了稳(Ryauon Fujishima)和高楠顺次郎(Junjiro Takakusu,1866—1945)。三位都是日本最早到欧洲留学的年轻人,都有僧人的身份。

笠原研寿与高楠顺次郎都跟 Max Müller 学习梵文、印度学和宗教学。笠原研寿翻译《南海寄归内法传》,仅完成了一部分,就去世了。最终完成这个任务的,是高楠顺次郎。高楠顺次郎在 Max Müller 的指导和帮助下，把《南海寄归内法传》完整地翻译为英文，他不仅翻译，同时还撰写了一篇很长的导言和做了详细的注释。[1]

为了《南海寄归内法传》的翻译，Max Müller 给高楠顺次郎写了一封长信，作为序，放在英译《南海寄归内法传》的书前。以 Max Müller 当时的地位和影响，因为他的推介，《南海寄归内法传》很快就受到了欧洲的东方学、印度学、佛教学研究学者的注意和重视。书出版后，很快就有不止一篇书评，撰写书评的学者中，包括当时法国著名的印度学家 Auguste Barth（1834—1916）。高楠顺次郎自己，虽然当时还年轻，由此也在欧洲学术界有了影响。在英译《南海寄归内法传》正式出版的同年，高楠顺次郎在德国莱比锡大学获得博士学位。他提交的博士论文，就是他翻译《南海寄归内法传》时所撰写的那篇导言。这篇导言，前后不过二三十页，高楠能够以此申请德国的博士学位并获得成功，足见高楠的翻译和研究被当时的东方学学术界认可的程度。此后高楠顺次郎回到日本，被聘为当时建立还不久的东京大学的讲师，再后来被聘为东京大学首次设立的梵文及印度哲学讲席教授。高楠顺次郎在欧洲学习和研究的这段经历，成为他一生学术事业的基础。明治时代的后期到昭和时代的前期，高楠顺次郎无疑是日本现代学术意义上的佛教研究的领袖人物之一。他主持编纂的《大正新修大藏经》以及他其他的一些学术著作，对于今天研究佛教的学者而言，其意义自不待言。

高楠顺次郎英译的《南海寄归内法传》在欧洲出版的时

① *A Record of the Buddhist Religion as Practised in India and the Malay Archipelago (A.D. 671—695)* by I-tsing, translated by J. Takakusu, with a letter from the Right Hon. Professor F. Max Müller, Oxford: The Clarendon Press, 1896.

候，伯希和还是大学生。他进入东方学研究的圈子虽然还不算久，但对相关研究的情况，无疑很熟悉。伯希和完全清楚《南海寄归内法传》在学术上的分量。

不过这还只是一个方面的情况。伯希和是法国学者，他学术上的成就和取向，代表的是法国的东方学学术传统。伯希和有自己的师承。从师承方面讲，伯希和能够迅速注意到义净的《南海寄归内法传》，与他的老师沙畹直接有关，因为就在高楠顺次郎英译《南海寄归内法传》在英国牛津出版两年之前，1894 年，沙畹在巴黎出版了义净的另一著作《大唐西域求法高僧传》的法文译本。[①] 这是沙畹早期重要的学术著作之一。沙畹翻译《大唐西域求法高僧传》，在一定程度上是因为受到了当时法国另一位很有名的印度学家列维（Sylvain Lévi，1863—1935）的影响。列维也曾经是伯希和的老师之一。伯希和一生的学术研究中，不时也可以看到列维的一些影子。伯希和的老师中，还有前面提到的伯希和这次中国西域考察活动的推荐人，印度学家塞纳尔。伯希和一生对广义的“西域”和西域语言的兴趣，就是在这样的学术背景下形成的。

作为沙畹的学生，伯希和当然熟悉沙畹所有的学术著作，包括沙畹翻译的义净的《大唐西域求法高僧传》。

对于这个时期法国乃至欧洲东方学，尤其是其中的汉学研究，沙畹有着多方面的影响和贡献，他被公认是这个时期法国汉学的领头人。而且，沙畹的成就还不仅仅体现在他个人的研究成果上，他培养出的学生，有的非常杰出，其中之一就是伯

---

① *Mémoire compose à l'époque de la grande dynastie T'ang sur les religieux éminents qui allèrent chercher la loi dans les pays d'Occident*. 沙畹的法译本是《大唐西域求法高僧传》的第一个西文译本，法译本包括导言和详细的注释，是一部标准的学术著作。

希和。关于沙畹,几年前张广达教授曾经做过详细的介绍。[①]

除了义净的著作,在检阅和挑选藏经洞文物主要是写卷的过程中,伯希和很注意的还有玄奘等所有中国求法僧的著作。这一点,上面所引伯希和自己的叙述中已经说得很清楚。重视研究中国求法僧的著作,从来就是法国汉学界——一定程度上也包括印度学界——的一个好的学术传统。最早把《法显传》和《大唐西域记》翻译为法文,介绍给欧洲学术界的,就是法国早期东方学研究的两位学者。一位是雷慕沙(Jean-Pierre Abel-Rémusat,1788—1832),翻译的是《法显传》;一位是儒莲(Stanislas Julien,1797—1873),翻译的是《大唐西域记》。其中的雷慕沙,被公认为近代法国汉学研究的创始人。儒莲是雷慕沙的学生,也很有名。今天法兰西学院为汉学研究设立的大奖,就以儒莲的名字命名。对于伯希和而言,他们都是自己要追随的前辈。伯希和从沙畹那里所继承的学术传统,最早可以追溯到此。

通过以上的讨论,我想是不是有理由这样说:敦煌藏经洞里的《南海寄归内法传》,排在伯希和汉文写卷的第一号,其中有偶然的因素,但更有必然的成分。这件事,虽然看起来不算要紧,但细细讲来,却与当时英国、法国乃至欧洲的东方学的学术研究和学术史有关。问题虽小,但以小而见大,可以增加我们对敦煌研究最初情况的了解。其中的细节,其实也可以说是敦煌学学术史的一部分。

在20世纪前期所编的几种最主要的敦煌写卷目录中,我以为伯希和的目录最值得注意。说值得注意,有几个原因。原因之一,是伯希和进入藏经洞时,除了王道士取走的交付斯坦

① 张广达:《沙畹——"第一代全才的汉学家"》,《史家、史学与现代学术》,桂林:广西师范大学出版社,2008年,第134—175页。

因的那一部分外,大部分写卷还保留在最初的状态中。这看照片就可以知道。王道士没打算把所有的写卷都给伯希和,伯希和可以做挑选,也只能做挑选。而这个时候的敦煌写卷,数量还多,还有足够的挑选余地。原因之二是,伯希和不仅是内行,而且是一位不一般的内行,这个挑选写卷的过程,很大程度上就体现了伯希和的学养和学术见识,他在当时关心什么,注意什么。同样都是从藏经洞的宝藏中"淘宝",斯坦因的情况完全不一样。斯坦因是梵文和考古的专家,但他不懂汉文,更谈不上有多少相关的知识。面对汉文写卷,斯坦因当时能依靠的,只有蒋师爷。蒋师爷虽然有一定的文化,但不是学者,与伯希和相比,他哪知道什么学术,遑论欧洲的东方学及汉学研究。面对藏经洞里的宝物,斯坦因当时的注意力,实际上更多地集中在佛教的艺术品和非汉文写卷部分。虽然出于直觉,斯坦因感觉到汉文写卷也很重要,但哪些最重要,为什么重要,他完全没有判断力。因此,对于他掠获的敦煌写卷,估计最初就没有根据学术上的考量做分类,运回伦敦后,斯坦因更不可能自己编目。斯坦因汉文写卷最早的比较完整的目录,在晚些时候由小翟理思(L. Giles,或称翟林奈)编成。从小翟理思编的目录看,小翟理思编目时,没有也不可能有什么特别的学术考虑,真的就是见一卷编一卷。何况与当年的伯希和比,小翟理思的学术水平也差得太远。至于当年京师图书馆,也就是今天的国家图书馆收藏的敦煌写卷,最初由陈援庵先生编为《敦煌劫余录》。陈援庵先生的学问水平固然很高,但他面对的,是一大堆早已经过多人多次挑选,最后留下的"劫余"之物,其中虽不能说没有"漏网之鱼",仍然有价值的好东西,但好东西毕竟不多。面对这样的情形,陈援庵先生不可能有更多的考虑,因此他的编目次序也完全随机。这一点,一眼就可以看得很清楚。三个目录,虽然一样都是目录,其实是有差异的,差异背后反映出的问题,也涉及欧洲东方学背景下的敦煌学研究的学术史。这一差异,还表现为另一个结果,那就是,虽然都是从藏经洞里出来的东西,从整体而言,法藏的好东西最多,英藏次之,相比之下,北京的收藏虽然整体上数量最多,质量却要差不少。细究起来,这中间反映出的,其实也是"吾国学术之伤心史"的另一个侧面。①

第二个问题:义净《大唐西域求法高僧传》的书名。

P. 2001 写卷,内容抄写的是唐代义净的《南海寄归内法传》,可惜是残卷,只有卷一部分。卷一的前半,我过去做整理和校注工作时,把它称作"序"。在"序"快结束之处,义净写道:

> 谨依圣教及现行要法,总有四十章,分为四卷,名《南海寄归内法传》,又《大唐西域高僧传》二卷,并杂经论等十卷,并录附归。

这是我在中华书局出版的《南海寄归内法传校注》中经过校勘的文字。校勘时使用的底本是《碛砂藏》本,对照校勘的古抄本和古刻本有八种,各个本子文字上有一些差异。此处我出的校记是:

> (6)大唐西域高僧传二卷 金本、丽本、大本作"大唐西域高僧传一卷";敦本作"大周西域行人传一卷";石本

① 陈寅恪《陈垣敦煌劫余录序》,《金明馆丛稿二编》,上海:上海古籍出版社,1980 年,第 236 页。

作"大周域行人传一卷"。[1]

这里的"金本"指的是《赵城金藏》,"丽本"是《高丽藏》,大本是《大正藏》,"石本"是日本的"石山寺本"[2],敦本即 P. 2001。这几个本子中,敦本和石本在年代上显然最早。从敦本和石山寺本的文字,以及"唐"与"周"两个国号前后的变化考虑,可以得到一个结论:《大唐西域求法高僧传》的书名,最早不是《大唐西域求法高僧传》,而是《大周西域行人传》。而且很可能最初不分卷,全书一卷,后来才分为两卷。我的这个意见,其实在更早,也就是 20 世纪 80 年代初,我整理和校注《大唐西域求法高僧传》时就讲过。[3]

之前,日本七寺的古写经还不为人所知道。20 世纪 90 年代初,七寺古写经被发现,其中也有《大唐西域求法高僧传》,书名就是《大周西域行人传》,这一方面支持了我的这个结论,另一方面也说明七寺古写经传承的确实是一个比现存很多传本更古老一些的传统。[4]

日本的古写经,不管是石山寺本,还是七寺本,原卷是从中国带到日本的,还是在日本抄写的,我不了解更多的情况,不好下结论。如果是在日本抄写的,抄写是在什么时候,这方面我不是专家,也不好下结论。但无论如何,从内容看,石山寺本

---

① 《南海寄归内法传校注》,北京:中华书局,1995 年,第 24 页。义净的书中,其他地方也出现过"周"字,都是在正文中间的夹注中,例如"周言"。沙畹的法译本,把这个"周"误解为"后周"。沙畹认为,这些夹注是后周时代的人加进去的。沙畹不知道义净有自己为自己的书加注的习惯。具体的讨论见上引书的"前言",第 15 页。

② 收入《西域求法高僧传集》,《天理图书馆善本丛书》第五卷,天理大学,1980 年。

③ 《大唐西域求法高僧传校注》,北京:中华书局,1988 年,第 17 页。

④ 落合俊典:《义净撰大周西域行人传について》,《宗教研究》,第六二卷第四辑,1989 年;《大唐西域求法高僧传の原题》,《三康文化研究所年报》,第二十一号,1989 年。《七寺一切经と古逸经典》,载《七寺古逸经典研究丛书》第一卷,《中国撰述经典》(其之一),东京:大东出版社,1994 年,第 434—435 页。

的《南海寄归内法传》与七寺本的《大唐西域求法高僧传》至少是更多地保留了早期的形态。至于敦煌本《南海寄归内法传》,可能就是我们目前所能见到的《南海寄归内法传》最早的写本。

还有一点需要加以注意,我们现在见到的《大唐西域求法高僧传》的内容,与义净在天授二年(691)五月十五日派遣大津从室利佛逝送回中国的文本其实不完全一样。二者最大的差别在什么地方呢?就在前者在送回中国时,显然还没有后来通行本中有的《重归南海传》一节。这样讲,理由也很简单:

第一,书中的《重归南海传》,明显另成一个部分。

第二,其中的文字,也说得很清楚,是义净回到中国,或者更准确地说,回到洛阳以后增补进去的:

> 其僧贞固等四人,既而附舶俱至佛逝,学经三载,梵汉渐通。法朗顷往诃陵国,在彼经夏,遇疾而卒。怀业恋居佛逝,不返番禺。唯有贞固、道宏相随俱还广府,各并淹留且住,更待后追。贞固遂于三藏道场敷扬律教,未终三载,染患身亡。道宏独在岭南,尔来迥绝消息。虽每顾问,音信不通。嗟乎四子,俱泛沧波,竭力尽诚,思然法炬。谁知业有长短,各阻去留。每一念来,伤叹无及。是知麟喻难就,危命易亏。所有福田,共相资济。龙华初会,俱出尘劳耳!

《重归南海传》撰成的时间,我多年前的考证,是在神功元年，即697年或更后。[1]

2016年9月16日，日本国际佛教大学院大学的落合俊典教授访问北京大学，在北京大学做报告，我们谈话，涉及这个问题。落合俊典教授认为，《大唐西域求法高僧传》这部书，最早的书名是《大周西域行人传》，《大唐西域求法高僧传》这个书名，是义净去世以后才有的。

落合俊典教授的前一半意见，与我多年前的意见一样，我当然同意，但后者我则有不同的看法。我以为，《大唐西域求法高僧传》这个书名，在义净在世时，应该已经确立。

落合俊典教授说，他的看法，义净活着的时候，不会有《大唐西域求法高僧传》这个书名，因为义净不会称自己为"高僧"，义净不会这样"自大"。

对此我的想法则有些不一样。我以为，义净撰书，最初的书名的确是《大周西域行人传》，后来改为《大唐西域求法高僧传》，改名会在什么时候？显然只能是武则天的"周"代以后，也就是神龙元年（705）二月，唐中宗恢复唐的国号以后。

《大唐西域求法高僧传》的书名究竟是什么时候有了这样的改动，准确时间不太好说，但可以确定的是，上限是在神龙元年（705）二月，理论上应该是紧跟这个时间。因为国号既然已经从"周"改为"唐"，旧的书名《大周西域行人传》就不能继续使用了。义净先天二年（713）去世，此后所编的经录，时间最接近的是智昇的《续古今译经图记》和《开元录》。《续古今译经图记》和《开元录》中著录的义净的两部书，一部是《大唐西域求法高僧传》，另一部是《大唐南海寄归内法传》。这里需要注意的是"大唐"两个字，它不是凭空加上去的。

① 《南海寄归内法传校注》，北京：中华书局，1995年，第245页。

至于义净是否"自大",把自己也列入"高僧"的行列,这似乎不应该是一个问题。因为依我看,义净在书中并没有突出自己,为自己列出专条。义净的名字,在书最前面的目录中也没有出现。有关他自己的求法经历一段,只是穿插在"玄逵律师"一条之后,写明是在室利佛逝写的。这都显示出,义净固然在书中讲到了自己,但并不显得特别"自大"。因此,义净在世时,恐怕不会反对使用《大唐西域求法高僧传》这个书名。当然,如果一定要做进一步的推想,在义净自己这方面,我以为他是希望至少生后会被人视为高僧的。义净信仰虔诚,舍生忘死,到印度求法,这毕竟是他一生的追求和最终目标。实际上,他在世时已被尊称"三藏法师",这个称号,不是一般的僧人能够担当得了的,已经等同被认为是高僧了。

最后附带还谈一个问题:传抄本和刻本中的"周"字以及石山寺本中的武周新字。

首先可以确认的一点是,传抄本和刻本中的"周"字,是因为义净撰写《南海寄归内法传》的时间和书最早的流传,正是在武则天改唐为周之时。书中的"周云"和"周译",反映的正是这一段历史背景,只是在武则天之后,唐中宗神龙元年(705)恢复国号后,"周云"和"周译"才被改为"唐云""唐译"。敦煌本和石山寺本都有"周"字,显示这两个抄本更多地反映出义净书原来的状态。

多年前,我做《南海寄归内法传》的校勘,当时就有一个印象,抄本中敦煌本和石山寺本比较接近,属于最早的抄本系统。校勘中还有一个印象:宋以后的刻本,《金藏》本与《高丽藏》本文字比较接近,千字文编号也相同,应该属于《开宝藏》以后出现的北方系统。其余各本较接近,应该属于宋代南方的刻本系统。过去的一些研究者认为,佛经北方的刻本系统优于南方系统。[1] 但如果以《南海寄归内法传》为例，这好像不可以一概而论。《金藏》本、《高丽藏》本作“唐云”“唐译”等处，南方刻本与最早的敦煌抄本和石山寺抄本相同，俱作“周云”“周译”，至少在这一个地方显示出了优点。不过，这个“周”字，在《金藏》本和《高丽藏》本中也并没有完全消失，《金藏》本和《高丽藏》本卷四最后一段的第一句话，“义净敬白大周诸大德”，“大周”二字，显然就是当时的漏改之处。

再有一点是石山寺本中的“武周新字”。石山寺本中的“正”字，都抄作“缶”，这是武则天载初元年（690）正月所造的十二个“新字”之一。[2] 这种写法流行的时间很短。[3] 这就说明，不管石山寺本是从中国直接流传到日本的古抄本，还是日本僧人所抄写，这个抄本或抄本代表的原本也一定是一个很早的本子。

做过文本校勘工作的人都知道，一个字的差异或变化，往往可以追溯出一段特定的历史。《南海寄归内法传》抄刻本中的“周”字，为我们提供了又一个例证。

---

① 这是我三十多年前对中国古代刻本佛经传承系统的认识。拙文初稿曾提交2011年11月在上海师范大学召开的“敦煌遗书与佛教研究国际学术研讨会”。其后再经修改，修改中曾向上海师范大学方广锠先生请教。方先生用电子邮件告诉我：刻本各系，均上承写本，写本不同，形成刻本不同的系统。现在一般把《辽藏》称为“北方系”，《开宝藏》及由此衍生出的《金藏》《高丽藏》称为“中原系”。北方系比较忠实于“开元大藏”系统，且经过校订。“中原系”用四川的一个写本刻成，初期错误极多，其后在东京不断修订。方先生是佛教文献研究的专家，他根据三十多年的新发现和新研究，对刻本佛经做了更细密的分类。如果依照方先生的分类，我这里说的北方刻本系统，就基本等同于方先生说的“中原系”。我说的南方系统，则指的是我当年做校勘时使用的《思溪藏》《洪武南藏》《永乐南藏》《永乐北藏》，因为这几种藏经——其中《永乐北藏》除外——的刊刻，都在南方完成。我感谢方先生的提示。

② 见《资治通鉴》卷二〇四，北京：中华书局，1982年，第14册，第6462—6432页。载初元年正月即永昌元年十一月，自是改用子正。“新字”字形亦见《宣和画谱》及《历代画谱》等。

③ 也是方广锠先生提示我：“武周新字并未因大周倾覆而废止，故其流传时间极长。就敦煌遗书看，直到北宋，还有人用，尤其如‘正’字之类不太繁杂的字形。”如此看来，这个问题比我原来想的还要稍微复杂一些。不过，石山寺本在日本被判定为奈良时期（710—784或794）的写本，如果这样的判定无误，石山寺本那就可以说跟敦煌本几乎同时了。

第七章

『洛州无影』与『天下之中』

一、问题的由来

唐代僧人义净的《南海寄归内法传》,是一部有关古代印度、东南亚以及中国佛教史的名著,全书四卷,其中卷三有“旋右观时”一节,专门讲当时在印度以及南海地区一日之中怎样测定时辰:

又复时非时者,且如《时经》所说,自应别是会机。然四部律文,皆以午时为正,若影过线许,即曰非时。若欲护罪,取正方者,宜须夜揆北辰,直望南极,定其邪正,的辨隅中。又宜于要处安小土台,圆阔一尺,高五寸,中插细杖。或时石上竖丁,如竹箸许,可高四指,取其正午之影,画以为记,影过画处,便不合食。西方在处多悉有之,名为薜攞斫羯攞(原注:弹舌道之),译为时轮矣。揆影之法,看其杖影,极短之时即正中也。

佛教僧人依律而住,讲究“时”与“非时”,因此“观时”对持律的僧人们来说是一件很要紧的事。义净对此讲到不少。他讲到在“观时”一事上中国和印度以及南海方面的不同情形:

然赡部洲中,影多不定,随其方处,量有参差。即如洛州无影,与余不同。又如室利佛逝国,至八月中以圭测影,不缩不盈,日中人立,并皆无影。春中亦尔。一年再度,日过头上。若日南行，则北畔影长二尺三尺。日向北边，南影同尔。神州则南溟北朔更复不同，北户向日，是其恒矣。又海东日午，关西未中。准理既然，事难执一。是故律云遣取当处日中以为定矣。①

室利佛逝是南海中著名古国之一。义净在唐咸亨二年(671)十一月从广州附舶，经海路往印度求法，最先到达的就是室利佛逝国。十四年后，唐垂拱元年(685)冬天，义净离开印度回国，途中又在室利佛逝停留达四年之久。②义净因此对室利佛逝了解最多。室利佛逝旧地，在今印度尼西亚苏门答腊岛南部，极盛时势力甚至达到西爪哇、马来半岛及加里曼丹岛西部。室利佛逝的都城，一般认为即在今巨港(Palembang)，其地刚好在赤道附近。③“至八月中以圭测影，不缩不盈，日中人立，并皆无影。春中亦尔，一年再度，日过头上。若日南行，则北畔影长二尺三尺。日向北边，南影同尔。”正是这一地理位置的最确切的写照。这很容易理解。④至于“神州则南溟北朔

① 《大正藏》第五四卷，第225页中至下，以及拙稿《南海寄归内法传校注》，中华书局，1995年，第167—168页。

② 参考拙稿《大唐西域求法高僧传校注》附录二“义净生平编年”，中华书局，1988年，第253—267页。

③ 参考同上，第46页。

④ 八月中即秋分，春中即春分，日中即正午。据此室利佛逝则正在赤道之上，即包括今苏门答腊岛大部。《新唐书》卷二二一《南蛮传》亦有“室利佛逝”条，其中讲道：“室利佛逝，一曰尸利佛誓。过军徒弄山二千里，地东西千里，南北四千里而远。有城十四，以二国分总。西曰郎婆露斯。多金、汞、龙脑。夏至立八尺表，影在表南二尺五寸。”如果以此计算，这里讲到的立表位置，应在北纬六度许处，当在今马来半岛南部，当时属于室利佛逝的一部分。关于室利佛逝，国外已经有不少研究的专著。见拙稿《大唐西域求法高僧传校注》第46页所引。我自己已经有很长一段时间没有再留意有关室利佛逝的新的研究著作。但今年9月，在瑞典Uppsala大学一个有关佛教的学术会议上，剑桥大学的Janice Stargardt博士告诉我，关于室利佛逝，近年来在历史和考古方面又有一些新的发现和研究成果。Stargardt博士在她与Denis Twitchett最近合作写成的一篇文章《沉船遗宝：一艘十世纪沉船上的中国银锭》中就提到了这些发现和相关的资料。文章发表在北京大学出版社2004年出版的《唐研究》第十卷上。

更复不同，北户向日，是其恒矣。又海东日午，关西未中"，则更是常识。但义净在这中间讲到的"洛州无影，与余不同"，却无论如何使人无法理解。洛州即今天河南的洛阳，地理位置在回归线以北，一年之中怎么可能有无影的时候呢？多年前，我整理和研究《南海寄归内法传》，工作进行到这里，第一个感觉是困惑不解。

二、高楠顺次郎的解释

同样的问题在我之前其实已经有人遇到过。日本学者高楠顺次郎1896年在英国牛津大学出版的《南海寄归内法传》的英译本，是一部在学术界很有名的书。他翻译到此，在这一段英译文下加了一个注：

> The province of Lo is probably Central India. Lo was the capital of China and the centre of "all under heaven" and I-tsing may have once for all used it as meaning Central India, though very strange. ①

高楠的注，虽然也算是一种解释，但显然他自己也觉得把握不大，说"这非常奇怪"。

三、我十七年前的看法

但是，洛州就是洛州，怎么可以把洛州一下子就说成是中

① *A Record of the Buddhist Religion as Practised in India and the Malay Archipelago*, by I-Tsing, translated by J. Takakusu, Oxford: Clarendon Press, 1896, p.143.

印度呢？高楠顺次郎的解释，没有根据，实在太牵强，我很难表示同意。但我自己也没有更好的解释。我只能认为，这可能是义净的一个错误。因此，我在义净书中这一段文字之下，写下了我当时的意见：

> 义净此处说误。依字面讲，洛州应指洛阳，但洛阳地处北纬三十四度至三十五度之间，一年中任何时候都不可能无影。这一错误或与以为洛阳为天下之中的看法有关。高楠此处把洛州解释为中印度，虽然可以调和义净说法中的矛盾，但从来没有人以洛州一名指中印度。[1]

我的意见，批评了高楠顺次郎，但实际上也不对。

四、十一年前的一个发现

不过，当时的情况是，我虽然不同意高楠顺次郎的意见，但是实在也提不出更合适的解释，只好做出这样的判断。话虽然这样讲了，心里依然不是很踏实，我觉得比较奇怪的是，我整理这部书时所使用的九个底本，包括八个古代的抄本或刻本——其中有的刊刻得很早——在这句话上都没有差别，不大像是有抄误或刻误。我因此心中始终未能完全释然。

时间就这样过去了六七年。1993年9月，我去洛阳，参加在那里举行的纪念龙门石窟开凿一千五百周年的学术讨论会。会议结束后，我们被安排参观洛阳附近的一些历史古迹，其中一处是有名的登封市告成镇古观星台。古观星台院中，有

① 《南海寄归内法传校注》，北京：中华书局，1995年，第167—168页。拙稿完成于1987年年初并在当年6月在北京大学通过博士学位论文的答辩。

一座“周公测景台”。台用石造,上立有表。就在这里,我惊奇地发现,这座测景台被当地人称作“没影台”。测景台旁有一段说明文字:

> 夏至正午,表北之影长一尺五寸,正与石座北面上沿长度相等,所以看不出明暗差别,故俗称为“没影台”。

河南话的“没影”就是无影。我还需要哪里去找“无影”,这不正是“洛州无影”吗?不是义净的书中有错,是我,当然还包括高楠顺次郎,不知道有这座“周公测景台”,所以没有弄清楚“洛州无影”这句话真正的意思。我心中关于“洛州无影”的困惑,居然无意之间得到了解决。

五、新的不同意见

参观过“周公测景台”后,我以为我总算是找到了“洛州无影”的答案。但我一直杂务缠身,没有时间把我的这点小小的发现写成文章,报告给有兴趣的朋友。时间又过去了六七年,2000 年,我终于得到一个机会,以此为题,写成一篇不长的文章,发表在当年 10 月出版的《文史》第 3 辑上,题目就是《关于“洛州无影”》。[①] 我没想到,真还有感兴趣的朋友注意到了拙文。中国文物研究所的邓文宽先生,是研究中国古代天文历法,尤其是敦煌历书的专家。文宽先生跟我讲,他读过拙文后,有一些不同的意见。文宽先生把他的意见也写成了文章,发表在 2003 年 8 月出版的《文史》第 3 辑上,题目是《“洛州无影”

① 《文史》2000 年第 3 辑(总第 52 辑),北京:中华书局,第 308—309 页。

补说》。文中最主要的，是对究竟什么是“无影”，提出了他的解释。文宽先生认为，所谓“无影”，实际上是指“夏至之日，立八尺之表，其影适当与土圭等”，“日影与土圭一样长，土圭北侧端点以外没有日影，也即‘无影’”。文宽先生同时还指出，拙文中有两处“误判”：一是我把这座“周公测景台”建造时间确定为在唐以前。再有就是我由此所说的“义净当年则一定到过这里，见过这座周公测景台”的推断。[①]

六、最新的考察：究竟什么是“无影”[②]

文宽先生是我的学长，又是多年的挚友。他对拙文提出意见，我非常感激。但我的感觉，与“洛州无影”相关的，有一些问题似乎确实还没有说清楚。尤其重要的是，什么是“洛州无影”，我们都没有机会到过现场，做过实时实地的观察，因此终究显得还是缺乏充分的了解。我下决心要去看一看是不是真存在“无影”，“无影”究竟是怎么回事？

2004年6月21日，是农历的夏至，我与河南省文物局的两位先生，专程到河南登封市告成镇的古观星台，实地观察“无影”的情形。天公作美，是日万里晴空，阳光灿烂，正是观察“无影”极好的机会。虽然气温高达37摄氏度，但丝毫没有降低我们的兴致。观星台文管所的工作人员讲，夏至有这样的好天气，过去四年，从没有过。过去几年，一直有人，包括电视台，打算来此地观察或拍摄“无影”，但都未成功。我们因此是

① 《文史》2003年第3辑(总第64辑)，北京：中华书局，第194—197页。

② 借此机会，我这里要特别感谢支持这次实地观察活动的河南省文物局孙英民副局长和专程陪同我前去登封的省文物局文物处张斌远副处长以及接待我们的登封市文物局靳银东局长和古观星台文管所安延民和申颖超两位所长。观察所见即本节及下一节所讲到的部分内容曾以《再说“洛州无影”》为题发表在新近出版的《唐研究》第十卷上。

很有运气的了。

在此前的讨论中，我早讲过，从天文学的角度讲，洛州在北回归线以北，一年中的任何时候，都不可能无影。这是常识，不可改变，也无须讨论。但问题就出在这儿：即使是本来有影，但在唐代，在洛阳的当地，就是有“洛州无影”这样一个说法。义净不过是在他的《南海寄归内法传》书中讲到“观时”的经验时，记载了这个说法而已。

我们这天对测景台的观察，从北京时间的11:30开始，一直到13:15分结束。现在的测景台，台为覆斗形。与地平相对，台的四个立面并不垂直，而是呈现为不大的斜面。台顶立有石表。台附近有树，树身颇高。树荫不时可以遮挡住石台前后的阳光，但石台和石表的大部分仍然在阳光照射之下，各个方向的日影都很清楚。我们原来以为，“无影”应该出现在北京时间的12:00。等至12:00，情况并非如此。在石台正北的地面上，有石台的日影，也有石表的日影，日影稍微偏西。这时我们才突然想到，从天文时的角度讲，北京时间的正午，未必就是当地的正午，当地时显然比北京标准时要晚。于是我们继续等候。日影逐渐缩小，到13:08，不仅在石台正北的地面上见不到石表的日影，石台自身的日影也完全消失。不仅北面如此，其他三方的地面上也是如此。石台旁边的树荫，此时亦全部退开。以当地的天文位置为准，应该说此时就是太阳运行一年中的最高点，也就是夏至点。这时仔细观察，阳光虽不是绝对垂直地射下，但射下的角度刚好与石台正北立面的倾斜度相同，因此石台的日影被掩藏了起来。不仅如此，石台上石表的日影，这时也收缩至最短，长度刚好到石台北面上沿，与上沿齐平，因此原来映射在地面上的石表的日影也完全见不到了。“无影台”为什么称作“无影”，此时终于得到验证。其中的道理，说简单也简单，但说它是一种巧思妙想，也毫不过分。测景台北面镌刻的联句“道通天地有形外，石蕴阴阳无影中”，描写的正是这种情形。[①]

“无影”持续时间很短，前后仅一两分钟。到13:10，日影重新出现，不过这时转至石台正东的地面上。石台和石表，都是如此。“无影”的整个过程，我们都拍了照。现在稍觉可惜的是，当时不该只是照相，同时应该录像。

以上是我们观察的全部过程。以我直截了当的想法——我相信一般人也会这样理解——这里讲的“无影”，就是指在这样一种场合下地上太阳光影完全消失的情形。如果没有“周公测景台”特殊的设计，这是不可能的。“纸上得来终觉浅”，如果仅仅从书本上去体会，不亲眼见到，相信对此不会有很深的感受。义净讲：“洛州无影，与余不同。”这种情景，对于当年的古人，大概也会留下同样深的印象。

至于文宽先生因为“以夏至之日，立八尺之表，其影适当与土圭等”，认为“日影与土圭一样长，土圭北侧端点以外没有日影，也即‘无影’”，这样的解释，我以为与这种情形恐怕并不相合。《周礼·地官·大司徒》有关一段讲：“以土圭之法，测土深，正日景，以求地中。日南则景短，多暑；日北则景长，多寒；日东则景夕，多风；日西则景朝，多荫。日至之影，尺有五寸，谓之地中。”郑玄注则引郑司农即郑众的话作进一步的说明：“土圭之长，尺有五寸。以夏至之日，立八尺之表，其影适当与土圭等，谓之地中。今颍川阳城地为然。”[②]这两段话，在各种书里被人

① 这副对联不知道撰成于何时，但至少不会是当代人的作品。在河南当地，知道“没影台”的人不少，但知道义净书中讲到过“洛州无影”的人似乎不多。我问过一些河南文物考古界的朋友，他们都不知道义净的书提到过这件事。

② 《周礼注疏》卷十，《十三经注疏》，中华书局影印阮元刻本，上册，第704页。

反复引到。[①] 但无论是《周礼》，还是郑玄的注或者说是郑众的话，都说得明明白白，不是无影，而是有影，只有影长或影短的不同，夏至之日影长一尺五寸。这其中哪里提到“无影”，或者有“无影”仅仅是指一尺五寸之外无影的意思呢？此时日影既然只有一尺五寸，一尺五寸之外当然无影，何须多说？又何须另作曲折的解释？

中国自古以来以豫州即洛阳一带为天下之中，如果从建表观天而言，阳城则更被认为是中心的中心。正因为古人以阳城为“地中”，阳城的日影一尺五寸，土圭于是也就设计为同样的尺度。但让“测景台”在夏至正午整体看起来“无影”，却一定是要另费一番心思的。

我对天文史所知甚少，以我有限的见闻，这样的情形，在其他地方、其他国家似乎还没有听说过。

七、测景台建于何时

现在讨论另一个相关的问题：在义净的时代，也就是在唐初甚至在唐以前，在现在告成镇的古观星台这个地方，是不是就有这座“周公测景台”？文宽先生的看法，这座“周公测景台”，建造的时间是在唐开元十一年（723），也就是说，是在义净去世之后，义净当然也就不可能见过这座测景台。

对这个问题，文宽先生很细心，他的批评也不能说完全没有根据，不过我以为他的考虑实际上仍然不是很周全。告成镇

① 例如各种正史中的《天文书》或《天文志》。与阳城观影最密切相关的，是《旧唐书》卷三五《天文志》中“日晷”一段和《新唐书》卷二一《天文》中“中晷之法”一段。中华书局标点本，《旧唐书》第4册，第1303—1308页和《新唐书》第3册，第812—816页。唐初人对阳城为“地中”的看法，亦可参考《晋书》卷十一《天文志》，中华标点本，第2册，第287页。《晋书》所记虽限于晋代史事，但撰写者房玄龄等俱为唐初时人。

即古代的阳城。文宽先生引到《新唐书》卷三八《地理志》“河南府河南郡”阳城条下的记载:“有测景台。开元十一年,诏太史监南宫说刻石表焉。”① 这说明我们现在见到的石表,的确建立于开元十一年。这也是大家目前都接受的看法。但是,对这段文字,我与文宽先生在理解上却有些不同,或者说刚好相反。我以为,这段记载实际的意思是,在阳城这个地方,在开元十一年以前,不是没有测景台,而是早已建有一座测景台,南宫说所做的事,就是奉诏在这里刻立一个新的石表。当然,我们今天见到的这个“周公测景台”,如果把石表看成南宫说刻立的原物,石台因此也有可能由南宫说同时建造。但无论如何,此前这里一定是有一座测景台的。这一点,《新唐书》已经讲了。同时——也许更重要的是——这座测景台一定还要与现在的“没影台”一样,能够表现出“无影”的效果,并且广为人知。否则,义净不会讲到“洛州无影”。“洛州无影”的说法,绝对不可能是义净自己个人的发明。

对此其实还有其他的证据。《通典》卷二六《职官》记载:“仪凤四年五月,太常博士、检校太史姚玄辩奏于阳城测影台,依古法立八尺表,夏至日中,测影有尺五寸,正与古法同。”② 这说明,不仅在南宫说刻立石表之前,而是在唐仪凤四年(679)之前,阳城即建有测影台。至于这座测影台是不是早到周公的时代,是周公的原物,可以讨论,也可以怀疑。但如果说,姚玄辩提到的阳城测影台,是南宫说“刻石表”的基础,也就是今天我们见到的“周公测景台”的前身,我想应该可信。

支持这一点的,还有一个证据。《周礼注疏》的作者贾公彦对上引《周礼·地官·大司徒》测影以定“地中”的一段话以

① 中华书局标点本,第4册,第983页。

② 中华书局本,1988年,第739页。邓文中已引。

及郑玄的注又有一段疏解："郑司农云：颍川阳城地为然者，颍川郡阳城县是。周公度景之处，古迹犹存。"[1] 这个古迹，无疑是指姚玄辩提到的阳城测影台。

贾公彦撰《周礼注疏》，约在唐高宗永徽年间（650—655），时间比姚玄辩阳城测影还稍早一点。贾公彦和姚玄辩的时代，都比南宫说早，正与义净同时。

对于测景台的历史，今观星台院内有牌，上有说明，其中一段我认为讲得合情合理：

> 周公测景台，又叫"测影台"，学名"八尺表"，俗称"无影台"。是我国古代立八尺表土圭测影的遗制，是测量日影、验证时令季节的仪器。周文王四子（周公姬旦）为营建洛阳曾在此测验日影。唐开元十一年（723），太史监南宫说等人仿以周公土圭之制换以石圭石表。

意思是当年周公测影，是在这个地方，在南宫说"刻石表"之前，这个地方曾立有日表。这样的推断，我以为可以接受。因为我相信，南宫说建石表和石台时，没有特殊的理由，不可能另选新址，最大的可能是在传说的或者说已经标定的周公测影的地方，仿周公测影的规制，刻立一个新的石表。现成的地方就是贾公彦和姚玄辩提到的阳城测影台。这里"北依嵩山，南望箕山，处颍河之滨"，对于古人做天文观测是一个优越的位置。选择在这里建测景台，无论最早是不是周公，在当年都不是随意所为，而且这在历史上自然还会有一个前后继承的关系。在这个地方测过日影的，我们知道的，唐代至少有姚玄辩、

① 同前引《周礼注疏》注。

南宫说和一行,元代有郭守敬。既然阳城自古以来就是测影的重要地点,同时唐初就有明确记载,在这里已经建有测影台,我们又没有其他的理由,为什么不可以相信,在唐以前,阳城的测影台也是建在现在观星台的这个位置上的呢?

不过,现在看南宫说刻立的这个石表,恐怕是纪念性的意义大于用于实际观测的目的,因为在该石表现在所在的这个形状的石台上,很难设置水平。而且,如果再要在冬至测冬至点,就更不方便。它最大的功用,除了纪念"周公营洛,建表测景"这一传说中的历史,估计就是在夏至之时,以"无影"的方式显示这里就是"地中"。

因此,总结起来说,我以为在南宫说以前,在今天"周公测景台"这个地方,有一座测景台,而且也是"无影台"。从这一点考虑,说唐初义净来过这里,在这里见过一座测影台,不能算是无端的推论。[①]

八、"洛州无影"与"天下之中"

从我上面的介绍中,我们看到,夏至之日,在登封的"周公测景台",由于特殊的设计,在这样一个特殊的场合,"洛州无影"确实是"可能"的。我们实地的观察对此已经做了证实。但随之而来还有一系列问题,就是:对于古人,这究竟是一种偶然的巧合,还是有意所为?如果说是有意所为,古人为什么要这样做?这其中是否有某种象征性的意义?

对这三个问题,我也考虑了很久。我对第一个问题的看

① 由"周公测景台",我想到最近受到很大关注的周原"周公庙"遗址考古的新发现。对于古代历史中有的传说,看来我们需要作重新考虑。"疑古"也需要有一定的限度。古代的一些历史传说,既不可完全接受,但也不能轻易否定。

法是:从各方面来看,这不大可能是一种偶然的巧合。测景台由人工建造,建造这样的建筑,在任何时候都不是一件随随便便的,测景台建造时一定要经过认真的设计。不管是谁,也不管在什么时候,在这里建造测景台,设计建造的人一定是当时一流的天文学家。测景台的形制、规格、尺寸,尤其是与测量日影直接有关的石表与石台的相关比例,石台的方位以及侧面的倾斜度,绝对是设计和建造者首要考虑的问题。从一定程度上甚至可以这样说,古代天文观测和天文仪器的制造水平,就正体现在这些方面上。从这些因素考虑,我们不能不得出这样的结论:测景台能够出现“无影”,是设计者的有意所为。

对第二个问题,我想没有别的解释,仍然只有从义净的记载中去考虑。首先,我相信,“洛州无影”不是义净个人随意的想当然的讲法,更不可能是义净自己的发明,而是当时当地的一个被普遍接受的说法。义净的书中讲:“赡部洲中,影多不定,随其方处,量有参差。即如洛州无影,与余不同。”这一段话,其中的关键是“与余不同”。测景台为什么要建造成可以出现“无影”的效果,就是为了要“与余不同”。为什么要“与余不同”?对此也没有别的解释,只能说因为在测景台的建造者或者说当时的人看来,这不是一般的地方,是“地中”,也就是“天下之中”。只是我们现在不是很清楚,义净本人在讲到此事时,对这一问题的认识,究竟有怎样的深度。也就是说,义净是真的相信洛州“与余不同”,可以“无影”呢,还是他心里也明白这仅仅是一种通过人工设计,刻意造成的景象?

于是这就涉及最后一个问题:制造这种“与余不同”的景象,有什么象征性的意义?现在看来,一个比较合理的解释是,这与古代中国人以豫州或者说洛阳为“天下之中”的观念有关。这一点,我在前面已经简单地提到。高楠顺次郎对“洛州无影”的解释，虽然不对，但其中也表现出这样的一种直觉。

把中原地区看作“天下之中”，这样的观念，在先秦时已经出现。“地中”的说法，见于《周礼》，其中已经隐含有“天下之中”的意思。[①] 这种观念，在汉以后逐步定型。到了隋唐时代，成为普遍接受的说法。唐初洛阳更一度是国家政治的中心，大唐盛世，天下一统，更会加强这种观念。[②]

无独有偶的是，在印度，也有一个称作“中国”的地方。古代印度，大体分为五个部分，称为“五印度”，或者称为“五天竺国”。其中央的一部分，称作 Madhyadeśa，译成汉文，也是“中国”。[③] 但这是印度之“中国”，而非中国之“中国”。而且，我的印象中，印度人，尤其是古代的印度人，他们讲到的“中国”或

---

① “地中”亦即“天下之中”，这样的理解，应该没有问题。孙诒让《周礼正义》相关的解释是：“地中者，为四方九服之中也。《荀子·大略篇》云：欲近四旁，莫如中央。故王者必居天下之中，礼也。”中华书局重印本，1987 年，第 3 册，第 721 页。孙诒让的话，略带一点清儒的学究气，但讲得大致不错。

② 古代中国人以自己居住之地为天下的中心，其心理态势完全可以理解。在今天中国的地理范围内，古代曾经存在有不同的族群，因此也有不同的“天下之中”。可以是“陶为天下之中”，也可以“韩、魏中国之处，而天下之枢也”。在古代巴蜀，“都广之野”，即今天的成都一带，也曾经被认为是“天下之中”。参见蒙文通：《略论〈山海经〉的写作时代及其产生地域》，载《古学甄微》，巴蜀书社，1987 年，第 35—66 页。蒙先生以《山海经》的研究为题，讨论及此，有极精到的意见。与“天下之中”有关的，见该文第二节，第 44—54 页。即便是在唐代，对究竟何处才是天下之中，人们的意见似乎仍然不完全一致。文献中有关于“洛中”的记载。也有人认为天下之中虽在豫州，但豫州之中不在阳城，而在汝南。去古观星台之前，我们顺便参观了嵩阳书院。在嵩阳书院，我见到一幅“嵩山会善寺颜真卿碑”的拓片，上书三个大字：“天中山。”大字下则书题记：“周公营洛，建表测景，豫州为天下之中，汝南又豫州之中。颜真卿书。”碑为颜字无疑，但为后代摩刻。碑上有说明：“此碑向在汝阳道中。壬寅冬摩刻于此。蜀西何其祥立石。”汝南即今河南驻马店市汝南县。我没有去过汝南，但听说汝南有“天中山”。当地传说，“天中山”为周武王所筑，上置土圭，以测日影，并以此为正。此山虽小，却十分有名。传为刘禹锡撰《陋室铭》中“山不在高，有仙则名；水不在深，有龙则灵”一句中不高的“山”，据说即指此山。古代人尤其是古代中国人在不同时代、不同场合所具有的天下观与中心观，其实是一个很有意思的题目。参见罗志田：《先秦的五服制与古代的天下中国观》，载《学人》第 10 辑，江苏文艺出版社，1996 年，第 367—400 页；邢义田：《天下一家——传统中国天下观的形成》，载其《秦汉史论稿》，台北：东大图书公司，1987 年，第 3—41 页。相关的讨论还可以扩展。

③ 参考 B.C. Law, *Historical Geography of Ancient India*, Delhi: Ess Ess Publications, 1976, pp. 11—15。

“中心”，似乎更多的是从地理方位的角度考虑，政治文化方面的含义则比较淡薄。这与中国的情形有些不一样，其中是否体现出中印两国文化传统和心态的某些不同？[①]

佛教传入中国后，翻译出大量佛经，佛经以及中国求法僧的著作中，不时提到这个“中国”，而把中国人的中国反而称作“边地”。这往往引起一部分中国人，尤其是不了解这里“中国”一词的来源或者是不信仰佛教的中国人的反感和反驳。一个典型的例子，是清代四库馆臣对东晋僧人法显的《法显传》书中有关印度的“中国”一段的批评。[②] 其实，不管是在中国还是在印度，所谓的“中国”或“天下之中”，其实都不过是以自己为中心而形成的一种观念。天下原本是没有中心的。

古代的中国人把自己所处的地方看作天下的中心，这并不奇怪，我们惊奇的只是，怎么可以想出这样一种办法来把这种理念象征性地表达出来？为了证明是“天下之中”，对做太阳观测用的测影台和测影表做出这样特殊的设计，由此造出“无影”的奇观。这种情形，以我有限的见识，我以为，大概古今中外是绝无仅有。

九、附言与结语

在结束本文之前，应该附带讲一下我们在现场的一个可能也算有意思的发现。在“周公测景台”的北面，是元代郭守

---

① 从政治文化的角度讲，古代印度人似乎不太计较哪里是“中心”和谁在“中心”。有趣的是，中国人即使讲到印度的事，却往往也试图确定一个中心。这方面可以举一个例子，如“梵音”梵文的发音应该以哪里的“梵音”为标准的问题。参见季羡林：《所谓“中天音旨”》，载《季羡林佛教学术论文集》，台北：东初出版社，1995年，第393—428页。这其中中国人的心态是否值得玩味？

② 《四库全书总目》，卷七一，史部地理类四“外纪”：“其书以天竺为中国，以中国为边地，盖释氏自尊其教，其诞谬不足与争。”北京：中华书局影印本，1981年，第630页。

敬在至元十三年(1276)建造的观星台。这是中国古代最伟大的天文建筑之一,古观星台因此成为国家重点保护的文物遗址。我们在观察"无影"的同时,还发现一个现象,在正午时分,阳光照射下的这座观星台的主体建筑,也是"无影"。原因也很简单,观星台北面墙体的建筑收分,刚好与阳光的斜度一致。这是建筑设计时郭守敬的有意而为,还是一种巧合,我说不清楚。讲出来,供有兴趣的人参考。

最后,再多说一句话。义净的《南海寄归内法传》一书,内容十分丰富,其意义其实不仅限于佛教。这里讲"观时"的几段记载,即是研究古代科技史的好材料。其他方面的学者如果用心,也能从书中发现许多有用的东西。

补记:拙文在2004年撰成后,曾送请中国科学院自然科学史研究所韩琦先生指教。韩琦先生告诉我,1939年,中央研究院曾出版过董作宾、刘敦桢、高子平等编著的《周公测景台调查报告》。其后韩先生并复印此书送我。董书资料非常详备,讨论亦极具水平,尤其是书中附有20世纪30年代测景台和古观星台的照片和测量数据。了解测景台的历史,董书不可或缺。董书中也提到了周公测景台在夏至会出现"无影"的现象。拙文所讲,或可对董书做一些补充。在此谨对韩琦先生的厚意表示感谢。

第八章

玄奘的梵音『四十七言』和义净的『四十九字』

印度梵文方面的知识，随佛教传入中国而逐渐被中国人所知晓。但是，在很长一段时间内，中国的僧人或者学者，从佛教的经典中，或从西域或者南海来华的外国僧人那儿，或者中国求法僧自己到了印度，他们得到的有关梵文的知识不完全一样。梵文的字音，即字母究竟有多少个，就是一例。关于梵音的字数，在中国先后就有四十二、四十六、四十七、四十九、五十、五十一、五十二等数种说法。这些说法中，最值得注意的是四十二、四十七、四十九和五十这四种说法。唐代的玄奘，在历代求法僧中是最著名的一位，又是大翻译家，他传的是"四十七言"说。玄奘法师撰写的《大唐西域记》，是一部世界名著，其中卷二"印度总述"部分中有"文字"一条：

> 详其文字，梵天所制。原始垂则，四十七言。遇物合成，随事转用。流演枝派，其源浸广。因地随人，微有改变。语其大较，未异本源。而中印度特为详正，辞调和雅，与天同音。气韵清亮，为人轨则。邻境异国，习谬成训。竞趋浇俗，莫守淳风。①

比玄奘时间稍晚的僧人义净，同样是唐代一位很有名的求法僧，同时也是大翻译家，他传的是"四十九字"说。义净撰写有《南海寄归内法传》一书，书中卷四有"西方学法"一章，

① 《大唐西域记校注》，北京：中华书局，1985年，第182页。

其中则讲：

> 一则创学《悉谈章》，亦云《悉地罗窣堵》。斯乃小学标章之称，但以成就吉祥为目，本有四十九字，共相乘转，成一十八章，总有一万余字，合三百余颂。凡言一颂，乃有四句，一句八字，总成三十二言。更有小颂大颂，不可具述。六岁童子学之，六月方了。斯乃相传是大自在天之所说也。①

“本有四十九字”，就是说有四十九个字母。“字”即是“言”，义净的“字”和玄奘的“言”，两个词是通用的。

玄奘的“四十七言”，具体是指梵文的哪四十七个字母呢？乍看起来，问题很简单，因为现在通行的梵文教科书一开首大多都列有一张字母表，其中母音十三个或十四个，辅音三十三个，再加一个鼻化音和一个送气音。如果母音按十四个算，加上辅音，不计算鼻化音和送气音，总数正好四十七个。中华书局 1985 年出版的《大唐西域记校注》一书，我们参加编撰工作的几位，对这一段文字，当时都作的是这样的理解，因此在注中就简单地抄上了一个字母表。几年以后，主编季羡林先生在读书中有了新的不同的看法，于是他在 1991 年第一期《文史知识》上发表了一篇不是太长的文章，《玄奘〈大唐西域记〉中的“四十七言”问题》，说明他的意见。② 具体地讲，季羡林先生根据日本平安时代的一位僧人安然所编撰的《悉昙藏》一书中的一段记载，认为，玄奘讲到的四十七言中，不包括四个流音 ṛ、ṝ、ḷ、ḹ，但应该包括一个鼻化音和一个送气音，同时在最末尾再

① 《南海寄归内法传校注》，北京：中华书局，1995 年，第 189 页。

② 这篇文章，在 1995 年《大唐西域记校注》第三次重印时，附印在书后。

加上“蓝”llaṃ 和“乞叉”kṣa 两个字。不过，安然其实并没有提出新的解释，他只是抄引了中国唐代山阴的一位僧人智广所撰写的《悉昙字纪》中的一段文字。智广的说法，他自己说得很清楚，“四十七言”一句，来自《大唐西域记》，而具体的解释，则得自于从南印度来的僧人般若菩提。《悉昙字纪》一书现存。因此，这种解释应该说是有来历的，而且来自印度。①

那么义净的“四十九字”又是哪四十九字呢？现在我们见到的《南海寄归内法传》“西方学法”章的这段文字，并没有详细的说明。但是，同样也是在安然的《悉昙藏》卷二“悉昙韵纽”一节里，有一段文字，对此作了详细的解释。这段文字是这样的：

> 然今依义净三藏《寄归传》云：恶、痾、益、伊、屋、乌、颉里（小字注：是一字）、蹊梨（小字注：是一字）、里、离、翳、蔼、污、奥、庵、阿，右十六字，皆是声韵，向余字上配之，凡一一字，便有十六之别。犹若四声，于一字上即有平、上、去、入四番之异。其《涅槃》云十四音者，不言末后二字，以与初字形无别也。其颉里、蹊梨四字，成西方二字，更加里、离，始成四字，为此古人有鲁流卢楼之失，深成译者之过。其《文字品》自非对校，终无解理。脚、佉、伽、嚧、俄、者、捙、社、缮、喏、咤、诧、茶、秺、拏、哆、他、柁、但、娜、跛、叵、婆、梵、摩，右五五二十五字，名便缮明。此之一名，目

① 《悉昙字纪》书名又作《悉昙字记》。智广自述，他在五台山遇见般若菩提，“因从受焉”。见《大正藏》卷五四，第1186页上。有人认为，这位般若菩提，就是《贞元新定释教目录》卷十七讲到的印度僧人般若三藏。般若三藏，北印度迦毕试国人，曾至南印度学持明藏，其后从海道来华，唐建中二年（781）至广州。贞元六年（790）又曾奉使北印度。贞元十年（794）三月，般若瞻礼五台山，住至秋天，次年四月始返长安。智广就是在这时候与般若相遇的。《大正藏》卷五五，第891页下—第894页下。看来智广是根据从般若学来的理论来解释玄奘的说法。

因多义：一未成文义，二成文义，三男女根义，四畜酱义，五气味义等。然其大意，总是第三转声，能简别义。此二十五字未将上韵来配时，但是半字，不堪呼召。野、啰、攞、婆、舍、洒、娑、诃、蓝、叉（小字注：末后二字不入其数），右脚等二十五字，并下八字，总有三十三字，名初章，皆须上声读之，不可着其字，而为平去入也。且如将十六韵声配三十三时，初一脚字，成十六之别。然当今时俗，始教童蒙，多不道颉里（小字注：一字）、蹊梨（小字注：一字）、里（小字注：一字）、离（小字注：一字）四字，所以但有十二之殊，若为十六者，亦成无过，以其四韵用处不多，是以人皆不存。十二声者，谓是脚、迦（小字注：上短下长）、枳、鸡（小字注：姜移反，上短下长）、矩、俱（小字注：上短下长）、鸡、计（小字注：上长下短）、孤、告（小字注：上长下短）、甘、个（小字注：两声俱短，用力出气，呼佉字等十二声并宜效此）。此十二字，皆可两两相随唤之，仍须二字之中看子注而取长短也。余三十二字皆可效斯。总有三十三个十二，名第二章了。悉谈总有十八章，但学书得一章，识字略足，渐学余也（小字注：文）。①

这一段文字，是否就完全是义净原书的原文，不是很肯定，但如果说基本内容出自义净的书，应该不会错。② 依此解释，义净的《悉谈章》的"四十九字"，"声韵"，即母音有十六个，"便缮明"，即辅音有三十三个，二者加在一起，一共四十九个，即四十九字。与上面《悉昙字纪》中解释《大唐西域记》"四十七

① 《大正藏》卷八四，第379页下—第380页上。

② 参见拙稿《〈南海寄归内法传〉佚文辑考》，载《清华汉学研究》，第一辑，北京：清华大学出版社，1994年，第167—175页。

言"的那一段话的说法比较,母音中不仅包括鼻化音、送气音,而且把四个流音也都包括了进来,但最末的两个音,llaṃ 和 kṣa,虽然提到了,却不计算在内。

安然书的卷五,有"字母翻音"一节,还列出了一个"翻音"的字母表,安然说,这也是出于义净的《南海寄归内法传》,虽然现在见到的《南海寄归内法传》中并没有这段文字。安然书中抄写的梵文字母是唐代流行的所谓的悉昙体,为了方便,我把悉昙字母改抄为拉丁字母:

义净《寄归传》云:

a 恶、ā 痾、i 益、ī 伊、u 屋、ū 乌

ṛ 颉里(小字注:是一字)、ṝ 蹊梨(小字注:是一字)、ḷ 里、ḹ 离

e 翳、ai 蔼、o 污、au 奥

aṃ 庵、aḥ 阿

ka 脚、kha 佉、ga 伽、gha 噱、ṅa 我

ca 者、cha 捭、ja 社、jha 缮、ña 喏

ṭa 咤、ṭha 诧、ḍa 荼、ḍha 秺、ṇà 拏

ta 哆、tha 他、da 拖、dha 但、na 娜

pa 跛、pha 叵、ba 婆、bha 梵、ma 么

ya 野、ra 啰、la 攞、va 婆

śa 舍、ṣa 洒、sa 娑、ha 诃

llaṃ 蓝、kṣa 叉(小字注:末后二字不入其数)。

恶等十六,皆是声韵,向余字上配之,凡一一字,便有十六之别,犹若四声于一字上有平、上、去、入四番之异。脚等二十五字并下八字,总有三十三字,名初章,皆须上声读之,不可看其字而为平去入也。

又云：十二声者，谓是 ka 脚、kā 迦（小字注：上短下长）；ki 枳、kī 鸡（小字注：姜移反，上短下长）；ku 矩、kū 俱（小字注：上短下长）；ke 鸡、kai 计（小字注：上长下短）；ko 孤、kau 告（小字注：上长下短）；kaṃ 甘、kaḥ 个（小字注：两声俱短，个字用力出气，呼佉等十二声并效此）。此十二字，皆可两两相随呼之，仍须二字之中看字注而取短长也（小字注：抄）。①

这个字母表很清楚，四十九字，母音十六个，辅音三十三个，内容与上面一致。

为了更清楚，我这里也照季羡林先生上引文中的办法，再列出义净所说的四十九字：

母音十六个

a ā i ī u ū ṛ ṝ ḷ ḹ e ai o au aṃ aḥ

辅音三十三个

喉音	k kh g gh ṅ
腭音	c ch j jh ñ
舌（顶）音	ṭ ṭh ḍ ḍh ṇ
齿音	t th d dh n
唇音	p ph b bh m
遍口音（超声）	y r l v ś ṣ s h

把义净的字母表与现在一般通行的梵文教科书的字母表对比，就可以发现，两者正相同。通行的梵文教科书，去掉“末

① 《大正藏》第八四卷，第 408 页中。

后二字”,母音、辅音,包括鼻化音和送气音一共四十九个。[①]

如果再把义净的“四十九字”与玄奘的“四十七言”比较,不同之处除了鼻化音和送气音以及最末的“蓝”字和“叉”字外,最主要的差别,是如何安置四个流音,或者换句话说,是要不要把流音包括进来。梵音的字数,有种种不同说法,原因大多都在这儿。这一点,季先生的文章里,已经作了说明。[②]四流音在佛教语言和文献史上的地位以及变化,是一个很复杂,同时也很有意思的问题。这里也不例外地涉及。[③]需要指出的是,在各种各样的说法中,义净的“四十九字”说,排列的字音字母,现在看来,大概要算是最合乎规范的一种。

问题讨论到末了,也许有人会问:研究梵文的字母有“四十七言”还是“四十九字”,究竟有什么意义呢?我的回答是:当然有意义。中国古代,与印度有着近两千年的有文字记载的交往的历史。在汉文文献——不管是佛教文献,还是非佛教文献——之中,保存了极其丰富的与印度有关的资料。其中一些资料,在印度方面看来,尤其宝贵,甚至可以说绝无仅有。从另一方面讲,中印之间,文化上相互交流,相互学习,都有很多值得研究的内容。梵文字音的数目问题,在古代曾经是与印度梵文有关的“悉昙学”的一部分。梵文的字母表和字母之间的拼合规则,也就是所谓的“悉昙章”,曾经对中国中古时

---

① 见 W. D. Whitney: *Sanskrit Grammar, reprint*, Delhi, 1994, pp. 2—3. 以及 M. Monier-Williams, *A Sanskrit-English Dictionary*, Reprint, Oxford, 1979 书前的梵文字母表。

② 见前引季羡林文。更可以参见季先生的另外两篇文章:《梵语佛典及汉译佛典中四流音 ṛ ṝ ḷ ḹ 问题》和《所谓“中天音旨”》,二文俱收入《季羡林佛教学术论文集》,台北:东初出版社,1995 年。

③ 除上引季羡林的文章以外,还可参见饶宗颐先生《梵语 Ṛ、Ṝ、Ḷ、Ḹ 四流音及其对汉文学之影响》等文,前后收入饶宗颐《中印文化关系史论集·语文篇》,香港中文大学中国文化研究所、三联书店,1990 年,以及《梵学集》,上海:上海古籍出版社,1993 年。也可参见拙稿《鸠摩罗什〈通韵〉考疑暨敦煌写本 S. 1344 号相关问题》,载《中国文化》,第 7 期,生活·读书·新知三联书店,1992 年。

期音韵学理论和方法都产生过相当大的影响。我们现在在敦煌写卷中见到的唐末五代时僧人守温列出的三十字母，以及等韵学中的种种理论，都与此有关。[①]而更早的例子也有不少。[②]

至于“四十二”和“五十”这两种说法，本来也是应该谈到的，但牵涉更多方面的问题，只能希望以后有机会时再作讨论。

① 古代中国的学者，例如宋代的郑樵、清代的钱大昕等，对此都早有所认识，但他们的认识在一些细节上，尤其当这些细节涉及印度和西域语言知识本身时，不是很明了，常常还有一些误解。例子可见郑樵《通志》卷三六《七音略》“序”及钱大昕《十驾斋养新录》卷五“字母”“西域四十七字”等条。《康熙字典》前载《字母切韵要法》，其中“切字样法”干脆就讲：“夫等韵者，梵语悉昙，此云字母，乃是一切文字之母，所谓迦、佉，乃至劣、蕪是也。梵语毗佉啰，此云切韵，是一切文字之根本……”直接把二者连在一起，虽然这样做其实并不完全合适。

② 最早的例子可能是刘宋时代的谢灵运。参见拙稿《谢灵运〈十四音训叙〉辑考》，载《国学研究》第三卷，北京：北京大学出版社，1995年。

注释篇

南海寄归内法传卷第一

沙门义净撰

序曰：原夫三千肇建，爰彰兴立之端；百亿已成，尚无人物之序。既空洞于世界，则日月未流；实闃寂于惨舒，则阴阳莫辨。暨乎净天下降，身光自随，因湌地肥，遂生贪著。林藤香稻，转次食之。身光渐灭，日月方现。夫妇农作之事兴，君臣父子之道立(一)。然而上观青象，则妙高色而浮光；下察黄舆，乃风荡水而成结。而云二仪分判，人生其中，感清浊气，自然而有(二)，阴阳陶铸，譬之以鸿炉(三)，品物财成，方之于埏埴者，盖寡听曲谈之谓也。

［注释］

（一）君臣父子之道立：以上此段神话屡见于各种汉译佛典和巴利文佛典。如《根本说一切有部毗奈耶破僧事》卷一（T24/99b—100c）、《长阿含经》卷二二（T1/145a—b）等。印度学者 D. D. Kosambi 认为此是对远古时代原始无阶级社会的回忆。见其 An Introduction to the Study of Indian History, Bombay, 1956, p.162。D. Chattopadhyaya 亦论及此。见其 Lokāyata, New Delhi, 1969, pp.481—483。

（二）自然而有：《列子·天瑞》："清轻者上为天，浊重者下为地，冲和气者为人，故天地含精，万物化生。"（《诸子集成》本，第 2 页）

（三）譬之以鸿炉：《庄子》内篇《大宗师》："今一以天地为大炉，以造化为大冶。"（《诸子集成》本，第 119 页）

于是岳峙星分，含灵蔓筵，遂使道殊九十六种(一)，谛分二十五门(二)。僧佉乃从一而万物始生(三)，薜世则因六条而五道方起(四)。或露体拔发，将为出要(五)。或灰身椎髻，执作升天(六)。或生乃自然，或死当识灭。或云幽幽冥冥，莫识其精，眇眇忽忽，罔知所出。或云人常得人道，或说死便为鬼灵。或谈不知蝶为我已，不知我为蝶形(七)。既群迷于蜾蠃，复聚或于螟蛉(八)。比浑沌于鸡子，方晦昧于孩孾(九)。斯皆未了，由爱故生，藉业而有，轮回苦海，往复迷津者乎。然则亲指平途，躬宣妙理，说十二缘起(十)，获三六独法(十一)，号天人师，称一切智，引四生于火宅(十二)，拔三有于昏城(十三)，出烦恼流，登涅槃岸者，粤我大师释迦世尊矣！

［注释］

（一）道殊九十六种：所谓九十六种外道。传说与释迦牟尼创立佛教同时印度有六种不同的宗教哲学派别，称为“六师”。后六师又分出各种派别共九十六种。《萨婆多毗尼毗婆沙》卷五：“六师者，一师十五种教，以授弟子，为教各异，弟子受行，各成异见。如是一师出十五种异见。师别有法，与弟子不同。师与弟子通为十六种。如是六师有九十六（种）。”（T23/536a）九十六实际上只是大概之数。

（二）谛分二十五门：指数论所立二十五谛。《百论疏》卷上之中：“僧佉此云制数论，明一切法不出二十五谛。故一切法摄入二十五谛中，名为制数论。”（T42/245a）其内容详见陈真谛译《金七十论》卷上（T54/1245c）及《慈恩传》卷四（T50/245b）等。

（三）僧佉乃从一而万物始生：僧佉，梵文 Saṅkhya 的音译，又译数论，古印度六派哲学之一。见前注。从一而万物始生，数论主张，万物是从一种原初物质进化而成，“一”即指此。梵文原文 prakṛti，又译自性、原质等。数论梵文经典有 Saṅkhyasūtra 和

Saṅkhyakārikā。后者汉译即《金七十论》。

（四）薛世则因六条而五道方起：薛世，梵文 Vaiśeṣika，又译卫世、鞞世、吠世史迦等，意译胜论。亦为古印度六派哲学之一。梵文经典有 Vaiśeṣikasūtra，汉译经典有《胜宗十句义论》一卷。六条，指胜论六条所谓“句义”（梵文 padārth）：实（dravya）、德（guṇa）、业（karma）、同（sāmānya）、异（viśeṣa）、和合（samavāya）。见《胜宗十句义论》（T54/1262c）。五道，所谓地狱、饿鬼、畜生、人、天。

（五）露体拔发，将为出要：露体指耆那教天衣派（Digambara）。

（六）灰身椎髻，执作升天：此指苦行者。《大唐西域记》卷五：“故诸外道修苦行者，于河中立高柱，日将旦也，便即升之。一手一足，执柱端，蹑傍杙；一手一足，虚悬外申，临空不屈。延颈张目，视日右转，逮乎曛暮，方乃下焉。若此者其徒数十，冀斯勤苦，出离生死，或数十年未尝懈息。”（校注本，第 464—465 页）

（七）不知我为蝶形：《庄子》内篇《齐物论》：“不知周之梦为蝴蝶欤？蝴蝶之梦为周欤？”（《诸子集成》本，第 18 页）

（八）复聚或于螟蛉：《诗·小雅·小宛》：“螟蛉有子，蜾蠃负之。”“羸”“蠃”二字同。

（九）比浑沌于鸡子，方晦昧于孩孾：谓天地浑沌如鸡子。指中国古代天文学中之浑天说。《唐开元占经》卷一引张衡《浑仪注》：“浑天如鸡子，天体圆如弹丸，地如鸡子中黄，孤居于内。”（《景印文渊阁四库全书》，807/171a）又《老子》“非常名”句下河上公注：“常名爱如孾儿之未言，鸡子之未分，明珠在蚌中，美玉处石间，内虽昭昭，外如愚头（按‘头’应作‘顽’）。”（《四部丛刊》影印宋本）

（十）十二缘起：又称十二因缘：无明（avidyā）、行（saṃskāra）、识（vijñāna）、名色（nāmarūpa）、六入（ṣadāyadana）、触（sparśa）、受（vedanā）、爱（tṛṣṇā）、取（upādāna）、有（bhava）、生（jati）、老死

（jarāmaraṇa）。见《俱舍论》卷九（T29/48a）等。

（十一）三六独法：所谓释迦牟尼佛之十八种功德，唯佛所具有，因此称为“独法”或“不共法”。此不详举，见《大智度论》卷二六（T25/247b）。

（十二）引四生于火宅：四生：胎生（jarāyuja）、卵生（aṇḍaja）、湿生（saṃsvedaja）、化生（aupapāduka）。火宅，比喻人世间。见《法华经》卷二（T9/12b）。

（十三）拔三有于昏城：三有即三界。《法门名义集》：“欲界、色界、无色界，是名三界，亦名三有。”（T54/203c）此处指三界中一切众生，如上句中所说“四生”。昏城亦比喻人世间。

创成正觉龙河，九有兴出尘之望（一）；后移光鹿苑，六道盛归依之心（二）。初转法轮，则五人受化（三）；次谈戒躅，则千生伏首。于是阐梵响于王舍（四），获果者无穷；酬恩惠于父城（五），发心者莫算。始自了教（六），会初愿以摽诚；终乎妙贤（七），契后期于结念。住持八纪（八），弘济九居（九）。教无幽而不陈，机无微而不纳。若泛为俗侣，但略言其五禁（十）；局提法众，遂广彰乎七篇（十一）。以为宅有者大非，戒兴则非灭；存生者小过，律显则过亡。且如恚损轻枝，现生龙户（十二），慈济微命，交升帝居（十三），善恶之报，固其明矣。于是经论兼施，定慧俱设，摄生之网，唯斯三藏乎！

［注释］

（一）创成正觉龙河，九有兴出尘之望：龙河，指释迦牟尼成道处之尼连禅河，梵名 Nairañjanā。传说河中有龙名伽陵伽。见《根本说一切有部毗奈耶破僧事》卷五（T24/122c）。今称 Phalgu 河，在今印度比哈尔邦。九有，三界每界分为三，共有九处，此九处所居有情合称九有。与前“三有”相类。

（二）移光鹿苑，六道盛归依之心：鹿苑，即鹿野苑。在今印度 Benares 北的 Sārnāth，为释迦牟尼初转法轮处。六道，此指六道轮回之一切众生。

（三）五人受化：五人是憍陈如（Ajñātakauṇḍinya）、十力迦叶（Daśabalakāśyapa）、频鞞（Aśvajit）、跋提（Bhadrika）、摩诃男俱利（Mahānāmakulika）。

（四）阐梵响于王舍：谓在王舍城说法。王舍城，梵文 Rājagṛha。释迦牟尼在世时是摩揭陀国都城。故城在今印度比哈尔邦 Patna 东南之 Rājgir。

（五）酬恩惠于父城：父城，指劫比罗伐窣堵城，梵名 Kapilavastu。为释迦牟尼父亲净饭王（Śuddhodana）之城。见《大唐西域记》卷六。酬恩惠于父城，此指释迦牟尼得道后，曾返回劫比罗伐窣堵，度释迦族亲友多人出家一事。

（六）始自了教：了教指憍陈如。憍陈如梵名 Ajñāta，意译了教或解了，或音译阿若。义净译《根本说一切有部毗奈耶杂事》卷十九："由憍陈如解了法故，因此即名阿若憍陈如。"原注："阿若是解了义。"（T24/292c）了教同解了。始自了教，谓憍陈如为释迦牟尼第一个弟子。

（七）终乎妙贤：妙贤，梵文 Subhadra 的意译，人名。他是释迦牟尼临终前在拘尸那城所度最后一个弟子。所以此称"终乎妙贤"。玄奘译名作"善贤"，见《大唐西域记》卷六（校注本，第 544—545 页）。

（八）住持八纪：指释迦牟尼住世八十年。

（九）弘济九居：所谓九有情居，指一切众生。见前"九有兴出尘之望"句注。

（十）五禁：指五戒，梵文 pañcaśīla。为在家佛教徒所遵行。

（十一）七篇：佛教戒律中根据僧尼犯戒情况的轻重和后果把

戒律分别归为几类,称为“篇”或“聚”。七篇是:一、波罗夷,梵文 pārājika;二、僧残,梵文 saṅghāvaśeṣa;三、波逸提,梵文 prāyaścitta;四、提舍尼,梵文 pratideśanīya;五、突吉罗,梵文 duṣkṛta;六、偷兰遮,梵文 sthūlātyaya;七、恶说,梵文 durbhāṣita。篇,梵文 skandha。

(十二)现生龙户:指转生为龙。龙,梵文 nāga,六道中归入畜生。此故事见《根本说一切有部毗奈耶杂事》卷二一(T24/304b—c)。

(十三)交升帝居:帝居,帝释所居处,即忉利天,又称三十三天,梵文 trāyastrṃśa。

既而亲对大师,教唯一说,随机拯物,理亡他议。及乎薜舍初辞,魔王或欢喜之志(一);熙连后唱,无灭显亡疑之理(二)。可谓化缘斯尽能事毕功。遂乃迹灭两河(三),人天掩望,影沦双树(四),龙鬼摧心。致使娑罗林侧,泪下成泥,哭者身边,血如花树。大师唱寂,世界空虚。

[注释]

(一)薜舍初辞,魔王或欢喜之志:薜舍,即薜舍离城,梵名 Vaiśālī。故址在今印度比哈尔邦 Muzaffarpur 之 Basarh。欢喜,梵文 Ānanda 的意译,音译阿难。释迦牟尼佛十大弟子之一,常侍佛左右。佛经中讲,释迦牟尼辞离薜舍离城,将往拘尸那城,问阿难:“如来今者当寿几何?”如是再三。阿难被天魔迷惑,终不作答。天魔遂请释迦牟尼早入涅槃。此故事见《大唐西域记》卷七(校注本,第 593—594 页)、《根本说一切有部毗奈耶杂事》卷三六(T24/387c)等。

(二)熙连后唱,无灭显亡疑之理:熙连,即熙连河,梵文 Hiraṇyavatī,又译金河或有金河。《大唐西域记》卷六称为阿恃多伐底河(梵文 Ajitavatī),在拘尸那城西北,即今流经印度北方邦西境 Gorakhpur 的 Little Gandak 河。无灭，梵文 Aniruddha 的意译，音译阿尼律陀。亦为释迦牟尼十大弟子之一。传说释迦牟尼临终前他曾问疑于释迦牟尼。

（三）迹灭两河：两河，即上文中“龙河”与熙连河。前者在释迦牟尼成道处，后者在其涅槃处。见《大唐西域记》卷六及卷八（校注本，第 538、662 页）。

（四）影沦双树：双树，释迦牟尼涅槃处有娑罗树树林，又称娑罗双树林。《法显传》：“城北双树间希连禅河边，世尊于此北首而般泥洹。”（T51/861c）城指拘尸那城。娑罗，梵文 śāla，一种檞树类高大乔木。

次有弘法应人，结集有五七之异（一）；持律大将，部分为十八之殊（二）。随所见闻，三藏各别。著下裙则裾有偏正，披上服则叶存狭广。同宿乃异室绳围，两俱无过；受食以手执画地，二并亡愆。各有师承，事无和杂。有部则正，余三并偏。有部则要须别室，正量以绳围床。有部手请，僧祇画地也（三）。

［注释］

（一）结集有五七之异：指佛教史上传说的五百结集与七百结集。前者相传在释迦牟尼涅槃后当年在王舍城七叶窟（Saptaparṇaguhā）举行，有五百僧众参加；后者在释迦牟尼涅槃后一百年在毗舍离（即“薜舍离”）城举行，有七百僧众参加。

（二）部分为十八之殊：指佛教十八部派。此谓部派之分，最初由律而起，即发生于第二次“七百结集”之时。

（三）僧祇画地也：见下文及其注。

诸部流派，生起不同，西国相承，大纲唯四。一、阿离耶莫诃僧祇尼迦耶（一），周云圣大众部，分出七部，三藏各有十万颂，合三十万颂。

周译可成千卷。二、阿离耶悉他陛攞尼迦耶(二),周云圣上座部,分出三部,三藏多少同前。三、阿离耶慕攞萨婆悉底婆拖尼迦耶(三),周云圣根本说一切有部,分出四部,三藏多少同前。四、阿离耶三蜜栗底尼迦耶(四),周云圣正量部,分出四部,三藏二十万颂,律有三十千颂。然而部执所传,多有同异,且依现事,言其十八。分为五部,不闻于西国之耳(五)。其间离分出没,部别名字,事非一致,如余所论,此不繁述。故五天之地及南海诸洲,皆云四种尼迦耶。

［注释］

(一)阿离耶莫诃僧祇尼迦耶:梵文 Āryamahāsaṅghikanikāya。

(二)阿离耶悉他陛攞尼迦耶:梵文 Āryasthaviranikāya。

(三)阿离耶慕攞萨婆悉底婆拖尼迦耶:梵文 Āryamūlasarvāstivādanikāya。

(四)阿离耶三蜜栗底尼迦耶:梵文 Āryasaṃmitiyanikāya。

(五)分为五部,不闻于西国之耳:中国佛教僧徒自南北朝以后,由传译所知,谓印度佛教律分五部。见《出三藏记集》卷三(T55/19c)、《高僧传》卷十一(T50/403a—c)、《翻译名义集》卷四(T54/1113a—c)等。但这其实是一种误解,所举五部,仅可指中国所传,不能概括印度的情况。这一事实在义净去印度后似乎才得到部分的澄清。

然其所钦,处有多少。摩揭陀(一)则四部通习,有部最盛。罗荼、信度(二)西印度国名。则少兼三部,乃至正量尤多。北方皆全有部,时逢大众。南面则咸遵上座,余部少存。东裔诸国,杂行四部。从那烂陀(三)东行五百驿(四),皆名东裔。乃至尽穷,有大黑山(五),计当土蕃南畔,传云是蜀川西南行可一月余,便达斯岭。次此南畔,逼近海涯,有室利察呾罗国(六)。次东南有郎迦戍国(七)。次东有杜和钵底国(八)。次东极至临邑国(九)。并悉极遵三宝,多有持戒之人。乞食杜多(十),

是其国法。西方见有，实异常伦。师子洲(十一)并皆上座，而大众斥焉。然南海诸洲有十余国，纯唯根本有部，正量时钦，近日已来，少兼余二。从西数之，有婆鲁师洲；末罗游洲，即今尸利佛逝国是；莫诃信洲；诃陵洲；呾呾洲；盆盆洲；婆里洲；掘伦洲；佛逝补罗洲；阿善洲；末迦漫洲；又有小洲，不能具录也(十二)。斯乃咸遵佛法，多是小乘，唯末罗游少有大乘耳。

［注释］

（一）摩揭陀：梵文 Magadha，印度古地名。地域大致包括今印度比哈尔邦 Patna 和 Gayā 地区。古代曾是印度最重要的政治文化中心地区之一。《大唐西域记》卷八、卷九两卷专门记述这一地区。

（二）罗荼、信度：罗荼，梵文 Lāṭa，西印度古国名。亦见《大唐西域求法高僧传》。故地约在今印度古吉拉特邦境内 Mahi 河与 Kim 河之间。信度，梵文 Sindhu。故地约在今巴基斯坦印度河中下游一带。《大唐西域记》卷十有专条。义净常罗荼、信度二名并提。

（三）那烂陀：梵文 Nālandā。古代印度最著名的佛教寺院。在古摩揭陀国王舍城北，今比哈尔邦 Patna 之 Bargaon 附近。玄奘、义净等中国求法僧先后在此学习过多年。义净的著作对那烂陀记载尤详。

（四）驿：《根本说一切有部百一羯磨》卷三义净原注："言瑜膳那者，既无正翻义，当东夏一驿，可三十余里。旧云由旬者讹略。若准西国俗法，四俱卢舍为一瑜膳那，计一俱卢舍可有八里，即是当其三十二里。若准内教，八俱卢舍为一瑜膳那。一俱卢舍有五百弓，弓有一步数。准有步数，才一里半余。将八倍之，当十二里。此乃不充一驿。亲验当今西方瑜膳那，可有一驿故，今皆作一驿翻之，庶无远滞。"（T24/467c）瑜膳那，梵文 yojana，或作踰缮那。《大唐西域记》卷二所记大同小异:“踰缮那者,自古圣王一日军程也。旧传一踰缮那四十里矣,印度国俗乃三十里,圣教所载唯十六里。”(校注本,第166页)

(五)大黑山:应即《新唐书》卷四三下《地理志》七下载“安南通天竺道”中之“黑山”(4/1152)或以为即今缅甸西南若开山脉。

(六)室利察呾罗国:梵文 Śrīkṣetra,《大唐西域记》卷十作“室利差呾罗国”。古城国,故址在今缅甸卑谬(Prome)附近。

(七)郎迦戍国:又称“郎迦”。古国,故地应约在今马来半岛之 Pattani(今属泰国)。详拙稿《大唐西域求法高僧传校注》卷上《义朗传》“郎迦”条注。

(八)杜和钵底国:梵文 Dvārapatī,又译作“杜和罗钵底”或“杜和罗”。《大唐西域记》卷十译作“堕罗钵底”。古城,故址在今泰国曼谷北 Ayutthaya。详拙稿《大唐西域求法高僧传校注》卷上《大乘灯传》“杜和罗钵底国”条注。

(九)临邑国,下文中又称“占波”。古国,故地在今越南横山以南的中部和南部地区。详拙稿《大唐西域求法高僧传校注》卷下《慧命传》“占波”条注。

(十)杜多:梵文 dhūta。慧琳《一切经音义》卷二:“杜多,梵语也。古曰头陀。十二种苦行,具如本经所说也。”(T54/319c)十二苦行此不详举。

(十一)师子洲:梵文 Siṃhadvīpa 或 Siṃhaladvīpa。即师子国,又称“执师子国”。今斯里兰卡的古名。

(十二)又有小洲,不能具录也:婆鲁师洲,即婆鲁师国。故地在今印度尼西亚苏门答腊岛西部。详拙稿《大唐西域求法高僧传校注》卷上《新罗二僧传》此条注。末罗游洲,即末罗游国,或作末罗瑜洲、末罗瑜国。故地亦在苏门答腊岛上。详上引拙稿卷上《常慜传》此条注。尸利佛逝又作室利佛逝，故地在今苏门答腊岛上巨港(Palembang)。详上引拙稿卷上《新罗二僧传》此条注。莫诃信洲，高楠顺次郎认为或在今加里曼丹岛南岸的Bandjermasin。诃陵洲，即诃陵国，或说在今爪哇，拙意以为似应在今加里曼丹西海岸。详上引拙稿卷上《常慜传》此条注。呾呾洲，应即《梁书》卷五四《诸夷传》中所记“丹丹国”(3/794)，亦即《新唐书》卷二二二下《南蛮传》下所记“单单国”。故地其说不一，或说在今马来西亚马来亚东北岸的吉兰丹，或说在其西岸的天定(Dindings)，或说在今新加坡附近。盆盆洲，高楠顺次郎以为在今加里曼丹岛的Pembuan。婆里洲，或说即今巴厘岛。掘伦洲，高楠顺次郎指为今越南南端的昆仑岛(Pulo Condore)。佛逝补罗洲，高楠以为在今爪哇岛上。阿善洲，高楠以为即今爪哇岛上Ajang。末迦漫洲或亦在此岛上。按以上考证，因缺乏更多资料，多属推测，尚待进一步研究。

诸国周围，或可百里，或数百里，或可百驿。大海虽难计里，商舶惯者准知。良为掘伦初至交广，遂使总唤昆仑国焉(一)。唯此昆仑，头卷体黑，自余诸国，与神州不殊。赤脚敢曼(二)，总是其式，广如《南海录》(三)中具述。驩州(四)正南步行可余半月，若乘船才五六潮，即到匕景(五)。南至占波，即是临邑。此国多是正量，少兼有部。西南一月至跋南国(六)，旧云扶南，先是裸国，人多事天，后乃佛法盛流。恶王今并除灭，逈无僧众，外道杂居，斯即赡部(七)南隅，非海洲也。

［注释］

(一)遂使总唤昆仑国焉：《旧唐书》卷一九七《南蛮西南蛮传》：“自林邑以南，皆卷发黑身，通号为昆仑。”(16/5270)慧琳《一切经音义》卷八一解释“昆仑语”，“亦曰骨论，南海洲岛中夷人也。

甚黑，裸形，能驯伏猛兽犀象等。种类数般，即有僧祇、突弥、骨堂、阁篾等，皆鄙贱人也”。（T54/835c）南北朝时有“昆仑奴”，肤黑。此处昆仑国即指南海中此种族。参见拙稿《大唐西域求法高僧传校注》卷上《运期传》“昆仑音”条注。

（二）敢曼：慧琳《一切经音义》卷八一解释：“梵语也。遮形丑之下裳，如此方之裈袴。一幅物，亦不裁缝，横缠于腰下，名曰合曼也。”（T54/832b）梵文 kambala。今东南亚一带称为莎笼（sarong）。

（三）南海录：书今不存。从上下文看，似为义净本人所撰。《宋史》卷二〇四《艺文志》三著录“南海录”一卷，无撰者名，归入“地理书类”，或即此书（15/5161）。

（四）驩州：慧琳《一切经音义》卷八一注此条：“在安南管内也。”（T54/832b）唐初武德年间称为德州，贞观初改驩州。治所在九德（今越南荣市）。见《旧唐书》卷四一《地理志》四（5/1754）。《新唐书》卷四三上《地理志》七上（4/1113）略同。

（五）匕景：又作比景，或又作北景。旧地约在今越南横山以南。详拙稿《大唐西域求法高僧传校注》卷下《慧命传》此条注。

（六）跋南国：下文云：“旧云扶南。”扶南为 1 世纪至 7 世纪初印度支那半岛上有名的古国，地域大致包括今柬埔寨及越南南部部分地区。详拙稿《大唐西域求法高僧传校注》卷上“序”中此条注。

（七）赡部：即赡部洲，梵文 Jambudvīpa。慧琳《一切经音义》卷五解释：“梵语，此大地之总名也，因金因树而立此名。”（T54/336b）所谓南赡部洲。

然东夏大纲，多行法护[一]。关中诸处，僧祇[二]旧兼。江南岭表，有部[三]先盛。而云《十诵》《四分》者，多是取其经夹，以为题目。

[注释]

(一)法护:梵文 Dharmagupta,即法护部。此指流行法护部律,汉译称为《四分律》,即下文中省称《四分》。

(二)僧祇:梵文 Mahāsāṃghikanikāya 的省略译法,即大众部。此指流行大众部律,汉译称《摩诃僧祇律》。

(三)有部:说一切有部,梵文 Sarvāstivāda。此指流行说一切有部律,汉译称为《十诵律》,即下文中省称《十诵》。

详观四部之差,律仪殊异,重轻悬隔,开制迢然。出家之侣,各依部执,无宜取他轻事,替己重条,用自开文,见嫌余制。若尔则部别之义不著,许遮之理莫分。岂得以其一身,遍行于四?裂裳金杖之喻,乃表证灭不殊。行法之徒,须依自部。频毗娑罗王(一)梦见一氎裂为十八片,一金杖斩为十八段,怖而问佛。佛言:"我灭度后,一百余年,有阿输迦王(二),威加赡部。时诸苾刍,教分十八。趣解脱门,其致一也。此即先兆,王勿见忧耳。"

[注释]

(一)频毗娑罗王:频毗娑罗,梵文 Biṃbisāra,又译瓶沙、蓱沙等,或意译影坚、影胜。释迦牟尼在世时印度摩揭陀国国王。佛经中有许多关于他的故事。传说他信仰并保护佛教,是释迦牟尼的好朋友。

(二)阿输迦王:阿输迦,梵文 Aśoka,通常多译作阿育王,或意译无忧王。印度古代最有名的国王。公元前 273 年左右即位为摩揭陀国国王。他积极支持并保护佛教,在佛教史上亦很有名。释迦牟尼涅槃之年代,或说在他即位前一百余年,或说在此之前二百余年。此处所说与《大唐西域记》卷三说法同:"摩揭陀国无忧王以如来涅槃之后第一百年,命世君临。"(校注本,第 327 页)

其四部之中，大乘小乘区分不定。北天南海之郡，纯是小乘。神州赤县之乡，意在大教。自余诸处，大小杂行。考其致也，则律检不殊，齐制五篇(一)，通修四谛(二)。若礼菩萨，读大乘经，名之为大；不行斯事，号之为小。所云大乘无过二种：一则中观(三)，二乃瑜伽(四)。中观则俗有真空，体虚如幻；瑜伽则外无内有，事皆唯识。斯并咸遵圣教，孰是孰非？同契涅槃，何真何伪？意在断烦惑，济众生，岂欲广致纷纭，重增沈结？依行则俱升彼岸，弃背则并溺生津。西国双行，理无乖竞。既无慧目，谁鉴是非？任久习而修之，幸无劳于自割。

［注释］

（一）五篇：见前“七篇”条注。七篇中除去偷兰遮与恶说两条，即为五篇。

（二）四谛：所谓苦（duḥkha）、集（samudya）、灭（nirodha）、道（mārga）四谛。谛，梵文 satya。

（三）中观：指印度大乘佛教中观派，梵文 Mādhyamika。又被称为“空宗”。约3世纪时由龙树、提婆创立。有“俗谛”“真谛”“假有真空”“中观”等说，下文中所谓“俗有真空，体虚如幻”。

（四）瑜伽：指印度大乘佛教瑜伽行派，梵文 Yogācāra。又被称为“有宗”。4世纪至5世纪时由无著、世亲兄弟创立，立“三类八识”之说，以为“万法唯识”，“内识生时，似外境现”，下文中所谓“外无内有，事皆唯识”。

且神州持律，诸部互牵，而讲说撰录之家，遂乃章钞繁杂。五篇七聚(一)，易处更难。方便犯持，显而还隐。遂使覆一篑而情息，听一席而心退。上流之伍，苍髭乃成；中下之徒，白首宁就。律本自然落漠，读疏遂至终身。师弟相承，用为成则。论章段则科而更科，述结罪则句而还句。考其功也，实致为山之劳;核其益焉,时有海珠之润。

［注释］

（一）七聚:即七篇。见前注。

又凡是制作之家,意在令人易解,岂得故为密语,而更作解嘲?譬乎水溢平川,决入深井,有怀饮息,济命无由。准检律文,则不如此。论断轻重,但用数行,说罪方便,无烦半日。此则西方南海法徒之大归也。

至如神州之地,礼教盛行,敬事君亲,尊让耆长,廉素谦顺,义而后取。孝子忠臣,谨身节用。皇上则恩育兆庶,纳隍轸虑于明发;群臣则莫不拱手,履薄呈志于通宵。或时大启三乘(一),广开百座。布制底(二)于八泽,有识者咸悉归心;散伽篮于九宇,迷途者并皆回向。皇皇焉农歌畎亩之中,济济焉商咏舟车之上。遂使鸡贵、象尊之国(三),顿颡丹墀,金邻、玉岭之乡(四),投诚碧砌。为无为,事无事,斯固无以加也。鸡贵者,西方名高丽国为俱俱吒警说罗(五)。俱俱吒是鸡,警说罗是贵。西方传云,彼国敬鸡神而取尊,故戴翎羽而表饰矣。言象尊者,西国君王以象为最,五天并悉同然也。

［注释］

（一）三乘:梵文 triyāna。声闻乘（Śrāvakayāna）、缘觉乘（Pratyekabuddhayāna）、菩萨乘（Bodhisattvayāna）。

（二）制底:梵文 caitya。初指保存骨灰的塔式的建筑,后引申为指一般的庙宇或朝拜圣地。慧琳《一切经音义》卷二:"制多,古译或云制底,或云支提,皆梵语声转耳,其实一也。此译为庙,即寺宇、伽蓝、塔庙等是也。"（T54/321a）义净在本书卷三"师资之道"章中亦有详细解释。

（三）鸡贵、象尊之国:见下文及原注。

（四）金邻、玉岭之乡：金邻，指金邻国。或亦作金陈或金遴。南海中古国。故地或以为在今泰国西南部。名又见《太平御览》卷七九〇引《异物志》及《外国传》（中华书局影印宋本，3/3502）、《梁书》卷五四（3/788）、《新唐书》卷一三二（19/5857）等。玉岭，指昆仑山，昆山出玉。高楠引饮光说，以为金邻即金洲，即今苏门答腊岛，玉岭指玉门关。俱误。

（五）西方名高丽国为俱俱吒瞖说罗：俱俱吒瞖说罗，梵文 Kukkuṭeśvara。俱俱吒，梵文 kukkuṭa；瞖说罗，梵文 īśvara。解释见原注。此词来源不详，此传说来源亦不详。高丽即朝鲜。中国唐代以前曾有称朝鲜为鸡林者。唐高宗龙朔元年（661）诏以新罗国为鸡林州都督府，其王法敏为鸡林州都督。见《旧唐书》卷一九九上（16/5336）。又朝鲜史籍《三国史记》卷一载，新罗脱解王"夜闻金城西始林树间有鸡鸣声"，寻声而得一小儿，遂改始林为鸡林，因以为国号。鸡贵、鸡林二名似乎有些关系。

其出家法侣，讲说轨仪，徒众俨然，钦承极旨。自有屏居幽谷，脱屣樊笼，漱岩流以遐想，坐林薄而栖志。六时(一)行道，能报净信之恩；两期入定，合受人天之重。此则善符经律，何有过焉？然由传受讹谬，轨则参差，积习生常，有乖纲致者。谨依圣教及现行要法，总有四十章，分为四卷，名《南海寄归内法传》，又《大唐西域高僧传》二卷，并杂经论等十卷，并录附归(二)。愿诸大德兴弘法心，无怀彼我，善可量度，顺佛教行，勿以轻人，便非重法。

［注释］

（一）六时：《大唐西域记》卷二"印度总述"条："六时合成一日一夜。"又注："昼三夜三。"又云："又分一岁以为六时。"为"渐热""盛热""雨时""茂时""渐寒""盛寒"（校注本，第168—

169页)。

(二)并录附归:此事在天授二年(691)五月十五日。见《大唐西域求法高僧传校注》卷下《大津传》。所附杂经论详拙校注稿此条。

重曰:然今古所传经论,理致善通,禅门定潋之微,此难悬嘱。且复粗陈行法,符律相以先呈,备举条章,考师宗于实录。纵使命沦夕景,希成一篑之功;焰绝朝光,庶有百灯之续。阅此则不劳尺步,可践五天于短阶;未徙寸阴,实镜千龄之迷躅。幸愿检寻三藏,鼓法海而扬四波(一);皎镜五篇,泛慧舟而提六欲(二)。虽复亲承匠旨,备检玄宗,然非浚发于巧心,终恐受嗤于慧目云尔。

[注释]

(一)四波:谓"四波罗夷"。波罗夷又分四类。义净译《根本说一切有部毗奈耶》卷一作"四波罗市迦法"(T23/627ff.),佛教戒律中种种规定。

(二)六欲:眼、耳、鼻、舌、身、意六种感官所具有的欲望。

一、破夏非小　　二、对尊之仪
三、食坐小床　　四、餐分净触
五、食罢去秽　　六、水有二瓶
七、晨旦观虫　　八、朝嚼齿木
九、受斋轨则　　十、衣食所须
十一、著衣法式　　十二、尼衣丧制
十三、结净地法　　十四、五众安居
十五、随意成规　　十六、匙筋合不
十七、知时而礼　　十八、便利之事

十九、受戒轨则	二十、洗浴随时
二十一、坐具儭身	二十二、卧息方法
二十三、经行少病	二十四、礼不相扶
二十五、师资之道	二十六、客旧相遇
二十七、先体病源	二十八、进药方法
二十九、除其弊药	三十、旋右观时
三十一、灌沐尊仪	三十二、赞咏之礼
三十三、尊敬乖式	三十四、西方学法
三十五、长发有无	三十六、亡则僧现
三十七、受用僧衣	三十八、烧身不合
三十九、傍人获罪	四十、古德不为

凡此所论，皆依根本说一切有部，不可将余部事见糅于斯。此与《十诵》大归相似。有部所分三部之别，一法护、二化地(一)、三迦摄卑(二)，此并不行五天，唯乌长那国(三)及龟兹(四)、于阗(五)杂有行者。然《十诵律》亦不是根本有部也。

[注释]

(一)化地："梵文 Mahīśasaka 的意译，又音译"弥沙塞"。佛教部派之一。汉译律本为《五分律》。

(二)迦摄卑：梵文 Kāśyapīya 的音译，又译"迦叶遗部"，或意译"饮光部"。佛教部派之一。汉译律本为《解脱戒经》。

(三)乌长那国：乌长那，梵文 Udyāna。北印度古国。旧地在今巴基斯坦北部斯瓦特河(Swāt R.)流域，包括东北直到印度河上游山区。《大唐西域记》卷三译作"乌仗那国"，有专条。

(四)龟兹：西域古城国。旧地在今新疆库车一带。《大唐西域记》卷一称作"屈支国"，有专条。

(五)于阗：西域古城国。旧地在今新疆和田一带。《大唐西域记》卷十二称作"瞿萨旦那国"，有专条。

一、破夏非小

凡诸破夏，苾刍但不获其十利(一)，然是本位，理无成小。岂容昔时受敬，今翻礼卑？习以成俗，本无凭据。依夏受请，盗过容生？故应详审，理无疏略，宜取受戒之日以论大小。纵令失夏，不退下行。寻检圣教无文，谁昔遣行斯事？

［注释］

（一）十利：指僧人安居时或安居后应得的十种利益。依义净译《根本萨婆多部律摄》卷七，有：衣利、食利、界所得利、立制所得利、依止所得利、安居所得利、僧伽所得利、苾刍所得利、对面所得利、定处所得利（T24/566b—c）。

二、对尊之仪

准依佛教，若对形像，及近尊师，除病则徒跣是仪，无容辄著鞋履。偏露右肩，衣掩左髆，首无巾帊，自是恒途，余处游行，在开非过。若是寒国，听著短靴，诸余履屣，随处应用。既而殊方异域，寒燠不同，准如圣教，多有违处，理可隆冬之月，权著养身，春夏之时，须依律制。履屣不旋佛塔，教已先明；富罗勿进香台(一)，颁之自久。然有故违之类，即是强慢金言。

［注释］

（一）富罗勿进香台：富罗，梵文 pula，又译腹罗等名。玄应《一切经音义》卷十六："腹罗或作福罗，或云富罗，正言布罗，此云短靿靴也。" 按此字实为梵文 pulapādatra。pula 意思是伸出来，凸出来，宽的；pādatra 即靴；此指一种中央隆起的短靴。高楠未寻出原字。香台，此指佛殿，又称香室。《根本说一切有部毗奈耶杂事》卷二六义净原注："西方名佛所住堂为健陀俱知。健陀是香，俱知是室。此是香室香台香殿之义。不可亲触尊颜,故但唤其所住之殿,即如此方玉阶陛下之类。然名为佛堂佛殿者,斯乃不顺西方之意也。”(T24/331b—c)健陀俱知,梵文 gandhakuṭī,意译香室或香台。此谓着靴不得入佛殿。

三、食坐小床

西方僧众将食之时,必须人人净洗手足,各各别踞小床。高可七寸,方才一尺,藤绳织内,脚圆且轻。卑幼之流,小拈随事。双足蹋地,前置盘盂。地以牛粪净涂,鲜叶布上。座去一肘,互不相触。未曾见有于大床上跏坐食者。且如圣制,床量长佛八指,以三倍之,长中人二十四指(一),当笏尺(二)尺半。东夏诸寺,床高二尺已上,此则元不合坐,坐有高床之过。时众同此,欲如之何?护罪之流,须观尺样。然灵岩四禅(三),床高一尺,古德所制,诚有由来。

[注释]

(一)长中人二十四指:传说佛指长三倍于人。

(二)笏尺:《根本萨婆多部律摄》卷十三义净原注:“言中人一肘者,长笏尺一尺五寸。”(T24/603c)

(三)灵岩四禅:即今灵岩寺。在今山东长清县东南境内。前秦皇始元年(351)竺僧朗卜居泰山西北,始建精舍数十余区。后北魏正光年间(520—525)僧人法定拓建寺院,初具规模。到隋唐时极盛,为当时天下四大名刹之一。

即如连坐跏趺,排膝而食,斯非本法,幸可知之。闻夫佛法初来,僧食悉皆踞坐,至乎晋代,此事方讹。自兹已后,跏坐而食。然圣教东流,年垂七百,时经十代,代有其人。梵僧既继踵来仪，汉德乃排肩受业。亦有亲行西国，目击是非，虽还告言，谁能见用？又经云：食已洗足。明非床上坐来。食弃足边，故知垂脚而坐。是佛弟子，宜应学佛，纵不能依，勿生轻笑。良以敷巾方坐，难为护净。残宿恶触，无由得免。又复敛众残食，深是非仪。收去反触僧槃，家人还捉净器，此则空传护净，未见其功。幸熟察之，须观得失。

四、餐分净触

凡西方道俗，噉食之法，净触事殊。既餐一口，即皆成触。所受之器，无宜重将，置在傍边，待了同弃。所有残食，与应食者食之。若更重收，斯定不可。无问贵贱，法皆同尔。此乃天仪，非独人事。诸论云：不嚼杨枝，便利不洗，食无净触，将以为鄙。岂有器已成触，还将益送，所有残食，却收入厨。余饭却覆写瓮中，长臛乃反归铛内。羹菜明朝更食，饭果后日仍餐。持律者颇识分疆，流漫者雷同一概。

又凡受斋供及余饮噉，既其入口，身即成触，要将净水漱口之后，方得触著余人及余净食。若未澡漱，触他并成不净，其被触人皆须净漱。若触著狗犬，亦须澡漱。其尝食人，应在一边，尝讫洗手漱口，并洗尝食器，方触铛釜。若不尔者，所作祈请及为禁术，并无効验。纵陈飨祭，神祇不受。以此言之，所造供设，欲献三宝，并奉灵祇，及寻常饮食，皆须清洁。若身未净澡漱，及大小便利不洗净者，皆不合作食。俗亦有云：清斋方释奠，翦爪宜侵肌，舍尘或孔颜。如斯等类，亦是事须清洁，不以残食而歆飨也。

凡设斋供及僧常食，须人检校。若待斋了，恐时过者，无论道俗，虽未荐奉，取分先食。斯是佛教，许无罪咎。比见僧尼助检校者，食多过午，因福获罪，事未可也。然五天之地，云与诸国有别异者，以此净触为初基耳。昔有北方胡地(一)使人，行至西国，人多见笑，良以便利不洗，余食内盆，食时丛坐，互相党触，不避猪犬，不嚼齿木，遂成讥议。故行法者极须存意，勿以为轻。然东夏食无净触，其来久矣。虽闻此说，多未体仪。自非面言，方能解悟。

［注释］

（一）北方胡地：本书卷三“师资之道”章原注：“五天之地，皆曰婆罗门国。北方速利，总号胡疆。”胡地即胡疆。指古印度西北边境以外地。

五、食罢去秽

食罢之时，或以器承，或在屏处，或向渠窦，或可临阶，或自持瓶，或令人授水，手必净洗。口嚼齿木，疏牙刮舌，务令清洁。余津若在，即不成斋。然后以其豆屑，或时将土，水捻成泥，拭其唇吻，令无腻气。次取净瓶之水，盛以螺杯，或用鲜叶，或以手承。其器及手，必须三屑净指豆屑、土、干牛粪。，洗令去腻。或于屏隐，净瓶注口。若居显处，律有遮文。略漱两三，方乃成净。自此之前，口津无宜辄咽。既破威仪，咽咽得罪。乃至未将净水重漱已来，涎唾必须外弃。若日过午，更犯非时。斯则人罕识知，纵知护亦非易。以此言之，豆面灰水，诚难免过，良为牙中食在，舌上腻存。智者观斯，理应存意。岂容正食已了，谈话过时，不畜净瓶，不嚼齿木，终朝含秽，竟夜招愆。以此送终，固成难矣！其净瓶水，或遣门人持受，亦是其仪。

六、水有二瓶

凡水分净触，瓶有二枚。净者咸用瓦瓷，触者任兼铜铁。净拟非时饮用，触乃便利所须。净则净手方持，必须安著净处。触乃触手随执，可于触处置之。唯斯净瓶及新净器所盛之水，非时合饮。余器盛者，名为时水。中前受饮，即是无愆。若于午后，饮便有过。其作瓶法，盖须连口，顶出尖台，可高两指，上通小穴，粗如铜箸，饮水可在此中。傍边则别开圆孔，拥口令上，竖高两指，孔如钱许。添水宜于此处，可受二三升，小成无用。斯之二穴，恐虫尘入，或可著盖，或以竹木，或将布叶而里塞之。彼有梵僧，取制而造。若取水时，必须洗内，令尘垢尽，方始纳新。岂容水则不分净触，但畜一小铜瓶，著盖插口，倾水流散，不堪受用，难分净触，中间有垢有气，不堪停水，一升两合，随事皆阙。

其瓶袋法式，可取布长二尺，宽一尺许，角摄两头，对处缝合，于两角头连施一襻，才长一磔(一)。内瓶在中，挂髆而去。乞食钵袋，样亦同此(二)。上掩钵口，尘土不入。由其底尖，钵不动转。其贮钵之袋，与此不同，如余处述。所有瓶钵，随身衣物，各置一肩，通覆袈裟，擎伞而去。此等并是佛教出家之仪。有暇手执触瓶并革屣袋，锡仗斜挟，进止安详。鸟喻月经，雅当其况(三)。至如王城(四)、觉树(五)、鹫岭(六)、鹿园(七)、娑罗鹤变之所(八)、萧条鹊封之处(九)，礼制底时，四方俱凑，日观千数，咸同此式。若那烂陀寺，大德多闻并皆乘舆，无骑鞍乘者。及大王寺(十)，佥亦同尔。所有资具，咸令人担，或遣童子(十一)擎持。此是西方僧徒法式。

[注释]

(一)磔：碛本所附“音释”：“长八指也。”

（二）乞食钵袋，样亦同此：《根本说一切有部毗奈耶杂事》卷三三义净原注解释乞食钵袋："神州比来无此钵袋。由下尖角，钵不动摇，不同平巾，动转流溢。作时应取布小尺二尺，叠使正方，傍边剪却，将作横襻，用时极理安稳也。"（T24/372c）

（三）鸟喻月经，雅当其况：此句不知典出何处。

（四）王城：即王舍城。见前"序"中注。

（五）觉树：梵文 Bodhidruma，又译菩提树。释迦牟尼成道处金刚座上之树。

（六）鹫岭：又称鹫峰。梵文 Gṛdhrakūṭa。在古摩揭陀国王舍城附近。见《大唐西域记》卷九。

（七）鹿园：即鹿野苑。见前"序"中"鹿苑"条注。

（八）娑罗鹤变之所：娑罗，见前"序"中注。传说释迦牟尼涅槃时，娑罗树一时开花，林色变白，如白鹤降落。南本《大般涅槃经》卷一："尔时拘尸那城娑罗树林，其林变白，犹如白鹤。"（T12/608c）此指释迦牟尼涅槃处。

（九）萧条鹊封之处：高楠谓指 Kalandakaveṇuvana，即《大唐西域记》卷九所记摩揭陀国王舍城附近迦兰陀竹园。Kalandaka，义净译《根本说一切有部毗奈耶破僧事》卷八译作羯兰铎迦，为一鸟名，此园因鸟而得名。（T24/137c—138a）此鸟类鹊，鹊封之称或即由此而来。但据《大唐西域记》，Kalandaka 为城中一长者名，此园为其所有，园遂有此名（校注本，第 734 页）。

（十）大王寺：大王寺不详在印度何处。

（十一）童子：此指在寺院中学习佛教，预备出家的青年。本书卷三"受戒轨则"章："凡诸白衣，诣苾刍所，若专诵佛典，情希落发，毕愿缁衣，号为童子。"梵文 māṇava。

七、晨旦观虫

每于晨旦，必须观水。水有瓶井池河之别，观察事非一准。亦既天明，先观瓶水。可于白净铜盏铜楪或赢杯漆器之中，倾取掬许，安竖砖上。或可别作观水之木，以手掩口，良久视之。或于盆罐中看之亦得。虫若毛端，必须存念。若见虫者，倒泻瓶中，更以余水再三涤器，无虫方罢。有池河处，持瓶就彼。泻去虫水，滤取新净。如但有井，准法滤之。若观井水，汲出水时，以铜盏于水罐中酌取掬许，如上观察。若无虫者，通夜随用。若有同前滤漉。池河观水，广如律说。

凡滤水者，西方用上白氎，东夏宜将密绢，或以米柔，或可微煮。若是生绢，小虫直过。可取熟绢，笏尺四尺，捉边长挽，襵取两头，刺使相著，即是罗样。两角施带，两畔置㺃，中安横杖，张开尺六。两边系柱，下以盆承。倾水之时，罐底须入罗内。如其不尔，虫随水落，堕地堕盆，还不免杀。凡水初入罗时，承取观察，有虫即须换却，若净如常用之。水既足已，即可翻罗。两人各捉一头，翻罗令入放生器内。上以水洗三遍，外边更以水淋。中复安水，承取观察。若无虫者，随意去罗。此水经宵，还须重察。凡是经宿之水，旦不看者，有虫无虫，律云用皆招罪。然护生取水，多种不同。井处施行，此罗最要。河池之处，或可安卷，用阴阳瓶(一)，权时济事。又六月七月，其虫更细，不同余时，生绢十重，虫亦直过。乐护生者，理应存念，方便令免。或作瓦盆子罗，亦是省要。西方寺家，多用铜作。咸是圣制，事不可轻。

［注释］

(一)阴阳瓶：即法瓶。《根本说一切有部百一羯磨》卷八义净原注解释“法瓶”：“阴阳瓶是。”（T24/491b）

其放生器作小水罐，令口直开，于其底傍更安两鼻，双绳放下，到水覆牵，再三入水，然后抽出。若是寺家滤罗，大僧元不合触。房内时水，亦复同然。未受具人，取方得饮。非时饮者，须用淨罗、净瓶、净器，方堪受用。存生乃是性戒，可护中重，十恶居首，理难轻忽。水罗是六物之数(一)，不得不持。若行三五里，无罗不去。若知寺不滤水，不合餐食。渴死长途，足为龟镜。岂容恒常用水，曾不观察，虽有滤罗，虫还死内。假欲存救，罕识其仪。井口之上翻罗，未晓放生之器。设令到水，虫死何疑。时有作小圆罗，才受一升两合，生疏薄绢，元不观虫。悬著钵边，令他知见。无心护命，日日招愆。师弟相承，用为传法。诚哉可叹，良足悲嗟。其观水器，人人自畜，放生之罐，在处须有(二)。

[注释]

(一)水罗是六物之数：六物，见本书卷二“衣食所须”章。水罗有五种，《根本说一切有部百一羯磨》卷八义净原注叙述甚详(T24/491b)。

(二)放生之罐，在处须有：《根本说一切有部毗奈耶杂事》卷十九义净原注叙放生器法极详(T24/293c)。

八、朝嚼齿木

每日旦朝，须嚼齿木。揩齿刮舌，务令如法。盥漱清净，方行敬礼。若其不然，受礼礼他，悉皆得罪。其齿木者，梵云惮哆家瑟诧(一)。惮哆译之为齿，家瑟诧即是其木。长十二指，短不减八指，大如小指。一头缓须熟嚼，良久净刷牙关。若也逼近尊人，宜将左手掩口。用罢擘破，屈而刮舌。或可别用铜铁，作刮舌之篦。或取竹木薄片，如小指面许，一头纤细，以剔断牙，屈而刮舌，勿令伤损。亦既用罢，即可俱洗，弃之屏处。凡弃齿木，若口中吐水及以洟唾，皆须弹指经三，或时謦咳过两。如不尔者，弃便有罪。

［注释］

（一）惮哆家瑟诧：梵文 dantakāṣṭha。danta 意为齿，kāṣṭha 意为木片。解释如下文。

或可大木破用，或可小条截为。近山庄者，则柞条葛蔓为先；处平畴者，乃楮桃槐柳随意。预收备拟，无令阙乏。湿者即须他授，干者许自执持。少壮者任取嚼之，耆宿者乃椎头使碎。其木条以苦涩辛辣者为佳，嚼头成絮者为最。粗胡叶根，极为精也。即苍耳根并截取入地二寸坚齿口香，消食去癊。用之半月，口气顿除。牙疼齿惫，三旬即愈。要须熟嚼净揩，令涎癊流出，多水净漱，斯其法也。次后若能鼻中饮水一抄，此是龙树长年之术（一）。必其鼻中不惯，口饮亦佳。久而用之，便少疾病。

［注释］

（一）此是龙树长年之术：龙树，梵文 Nāgārjuna。玄奘译名作龙猛。印度大乘佛教中观派的创立者，活动时间在 2 世纪末 3 世纪初。传说他擅长医术，能长生不老。中国隋唐时译有印度医书，常托名为龙树所著。如《隋书》卷三四《经籍志》三曾著录龙树医药书三种（4/1047，4/1048，4/1049），《崇文总目》卷七及《宋史》卷二〇七《艺文志》六曾著录《龙树眼论》一卷（15/5309）。

然而牙根宿秽，积久成坚，刮之命尽。若汤净漱，更不腐败，自至终身。牙疼西国迥无，良为嚼其齿木。岂容不识齿木名作杨枝，西国柳树全稀，译者辄传斯号。佛齿木树实非杨柳，那烂陀寺目自亲观（一）。既不取信于他，闻者亦无劳致惑。检《涅槃经》梵本(二)云嚼齿木时矣。亦有用细柳条,或五或六,全嚼口内,不解漱除。或有吞汁,将为殄病。求清洁而返秽,冀去疾而招痾。或有斯亦不知,非在论限。然五天法俗,嚼齿木自是恒事,三岁童子,咸即教为。圣教俗流,俱通利益(三)。既伸臧否,行舍随心。

[注释]

(一)那烂陀寺目自亲观:《大唐西域求法高僧传》卷上《慧业传》:"(那烂陀寺)根本殿西有佛齿木树,非是杨柳。"

(二)《涅槃经》梵本:《涅槃经》梵名 Mahāparinirvāṇasūtra。梵本今仅存少数残卷。

(三)圣教俗流,俱通利益:嚼齿木有五利。见《根本说一切有部毗奈耶杂事》卷十三(T24/264c)。此不详举。

九、受斋轨则

凡论西方赴请之法,并南海诸国,略显其仪。西方乃施主预前礼拜请僧,斋日来白时至。僧徒器座,量准时宜。或可净人自持,或受他净物。器乃唯铜一色,须以灰末净揩。座乃各别小床,不应连席相触。其床法式,如第三章已言。若其瓦器曾未用者,一度用之,此成无过。既被用讫,弃之坑堑,为其受触,不可重收。故西国路傍设义食处,残器若山,曾无再用。即如襄阳瓦器,食了更收,向若弃之,便用净法。又复五天元无瓷漆,瓷若油合,是净无疑。其漆器或时贾客将至西方及乎南海,皆不用食,良为受腻故也。必若是新,以净灰洗,令无腻气,用亦应得。其木器元非食物,新者一用,故亦无愆,重触有过,事如律说。

其施主家设食之处,地必牛粪净涂,各别安小床座。复须清净坻瓮，预多贮水。僧徒既至，解开衣纽，安置净瓶。即宜看水，若无虫者，用之濯足。然后各就小床，停息片时，察其早晚。日既将午，施主白言时至，法众乃反褔上衣，两角前系，下边右角压在腰绦左边。或屑或土，澡手令净。或施主授水，或自用君持（一），随时济事。重来踞坐，受其器叶，以水略洗，勿使横流。食前全无呪愿之法。施主乃净洗手足，先于大众行初，置圣僧供。次乃行食，以奉僧众，复于行末，安食一盘，以供呵利底母（二）。

［注释］

（一）君持：梵文 kuṇḍika。又译作君迟、军持、捃稚迦等。《大唐西域记》卷十原注："即澡瓶也。"（校注本，第 784 页）

（二）呵利底母：梵文 Hārītī，又译鬼子母。故事见下文。《根本说一切有部毗奈耶杂事》卷三一所叙更详（T24/360c—363b）。

其母先身，因事发愿，食王舍城所有儿子。因其邪愿，舍身遂生药叉（一）之内，生五百儿，日日每餐王舍城男女。诸人白佛，佛遂藏其稚子，名曰爱儿。触处觅之，佛边方得。世尊告曰："汝怜爱儿乎？汝子五百，一尚见怜，况复余人一二而已。"佛因化之，令受五戒，为邬波斯迦（二）。因请佛曰："我儿五百，今何食焉？"佛言："苾刍等住处寺家，日日每设祭食，令汝等充餐。"故西方诸寺每于门屋处，或在食厨边，塑画母形，抱一儿子于其膝下，或五或三，以表其像。每日于前盛陈供食。其母乃是四天王（三）之众，大丰势力，其有疾病无儿息者，飨食荐之，咸皆遂愿。广缘如律，此陈大意耳。神州先有名鬼子母焉。

［注释］

（一）药叉：梵文 yakṣa。印度传说中一种半神半人的精灵。

（二）邬波斯迦：梵文 upāsikā。《大唐西域记》卷九原注："唐言近事女。”（校注本，第 706 页）即女居士。

（三）四天王：佛教保护神，所谓东方持国天王（Dhṛtarāṣṭra）、南方增长天王（Virūḍhaka）、西方广目天王（Virūpākṣa）、北方多闻天王（Dhanada）。

又复西方诸大寺处，咸于食厨柱侧，或在大库门前，雕木表形，或二尺三尺，为神王状，坐把金囊，却踞小床，一脚垂地，每将油拭，黑色为形，号曰莫诃歌罗(一)，即大黑神也。古代相承云是大天(二)之部属，性爱三宝，护持五众(三)，使无损耗，求者称情。但至食时，厨家每荐香火，所有饮食随列于前。曾亲见说《大涅槃》处般弹那寺(四)，每常僧食一百有余。春秋二时礼拜之际，不期而至僧徒五百，临中忽来。正到中时，无宜更煮。其知事人告厨家曰：“有斯仓卒，事欲如何？”于时有一净人老母而告之曰：“此乃常事，无劳见忧。”遂乃多然香火，盛陈祭食，告黑神曰：“大圣涅槃，尔徒尚在。四方僧至，为礼圣踪。饮食供承，勿令阙乏。是仁之力，幸可知时。”寻即总命大众令坐，以寺常食次第行之，大众咸足。其餐所长，还如常日。咸皆唱善，赞天神之力。亲行礼觐，故睹黑神。见在其前，食成大聚。问其何意，报此所由。淮北虽复先无，江南多有置处。求者效验，神道非虚。大觉寺目真邻陀龙(五)亦同斯异矣。

［注释］

（一）莫诃歌罗：梵文 Mahākāla。意译大黑神。

（二）大天：梵文 Mahādeva 的意译，此处为神名。

（三）五众：苾刍（bhikṣu）、苾刍尼（bhikṣuṇī）、式叉摩那（śikṣamāṇā）、沙弥（śramaṇera）、沙弥尼（śramaṇerī）。

（四）说《大涅槃》处般弹那寺：《大涅槃》指《大般涅槃经》（*Mahāparinirvāṇasūtra*）。般弹那寺在拘尸那城，即今印度北方邦 Gorakhpur 东的 Kasiā，此地出土有黏土制印章，上镌铭文 Śrī-Bandhana-mahāvihārāya-bhikṣu-saṃghasya，据文字字形判断，约为 6 世纪时物。见静谷正雄:《インドの仏教碑銘目録》，京都，1979，Ⅳ，G198，p.230。此即“说《大涅槃》处般弹那寺”，Bandhana-mahāvihāra 即般弹那寺一名的原字。此名又见 Mahāparinibbānasutta，Ⅵ，45。

（五）大觉寺目真邻陀龙：大觉寺，梵文 Mahābodhisaṅghārāma。在释迦牟尼成道处。传说释迦牟尼成道后，曾受目真邻陀龙邀请，至龙宫坐禅七日。《大唐西域记》卷八：“帝释化池东林中，有目支邻陀龙王池，其水清黑，其味甘美。”（校注本，第 685 页）目支邻陀即目真邻陀，梵文 Mucilinda。此池在释迦牟尼成道处附近，与大觉寺相邻。

其行食法，先下姜盐，姜乃一片两片，大如指许，盐则全匕半匕，藉之以叶。其行盐者，合掌长跪，在上座前，口唱三钵罗佉哆（一），译为善至，旧云僧跋者讹也。上座告曰：“平等行食。”意道供具善成，食时复至。准其字义，合当如是。然而佛与大众受他毒食，佛教令唱三钵罗佉哆，然后方食，所有毒药，皆变成美味。以此言之，乃是秘密言词，未必目其善至。东西两音，临时任道。并汾之地（二）唱时至者，颇有故实。

［注释］

（一）三钵罗佉哆：梵文 saṃpragata。《根本说一切有部目得迦》卷八义净原注：“三钵罗佉哆，译为正至，或为时至，或是密语神呪，能解毒故。昔云僧跋者讹也。佛教遣唱食前，今乃后称食遍，非直失于本意，上座难免其愆。讹替多时，智者详用。”（T24/445b—c）

（二）并汾之地：并指并州，汾指汾州。唐时俱在今山西境内。

并州州治太原，今太原市。汾州州治西河，今汾阳。

其授食之人，并须当前并足，恭敬曲身，两手执器，及以饼果。去手一磔，即须悬放。自余器食，或一寸二寸。若异此途，理不成受。随受随食，无劳待遍。等供食遍，不是正翻。食罢随意(一)，亦非圣说。次授干秔米饭并稠豆臛，浇以热酥，手搅令和，投诸助味，食用右手。才可半腹，方行饼果，后行乳酪及以沙糖。渴饮冷水，无问冬夏。此乃众僧常食，并设斋供，大略皆尔。

[注释]

(一)食罢随意：随意，梵文 pravāraṇa。见卷二"随意成规"章。

然其斋法，意存殷厚。所余饼饭，盈溢盘盂，酥酪纵横，随著皆受。故佛在日，胜光王(一)亲供佛众，行其饮食及以酥酪，乃至地皆流漫。律有诚文，即其事也，净初至东印度耽摩立底国(二)，欲依廉素，设僧斋供，时人止曰："若才足而已，何为不得？然而古来相承，设须盈富。若但满腹者，恐人致笑。闻师从大国来，处所丰赡，若无盈长，不如不设。"是以还依彼法矣。斯乃施心弘广，得报还复丰多，无乖理也。必其贫窭，及食罢行嚫，随力所能。

[注释]

(一)胜光王：即胜军王，梵文 Prasenajit，巴利文 Pāsenadi。或音译波斯匿王或钵逻犀那恃多王。释迦牟尼时憍萨罗国国王，支持佛教，与佛为好友。佛经中有关他的故事很多。

(二)耽摩立底国：耽摩立底，梵文 Tāmralipti。《法显传》译作"多摩梨帝"，《大唐西域记》卷十译作"耽摩栗底"，并有专条。

旧地在今印度西孟加拉国邦 Midnapur 的 Tamluk 附近，古代位于 Hooghly 河的入海口处，为东印度重要港口。

既其食了，以片水漱口，咽而不弃。将少水置器，略净右手，然后方起。欲起之时，须以右手满掬取食，持将出外。不简僧私之物，圣遣普施众生。未食前呈，律无成教。又复将食一盘，以上先亡及余神鬼应食之类。缘在鹫山，如经广说。可将其食，向上座前跪，上座乃以片水洒而呪愿曰："以今所修福，普沾于鬼趣。食已免极苦，舍身生乐处。菩萨之福报，无尽若虚空。施获如是果，增长无休息！"持将出外，于幽僻处，林丛之下，或在河池之内，以施先亡矣。江淮间设斋之次，外置一盘，即斯法也。

然后施主授齿木，供净水。盥漱之法，如第五章已述。僧徒辞别之时，口云所有福业，悉皆随喜[一]。然后散去，众僧各各自诵伽他[二]，更无法事。食罢余残，并任众僧令小儿将去。或施贫下，随应食者食之。或可时属饥年，或知施主性吝者，问而后取，斋主全无重收食法。此是西方一涂受供之式。

［注释］

（一）随喜：梵文 anumata。下文中有解释。

（二）伽他：梵文 gāthā，又译伽陀。即偈颂。

或可施主延请同前，于其宅中形像豫设。午时既至，普就尊仪。蹲踞合掌，各自心念。礼敬既讫，食乃同前。或可别令一人，在尊像前，长跪合掌，大声赞佛。言长跪者，谓是双膝踞地，竖两足以支身，旧云胡跪者非也。五天皆尔，何独道胡。唯叹佛德，不杂余言。施主乃燃灯散华，一心虔敬。用摩香泥以涂僧足，烧香馝馥，元不别行。鼓乐弦歌，随情供养。方始如前，准次餐食。

食罢将其瓶水遍洒众前，上座方为施主略诵陀那伽他(一)。斯乃复是两涂西方食法。

[注释]

(一)陀那伽他：梵文 dānagāthā。dāna 意即施。

然而西国啖嚼，多与神州不同，但可略据律科，粗陈梗概云尔。律云：半者蒲膳尼，半者珂但尼(一)。蒲膳尼以含啖为义，珂但尼即啮嚼受名。半者谓五也，半者蒲膳尼应译为五啖食。旧云五正者，准义翻也。一饭、二麦豆饭、三麨、四肉、五饼。半者珂但尼应译为五嚼食。一根、二茎、三叶、四华、五果。其无缘者，若食初五，后五必不合餐。若先食后五，前五啖便随意。准知乳酪等非二五所收，律文更无别号，明非正食所摄。若诸面食，竖匙不倒，皆是饼饭所收。干麨和水，指画见迹者，斯还五摄。

[注释]

(一)半者蒲膳尼，半者珂但尼：半者蒲膳尼，梵文 pañcabhojanīya；半者珂但尼，梵文 pañcakhādanīya。解释见下文。此又见《根本说一切有部百一羯磨》卷五（T24/478a）、《根本说一切有部毗奈耶杂事》卷十（T24/249c—250a）、《根本说一切有部毗奈耶》卷三六（T23/821b）等。

且如五天之地，界分绵邈，大略而言，东西南北各四百余驿。除其边裔，虽非尽能目击，故可详而问知。所有啖嚼，奇巧非一。北方足面，西边丰麨，摩揭陀国面少米多，南裔东陲，与摩揭陀一类。酥油乳酪，在处皆有。饼果之属，难可胜数。俗人之流，膻腥尚寡。诸国并多粳米，粟少黍无。有甘瓜，丰蔗芋，乏葵菜，足蔓青，然子有黑白，比来译为芥子，压油充食，诸国咸然。其菜食之味，与神州蔓青无别。其根坚硬，复与蔓青不同。结实粒粗，复非芥子。其犹枳橘，因地迁形。在那烂陀与无行禅师[一]共议怀疑，未能的辨。又五天之人，不食诸齑及生菜之属，由此人无腹痛之患，肠胃和软，亡坚强之忧矣。

［注释］

（一）无行禅师：荆州江陵人。梵名般若提婆（Prajñādeva）。唐咸亨二年（671）以后偕僧人智弘取海路赴印度，在印度数年。垂拱元年（685）以后拟取北道归国，卒于北印度。事迹详见《大唐西域求法高僧传》卷下。

然南海十洲，斋供更成殷厚。初日将槟榔一颗及片子香油并米屑少许，并悉盛之叶器，安大盘中，白氎盖之。金瓶盛水，当前沥地，以请众僧，令于后日中前，涂身澡浴。第二日过午已后，则击鼓乐，设香华，延请尊仪。棚车辇舆，幡旗映日，法俗云奔。引至家庭，张施帷盖。金铜尊像，莹饰皎然，涂以香泥，置净盘内。咸持香水，虔诚沐浴。拭以香氎，捧入堂中，盛设香灯，方为称赞。然后上座为其施主说陀那伽他，申述功德，方始请僧。出外澡漱，饮沙糖水，多噉槟榔，然后取散。至第三日禺中，入寺敬白时到。僧洗浴已，引向斋家。重设尊仪，略为澡沐。香华鼓乐，倍于昨晨。所有供养，尊前普列。于像两边，各严童女或五或十，或可童子，量时有无。或擎香炉，执金澡罐。或捧香灯、鲜华、白拂。所有妆台镜奁之属，咸悉持来佛前奉献。问其何意，答是福田。今不奉献，后宁希报？以理言之，斯亦善事。

次请一僧，座前长跪，赞叹佛德。次复别请两僧，各升佛边一座，略诵小经半纸一纸。或庆形像，共点佛睛，以求胜福。然后随便各就一边，反襵加沙，袈裟乃是梵言，即是乾陀之色[一]。元来不干东语，何劳下底置衣？若依律文典语，三衣并曰支伐罗也[二]。两角前系，澡手就餐。威仪法式、牛粪涂地、观水、濯足、及所餐噉行食法用，并与西方大同。然其别者，颇兼三净(三)耳。并多缝叶为盘，宽如半席，贮粳米饼一升二升。亦用为器，受一升二升，擎向僧处，当前授与。次行诸食，有三二十般。此乃贫窭之辈也。若是王家及余富者，并授铜盘铜碗及以叶器，大如席许，肴馔饮食，数盈百味。国王乃舍尊贵位，自称奴仆，与僧授食，虔恭彻到，随著皆受，更无遮法。若但取足而已，施主心便不快，见其盈溢，方成意满。粳米饭则四升五升，饼果等则三盘两盘。其亲属邻伍之家，咸赍助供。或饼或饭，羹菜非一。然一人残食，可供三四。若盛设者十人食亦未尽。其所残食皆任众僧令净人将去。然而神州斋法，与西国不同，所食残余，主还自取。僧辄将去，理成未可。故出家之人相时而动，知足不辱，无亏施心。必若施主决心不拟重取，请僧将去者，任量事斟酌。

［注释］

（一）袈裟乃是梵言，即是乾陀之色：袈裟，梵文 kaṣāya 或 kāṣāya。乾陀，梵文 kanthā。义净在《根本说一切有部百一羯磨》卷九注中解释“乾陀色”：“梵云袈裟野，译为赤色。”（T24/495b）又本书卷二“衣食所须”章原注：“北方诸国，多名法衣为袈裟，乃是赤色之义，非律文典语。”

（二）三衣并曰支伐罗也：本书卷二“衣食所须”章有详细解释。

（三）三净：所谓三种净肉。慧琳《一切经音义》卷二五：“三种净肉，一不见杀，二不闻杀，三不疑为己杀等是。”（T54/467b）小乘佛教不禁僧人食，大乘佛教一般则禁止食用。

众僧亦既食了，盥漱又毕，乃扫除余食，令地清净。布以华灯，烧香散馥。持所施物，列在众前。次行香泥，如梧子许。

僧各揩手，令使香洁。次行槟榔豆蔻，糅以丁香龙脑，咀嚼能令口香，亦乃消食去癊。其香药等，皆须净瓶水洗，以鲜叶裹，授与众僧。施主至上座前，或就能者，以著觜瓶，水如铜箸，连注不绝，下以盘承。师乃手中执华，承其注水，口诵陀那伽他。初须佛说之颂，后通人造。任情多少，量时为度。须称施主名，愿令富乐。复持现福，回为先亡。后为皇王，次及龙鬼。愿国土成熟，人物乂安，释迦圣教，住而莫灭。其伽他译之如别。斯乃世尊在日亲为呪愿，但至食罢，必为说特欹拏伽他(一)，是将施物供奉之义。特欹尼野即是应合受供养人(二)。是故圣制每但食了，必须诵一两陀那伽他，报施主恩。梵云陀那钵底(三)，译为施主。陀那是施，钵底是主。而云檀越者，本非正译。略去那字，取上陀音，转名为檀，更加越字，意道由行檀舍，自可越渡贫穷。妙释虽然，终乖正本。旧云达儭者讹也。若不然者，既违圣教，不销所餐。

［注释］

（一）特欹拏伽他：梵文 dakṣināgāthā。慧琳《一切经音义》卷六一解释："梵语也，此云将施物供养三宝之义，伽陀即偈颂也。是呪愿施主福德资益之意。"（T54/711b）

（二）特欹尼野即是应合受供养人：特欹尼野，梵文 dakṣinīya。

（三）陀那钵底：梵文 dānapati。解释见下文。

乞余食法，时有行处，然后行其嚫物。或作如意树以施僧，或造金莲华以上佛。鲜华齐膝，白氎盈床。过午或讲小经，或时连夜方散。辞别之时，口云娑度(一)，兼唱阿奴谟柂(二)。娑度即事目善哉，阿奴谟柂译为随喜。凡见施他，或见施己，咸同此说。意者前人既呈，随后庆赞，俱招福利矣。此是南海十洲一涂受供法式。或初日槟榔请僧，第二日禺中浴像，午时食罢，齐暮讲经，斯则处中者所务。或可初日奉齿木以请僧，明日但直设斋而已。或可就僧礼拜，言伸请白，斯乃贫乏之流也。

［注释］

（一）娑度：梵文 sādhu。解释见下文。

（二）阿奴谟柂：梵文 anumoda。意为同意，此处译为随喜。

然北方诸胡，覩货罗[一]及速利国[二]等，其法复别。施主先呈华盖，供养制底，大众旋绕，令唱导师广陈呪愿，然后方食。其华盖法式如《西方记》[三]中所陈矣。斯等虽复事有疏繁，食兼广略，然而僧徒轨式，护净手餐，大徒法则，并悉相似。众僧或有杜多乞食，但著三衣，设他来请，或奉金宝，弃如涕唾，屏迹穷林矣。即如东夏斋法，遣疏请僧，虽至明朝，不来启白。准如圣教，似不殷勤。必是门徒，须教法式。若行赴供，应将滤罗，僧所用水，并可观察。既其食了，须嚼齿木。若口有余腻，即不成斋。虽复饿腹终宵，讵免非时之过，幸可看西方食法。拟议东川，得不之宜，自然明白，无暇详述，智者当思。

［注释］

（一）覩货罗：梵文 Tukhāra。中亚古国名。亦用作地名。《大唐西域记》卷一："出铁门，至覩货罗国故地。南北千余里，东西三千余里。东阨葱岭，西接波剌斯，南大雪山，北据铁门，缚刍大河中境西流。"（校注本，第 100 页）即在今阿富汗北部一带，兴都库什山与阿姆河上游之间。

（二）速利国：速利又作窣利。中亚古国。《大唐西域记》卷一："自素叶水城，至羯霜那国，地名窣利，人亦谓焉。"（校注本，第 72 页）即东起原苏联吉尔吉斯北托克马克城，西至原苏联乌兹别克东南部沙赫里夏勃兹一带。

（三）《西方记》：书今不存。从上下文看，似为义净所著，后亡佚。

尝试论之曰：然无上世尊，大慈悲父，愍生沦滞，历三大(一)而翘勤；冀使依行，现七纪而扬化(二)。以为住持之本，衣食是先，恐长尘劳，严施戒检。制在圣意，理可遵行。反以轻心，道其无罪，食噉不知受触，但护淫戒一条，即云我是无罪之人，何劳更烦学律？咽噉著脱，元不关情，直指空门，将为佛意，宁知诸戎非佛意焉？一贵一轻，出乎臆断。门徒遂相踵习，判不窥看戒经，写得两卷空门，便谓理包三藏。不思咽咽当有流浆之苦，谁知步步现招贼住之殃。浮囊不泄(三)，乃是菩萨本心；勿轻小愆，还成最后之唱。理合大小双修，方顺慈尊之训。防小罪，观大空，摄物澄心，何过之有？或恐自迷误众，准教聊陈一隅。空法信是非虚，律典何因见慢。宜应半月说戒洗忏，恒为劝戒门徒，日三礼白。佛法住世，日日衰微。察己童年所观，乃与老时全异。目验斯在，幸可存心。夫饮食之累，乃是常须，幸愿敬奉之伦无轻圣教耳。

［注释］

（一）三大：所谓三大祇，又称三阿僧祇劫。指无限长的时间。本书卷四“古德不为”章：“满三大之长祇。”阿僧祇劫，梵文asaṅkhyakalpa。

（二）现七纪而扬化：指释迦牟尼住世七纪。一纪十二年，七纪八十四年。释迦牟尼实际在世八十年，此略言之。

（三）浮囊不泄：浮囊，泅渡时所用气囊，古时多为皮制。《释氏要览》卷中“护惜浮囊”条：“《涅槃经》云，有一人渡海，假于浮囊。有一罗刹随渡者乞其浮囊，乃至一针眼许，渡者不得。此喻持戒人守护戒法，如渡海浮囊，不得少许穿漏，方渡生死大海。”（T54/281c）此见北本《大般涅槃经》卷十一（T12/432b）。

重曰：圣教八万，要唯一二。外顺俗途，内凝真智。何谓俗途？奉禁亡辜。何谓真智？见境俱弃。遵胜谛而无著，灭缘生之有累。勤积集于多修，证圆成之妙义。岂容不习三藏，教理俱迷，罪若河沙之巨量，妄道已证于菩提。菩提是觉，惑累皆亡。不生不灭，号曰真常。宁得同居苦海，漫说我住西方。常理欲希，戒净为基。护囊穿之小隙，慎针穴之大非。大非之首，衣食多咎。奉佛教则解脱非遥，慢尊言乃沉沦自久。聊题行法，略述先模。咸依圣检，岂曰情畐。幸无嫌于直说，庶有益于疑途。若不确言其进不，谁复辄鉴于精粗。

南海寄归内法传卷第二

三藏沙门义净撰

十、衣食所须

察夫有待累形，假衣食而始济；无生妙智，托灭理而方兴。若其受用乖仪，便招步步之罪；澄心失轨，遂致念念之迷。为此于受用中求脱者，顺圣言而受用；在澄心处习理者，符先教以澄心。即须俯视生涯，是迷生之牢狱；仰睎寂岸，为悟寂之虚关。方可舣法舟于苦津，秉慧炬于长夜矣。然于所著衣服之制，饮食之仪，若持犯昞然，律有成则，初学之辈，亦识重轻。此则得失局在别人，固乃无烦商榷。自有现违律检，而将为指南，或可习俗生常，谓其无过？或道佛生西国，彼出家者，依西国之形仪，我住东川，离俗者习东川之轨则。讵能移神州之雅服，受印度之殊风者？聊为此徒粗铨衡也。

凡是衣服之仪，斯乃出家纲要，理须具题其制，岂得轻而略诸？且如法众三衣，五天并皆刺叶，独唯东夏开而不缝。亲问北方诸国行《四分律》处，俱同刺叶，全无开者。西方若得神州法服，缝合乃披。诸部律文皆云刺合。然而充身六物，自有严条，十三资具，广如律说。言六物者：一僧伽胝；译为复衣也。二嗢呾啰僧伽；译为上衣也。三安呾婆娑；译为内衣也。此之三衣，皆名支伐啰。北方诸国多名法衣为袈裟，乃是赤色之义，非律文典语。四波呾啰；钵也。五尼师但那；坐卧具也。六钵里萨啰伐拏。滤水罗也，受戒之时，要须具斯六物也。(一)十三资具者：一僧伽胝；二嗢呾啰僧伽；三安呾婆娑；四尼师但那；五裙；六副裙；七僧脚崎；掩腋衣也。八副僧脚崎；九拭身巾；十拭面巾；十一剃发衣；十二覆疮疥衣；十三药资具衣(二)。颂曰：三衣并坐具，裙两帔有双，身面巾剃发，遮疮药具衣。

［注释］

（一）六物：僧伽胝，梵文saṅghāṭī；嗢呾啰僧伽，梵文uttarāsaṅga；安呾婆娑，梵文antarvāsa；波呾啰，梵文pātra；尼师但那，梵文niṣīdana；钵里萨啰伐拏，梵文parisrāvaṇa。支伐啰，梵文civāra。

（二）十三药资具衣：前四种已包括在六物之中，其余有九种：裙，梵文nivāsana，音译泥伐散娜；副裙，梵文pratinivāsana，音译副泥伐散娜；僧脚崎，梵文saṅkakṣikā，又音译僧脚崎迦；副僧脚崎，梵文pratisaṅkakṣikā，又音译副僧脚崎迦；拭身巾，梵文kāyaproñchana，音译迦耶褒折娜；拭面巾，梵文mukhaproñchana，音译木佉褒折娜；剃发衣，梵文keśapratigraha，音译鸡舍钵喇底揭喇呵；覆疮疥衣，梵文kaṇḍupraticchadana，音译建豆钵喇底车惮娜；药资具衣，梵文bheṣajapariṣkāra，音译鞞杀社钵利色加罗。十三资具事又见《根本说一切有部百一羯磨》卷十（T24/498a）。

十三种衣，出家开畜。既有定格，即须顺教用之，不比自余所有长物。此之十三，咸须别牒共事，点净守持，随得随持，无劳总足。余外长衣,量事分别。若毡褥绒席之流,但须作其委付他心而受用也。有云三衣什物者,盖是译者之意。离为二处,不依梵本,别道三衣,折开十物。然其十数不能的委,致使猜卜,皆悉凭虚。训什为杂,未符先旨。

其药具衣,佛制畜者,计当用绢可二丈许,或可一匹。既而病起无恒,卒求难济,为此制畜,可预备之。病时所须,无宜辄用。然修行利生之门,义在存乎通济。既而根有三等,不可局为一途。四依四作[一],十三杜多[二],制准上行。畜房受施,十三资具,盖兼中下。遂使少欲者无盈长之过,多求者亡阙事之咎。大哉慈父,巧应根机,善诱人天,称调御者。而云供身百一[三],四部未见律文。虽复经有其言,故是别时之意。且如多事俗徒,家具尚不盈五十,岂容省缘释子,翻乃过其百数?准验道理,通塞可知。

［注释］

(一)四依四作:四依,所谓四依法;四作,所谓沙门四种应作法。据义净译《根本说一切有部百一羯磨》卷一,前者是:粪扫衣;常乞食;树下敷具;陈弃药。(T24/458a—b)后者是:他骂不应返骂;他嗔不应返嗔;他调不应返调;他打不应返打。(T24/459b)

(二)十三杜多:杜多,见卷一"序"中"杜多"条注。依《根本说一切有部毗奈耶》卷十八,十三杜多是:粪扫衣;三衣;常乞食;次第乞食;一坐食;钵乞食;不重受食;住阿兰若;树下居;露处住;随处住;尸住;常坐(T23/723a)。此据根本说一切有部,一般多举十二种,称为"十二杜多"。

(三)供身百一:又称"百一物""百一众具"。佛教所谓三衣六物之外,僧徒所需一切器具物品。百喻其多,不是定数。《行事钞》卷下一:"百一供身,谓时须要用者。"(T40/368b)义净在此处批评中国佛教律宗的主张,所以下文说"四部未见律文"。

凡论绳绢，乃是圣开，何事强遮。徒为节目断之，以意欲省招繁。五天四部并皆著用，讵可弃易求之绢絁，觅难得之细布？妨道之极，其在斯乎？非制强制，即其类也。遂使好事持律之者，增己慢而轻余；无求省欲之宾，内起惭而外恧。斯乃遮身长道，亦复何事云云。而彼意者将为害命处来，伤慈之极，悲愍含识，理可绝之。若尔者著衣噉食，缘多损生，蝼蚓曾不寄心，蛹蚕一何见念。若其总护者，遂使存身靡托，投命何因？以理推徵，此不然也。而有不噉酥酪，不履皮鞋，不著丝绵，同斯类矣。

凡论杀者，先以故意断彼命根，方成业道，必匪故思，佛言无犯。三处清净，判在亡愆(一)。设乖斯旨，但招轻过。无杀心故，因乃极成。犹若受余，喻便彰著。因喻既其明白无过，依宗自显，三支道理且已皎然(二)。况复金口自言，何劳更为穿凿。遂使五百之疑，出于作者之笔(三)；三豕之谬，传乎信受之言(四)。若其自乞生茧，目验损虫，斯则俗士尚不应行，何况情希出离。引斯为证，深成未可。若有施主净意持来，即须唱随喜以受之，用资身而育德，实无过也。

[注释]

(一)三处清净，判在亡愆：指"三净"。见前卷一"受斋轨则"章"三浮"条注。

(二)三支道理且已皎然：三支道理，指佛教因明学"三支作法"，又称"三分作法"。由宗、因、喻三支组成推理论式。宗即上文中"依宗"，即辩论双方共同认许的命题。

(三)遂使五百之疑，出于作者之笔：五百，此指一般僧人。佛经中常讲"五百苾刍僧俱"。五百之疑，意谓使僧人们迷惑不解。高楠认为应作"五日"。不通。

(四)三豕之谬，传乎信受之言：《吕氏春秋·察传》："有读史记者曰：‘晋师三豖涉河。’子夏曰：‘非也，是己亥也。夫己与三相近，豖与亥相似。’”

五天法服，任刺任缝，衣缕不问纵横，为日无过三五。计绢一匹，作得七条五条。内叶三指，外缘一寸。外缘有刺三道，内叶悉皆缝合，充事表仪，亦何假精妙。若著纳衣者，意存省事。或拾遗于粪聚，或取弃于尸林（一），随得随缝，用祛寒暑耳。而有说云，律中卧具即是三衣。见制野蚕，便生异意。剩谓法衣非绢，遂即觅布殷勤。宁委本文，元来是褥。高世耶乃是蚕名，作绢还受斯号（二）。体是贵物，制不听用。作褥之法，有其两种。或缝之作袋，贮毛在中。或可用丝织成，即是氍毹之类。其褥样阔二肘，长四肘，厚薄随时。自乞乃遮，他施无罪。全不许用，大事严科。此诸敷具非三衣也。

［注释］

（一）尸林：又称尸陀林。玄应《一切经音义》卷七：“尸陀林，正言尸多婆那，此名寒林。其林幽邃而寒，因以名也。在王舍城侧，死人多送其中。今总指弃尸之处。名尸陀林者，取彼名之也。”（同治八年武林张氏刊本，第 8 叶 b）尸多婆那，梵文 śītavana。

（二）高世耶乃是蚕名，作绢还受斯号：高世耶，梵文 kauśeya，又译憍奢耶。《大唐西域记》卷二：“憍奢耶者，野蚕丝也。”（校注本，第 176 页）

又复律云正命，谓是口腹为先。耕垦须得其宜。种植无违教纲。应法食用，不生其罪，始曰立身，能长其福。依如律教，僧家作田，须共净人为其分数。或可共余人户，咸并六分抽一。僧但给牛与地，诸事皆悉不知。或可分数，量时斟酌。西方诸寺多并如是。或有贪婪不为分数，自使奴婢，躬检营农。护戒苾刍不噉其食，意者以其僧自经理，邪命养身，驱使佣人，非瞋不可，坏种垦地，虫蚁多伤。日食不过一升，谁复能当百罪？是以耿介之士疾其事繁，携瓶挟钵，弃之长骛。独坐静林之野，欢与鸟鹿为俦。绝名利之喧嚣，修涅槃之寂灭。若为众家经求取利，是律所听。垦土害命，教门不许。损虫妨业，宁复过此？有罪邪生之十顷，著作则不见为疏条；无过正行之三衣，还复几劳于文墨。呜呼！可为信者说，难与疑者言，由恐传法之家尚怀固执耳！

初至耽摩立底国〔一〕，寺院之外有一方地，忽见家人取菜，分为三份，与僧一份，自取两归。未解其故，问大乘灯师〔二〕曰："斯何意焉？"答曰："此寺僧徒，并多戒行，自为种植，大圣所遮，是以租地与他，分苗而食，方为正命。省缘自活，无其耕垦溉灌杀生之罪矣。"

［注释］

（一）初至耽摩立底国：义净第一次到耽摩立底国是在咸亨四年（673）二月八日。见本书卷四"古德不为"章。又《大唐西域求法高僧传》卷下："耽摩立底国即东印度之南界也，去莫诃菩提及那烂陀可六十余驿。于此创与大乘灯师相见，留住一载，学梵语，习《声论》。"

（二）大乘灯师：大乘灯，梵名莫诃夜那钵地已波，即梵文Mahāyānapradīpa。爱州人。幼年在杜和罗钵底国出家，后在长安依唐玄奘受具足戒。约在显庆年间（656—661）从海路赴印，先到师子国，过南印度，复到耽摩立底，与义净相遇，共诣中印度。淹停印度十二年，卒于拘尸那城，终年六十余岁。事迹见《大唐西域求法高僧传》卷上。

又见知事苾刍，晨旦井边观水，无虫得用。一日有命，即须罗滤。又见但是外人取与，下至一茎菜，并须问众方用。又见寺内不立纲维，但有事来，合众量许。若缘独意处断，随情损益僧徒，不遵众望者，此名俱罗钵底(一)，众共驱之。又见尼入僧寺，白乃方前，僧向尼坊，问而后进。若出寺外，两人方去。必有缘须至俗舍者，白众许已，四人共去。又见每月四斋之日(二)，合寺大众，晡后咸集，俱听寺制，遵而奉行，深生敬仰。

[注释]

（一）俱罗钵底：梵文 kulapati。《大唐西域求法高僧传》卷上："若一人称豪，独用僧物，处断纲务，不白大众者，名为俱攞钵底，译为家主。斯乃佛法之大疣，人神所共怨，虽复于寺有益，而终获罪弥深，智者必不为也。"

（二）四斋之日：本书卷四"长发有无"章"恒作四斋"句下原注："黑月八日，或十四日，或十五日；白月八日，十五日。"

又见有一小师，遣其童子，将米二升送与家人妇女。情涉曲私，有人告众。唤来对勘，三皆承引。虽无恶事，而自负惭心。即出寺门，弃名长去。师遣余人送彼衣物。但是众法共遵，未劳官制。

又见妇人入寺，不进房中，廊下共语，暂时便去。又见寺内有一苾刍，名曷罗户罗蜜呾啰(一)，于时年可三十，操行不群，名称高远，一日诵《宝积经》(二)有七百颂。闲内典之三藏，洞俗言之四明(三)，东圣方处(四)推为上首。自从受具，女人曾不面言。母姊设来，出观而已。当时问曰："斯非圣教，何为然乎？"答曰："我性多染，非此不杜其源。虽复不是圣遮，防邪亦复何爽。"

[注释]

（一）曷罗户罗蜜呾啰：梵文 Rāhulamitra。或可意译罗怙友。

（二）《宝积经》：梵文 *Ratnakuṭasūtra*。汉译本一百二十卷，分四十九会，七十七品。唐菩提流支等译。为大乘佛教经典。

（三）俗言之四明：四明，四明论，此指四部《吠陀》。《根本说一切有部苾刍尼毗奈耶》卷一义净原注："《薜陀》译为明智，若解此事，则智无不周，用无不备。应云四明论。总有十万颂，口相传授，不合书于纸叶。其中义者，初广明作业，二盛陈赞颂，三说祭药（乐？）法式，四治国养身。诸婆罗门，咸多诵习。"（T23/909a）但《大唐西域记》卷二则记载为寿、祠、平、术四种。参见校注本此条注文（第 188—191 页）。

（四）东圣方处：指东印度。圣方指印度。本书卷三"师资之道"章："即名西方为圣方矣。"圣方，梵文 Āryadeśa。

又见多闻大德，或可一藏精研，众给上房，亦与净人供使。讲说寻常，放免僧事。出多乘舆，鞍畜不骑（一）。又见客僧创来入寺，于五日内，和众与其好食，冀令解息，后乃僧常。若是好人，和僧请住，准其夏岁，卧具是资。无学识则一体常僧，具多闻乃准前安置，名挂僧籍，同旧住人矣。又见好心来至，具问因由。如来出家，和僧剃发，名字不干王籍，众僧自有部书。后若破戒行非，鸣揵稚而驱遣。为此众僧自相检察，起过难为萌渐（二）。

［注释］

（一）出多乘舆，鞍畜不骑：《大唐西域记》卷二"印度总述"条："讲宣一部，乃免僧知事；二部，加上房资具；三部，差侍者祇承；四部，给净人役使；五部，则行乘象舆；六部，又导从周卫。"（校注本，第 193 页）

（二）起过难为萌渐：《大唐西域求法高僧传》卷上："众僧名字不贯王籍，其有犯者，众自治罚，为此僧徒咸相敬惧。"

于时叹曰：昔在神州，自言明律，宁知到此反作迷人。向若不移步西方，何能鉴斯正则！此乃或是寺家众制，或是别行要心，余并著在律文，末代住持极要。此皆是耽摩立底跋罗诃寺(一)之法式也。其那烂陀寺，法乃更严。遂使僧徒数出三千，封邑则村余二百，并积代君王之所奉施，绍隆不绝(二)，非律而谁者哉！亦未见有俗官乃当衙正坐，僧徒为行侧立。欺轻呼唤，不异凡流。送故迎新，几倦途路。若点检不到，则走赴公门。求命曹司，无问寒暑。夫出家之人，本为情希离俗，舍五畏(三)之危道，遵八正(四)之平衢，岂有反更驱驰，重婴罗网，欲求简寂，宁能遂意。可谓全乖解脱，不顺萧然者乎！理须二六杜多(五)，十三资具，随缘济命，荡除业习。报师僧父母之鸿泽，酬天龙帝主之深慈。斯则雅顺调御之仪，善惬策修之路。因论护命之事，且复言其现行，愿诸大德勿嫌烦重耳。

［注释］

（一）跋罗诃寺：跋罗诃，高楠还原为 Bharahat 或 Varahā，存疑。

（二）并积代君王之所奉施，绍隆不绝：《大唐西域求法高僧传》卷上："此（那烂陀）寺内僧众有三千五百人，属寺村庄二百一所，并是积代君王给其人户，永充供养。"但《慈恩传》所记略有不同："国王钦重，舍百余邑，充其供养。邑二百户，日进粳米、酥乳数百石。"又云："僧徒主客常有万人。"（T50/237c）一般认为三千数是比较合理的。见 R. C. Majumdar, *The Classical Age, The Hist ory and Culture of the Indian People,* Vol. Ⅲ, Bombay, 1954, p.581。

（三）五畏：所谓不活畏、恶名畏、死畏、恶道畏、大众威德畏。

（四）八正：所谓八正道：正见、正思惟、正语、正业、正命、正精进、正念、正定。

（五）二六杜多：即十二杜多。见前"十三杜多"条注。

然四部之殊，以著裙表异。一切有部则两边向外双襵，大众部则右裙蹙在左边，向内插之，不令其堕。西方妇女著裙，与大众部无别。上座正量，制亦同斯，但以向外直翻傍插为异。腰绦之制，亦复不同。尼则准部如僧，全无别体。且如神州祇支[一]偏袒覆膊，方裙、裈袴、袍襦，咸乖本制，何但同袖及以连脊。至于披著不称律仪，服用并皆得罪。颇有著至西方，人皆共笑，怀惭内耻，裂充杂用。此即皆是非法衣服也。若默而不说，知者无由，如欲直言，复恐闻者见怨。是以杼轴于短怀，沉吟于进退。愿智者详察，识衣服之本仪也。

[注释]

(一)祇支：即僧脚崎衣。见前注。本书本卷“尼衣丧制”章原注：“准检梵文，无覆肩衣名，即是僧脚崎衣，此乃祇支之本号。”

又西方俗侣、官人、贵胜所著衣服，唯有白氎一双[一]。贫贱之流，只有一布。出家法众，但畜三衣六物，乐盈长者，方用十三资具。东夏不许同袖及连脊衣者，盖是自习东川，妄谈西国耳。

[注释]

(一)唯有白氎一双：义净译《根本说一切有部目得迦》卷八原注：“西国畜白氎一双，此方当绢一匹也。”（T24/447c）

即如赡部洲中及诸边海，人物衣服可略言之。且从莫诃菩提[一]，东至临邑，有二十余国，正当驩州南界也。西南至海，北齐羯湿弥罗[二]，并南海中有十余国，及师子洲，并著二敢曼矣。既无腰带，亦不裁缝，直是阔布两寻，绕腰下抹。西天之外，大海边隅，有波剌斯(三)及多氏国(四)，并著衫袴。裸国(五)则迥无衣服，男女咸皆赤体。从羯湿弥罗已去，及速利诸胡、土蕃、突厥，大途相似，不著敢曼，毡裘是务，少有劫贝(六)。时存著者，以其寒地，衫袴是常。即此诸国之中，唯波剌斯及裸国、土蕃、突厥，元无佛法(七)，余皆遵奉。而于衫袴之乡，咸不洗净。由是五天之地自恃清高也。

［注释］

（一）莫诃菩提：即大觉寺。见卷一"受斋轨则"章"大觉寺目真邻陀龙"条注。

（二）羯湿弥罗：梵文 Kāśmīra。今克什米尔。

（三）波剌斯：梵文 Pārasa。即波斯，今多称伊朗。

（四）多氏国：《大唐西域求法高僧传》卷上义净原注："言多氏者，即大食国也。"唐代以此名称阿拉伯帝国。原字为波斯语 Tazi 或 Taziks。

（五）裸国：又称裸人国。《大唐西域求法高僧传》卷下："从羯荼北行十日余，至裸人国。（中略）从兹更半月许，望西北行，遂达耽摩立底国。"即今印度洋中安达曼群岛（Andaman Is.）。又或说指今尼科巴群岛（Nicobar Is.）。

（六）劫贝：梵文 karpāsa，又译劫贝娑。慧琳《一切经音义》卷二六解释"劫贝娑花"："花同柳絮，可以为棉，询问梵僧，白氎是也。"（T54/476a）

（七）元无佛法：据玄奘所记，当时波剌斯有少数佛教徒。《大唐西域记》卷十一"波剌斯"条："伽蓝二三，僧徒数百，并学小乘教说一切有部法。释迦佛钵，并在王宫。"（校注本，第 939 页）但玄奘和义净实际上都未到过波剌斯。

然其风流儒雅，礼节逢迎，食啖淳浓，仁义丰赡，其唯东夏,余莫能加。但以食不护净,便利不洗,不嚼杨枝,事殊西域。而有现著非法衣服,将为无过,引彼略教文云,此方不净,余方清净,得行无罪者,斯乃译者之谬,意不然矣,具如别处。若尔神州苾刍除三衣外,并非圣仪,既其有犯,理难服用者。且如西方煖地,单布自可终年,雪岭寒乡,欲遣若为存济?身安业进,圣有诚言,苦体劳勤,乃外道教。去取之理,其欲如何?然圣开立播之服(一),通被寒乡,斯乃足得养身,亦复何成妨道。

[注释]

(一)立播之服:下文解释:"梵云立播者,译为裹腹衣。"此字未能还原为梵文。高楠提出两个梵文词:repha 和 lepa,亦存疑。但据 Monier-Williams 所编 *A Sanskrit-English Dictionary*, repha 和 lepa 没有与衣服有关的任何意思。

梵云立播者,译为裹腹衣。共所制仪,略陈形样,即是去其正背,直取偏袒一边。不应著袖,唯须一幅,才穿得手。肩袖不宽,著在左边,无宜阔大。右边交带,勿使风侵。多贮绵絮,事须厚煖。亦有右边刺合,贯头纽腋,斯其本制。目验西方有胡地僧来,多见携著。那烂陀处不睹斯衣,良由国热,人咸不用。准斯开意,直为寒乡。考其偏袒正背,元是踵斯而作。剩加右畔,失本威仪。非制自为,定招越法。至如立播抱腹,自免严寒,厚帔通披,足遮隆冻。形像之处,礼佛对尊,露膊是恒,掩便获罪。

然则出家省事,冬月居房,炭火随时,讵劳多服?必有病缘,要须著者,临时处断,勿使乖仪。然而东夏寒严,劈裂身体,若不煖服,交见羸亡。既为难缘,理须弘济。方裙偏袒,形简俗流。准立播衣,寒冬暂著。知非本制,为命权开。如车置油,内生惭厚。必其不著,极是佳事。自余袍袴裈衫之类,咸悉决须遮断。严寒既谢,即是不合擐身,而复更著偏衫,实非开限。斯则去繁得要，仰顺圣情。自随乍可一身，传授恐为误众。如能改斯故辙，务轨新踪者，即可谓蝉联少室(一)，驾鹫峰而并峻，栉比王舍，通帝乡而共围。鸿河则合泚于文池(二)，细柳乃同晖于觉树(三)。变桑田而腾茂，尽劫石(四)而扬辉。诚可嗟矣！诚可务哉！但佛日既沉，教留后季，行之则大师对面，背教则众过现前。故经云：若能奉戒，则我存无异。或云旧来上德并悉不言，今日后人何事移则？固不然矣。依法匪人，教有弘说。考之律藏，衣食无罪者，方可取也。非知之难，行之为难。闻若不行，导者宁过。

［注释］

（一）少室：少室山，在今河南登封县北境内。山北麓有少林寺。

（二）鸿河则合泚于文池：鸿河或指黄河。文池即目真邻陀龙王池。见前卷一“受斋轨则”章“大觉寺目真邻陀龙”条注。目真邻陀龙又称作“文鳞盲龙”。见《法显传》（T51/863b）此池所以又称“文池”。

（三）细柳乃同晖于觉树：唐代有三处细柳：细柳营、细柳原、细柳仓，俱在长安附近。见《元和郡县图志》卷一“万年县”条及“咸阳县”条（《丛书集成初编》本，第4、12页）此处代指长安。高楠指为《山海经》中一海岛名，误。觉树见前卷一“水有二瓶”章中注。

（四）劫石：喻时间无限之长。《大智度论》卷五：“佛譬喻说，四千里石山，有长寿人，百岁过，持细软衣，一来拂拭，令是大石山尽，劫故未尽。”（T25/100c）此即劫石。劫，梵文 kalpa。

重曰：含生之类，衣食是先。斯为枷锁，控制生田。奉圣言则出离萧然，任自意乃罪累相牵。智者须鉴，事在目前。如玉处泥，若水居莲。八风既离，五怖宁缠(一)？衣才蔽体，食但支悬。专求解脱，不愿人天。杜多毕命，拯物穷年。弃九门之虚伪，希十地之圆坚[二]。合受施于五百，为福利于三千[三]。

[注释]

(一)八风既离，五怖宁缠：《大乘无生方便门》："八风者：利、衰、毁、誉、称、讥、苦、乐。"（T85/1274c）五怖，同"五畏"。见前注。

(二)弃九门之虚伪，希十地之圆坚：九门，同"九有"。见卷一"序"中注。十地，所谓修菩萨行中要依次达到的十个阶段。各种佛经中有种种不同说法，不详举。

(三)合受施于五百，为福利于三千：五百，指佛弟子。见前注。三千，三千大千世界。

十一、著衣法式

其著法衣及施钩纽法式，依律陈之，可取五肘之衣，叠作三襵，其肩头叠处，去缘四五指许，安其方帖，可方五指。周刺四边，当中以锥穿为小孔，用安衣钩。其钩或绦或帛，粗细如衫钩相似，可长两指，结作同心，余者截却。将钩穿孔，向外牵出，十字反击，便成两钩，内纽其中。其胸前叠处，缘处安纽，亦如衫纽，即其法也。先呈本制，略准大纲，若欲妙体其法，终须对面而授。衣之下畔，钩纽亦施，随意倒披，是圣开许。两头去角可八指许，各施一钩一纽。此为食时所须，反襵胸前，纽使相合，此成要也。

凡在寺内，或时对众，必无带纽及笼肩披法。若向外游行并入俗舍，方须带纽，余时但可搭肩而已。屏私执务，随意反抄。若对尊容，事须齐整，以衣右角宽搭左肩，垂之背后，勿安肘上。若欲带纽，即须通肩披已，将纽内钩，回向肩后，勿令其脱。以角搭肩，衣便绕颈。双手下出，一角前垂。阿育王像正当其式。

出行执伞，形仪可爱。即是依教齐整著上衣也。其伞可用竹织之，薄如竹簟，一重便得，大小随情，宽二三尺。顶中复作，拟施其柄。其柄长短量如盖阔。或可薄拂以漆，或可织苇为之。或如藤帽之流，夹纸亦成牢矣。神州虽不先行，为之亦是其要。骤雨则不沾衣服，赫热则实可招凉。既依律而益身，擎之固亦无损。

斯等所论，要事益多，并神州不行。袈裟角垂，正当象鼻。梵僧纵至，皆亦雷同。良为绢滑堕肩，遂令正则讹替。后唐三藏来传搭肩法(一)，然而古德嫌者尚多，党旧之迷在处皆有。其三衣若安短纽而截长绦，则违教之愆现免；著横裙而去腰缘，乃针线之劳交息。所有瓶钵，各挂两肩。才至腋下，不合交络。其襻不长，但容穿髆而已。若交络胸前，令人气急，元非本制，即不可行。钵帒之仪，如下当辨。北方速利诸人，多行交络，随方变改，实非佛制。设有余衣，长搭肩上。然后通披，覆其衣钵。若其向寺及诣俗家，要至房舍，安置伞盖，方始解纽，挂其衣钵。房前壁上多置象牙(二)，勿使临时安物无处。余同第二十六"客旧相遇"章说也。

［注释］

(一)唐三藏来传搭肩法：唐三藏，指唐玄奘。

(二)多置象牙：象牙，梵文 nāgadanta。原意指象牙，但此指墙上挂物的小钉。卷三"客旧相遇"章中译作"壁牙"。

然其薄绢为袈裟者，多滑不肯著肩。礼拜之时，遂便落地。任取不堕物为之，絁䌷白氎即其要也。其僧脚崎衣即是覆髆，更加一肘，始合本仪。其披著法，应出右肩，交搭左髆。房中恒著，唯此与裙。出外礼尊，任加余服。其著裙法式，聊陈大况。即如有部裙制，横五肘，竖两肘，絁绢及布，随有作之。西国并悉单为，神州任情复作，横竖随意。绕身既讫，抬使过脐，右手牵其左边，上角在内，牵向腰之右边，左边上裾取外边而掩左畔。近右手边为右裾，近左手边为左裾。两手二畔，举使正平，中间矗敕六反。直，即成三襵。后以两手，各蹙至腰，俱将三叠向后掩之。两角各抬三指，俱插向脊，使下入腰间，可三指许。斯则纵未系绦，亦乃著身不落。后以腰绦长五肘许，钩取正中，举向脐下，抹裙上缘，向后双排交度，前抽傍牵，左右各以一手牢擪两边，缠彼两绦，可令三度。有长割却，少则更添。绦带之头，不合缉彩。斯谓圆整著裙，成萨婆多之部别(一)。钵履曼荼罗，著泥婆娑(二)，即其真也，译为圆整著裙矣。

［注释］

（一）萨婆多之部别：萨婆多，梵文 Sarvāstivādanikāya。意译说一切有。此指根本说一切有部。见卷一“序”中注。

（二）钵履曼荼罗，著泥婆娑：钵履曼荼罗，梵文 parimaṇḍala。泥婆娑，梵文 nivāsa 或 nivāsana。两词相合，parimaṇḍalanivāsa，可以意译圆整著裙。

其绦阔如指面，则靴绦韈带之流。或方或圆，双亦无损。麻绳之流，律文不许。凡踞坐小床及拈之时，牵裙上裾，下角急抹裙缘，擪于胯下。但掩双膝，露胫无伤。高须上盖脐轮，下至踝上四指。斯乃俗舍之仪。若在寺中，半腨亦得。此之剂限，佛自亲制，非是人意辄为高下。宁合故违教旨，自顺凡情，所著裙衣长伸拂地？一则损信心之净施，二乃慢大师之格言。设若殷勤，谁能见用？万人之内，颇有一二存心。西国裙衣并皆横著。彼方白氎，幅宽二肘，若其半故，贫者难求，即须缝两头令相合，割内开以充事。此著衣仪，律文具有其制，但且略陈纲要，细论非面不可。

又凡是出家衣服，皆可染作乾陀（一），或为地黄黄屑，或复荆蘗黄等。此皆宜以赤土、赤石，研汁和之，量色浅深，要而省事。或复单用枣心，或赤土、赤石，或棠梨、土紫。一染至破，亦何事求余？而桑皴青绿，正是遮条，真紫褐色，西方不著。鞋履之属，自有成教。长靴线鞋，全为非法。彩绣文章之物，佛皆制断，如《皮革事》（二）中具说焉。

［注释］

（一）皆可染作乾陀：见卷一“受斋轨则”章“即是乾陀之色”条注。

（二）《皮革事》：指《根本说一切有部毗奈耶皮革事》，梵文名 Mūlasarvāstivādacarmavastu。义净汉译作二卷（T23/1048c—1057b）。

十二、尼衣丧制

东夏诸尼，衣皆涉俗，所有著用，多并乖仪。准如律说，尼有五衣：一僧伽胝、二嗢呾罗僧伽、三安呾婆娑、四僧脚崎、五裙。四衣仪轨与大僧不殊，唯裙片有别处，梵云俱苏洛迦（一），译为篅衣，以其两头缝合，形如小篅也。长四肘，宽二肘，上可盖脐，下至踝上四指。著时入内，抬使过脐，各蹙两边，双排擪于协反。脊。系绦之法，量与僧同。胸腋之间，逈无系抹。假令少壮，或复衰年，乳高内起，诚在无过，岂得羞人？不窥教检，漫为仪饰，著脱招愆，临终之时，罪如蒙雨。万中有一，时复能改。

［注释］

（一）俱苏洛迦：梵文 kusūlaka，原意即“篅”。《说文》：“篅，以判竹。圜以盛谷者。”（《说文解字注》，上海古籍出版社，1981 年，第194页a)此裙形似小篇，因此译作“篇衣”。慧琳《一切经音义》卷八一作“圌衣”，并解释：“殊缘反。《埤苍》云：圌，贮谷米。圌，笹也。《古今正字》从口，耑声。《传》作篇，非也。笹音徒困反，即女人所著裙也。”（T54/833c）《根本说一切有部百一羯磨》卷二义净原注中亦有叙述（T24/461b）。

然其出外及在僧前，并向俗家，受他请食，袈裟绕颈，覆身不合。解其肩纽，不露胸臆，下出手鬌。祇支偏袒，衫袴之流，大圣亲遮，无宜服用。南海诸国，尼众别著一衣，虽复制匪西方，共名僧脚崎服。长二肘，宽二肘，两头缝合，留一尺许，角头刺著一寸。举上穿膊贯头，拔出右肩，更无腰带。掩腋盖乳，下齐过膝。若欲此服，著亦无伤。线则唯费两缘，弥堪掩障形丑。若不乐者，即可还须同大苾刍著僧脚崎服。其寺内房中，俱苏洛迦及僧脚崎两事便足。准检梵本，无覆肩衣名，即是僧脚崎衣，此乃祇支之本号。既不道裙，多是传译参差。应舍违法之服，著顺教之衣。

僧脚崎取一幅半，或绢或布，可长四肘五肘，如披五条，反搭肩上，即其仪也。若向余处，须好覆形。如在屏房，袒膊非事。春夏之节，此可充躯。秋冬之时，任情暖著。擎钵乞食，足得养身。虽曰女人，有丈夫志。岂容恒营机杼，作诸杂业，广为衣服，十重五重。禅诵曾不致心，驱驱镇恼情志，同俗妆饰，不顾戒经。宜可门徒共相检察。西国尼众，斯事全无，并皆乞食资身，居贫守素而已。若尔出家尼众，利养全稀，所在居寺，多无众食。若不随分经营，活命无路，辄违律教，便爽圣心，进退两途，如何折中？身安道盛，可不详闻？答：本契出家，情希解脱。绝三株之害种(一)，偃四瀑之洪流(二)。宜应毕志杜多，除苦乐之邪径；敦心少欲，务闲寂之真途。奉戒昏旦，斯即道隆。岂念身安，将为称理。若能守律，决炼贞疏，则龙鬼天人自然尊敬，何忧不活，徒事辛苦。至如五衣瓶钵，足得全躯，一口小房，弥堪养命。简人事，省门徒，若玉处泥，如莲在水，虽云下众，实智等上人矣。

［注释］

（一）绝三株之害种：指贪、嗔、痴。《大乘阿毗达磨杂集论》卷七："株杌有三，谓贪、嗔、痴。"（T31/725a）

（二）偃四瀑之洪流：同上书同卷："暴流有四，谓欲暴流、有暴流、无明暴流。"（T31/724b）暴、瀑二字同。

又复死丧之际，僧尼漫设礼仪。或复与俗同哀，将为孝子。或房设灵机，用作供尊。或披黪布而乖恒，或留长发而异则。或柱哭杖，或寝苫庐。斯等咸非教仪，不行无过。理应为其亡者净饰一房，或可随时，权施盖幔。读经念佛，具设香华。冀使亡魂托生善处，方成孝子，始是报恩。岂可泣血三年，将为赛德，不餐七日，始符酬恩者乎？斯乃重结尘劳，更婴枷锁，从闇入闇，不悟缘起之三节(一)；从死趣死，讵证圆成之十地欤！

［注释］

（一）缘起之三节：缘起，指十二缘起。见卷一"序"中此条注。三节，指过去、现在、未来三世。

然依佛教，苾刍亡者，观之决死，当日舁向烧处，寻即以火焚之。当烧之时，亲友咸萃，在一边坐。或结草为座，或聚土作台，或置砖石以充坐物。令一能者，诵《无常经》(一)半纸一纸，勿令疲久。其经别录附去。然后各念无常，还归住处。寺外池内，连衣并浴。其无池处，就井洗身。皆用故衣，不损新服。别著干者，然后归房。地以牛粪净涂，余事并皆如故。衣服之仪，曾无片别。或有收其设利罗(二)，为亡人作塔，名为俱攞(三)。形如小塔，上无轮盖。然塔有凡圣之别，如律中广论[四]。岂容弃释父之圣教，逐周公之俗礼，号咷数月，布服三年者哉！曾闻有灵裕法师[五]，不为举发，不著孝衣，追念先亡，为修福业。京洛诸师亦有遵斯辙者。或人以为非孝，宁知更符律旨。

［注释］

（一）《无常经》：又称《三启经》。义净汉译本一卷。《开元录》卷九记载此经“大足元年九月二十三日于东都大福先寺译”。（T55/567c）但据下文中所注“其经别录附去”，知义净在南海时已译此经，大足元年仅是奏上颁行。《开元录》所记不确。

（二）设利罗：梵文 śarīra。又译室利罗或舍利。意为身骨。

（三）俱攞：梵文 kūla。此指灵塔。

（四）塔有凡圣之别，如律中广论：见《根本说一切有部毗奈耶杂事》卷十八（T24/291c）。

（五）灵裕法师：指隋相州演空寺释灵裕，俗姓赵，定州人。二十岁出家。隋文帝时声名颇著。大业元年（605）卒，年八十八。事迹见《续高僧传》卷九（T50/495b—498a）。

十三、结净地法

有五种净地，一起心作，二共印持，三如牛卧，四故废处，五秉法作。起心作者，初造寺时，定基石已，若一苾刍为检校人者，应起如是心，于此一寺，或可一房，为僧当作净厨也。共印持者，定寺基时，若但三人者，应一苾刍告余苾刍言：“诸具寿[一]皆可用心印定此处，于此一寺，或可一房，为僧作净厨。”第二第三应如是说。言如牛卧者，其寺屋舍犹如牛卧，房门无有定所。纵使元不作法，此处即成其净。言故废处者，谓是经久僧舍废处，如重来者，至旧触处，便为净也。然此不得经宿即须作法也。言秉法作者，谓秉白二羯磨结界也，文如《百一羯磨》中说(二)。如前五种作净法已，佛言令诸苾刍得二种安乐：一在内煮，在外贮，二在外煮，在内贮，并无过也。检验四部众僧，目见当今行事，并复详观律旨，大同如此立净。但未作净之前，若共饮食同界宿者，咸有煮宿之过。既其加法，虽共界宿，无煮宿之罪，斯其教也。

［注释］

（一）具寿：《根本说一切有部毗奈耶杂事》卷十九："年少苾刍应唤老者为大德，老唤少者为具寿。若不尔者得越法罪。"（T24/292c）具寿，梵文 āyusmān 的意译。

（二）文如《百一羯磨》中说：《根本说一切有部百一羯磨》，梵文名 Mūlasarvāstivādaikaśatakarma。义净汉译本十卷。结净地法见卷九，义净并有详注（T24/494c）。

言一寺者，总唱住处以为净厨，房房之内，生熟皆贮。如其不听内宿，岂可遣僧出外而住？一则僧不护宿，二乃贮畜无愆。西国相承，皆总结一寺为净厨也。若欲局取一边，并在开限，不同神州律师见矣。且如未结衣界，离宿招愆。僧若结已，离便无失。净厨亦尔，既其圣许，勿滞凡情。又复护衣之法，界有树等不同，但护界分，意非防女。净人来入厨内，岂得即是村收？假令身入村坊，持衣元不护女，维那(一)持衣检校，斯亦漫为伤急矣。

［注释］

（一）维那：见卷四"灌沐尊仪"章义净原注。

十四、五众安居

若前安居，谓五月黑月一日(一)，后安居则六月黑月一日。唯斯两日，合作安居。于此中间，文无许处(二)。至八月半，是前夏了，至九月半，是后夏了，此时法俗盛兴供养。从八月半已后，名歌栗底迦月(三)。江南迦提设会(四)，正是前夏了时。八月十六日即是张羯絺那衣日，斯其古法(五)。又律文云，凡在夏内，有如法缘须受日者，随有多少缘来，即须准日而受。一宿事至，受其一日。如是至七，皆对别人。更有缘来，律遣重请而去。如过七日，齐八日已去，乃至四十夜。中间羯磨(六)，受八日等去，然不得过半夏。在外而宿，为此但听四十夜矣。必有病缘及诸难事，须向余处，虽不受日，不破安居。出家五众既作安居，下众有缘，嘱授而去。未至夏前，预分房舍，上座取其好者，以次分使至终。那烂陀寺现行斯法，大众年年每分房舍。世尊亲教，深为利益。一则除其我执，二乃普护僧房。出家之众，理宜须作。然江左诸寺，时有分者，斯乃古德相传，尚行其法。岂容住得一院，将为己有，不观合不，遂至尽形。良由上代不行，致使后人失法。若能准教分者，诚有深益。

［注释］

（一）五月黑月一日：黑月，又称黑分。《大唐西域记》卷二"印度总述"条："月盈至满，谓之白分；月亏至晦，谓之黑分。"（校注本，第 168 页）梵文 kṛṣṇapakṣa。指十六日至晦日。五月黑月一日即五月十六日。以下六月黑月一日类推。

（二）于此中间，文无许处：印度古代一年分为六时，五月十六日至九月十五日为雨时。《大唐西域记》卷二 "印度总述" 条："故印度僧徒，依佛圣教，坐雨安居，或前三月，或后三月。前三月当

此从五月十六日至八月十五日，后三月当此从六月十六日至九月十五日。”（校注本，第169页）

（三）歌栗底迦月：梵文 Kārttikamāsa。《大唐西域记》译作“迦剌底迦月”。

（四）迦提设会：迦提，梵文 kaṭhina。即下文中所译“羯絺那衣”，又译羯耻那衣，或译功德衣。

（五）斯其古法：见义净译《根本说一切有部毗奈耶羯耻那衣事》（T24/97b—99a）。

（六）羯磨：梵文 karma。此处可意译为“办事”“作法”。

十五、随意成规

凡夏罢岁终之时，此日应名随意（一），即是随他于三事（二）之中任意举发，说罪除愆之义。旧云自恣者，是义翻也。必须于十四日夜，请一经师，升高座，诵佛经。于时俗士云奔，法徒雾集，燃灯续明，香华供养。明朝总出，旋绕村城，各并虔心，礼诸制底。棚车舆像，鼓乐张天，幡盖萦罗，飘扬蔽日，名为三摩近离（三），译为和集。凡大斋日，悉皆如是，即是神州行城法也。禺中始还入寺，日午方为大斋。过午咸集，各取鲜茅可一把许，手执足蹈，作随意事。先乃苾刍，后方尼众，次下三众（四）。若其众大，恐延时者，应差多人，分受随意。被他举罪，则准法说除。当此时也，或俗人行施，或众僧自为。所有施物，将至众前。其五德（五）应问上座云：“此物得与众僧为随意物不？”上座等答云：“得。”所有衣服、刀子、针锥之流，受已均分，斯其教也。此日所以奉刀针者，意求聪明利智也。随意既讫，任各东西，既是坐夏已周，无劳更经一宿。广如余处，此不详言（六）。

[注释]

(一)随意:梵文 pravāraṇa。下文中音译钵刺婆箓,有解释。

(二)三事:所谓身、口、意三事。

(三)三摩近离:梵文 sāmagrī。

(四)三众:五众中除去苾刍、苾刍尼,即三众。五众见卷一"受斋轨则"章此条注。

(五)五德:此指举行随意时僧众所推选负责之僧人。此僧人须具备五种品德,五德不详举。

(六)广如余处,此不详言:见《根本萨婆多部律摄》卷七(T24/565b—566b)。

言说罪者,意欲陈罪,说己先愆,改往修来,至诚恳责。半月半月,为褒洒陀(一),朝朝暮暮,忆所犯罪。褒洒是长养义,陀是净义。意明长养净除破戒之过。昔云布萨者,讹略也。初篇若犯,事不可治(二)。第二有违,人须二十(三)。若作轻过,对不同者而除悔之,梵云阿钵底钵喇底提舍那(四)。阿钵底者,罪过也;钵喇底提舍那即对他说也。说己之非,冀令清净。自须各依局分,则罪灭可期。若总相谈愆,非律所许。旧云忏悔,非关说罪。何者?忏摩乃是西音(五),自当忍义,悔乃东夏之字,追悔为目,悔之与忍,迥不相干。若的依梵本,诸除罪时,应云至心说罪。以斯详察,翻忏摩为追悔,似罕由来。西国之人,但有触误及身错相触著,无问大小,大者垂手相向,小者和掌虔恭。或可抚身,或时执膊,口云忏摩,意是请恕,愿勿瞋责。律中就他致谢,即说忏摩之言,必若自己陈罪,乃云提舍那(六)矣。恐怀后滞,用启先迷。虽可习俗久成,而事须依本。梵云钵刺婆刺箓,译为随意,亦是饱足义,亦是随他人意,举其所犯。

[注释]

(一)褒洒陀:梵文 poṣadha。下文有解释。

(二)初篇若犯,事不可治:初篇指戒律中波罗夷(pārājika)。僧人违犯此类戒条,即逐出教门,无可救治。

(三)第二有违,人须二十:第二指僧残(saṅghāvaśesa)。僧人违犯此类戒条,须当众忏悔,忏悔时僧众不得少于二十。僧众认可,始得留在僧伽之中。以上参见卷一"序"中"七篇"条注。

(四)阿钵底钵喇底提舍那:梵文 āpattipratideśana。解释如正文。āpatti 意译"罪过",pratideśana 意译"对他说"。

(五)忏摩乃是西音:忏摩,梵文 kṣamā。

(六)提舍那:梵文 deśana。

十六、匙筯合否

西方食法,唯用右手。必有病故,开听畜匙。其筯则五天所不闻,四部亦未见,而独东夏共有。斯事俗徒自是旧法,僧侣随情用否。筯既不听不遮,即是当乎略教。用时众无讥议,东夏即可行焉。若执俗有嗤嫌,西土元不合捉。略教之旨,斯其事焉。

十七、知时而礼

夫礼敬之法,须合其仪。若不顺教,则平地颠蹶。故佛言有二种污触,不应受礼,亦不礼他。若违教者,拜拜皆招恶作之罪(一)。何谓二污?一是饮食污,谓若食噉一切诸物,下至吞嚼一片之药,若不漱口洗手已来,并不合受礼礼他。若饮浆或水,乃至茶蜜等汤及酥糖之类,若未漱口洗手,礼同前犯。二是不净污,谓大小行来,身未洗净及未洗手漱口,或身或衣被,便利不净,洟唾等污,未净已来。若旦起未嚼齿木,礼同前犯。又于大众聚集斋会之次,合掌即是致敬。故亦不劳全体,礼便违教。或迮闹处,或不净地,或途路中,礼亦同犯。斯等诸事,并有律文,但为日久相承,地居寒国,欲求顺教,事亦难为。莫不引同,多以自慰,讵肯留心于小罪耳。

[注释]

(一)恶作之罪:恶作,梵文 duṣkṛta。亦是戒律五篇或七篇之一。参见卷一"序"中"七篇"条注。

十八、便利之事

便利之事,略出其仪:下著洗浴之裙,上披僧脚崎服。次取触瓶,添水令满,持将上厕,闭户遮身。土须二七块,在其厕外,于砖石上或小版上而安置之。其砖版量长一肘,阔半肘。其土碎之为末,列作两行,一一别聚,更安一块。复将三丸入于厕内,安在一边,一将拭体,一用洗身。洗身之法,须将左手,先以水洗,后兼土净。余有一丸,粗且一遍,洗其左手。若有筹片,持入亦佳。如其用罢,须掷厕外。必用故纸,可弃厕中。既洗净了,方以右手牵下其衣。瓶安置一边,右手拨开傍扂,还将右手提瓶而出。或以左臂抱瓶,拳其左手,可用右手关户而去。就彼土处,蹲坐一边。若须坐物,随时量处。置瓶左髀之上,可以左臂向下压之。先取近身一七块土,别别洗其左手。后用余七,一一两手俱净。其砖木上必须净洗。余有一丸,将洗瓶器,次洗臂腨及足,并令清洁,然后随情而去。此瓶之水不入口唇。重至房中,以净瓶水漱口。若其事至触此瓶者,还须洗手漱口,方可执余器具。斯乃大便之仪,粗说如此。必其省事,咸任自为。

幸有供人，使洗非过。小便则一二之土，可用洗手洗身。此即清净之先，为敬根本。或人将为小事，律教乃有大呵。

若不洗净，不合坐僧床，亦不应礼三宝。此是身子伏外道法(一)，佛因总制苾刍。修之则奉律福生，不作乃违教招罪。斯则东夏不传，其来尚矣。设令启示，遂起嫌心，即道大乘虚通，何净何秽，腹中恒满，外洗宁益。讵知轻欺教检，诬罔圣心，受礼礼他，俱招罪过。著衣噉食，天神共嫌。若不洗净，五天同笑。所至之处，人皆见讥。弘绍之宾，特宜传教。既而厌俗离尘，舍家趣非家，即须殷勤用释父之言，何得睚眦于毗尼(二)之说？如其不信，幸可依此洗之，五六日间，便知不洗之过。然而寒冬之月，须作暖汤，自外三时，事便随意。然有筒槽帛拂，非本律文。或有含水将去，亦乖净法。

［注释］

（一）身子伏外道法：身子，指舍利弗，梵文名 Śāriputra。释迦牟尼的十大弟子之一，称为“智慧第一”。此为意译，但实因将 Śāri 与 Śārīra 或 Śarīra 相混所致的误译。一般意译为“鹙鹭子”。高楠译“身子”为 Kāyaputra，误。

（二）毗尼：即律，梵文 vinaya。

凡是僧坊，先须净治厕处。若自无力，教化为之。供十方僧，理通凡圣，无多所费。斯其要焉，是净方业，固非虚矣。理须大槽，可受一两石，贮土令满，置在圊边。大众必无，私房可畜。若卒无水瓶，许用瓷瓦等钵，盛水将入，安在一边，右手浇洗，亦无伤也。江淮地下瓮厕者多，不可于斯即为洗净，宜应别作洗处，水流通出为善。且如汾州抱腹、岱岳灵岩、荆府玉泉、杨州白塔(一)，圊厕之所，颇传其法。然而安置水土，片有阙如，向使早有人教行，法亦不殊王舍。斯乃先贤之落漠，岂是后进之蒙笼者哉！然其厕内，贮土置瓶并须安稳，勿令阙事。添瓶之罐，著柴为佳。如畜君持，准前为矣。铜瓶插盖而口宽，元来不中洗净。若其腹边别为一孔，顶上以锡锢之，高出尖台，中安小孔，此亦权当时须也。

［注释］

（一）汾州抱腹、岱岳灵岩、荆府玉泉、杨州白塔：汾州，见卷一"受斋轨则"章"并汾之地"条注。抱腹应为寺名。岱岳灵岩，指泰山山麓灵岩寺，在今山东长清县东南境内。前已注。荆州玉泉，玉泉寺，在今湖北当阳县西玉泉山。杨州应作扬州，扬州有白塔寺。

重曰：载劳纸笔，几致殷勤。顺流从谏，冀有其人。大圣既双林而寂体，罗汉亦五印而灰身。遗余法教，影响斯晨。行寄捐生之侣，兴由弃俗之宾。舍浑浑之烦浊，慕皎皎之清尘。外垢与内惑而俱丧，上结共下缚而同湮。萧条其迹，爽亮其神。四仪无累(一)，三尊是亲(二)。既不被生人之所笑，岂复怖死王之见瞋。利九居(三)而轸念，成三代之芳因。幸希万一而能改，亦宁辞二纪之艰辛(四)！

［注释］

（一）四仪无累：四仪，四威仪。指佛教徒在行、住、坐、卧四方面必须遵守的仪则。

（二）三尊是亲：三尊，佛、法、僧。亦称三宝。

（三）九居：见卷一"序"中注。

（四）宁辞二纪之艰辛：二纪，此指二十年，非二十四年。卷一"序"："住持八纪，弘济九居。"释迦牟尼在世八十年，一纪十年。义净在咸亨二年（671）赴印，至《寄归传》写成之天授二年（691），亦正好二十年。

南海寄归内法传卷第三

三藏沙门义净撰

十九、受戒轨则

西国出家轨仪，咸悉具有圣制，广如《百一羯磨》，此但略指方隅。诸有发心欲出家者，随情所乐，到一师边，陈其本意。师乃方便问其难事，谓非害父母等。难事既无，许言摄受。既摄受已，或经旬月，令其解息，师乃为授五种学处(一)，名邬波索迦(二)。自此之前，非七众(三)数，此是创入佛法之基也。师次为办缦条(四)、僧脚崎及下裙等并钵滤罗，方为白僧，陈出家事。僧众许已，为请阿遮利耶(五)。可于屏处，令剃头人为除须发。方适寒温，教其洗浴。师乃为著下裙，方便检察非黄门(六)等。次与上衣，令顶戴受。著法衣已，授与钵器，是名出家。次于本师(七)前，阿遮利耶授与十学处(八)，或时闇诵，或可读文。既受戒已，名室罗末尼罗(九)。译为求寂，言欲求趣涅槃圆寂之处，旧云沙弥者，言略而音讹。翻作息慈，意准而无据也。威仪节度，请教白事，与进具者体无二准，但于律藏十二无犯。其正学女(十)，片有差降。

[注释]

(一)五种学处：学处，梵文 Śikṣāpada 的意译。五种学处即五戒。

(二)邬波索迦：梵文 upāsaka。《大唐西域记》卷九原注："唐言近事男。"（校注本，第 706 页）即男居士。

(三)七众：五众加上邬波索迦、邬波斯迦两众，合称七众。

(四)缦条：指缦条衣。《释氏要览》卷上："梵音钵吒，唐言缦条，即是一幅氎，量以三衣等，但无田相者是。"（T54/269b）梵文 paṭa。

(五)阿遮利耶：梵文 ācārya，又译阿阇梨或阇梨等。本书卷三"师资之道"章原注："译为轨范师，是能教弟子法式之义。"

(六)黄门：此指生理上非男非女者。

(七)本师：此指亲教师，又称邬波驮耶。梵文 upādhyāya。

(八)十学处：十戒，沙弥与沙弥尼所受戒条。此不详举。

(九)室罗末尼罗：梵文 śramaṇera。

(十)正学女：梵文 śikṣamāṇā 的意译，或译"学戒女""学法女"，音译式叉摩那。佛教规定，沙弥尼年满二十受具足戒，受具足戒前二年，十八至二十岁间别学六法。此时称为正学女。

十二者何？一不分别衣，二离衣宿，三触火，四足食，五害生种，六青草上弃不净，七辄上高树，八触宝，九食残宿食，十坏地，十一不受食，十二损生苗。斯之十二，两小非过。其正学女，后五便犯。此下三众，咸制安居。其六法六随法如余处说(一)。能如是者，方成应法，是五众收，堪销物利。岂有既出家后，师主不授十戒，恐其毁破大戒不成？此则妄负求寂之名，虚抱出家之称，似怀片利，宁知大损。经云虽未受十戒，堕僧数者，乃是权开一席，岂得执作长时？

［注释］

（一）其六法六随法如余处说：此见义净译《根本萨婆多部律摄》卷十二。六法是："一者不得独在道行；二者不得独渡河水；三者不得触丈夫身；四者不得与男同宿；五者不得为媒嫁事；六者不得覆尼重罪。"六随法是："一者不捉属己金银；二者不得剃隐处毛；三者不得垦掘土地；四者不得断生草木；五者不得不受而食；六者不得食曾触食。"（T24/596b）

又神州出家，皆由公度。既蒙落发，遂乃权依一师。师主本不问其一遮，弟子亦何曾请其十戒？未进具来，恣情造罪。至受具日，令入道场。律仪曾不预教，临时讵肯调顺？住持之道，固不然矣。既不合销常住，受施负债何疑？理应依教而为济脱。凡蒙公度者，皆须预请一师，师乃先问难事。若清净者，为受五戒。后观落发，授缦条衣，令受十戒。法式既闲，年岁又满，欲受具戒（一）。师乃观其意志，能奉持者，即可为办六物，并为请余九人。或入小坛，或居大界，或自然界，俱得秉法。然坛场之内，或用众家褥席，或可人人自将坐物，略办香花，不在营费。其受戒者，教令三遍，一一礼僧。或时近前，两手执足。此二皆是圣教礼敬之仪。亦既礼已，教其乞戒。既三乞已，本师对众为受衣钵。其钵必须持以巡行，普呈大众。如合样者，大众人人咸云好钵。如不言者，招越法罪。然后依法为受，其羯磨师执文而读。或时暗诵，俱是圣开。既受戒已，名邬波三钵那（二）。邬波是近，三钵那是圆，谓涅槃也。令受大戒，即是亲近涅槃。旧云具足者，言其泛意。

[注释]

(一)年岁又满,欲受具戒:年岁,指二十岁。佛教规定,满二十岁始得受具戒。

(二)邬波三钵那:梵文 upasaṃpanna。解释见原注。

然羯磨亦竟,急须量影,记五时(一)之别。其量影法,预取一木条,如细箸许,可长一肘,折其一头四指,令竖如曲尺形,勿使相离,竖箸日中,余杖布地,令其竖影与卧杖相当,方以四指量其卧影。满一四指,名一布路沙(二),乃至多布路沙,或一布路沙余一指半指,或但有一指等。如是加减,可以意测。言布路沙者,译为人也。所以四指之影名一人者,即是四指竖杖影长四指之时,此人立在日中,影量与身量相似。其八指遂与身量两影相似。斯据中人,未必皆尔。自余长短,义可准之。然须道其食前食后。若天阴及夜,即须准酌而言之。若依神州法者,或可竖尺日中,量影长短,或复记其十二辰数。

[注释]

(一)五时:见下段正文。

(二)布路沙:梵文 puruṣa,意译人。

言五时者,既而方域异仪,月数离合,自非指事,难以委知。一谓冬时,有四月,从九月十六日至正月十五日。二谓春时,亦有四月,从正月十六日至五月十五日。三谓雨时,但有一月,从五月十六日至六月十五日。四谓终时,唯一日一夜,谓六月十六日昼夜。五是长时,从六月十七日至九月十五日。此乃独于律教中佛制,如是次第,明有密意也。若依方俗,或作三时、四时、六时,如余处说(一)。凡西方南海出家之人,创相见者,问云大德(二)几夏。答云尔许。若同夏者,问在何时。若时同者,问得几日。若日同者，问食前后。同在食前，方问其影。影若有殊，大小成异。影若同者，便无大小。坐次则据其先至，知事乃任彼前差。向西方者，必须闲此，不同支那[三]记其月日而已。然那烂陀寺多是长时，明相才出，受其近圆，意取同夏之中多为最大，即当神州六月十七日。明相才出，由不得后夏故。此据西方坐夏之法，若如神州旧行，即当五月十七日也。若六月十六日夜将尽而受戒者，则同夏之中最小，由其得后夏故。

［注释］

（一）三时、四时、六时，如余处说：见《大唐西域记》卷二“印度总述”条。一年分三时是：热时、雨时、寒时。分四时是：春、夏、秋、冬。分六时是：渐热、盛热、雨时、茂时、渐寒、盛寒。（校注本，第169页）

（二）大德：梵文 bhadanta 的意译。佛教僧人之间表示尊敬的称呼。见前卷二“结净地法”章“具寿”条注。

（三）支那：梵文 Cīna 的音译。即中国。

既受戒已，不行嚫施。若其师有，为办少多。或持腰绦，或滤水罗等，奉临坛者，以表不空之心。次即本师为指戒本[一]，令识罪相，方教诵戒。既其熟已，诵大律藏。日日诵过，旦旦试之。不恒受持，恐损心力。诵律藏了，方学经论。此是西方师资途辙，虽复去圣悬远，然而此法未亏。为此二师喻之父母。岂有欲受之时。非常劳倦，亦既得已，戒不关怀，有始无终，可惜之甚。自有一会求受，受已不重参师，不诵戒经，不披律典，虚沾法位，自损损他。若此之流，成灭法者。

［注释］

（一）戒本：梵文 prātimokṣa。又译“别解脱”，或音译“波罗提木叉”。戒律中最重要的部分，规定各种禁戒并叙其缘起。

然西方行法，受近圆已去，名铎曷攞[一]。译为小师。满十夏名悉他薜攞[二]，译为住位。得离依止而住，又得为邬波驮耶[三]。凡有书疏往还，题云求寂某乙，小苾刍某乙，住位苾刍某乙。若其学通内外，德行高著者，便云多闻苾刍某乙，不可云僧某乙。僧是僧伽，目乎大众[四]，宁容一己辄道四人，西方无此法也。凡为亲教师者，要须住位满足十夏。秉羯磨师及屏教者并余证人，并无定年几，事须解律清净，中边数满。律云：非邬波驮耶而唤为邬波驮耶，非阿遮利耶唤为阿遮利耶，或翻此二，及亲斥邬波驮耶名者，皆得恶作之罪。若有人问云："尔亲教师其名何也？"或问："汝谁弟子？"或可自有事至，须说师名者，皆应言："我因事至，说邬波驮耶名，邬波驮耶名某甲。"西国南海，称我不是慢词。设令道汝，亦非轻称。但欲别其彼此，全无倨傲之心，不并神州将为鄙恶。若其嫌者，改我为今，斯乃咸是圣教，宜可行之。不得雷同，无分皂白云尔。

［注释］

（一）铎曷攞：梵文 dahara。

（二）悉他薜攞：梵文 sthlavira。

（三）邬波驮耶：梵文 upādhyāya。即上文中称"本师"，又称亲教师。见本卷"师资之道"章。

（四）僧是僧伽，目乎大众：僧伽，梵文 saṅgha，意为大众。

凡诸白衣[一]，诣苾刍所，若专诵佛典，情希落发，毕愿缁衣，号为童子[二]。或求外典，无心出离，名曰学生[三]。斯之二流，并须自食。西国僧寺，多有学生，来就苾刍习学外典，一得驱驰给侍，二乃教发好心。既有自利利他，畜之非损。必是杜多一钵，理则不劳。若也片有供承，亦成是要。遣给齿木，令其授食，足应时须，不伤悲道也。若餐常住，圣教全遮。必其于众有劳，准功亦合餐食。或是普通之食，或可施主先心。虽复噉食，故成无罪。夫龙河影没，鹫岭光收，传法罗汉，能余几在？故论云：大师眼闭，证者随亡。烦恼增时，应勤莫逸，理当诸德共作护持。若逶随而纵慢心，欲遣人天，何所归向。律云：有秉羯磨，我法未灭。若不秉持，我法便尽。又云：戒住我住。理非虚说，既有深旨，诚可敬欤！

［注释］

（一）白衣：世俗人，与缁衣相对。

（二）童子：梵文 māṇava 的意译。

（三）学生：梵文 brahmacārin 的意译。

重曰：大师影谢，法将随亡。邪山峻峙，惠巘隤纲。重明佛日，寔委贤良。若遵小径，谁弘大方？幸垂通哲，勉力宣扬。冀绍隆之无替，传永劫而弥芳。弥芳伊何？戒海扬波。此则教将灭而不灭，行欲讹而不讹。符正说于王舍，事无亏于逝多（一）。

［注释］

（一）逝多：指逝多林，又称祇林或祇园。梵文 Jetavana。在古印度室罗伐国。传说释迦牟尼在世时常住于此。见《大唐西域记》卷六“室罗伐悉底国”条。

二十、洗浴随时

夫论洗浴之法，西国乃与东夏不同。但以时节调和，稍异余处。于十二月，花果恒有。不识冰雪，薄有微霜。虽复多暑，亦非苦热。热则身无痱子，寒乃足无皴裂。为此人多洗沐，体尚清净。每于日日之中，不洗不食。又复所在之处，极饶池水，时人皆以穿池为福。若行一驿，则望见三二十所。或宽一亩五亩，于其四边种多罗树，高四五十尺。池乃皆承雨水，湛若清江。

八制底处[一]，皆有世尊洗浴之池。其水清美，异于余者。那烂陀寺有十余所大池。每至晨时，寺鸣揵稚，令僧徒洗浴。人皆自持浴裙，或千或百，俱出寺外，散向诸池，各为澡浴。

［注释］

（一）八制底处：义净译《根本说一切有部百一羯磨》卷九原注："谓是大师一代行化之处，总有八所，此则名为八大制底：一佛本生处，在劫比罗伐窣覩城岚毗尼林；二成佛处，在摩揭陀法阿兰若菩提树下金刚座上；三转法轮处，在婆罗痆斯仙人堕处施鹿林中；四涅槃处，在拘尸那城娑罗双树间；五在王舍城鹫峰山竹林园内；六在广严城猕猴池侧高阁堂中；七在室罗伐城逝多林给孤独园；八从天下处，在平林聚落。"（T24/496b）

其浴裙法，以氎布长五肘，阔肘半，绕身使帀，抽出旧裙，回两头令向前，取左边上角，以右手牵向腰下，令使近身，并蹙右边，擪入腰内，此谓著浴裙法。卧时著裙，其法亦尔。欲出池时，抖擞徐出，勿令虫著。上岸法式，广如律辨[一]。若不向池，寺中洗者，著裙同此，水遣人浇，随处随时，可为障蔽。世尊教为浴室，或作露地砖池，或作去病药汤，或令油遍涂体。夜夜油恒揩足，朝朝头上涂油。明目去风，深为利益，皆有圣教，不遑具述，广如律也[二]。

［注释］

（一）上岸法式，广如律辨：见《根本说一切有部毗奈耶杂事》卷五（T24/227a—b）及《根本萨婆多部律摄》卷十二（T24/594c）。

（二）广如律也：见《根本说一切有部毗奈耶杂事》卷三（T24/219b—c）。

又洗浴者并须饥时。浴已方食，有其二益：一则身体清虚，无诸垢秽；二则痰癊消散，能餐饮食。饱食方洗，医明所讳。故知饥沐饱浴之言，未是通方之论。若著三尺浴衣，褊小形露，或元不著，赤体而浴者，深乖教理也。应用四幅洗裙，遮身可爱。非直奉遵圣教，亦乃不愧人神。余之可不，智者当悉。夜浴尚不改容，对人宁无掩蔽耳。

二十一、坐具儭身

礼拜敷其坐具，五天所不见行；致敬起为三礼，四部罔窥其事。凡为礼者，拜敷法式，如别章所陈。其坐具法，割截为之，必须复作，制令安叶，度量不暇详悉。其所须者，但拟眠卧之时，护他毡席。若用他物，新故必须安替。如其已物，故则不须。勿令污染，亏损信施，非为礼拜。南海诸僧，人持一布，长三五尺，叠若食巾，礼拜用替膝头，行时搭在肩上。西国苾刍来见，咸皆莞尔而笑也。

二十二、卧息方法

西国房连，居人复多，卧起之后，床皆举摄。或内置一边，或移安户外。床阔二肘，长四肘半。褥席同然，轻而不重。然后牛粪干揩其地，令使清净，安置坐床及木枯小席等，随尊卑而坐。如常作业，所有资生之具，并棚上安之，其床前并无以衣遮障之法。其不合者，自不合卧，如其合者，何事遮身？其众僧卧具，必须安儭，方合受用。坐具意在于此，如其不尔，还招黑背之辜(一)。圣有诚言，不可不慎。

［注释］

(一)黑背之辜：谓不遵教导，将受“黑背”报应。《根本说一切有部百一羯磨》卷九:“世尊便见一人,脊背皆黑,遂命阿难陀曰:‘汝见此人脊背黑不?’阿难陀言:‘见。’佛言:‘此人往昔于迦摄波如来正教中出家,遂以随宜恶物,用衬僧伽卧具。由彼昔时黑业恶报,堕于地狱。又五百生中常招黑背。”(T24/495b)又《根本萨婆多部律摄》卷四:“得恶作罪,招黑背殃。”(T24/545a)

又复南海十岛,西国五天,并皆不用木枕支头,神州独有斯事。其西方枕囊样式,其类相似。取帛或巾,染色随情,缝为直袋,长一肘半,宽半肘。中间贮者,随处所出。或可填毛,或盛麻缊,或蒲黄柳絮,或木绵荻苕,或软叶干苔,或决明麻豆。随时冷热,量意高下。斯乃取适安身,实无坚强之患。然为木枕疏硬,顶下通风,致使时人多苦头疾。然则方殊土别,所翫不同,聊述异闻,行否随好。既而暖物除风,麻豆明目,且能有益,用成无爽。又为寒乡冻顶,多得伤寒,冬月鼻流,斯其过也。适一时温顶,便无此患。谚云冻顶温足,未必常可依之矣。

又复僧房之内,有安尊像,或于窗上,或故作龛。食坐之时,像前以布幔遮障。朝朝洗沐,每荐香花。午午虔恭,随餐奉献。经箱格在一边,卧时方居别室。南海诸洲,法亦同此,斯乃私房寻常礼敬之轨。其寺家尊像,并悉别有堂殿。岂有像成已后,终身更不洗拭,自非斋次,宁容辄设疏餐。由此言之,同居亦复何损?大师在日,尚许同居。形像仿真,理当无妨。西国相传,其来久矣。

二十三、经行少病

五天之地,道俗多作经行。直去直来,唯遵一路,随时适性,勿居闹处。一则痊痾,二能销食。禺中日昳,即行时也。或可出寺长引，或于廊下徐行。若不为之，身多病苦，遂令脚肿肚肿，臂疼膊疼。但有痰癃不销，并是端居所致。必若能行此事，实可资身长道。故鹫山觉树之下，鹿苑王城之内，及余圣迹，皆有世尊经行之基耳。阔可二肘，长十四五肘，高二肘余，垒砖作之，上乃石灰素作莲华开势，高可二寸，阔才一尺，有十四五，表圣足迹。两头基上，安小制底，量与人齐。或可内设尊容，为释迦立像。若其右绕佛殿，旋游制底，别为生福，本欲虔恭经行乃是销散之仪，意在养身疗病。旧云行道，或曰经行，则二事总包，无分泾渭。遂使调适之事，久阙东川。经云观树经行，亲在金刚座侧(一)，但见真迹，未睹圆基耳。

[注释]

(一)金刚座侧：金刚座，梵文 Vajrāsana。传说是释迦牟尼成道时坐处，在古摩揭陀国，即在今印度比哈尔邦菩提伽耶(Bodh Gaya)。

二十四、礼不相扶

礼拜之轨，须依教为，进具若分影在前，即合受小者之拜。佛言有二种人合受礼拜，一谓如来，二大已苾刍。斯则金口诚教，何劳辄事谦下。小者见大，缓须伸敬，唱畔睇而礼之(一)。大受小礼，自可端拱而云痾嘧柢(二)。近也反。是呪愿彼令无病义耳。如其不道，彼此招愆。随立随坐，不改常式。既其合受，无容反敬。斯乃五天僧徒之则也。岂有小欲礼大，先望大起，大受小恭，恐小嫌恨。为此则匆迫匆迫，尊执卑而不听稽首；辛苦辛苦，卑求敬而不能至地。若不如此，云乖礼数。呜呼！亏圣教，取人情，敬受乖仪，诚可深察。延波既久，谁当偃诸！

[注释]

(一)唱畔睇而礼之:畔睇,梵文 vande。动词词根 vand,第一人称,单数,中间语态。意为我敬礼。

(二)痾略柢:梵文 ārogya。下文注中解释:“无病。”

二十五、师资之道

夫教授门徒,绍隆之要。若不存念,则法灭可期。事须殷勤,无宜纲漏。律云:每于晨旦,先嚼齿木,次可就师,奉其齿木、澡豆、水巾,敷置坐处,令安隐已。然后礼敬尊仪,旋绕佛殿。却就师处,摄衣一礼,更不重起。合掌三叩,双膝踞地,低头合掌问云:“邬波驮耶存念。”驮字音停驾反,既无正体,借音言之。邬波是其亲近,波字长唤,中有阿字(一)。阿驮耶义当教读,言和尚者非也。西方泛唤博士皆名乌社(二)。斯非典语,若依梵本经律之文,皆云邬波驮耶,译为亲教师。北方诸国,皆唤和社(三),致令传译习彼讹音。或问云:“阿遮利耶存念。”译为轨范师,是能教弟子法式之义。先云阿阇梨,讹也。“我今请白,不审邬波驮耶宿夜安不?四大(四)平和不?动止轻利,饮食销不?旦朝之餐可能进不?”斯则广略随时也。师乃量身安不,具答其事。次于邻近比房住能礼其大者,次读少许经,忆所先受,日新月故,无亏寸阴。待至日小食时,量身轻重,请白方食。何劳未晓觅粥匆匆,不及白本师,无由嚼齿木,不暇观虫水,岂容能洗净。宁知为一盂之粥,便违四种佛教。讹替之本,皆从此来,愿住持之家善应量处。前白事等,此乃是阿离耶提舍(五)教授之仪。阿离耶译为圣,提舍译为方,即名西国为圣方矣。以其贤圣继轨,人皆共称。或云末睇是中,提舍是国,百亿之中心,斯其事也,此号人咸委之(六)。其北方胡国,独唤圣方以为呬度(七)。呬音许伱反。全非通俗之名,但是方言,固无别义。西国若闻此名,多皆不识,宜唤西国为圣方，斯成允当。或有传云，印度译之为月，虽有斯理，未是通称(八)。且如西国名大周为支那者，直是其名，更无别义。又复须知是五天之地，皆曰婆罗门国(九)，北方速利，总号胡疆。不得雷同，咸为一唤耳。

［注释］

（一）波字长唤，中有阿字：邬波驮耶梵文是 upādhyāya。波字长唤，指 ā 为长音。中有阿字，指 upādhyāya 可分解为 upa 与 adhyāya 两部分，原来的 ā 音即包括前后两个 a 音。upa 此处译作邬波，adhyāya 译作阿驮耶。

（二）西方泛唤博士皆名乌社：下文说明："斯非典语。"意即乌社为当时的俗语的译音。据 P. Pelliot 意见，此字应为俗语 ujjhāa 的译音。见其 *Notes on Marco Polo*, Paris, 1959, Vol. Ⅰ, pp. 211—214 及所引 R. Pischel, *Grammatik der Prākrit Sprachen*, Strassburg, 1900, pp. 116—117。

（三）北方诸国，皆唤和社：《宋高僧传》卷三："经传岭北，楼兰焉耆不解天竺言，且译为胡语。如梵云邬波陀耶，疏勒云鹘社，于阗云和尚。"（T50/723c）Pelliot 将"鹘社"的原字构拟为 *' ujjhā，将"和尚"的原字构拟为 *' vajhā。见其上引书同卷页。但"和社"一名似与"鹘社""和尚"还略有差别。

（四）四大：地、水、火、风。此指身体。

（五）阿离耶提舍：梵文 Āryadeśa，意译"圣方"。

（六）此号人咸委之：指称印度为"末睇提舍"，梵文 Madhyadeśa，意译"中国"。《法显传》："从是（摩头罗）以南，名为中国。中国寒暑调和，无霜雪。"（T51/859b）

（七）呬度：此为印度西北边境外中亚地区民族称呼印度的名称。或即古波斯语之 Hidhu 的音译。

（八）虽有斯理，未是通称：此似指玄奘《大唐西域记》卷二所云："印度者，唐言月。月有多名，斯其一称。"（校注本，第 161 页）

但玄奘此说，是把印度一名理解为与之读音相同的梵文词 indu 而有此解释，实为一种误解。义净的更正是对的。

（九）婆罗门国：梵文 Brāhmaṇarāṣṭra。

凡剃发披缦条，出家近圆已，律云唯除五事不白，自外一一皆须白师，不白得罪。五事者：一嚼齿木，二饮水，三大便，四小便，五界中四十九寻内制底畔睇（一）。且如欲食，白者须就师边，依礼拜法，而白师云："邬波驮耶存念，我今请白洗手洗器，欲为食事。"师云："谨慎。"诸余白事类此。应知师乃量事度时，与其进止。知有多事，便可一时并白。若其解律，五夏得离本师，人间游行，进求余业，到处还须依止。十夏既满，依止方休。大圣殷勤，意在于此。如不解律，依他尽形。设无大者，依小而住，唯除礼拜，余并为之。岂得晨朝问安，曾不依律，随有事至，宁知白言。或有旦暮两时，请其教诫，虽复权申训诲，律文意不如是。何则？白者不的其事，答者何所商量。白事之言，故不然也。但为因循，日久逐省，谁肯劳烦？必能准教奉行，即是住持不绝。若将此以为轻者，余更何成重哉？故律文云：宁作屠儿，不授他具戒，舍而不教也（二）。

［注释］

（一）界中四十九寻内制底畔睇：寻，古制八尺为一寻。此五事亦见《根本萨婆多部律摄》卷十三（T24/599c—600a）。

（二）舍而不教也：《根本萨婆多部律摄》卷十三："如世尊言，汝诸苾刍，宁作屠儿，为杀害业，不与出家受近圆已，舍而不问，令我正法速时灭坏。"（T24/600a）

又西国相承，事师之礼，初夜后夜，到其师所。师乃先遣弟子安坐，三藏之中，随时教授，若事若理，不令空过。察其戒行，勿使亏违。知有所犯，即令治忏。弟子方乃为师案摩身体，襞叠衣裳，或时扫拭房庭，观虫进水，片有所作，咸皆代为。斯则敬上之礼也。若门徒有病，即皆躬自抱持汤药所须，忧同赤子。然佛法纲纪，以教诲为首，如轮王长子，摄养不轻，律有明言，宁容致慢。

上言制底畔睇者，或云制底畔弹那(一)。大师世尊既涅槃后，人天并集，以火焚之。众聚香柴，遂成大積，即名此处以为质底，是积聚义。据从生理，遂有制底之名(二)。又释一想世尊众德俱聚于此，二乃积砖土而成之，详传字义如是。或名窣睹波(三)，义亦同此。旧总云塔，别道支提，斯皆讹矣。或可俱是，众共了名，不论其义。西方释名，略有二种，一有义名，二无义名。有义名者，立名有由，即依名义而释之也，名体一向相称。如释善人之名者，初依德迹，即是依义立名。次云或共了知，即是不论其义，但据世人共唤为善人，即是无义之名。畔睇者，敬礼也。凡欲出外礼拜尊像，有人问云："何所之适？"答曰："我向某处制底畔睇。"

［注释］

（一）制底畔弹那：梵文 caityavandana，与制底畔睇意义同。

（二）遂有制底之名：质底，梵文 citi。制底，梵文 caitya。二词俱从词根 ci 所派生，即"积聚义"。

（三）窣睹波：梵文 stūpa。即塔。

凡礼拜者，意在敬上自卑之仪也。欲致敬时，及有请白，先整法衣，搭左肩上，壓衣左腋，令使著身，即将左手向下，掩摄衣之左畔，右手随所掩之衣裙。既至下边，卷衣向脥，两脥俱掩，勿令身现。背后衣缘，急使近身。掩摄衣裳，莫遣垂地。足跟双竖，脊须平直。十指布地，方始叩头。然其脥下逈无衣物，复还合掌，复还叩地，殷勤致敬，如是至三。必也寻常，一礼便罢，中间更无起义。西国见为三拜，人皆怪之。若恐额上有尘，先须摩手令净，然后拭之。次当拂去两膝头土，整顿衣裳，在一边坐。或可暂时伫立，尊者即宜赐坐，必有呵责，立亦无伤。斯乃佛在世时，迄乎末代，师弟相传，于今不绝。如经律云，来至佛所，礼佛双足，在一边坐，不云敷坐具礼三拜，在一边立，斯其教矣。但尊老之处，多座须安，必有人来，准仪而坐。

凡是坐者，皆足蹋地，曾无帖膝之法也。律云应先嗢屈竹迦(一)，译为蹲居。双足履地，两膝皆竖，摄敛衣服，勿令垂地，即是持衣说净常途轨式。或对别人而说罪，或向大众而申敬，或被责而请忍，或受具而礼僧，皆同斯也。或可双膝著地，平身合掌，乃是香台瞻仰赞叹之容矣。然于床上礼拜，诸国所无。或敷毡席，亦不见有。欲敬反慢，岂成道理？至如床上席上，平怀尚不致恭，况礼尊师大师，此事若为安可？西国讲堂食堂之内，元来不置大床，多设木枯并小床子，听讲食时，用将踞坐，斯其本法矣。神州则大床方坐，共事久之。虽可随时设仪，而本末之源须识。

［注释］

（一）嗢屈竹迦：梵文 utkuṭuka，又译作嗢俱吒。慧琳《一切经音义》卷三六解释："臀不著地。"（T54/547c）

二十六、客旧相遇

昔大师在日，亲为教主，客苾刍至，自唱善来。又复西方寺众，多为制法，凡见新来，无论客旧及弟子门人旧人，即须迎前唱莎揭哆(一)，译曰善来。客乃寻声即云窣莎揭哆(二)，译曰极善来。如不说者，一违寺制，二准律有犯。无问大小，悉皆如此。

即为收取瓶钵，挂在壁牙[三]。随处安坐，令其憩息。幼向屏处，尊乃房前。卑则敬上，而执搦其腨，后及遍身。尊乃抚下，而频按其背，不至腰足。齐年之类，事无间然。既解疲劳，方澡手濯足。次就尊所，伸其礼敬。但为一礼，跪而按足。尊遂乃展其右手，抚彼肩背。若别非经久，手抚不为。师乃问其安不，弟子随事见答。然后退在一边，恭敬而坐，实无立法。

［注释］

（一）莎揭哆：梵文 svāgata。

（二）窣莎揭哆：梵文 suṣvāgata。

（三）壁牙：即卷二“著衣法式”章“象牙”。

然西方轨则，多坐小枯，复皆露足。东夏既无斯事，执足之礼不行。经说人天来至佛所，顶礼双足，退坐一面，即其仪矣。然后释其时候，供给汤饮。酥蜜沙糖，饮噉随意。或余八浆[一]，并须罗滤，澄清方饮。如兼浊滓，此定不开。杏汤之流，体是稠浊，准依道理，全非饮限。律云：凡浆净滤，色如黄荻。此谓西国师弟门徒客旧相遇逢迎之礼。岂有冒寒创至，触热新来，或遍体汗流，或手足皆冻，放却衣幞，急事和南[二]。情状匆忙，深乖轨式。师乃立之，闲问余事，诚哉太急，将为绍隆。言和南者，梵云畔睇，或云畔憚南，译为敬礼，但为采语不真，唤和南矣。不能移旧，且道和南。的取正音，应云畔睇。又道行众集，礼拜非仪。合掌低头，口云畔睇。故经云：或复但合掌，乃至小低头，即是致敬也。南人不审，依希合度，向使改不审为畔睇，斯乃全同律教矣。

［注释］

（一）八浆：义净译《根本萨婆多部律摄》卷八：“言更药者，谓八种浆。”八浆是：一、招者浆（cocapāna）；二、毛者浆（mocapāna）；

三、孤洛迦浆（kolakapāna）；四、阿说他子浆（aśvatthapāna）；五、乌昙跋罗浆（udumbarapāna）；六、钵鲁洒浆（parūsapāna）；七、蔑栗坠浆（mṛdhvikapāna）；八、渴树罗浆（kharjūrapāna）（T24/569c）。《根本说一切有部百一羯磨》卷五同（T24/478a）。

（二）和南：义净下文解释即同畔睇或畔惮那，畔惮那即畔弹那。义净又解释，因采语不真，而有此名。可能是西域古语的转译。

二十七、先体病源

前云量身轻重，方餐小食者，即是观四大之强弱也。若其轻利，便可如常所食。必有异处，则须视其起由。既得病源，然后将息。若觉轻健，饥火内然，至小食时，方始餐啖。凡是平旦，名痰癃时，宿食余津积在胸膈，尚未疏散，食便成咎。譬乎火焰起而投薪，薪乃寻从火化，若也火未著而安草，草遂存而不然。夫小食者，是圣别开。若粥若饭，量身乃食。必也因粥能资道，即唯此而非余。若其要饼方长身，旦食饼而无损。凡有食啖，令身不安者，是与身为病缘也，不要头痛卧床，方云是疾。若余药不疗，医人为处，须非时食，佛言密处与之。如异此流，固非开限。

然西方五明论（一）中，其医明曰：先当察声色，然后行八医，如不解斯妙，求顺反成违。言八医者，一论所有诸疮，二论针刺首疾，三论身患，四论鬼瘴，五论恶揭陀药（二），六论童子病，七论长年方，八论足身力（三）。言疮事兼内外。首疾但目在头。齐咽已下，名为身患。鬼瘴谓是邪魅。恶揭陀遍治诸毒。童子始从胎内至年十六。长年则延身久存。足力乃身体强健。斯之八术，先为八部，近日有人略为一夹（四）。五天之地，咸悉遵修，但令解者无不食禄。由是西国大贵医人，兼重商客，为无杀害，自益济他。于此医明，已用功学，由非正业，遂乃弃之。

［注释］

（一）五明论：梵文 pañcavidyā。《大唐西域记》卷二“印度总述”条：“一曰声明（śabdavidyā），释诂训字，诠目流别；二工巧明（śilpasthānavidyā），伎术机关，阴阳历数；三医方明（cikitsāvidyā），禁呪闲邪，药石针艾；四曰因明（hetuvidyā），考定正邪，研核真伪；五曰内明（adhyātmavidyā），究畅五乘，因果妙理。”（校注本，第186页）

（二）恶揭陀药：恶揭陀，梵文 agada 的音译，意为药，尤指“遍治诸毒”的药。

（三）八论足身力：“八医”是印度古代医学的传统分类法。《金七十论》卷上译作“八分医方”（T54/1245b）。

（四）近日有人略为一夹：斯之八术，先为八部，此指印度古代医学的根本经典 Āyurveda 的八个分支（aṣṭāṅga）。但原书早已不存，其基本内容保存在较晚的古典著作如 *Carakasaṃhitā*、*Suśrutasaṃhitā* 等之中。近日有人略为一夹，高楠认为此或即指 Suśruta。但据 Hoernle 等的意见，此指 Vāgbhaṭa 的 *Aṣṭāṅgasaṃgraha*。后一种说法较有道理。Hoernle 等并依据义净此段记载，把 Vāgbhaṭa 确定为6世纪末或7世纪时人。见 S. Dasgupta, *A History of Indian Philosophy*, Cambridge, 1932, Vol. Ⅱ, p. 433。

又复须知西方药味与东夏不同，互有互无，事非一概。且如人参、茯苓、当归、远志、乌头、附子、麻黄、细辛，若斯之流，神州上药。察问西国，咸不见有。西方则多足诃黎勒（一），北道则时有郁金香（二），西边乃阿魏（三）丰饶，南海则少出龙脑（四）。三种豆蔻（五），皆在杜和罗（六）。两色丁香（七），咸生堀沦国（八）。唯斯色类，是同所须，自余药物，不足收采。

［注释］

（一）诃黎勒：梵文 harītakī。《翻译名义集》卷三："诃梨勒，新云诃梨怛鸡，此云天主持来。此果为药，功用至多，无所不入。"（T54/1103a）又称诃子或藏青果。学名 Terminalia chebula。参见李时珍《本草纲目》卷三五，人民卫生出版社，1982 年，第 2027—2029 页。

（二）郁金香：此非今日一般所指郁金香花。《翻译名义集》卷三："茶矩磨，此云郁金。《周礼·春官》：郁人采取以鬯酒。《说文》云：郁金草之华，远方所贡芳物，郁人合而酿之，以降神也，宗庙用之。"（T54/1105a）茶矩磨，梵文 kuṅkuma。学名 Crocus sativus。即藏红花。见《本草纲目》卷十四，同上，第 895—896 页。

（三）阿魏：《酉阳杂俎》前集卷十八："阿魏，出伽阇那国，即北天竺也。伽阇那呼为形虞。亦出波斯国，波斯国呼为阿虞截。树长八九丈，皮色青黄，三月生叶，叶似鼠耳，无花实。断其枝，汁出如饴，久乃坚凝，名阿魏。"（中华书局，1981 年，第 178 页）但实为草本。形虞，梵文 hiṅgu。学名 Ferula asafoetida。李时珍认为有草、木两种。见《本草纲目》卷三四，同上，第 1969—1972 页。

（四）龙脑：《大唐西域记》卷十："（秣剌耶山）羯布罗香树，松身异叶，花果斯别。初采既湿，尚未有香。木干之后，循理而析，其中有香，状若云母，色如冰雪，此所谓龙脑香也。"（校注本，第 859 页）羯布罗，梵文 karpūra。秣剌耶山在南印度秣罗矩吒国。参见《本草纲目》卷三四，同上，第 1965—1968 页。

（五）三种豆蔻：草豆蔻、肉豆蔻、白豆蔻。见《本草纲目》卷十四，同上，第 865—868、876—877 页。

（六）杜和罗：即卷一"序"中"杜和钵底国"。

（七）两色丁香：所谓"母丁香"和"公丁香"。见《本草纲目》

卷三四,同上,第1940—1944页。

(八)堀沦国:即卷一"序"中"掘伦"。

凡四大之身有病生者,咸从多食而起,或由劳力而发。或夜餐未泄,平旦便餐。或旦食不消,午时还食。因兹发动,遂成霍乱。呃气则连宵不息,鼓胀即终旬莫止。然后乃求多钱之肾气(一),觅贵价之秦胶(二)。富者此事可为,贫人分随朝露,病既成矣,斯何救焉。纵使卢医(三)旦至,进丸散而无因,扁鹊昏来,遗汤膏而宁济。火烧针刺,与木石而不殊,震足头摇,媿僵仆而何别。斯乃良由不体病本,不解调将,可谓止流不塞其源,伐树不除其本,枝条弥蔓,求绝无因。致使学经论者,仰三藏而永叹;习静虑者,想八定而长嗟(四)。俗士乃务明经之辈(五),则绝辔于金马之门(六);求进士之流,遂息步于石渠之署(七)。妨修道业,可不大欤!废失荣宠,诚非小事。聊为叙之,勿嫌繁重。冀令未损多药,宿痼可除,不造医门,而新痾遂殄。四大调畅,百病不生,自利利人,岂非益也。然而食毒死生,盖是由其往业,现缘避就,非不须为者哉。

[注释]

(一)多钱之肾气:肾气,指肾气丸,一名"金匮肾气丸"。见《金匮要略》。

(二)贵价之秦胶:秦胶,疑指大秦国所出一种药胶。

(三)卢医:即下文中扁鹊。战国时名医,姓秦名越人。曾受禁方于长桑君,遂以医名天下。《史记》卷一〇五有传(9/2785—2794)。《正义》解释:"又家于卢国,因命之曰卢医。"(9/2785)卢国地在今山东长清县西南。

(四)想八定而长嗟:八定,所谓八种禅定。不详举。

(五)俗士乃务明经之辈:明经,唐代以科举取士,设明经科,与进士科并列，主要考试经义。见《新唐书》卷四四《选举志》上(4/1159)。

(六)金马之门：金马，汉代长安宫门名。《史记》卷一二六《滑稽列传》："金马门者，宦署门也。门傍有铜马，故谓之曰金马门。"(10/3205)

(七)石渠之署：石渠，石渠阁，汉代长安未央宫内藏书阁。《三辅黄图》卷六："石渠阁，萧何造。其下礲石为渠，以导水，若今御沟，因为阁名，所藏入关所得秦之图籍。至于成帝，又于此藏秘书焉。"又注云："《三辅故事》曰：石渠阁在未央宫殿北，藏秘书之所。"(经训堂丛书本)

二十八、进药方法

夫四大违和，生灵共有，八节交竞(一)，发动无恒。凡是病生，即须将息。故世尊亲说《医方经》(二)曰：四大不调者，一窭噜，二燮跛，三毕哆，四婆哆(三)。初则地大增，令身沉重。二则水大积，涕唾乖常。三则火大盛，头胸壮热。四则风大动，气息击冲。即当神州沉重、痰癃、热黄、气发之异名也。若依俗论，病乃有其三种，谓风、热、癃，重则与癃体同，不别彰其地大。凡候病源，旦朝自察，若觉四候乖舛，即以绝粒为先，纵令大渴，勿进浆水，斯其极禁。或一日二日，或四朝五朝，以差为期，义无胶柱。若疑腹有宿食，又刺脐胸，宜须恣饮熟汤，指剔喉中，变吐令尽，更饮更决，以尽为度。或饮冷水，理亦无伤。或干姜汤，斯其妙也。其日必须断食，明朝方始进餐。如若不能，临时斟酌。必其壮热，特讳水浇。若沉重战冷，近火为妙。其江岭已南热瘴之地，不可依斯。热发水淋，是土宜也。

［注释］

（一）八节交竞：八节：立春、春分、立夏、夏至、立秋、秋分、立冬、季至。

（二）《医方经》：此经今不存，似亦未译成汉文。

（三）窭噜、燮跛、毕哆、婆哆：窭噜，梵文 guru，意即沉重，此特指食积胃中，消化不滞，有沉重之感。燮跛，梵文 kapha，古代印度医学理论中所谓人体中三种体液之一，约类痰液或淋巴液，此指涕唾增多。毕哆，梵文 pitta，亦为人体中三种体液之一，约类胆汁，此指热黄之征象。婆哆，梵文 vāta，三种体液之一，亦称作 vāyu，意为风，此特指人体内产生并循环不已的一种风，约与中医之气相似，此指风动之征象。依印度古代医学理论，kapha，pitta，vāyu 或 vāta 存在于人体之内，如果互相平衡，维持一定的“自量”（svamāna），人体正常无病，反之则疾病生起。义净下文中逐一还有解释。

如其风急，涂以膏油，可用布团，火炙而熨。折伤之处，斯亦为善。熟油涂之，日验交益。若觉痰癊阗胸，口中唾数，鼻流清水，糫糁咽闭，尸满枪喉，语声不转，饮食亡味，动历一旬，如此之流，绝食便差。不劳灸顶，无假捩咽。斯乃不御汤药而能蠲疾，即医明之大规矣。意者以其宿食若除，壮热便息。流津既竭，痰癊便瘳。内静气消，即狂风自殄。将此调停，万无一失。既不劳其诊脉，讵假问乎阴阳。各各自是医王，人人悉成祇域（一）。至如鸾法师（二）调气蠲疾，隐默者乃行；思禅师（三）坐内抽邪，非流俗所识。访名医于东洛，则贫匮绝其津；求上药于西郊，则茕独亡其路。所论绝食，省而且妙，备通穷富，岂非要乎。

［注释］

（一）祇域：梵文 Jīvaka，又译“耆婆”。印度古代传说中的名医，与释迦牟尼同时,被称为“医王”。

(二)鸾法师:昙鸾,北朝时僧人。雁门(今山西代县)人,出家后遇印度僧人菩提流支,专修“净土”。曾著《调气论》等。卒于东魏兴和四年(542),年六十七。《续高僧传》卷六有传。调气蠲疾事亦见本传(T50/470a—c)。

(三)思禅师:慧思,南北朝时僧人。武津(今河南上蔡县东)人,俗姓李。其弟子智顗创天台宗,遂尊其为天台宗三祖。卒于陈太建九年(577),年六十四。《续高僧传》卷十七有传(T50/562c—564a)。

又如痈痤暴起,热血忽冲,手足烦疼,天行时气,或刀箭伤体,或坠堕损躬,伤寒霍乱之徒,半日暴泻之类,头痛心痛,眼疼齿疼,片有病起,咸须断食。又三等丸能疗众病,复非难得。取诃黎勒皮、干姜、沙糖,三事等分,捣前二令碎,以水片许,和沙糖融之,并捣为丸,旦服十丸许,以知为度,诸无所忌。若患痢者,不过三两服即差。能破胘气,除风消食,为益处广,故此言之。若无沙糖者,饧蜜亦得。又诃黎勒若能每日嚼一颗咽汁,亦终身无病。

此等医明传乎帝释(一),五明一数,五天共遵。其中要者,绝食为最。旧人传云:若其七日断食不差,后乃方可求观世音(二)。神州多并不闲,将为别是斋戒,遂不肯行学,良由传者不悟医道也。其有服丹石及长病并腹块之类,或可依斯。恐有丹石之人,忍饥非所宜也。又飞丹则诸国皆无,服石神州独有。然而水精白石有出火者,若服之则身体爆裂。时人不别,枉死者无穷。由此言之,深须体识。蛇蝎等毒,全非此疗。而绝食之时,大忌游行及以作务。其长行之人,纵令断食,随路无损。如其差已,后须将息。宜可食新煮饭,饮熟菉豆汤,投以香和,任饮多少。若觉有冷,投椒姜荜拨。若知是风，著胡荽荆芥。医方论曰：诸辛悉皆动风，唯干姜非也，加之亦佳。准绝食日而作调息，讳饮冷水，余如药禁。如其瞰粥，恐痰癊还增。必是风劳，食亦无损。若患热者，即熟煎苦参汤，饮之为善，茗亦佳也。自离故国，向二十余年，但以此疗身，颇无他疾。

［注释］

（一）帝释：梵文 Śakra，即帝释天。佛教护法神。

（二）观世音：梵文 Avalokiteśvara。正译应作观自在。佛教菩萨。

且如神州药石根茎之类，数乃四百有余，多并色味精奇，香气芬郁，可以蠲疾，可以王神。针灸之医，诊脉之术，赡部洲中无以加也。长年之药，唯东夏焉。良以连岗雪巘，接岭香山，异物奇珍，咸萃于彼，故体人像物，号曰神州。五天之内，谁不加尚？四海之中，孰不钦奉？云文殊师利现居其国（一）。所到之处，若闻是提婆弗呾攞（二）僧，莫不大生礼敬。提婆是天，弗呾攞是子，云是支那天子所居处来也。考其药石，实为奇妙，将息病由，颇有疏阙，故粗陈大况，以备时须。

［注释］

（一）文殊师利现居其国：文殊师利，梵文 Mañjuśrī。又译曼殊室利。本书卷四“西方学法”章原注：“西方赞云：曼殊室利现在并州。”指在今山西五台山。

（二）提婆弗呾攞：梵文 Devaputra，意译天子。

若绝食不损者，后乃随方处疗。苦参汤偏除热病，酥油蜜特遣风痾。其西天罗荼国，凡有病者，绝食或经半月，或经一月，要待病可，然后方食。中天极多七日，南海二三日矣。斯由风土差互，四大不同，致令多少，不为一概，未委神州宜断食不。然而七日不食，人命多殒者，由其无病持故。若病在身，多日亦不死矣。曾见有病，绝粒三旬，后时还差，则何须见怪绝食日多？岂容但见病发，不察病起所由，壮热火然，还将热粥食饮。带病强食，深是可畏。万有一差，终亦不堪教俗。医方明内，极是讳焉。又由东夏时人，鱼菜多并生食，此乃西国咸悉不餐。凡是菜茹，皆须烂煮，加阿魏、酥油及诸香和，然后方啖。菹齑之类，人皆不食。时复忆故，啖之遂使脐中结痛。损腹肚，闇眼目，长疾病，益虚疏，其斯之谓。智者思察，用行舍藏，闻而不行，岂医咎也？行则身安道备，自他之益俱成；舍则体损智微，彼我之功皆失也。

二十九、除其弊药

自有方处，鄙俗久行，病发即服大便小便，疾起便用猪粪猫粪。或瓨盛瓮贮，号曰“龙汤”。虽加美名，秽恶斯极。且如葱蒜许服，尚自遣在边房。七日洁身，洗浴而进。身若未净，不入众中，不合绕塔，不应礼拜。以其臭秽，非病不听。四依陈弃之言，即是陈故所弃之药(一)，意在省事，仅可资身。上价自在开中，啖服实成非损。梵云晡堤木底鞞杀社(二)，晡堤是陈，木底是弃，鞞杀社译之为药。即是陈弃药也。律开大便小便，乃是犊粪牛尿。西国极刑之俦，粪涂其体，驱摈野外，不处人流。除粪去秽之徒，行便击杖自异。若误冲著，即连衣遍洗(三)。大师既缘时御物，讥丑先防，岂遣服斯，而独乖时望？不然之由，具如律内。用此惠人，诚为可鄙。勿令流俗习以为常。外国若闻，诚损风化。又复大有香药，何不服之？己所不爱，宁堪施物？

[注释]

（一）四依陈弃之言，即是陈故所弃之药：见前卷二“衣食所须”章“四依四作”条注。

（二）晡堤木底鞞杀社：梵文 pūtimuktibhaiṣajya。义净下文有解释。

（三）即连衣遍洗：《法显传》：“旃荼罗名为恶人，与人别居。若入城市则击木以自异。人则识而避之，不相搪揬。”（T51/859b）旃荼罗即此类人，为古代印度社会中最低级的种姓之一。

然而除蛇蝎毒，自有硫黄、雄黄、雌黄之石。片子随身，诚非难得。若遭热瘴，即有甘草、恒山（一）、苦参之汤。贮畜少多，理便易获。姜椒荜拨，旦咽而风冷全祛；石蜜沙糖，夜餐而饥渴俱息。不畜汤药之直，临事定有阙如。违教不行，罪愆宁免？钱财漫用，急处便闲。若不曲题，谁能直悟？呜呼！不肯施佳药，遂省用龙汤，虽复小利在心，宁知大亏圣教。正量部中说其陈弃，既其部别，不可依斯。《了论》（二）虽复见文，元非有部所学。

[注释]

（一）恒山：即中药常山。名出《吴普本草》。《本草纲目》卷十七：“时珍曰：恒亦常也。恒山乃北岳名，在今定州。常山乃郡名，亦今真定。岂此药始产于此得名欤？”（《本草纲目》，第1150页）高楠据饮光说，解释为一种野茶，误。

（二）《了论》：指《律二十二明了论》，弗陀多罗多造，陈真谛汉译，一卷。为正量部律论。

三十、旋右观时

言旋右者，梵云钵喇特崎拏（一）。钵喇字缘乃有多义，此中意趣，事表旋行。特崎拏即是其右，总明尊便之目。故时人名右手为特崎拏手，意是从其右边为尊为便，方合旋绕之仪矣。或特欹拏，目其施义，与此不同，如前已述。西国五天，皆名东方为前方(二)，南为右方(三)，亦不可依斯以论左右。诸经应云旋右三匝，若云佛边行道者非也。经云右绕三匝者，正顺其仪。或云绕百千匝，不云右者，略也。然右绕左绕，稍难详定。为向右手边为右绕，为向左手边为右绕耶？曾见东夏有学士云，右手向内圆之名为右绕，左手向内圆之名为左绕，理可向其左边而转，右绕之事方成。斯乃出自胸臆，非关正理，遂令迷俗莫辩司方，大德鸿英亦雷同取惑。以理商度，如何折中？但可依其梵本，并须杜塞人情。向右边为右绕，向左边为左绕，斯为圣制，勿致疑惑。

［注释］

（一）钵喇特崎拏：梵文 pradakṣiṇa。下文中有解释。

（二）东方为前方：东方，梵文 pūrva，亦作前方解。

（三）南为右方：南方，梵文 dakṣiṇa，亦作右方解。

又复时非时者，且如《时经》所说(一)，自应别是会机。然四部律文，皆以午时为正，若影过线许，即曰非时。若欲护罪，取正方者，宜须夜揆北辰，直望南极，定其邪正，的辨隅中。又宜于要处安小土台，圆阔一尺，高五寸，中插细杖。或时石上竖丁，如竹箸许，可高四指，取其正午之影，画以为记，影过画处，便不合食。西方在处多悉有之，名为薜攞斫羯攞(二)，弹舌道之。译为时轮矣。揆影之法，看其杖影，极短之时即正中也。

［注释］

（一）且如《时经》所说：《时经》，应指《佛说时非时经》，汉译一卷，西晋若罗严译。

(二)薜攞斫羯攞:梵文 velācakra。

然赡部洲中,影多不定,随其方处,量有参差。即如洛州无影,与余不同(一)。又如室利佛逝国,至八月中以圭测影,不缩不盈,日中人立,并皆无影。春中亦尔,一年再度,日过头上。若日南行,则北畔影长二尺三尺。日向北边,南影同尔。神州则南溟北朔更复不同,北户向日,是其恒矣。又海东日午,关西未中。准理既然,事难执一。是故律云遣取当处日中以为定矣。夫出家之人,要依圣教,口腹之事,无日不须,揆影而餐,理应存念。此其落漠,余何护焉?是以弘绍之英,无怪繁重。行海尚持圭去,在地宁得逶随?故西国相传云:观水观时,是曰律师矣。

[注释]

(一)洛州无影,与余不同:义净此处说误。依字面讲,洛州应指洛阳,但洛阳地处北纬三十四度至三十五度之间,一年中任何时候都不可能无影。这一错误或与以为洛阳为天下之中的看法有关。高楠把此处洛州解释为中印度,虽然可以调和义净说法中的矛盾,但从来没有人以洛州一名指中印度。

又复西国大寺皆有漏水,并是积代君王之所奉施,并给漏子,为众警时。下以铜盆盛水,上乃铜碗浮内。其碗薄妙,可受二升。孔在下穿,水便上涌,细若针许,量时准宜。碗水既尽,沉即打鼓。始从平旦,一碗沉,打鼓一下;两碗沉,两下;三碗,三下;四碗,四下。然后吹螺两声,更别打一下,名为一时也,即日东隅矣。更过四碗,同前打四。更复鸣螺,别打两下,名两时,即正午矣。若闻两打,则僧徒不食。若见食者,寺法即便驱摈。过午两时,法亦同尔。夜有四时,与昼相似。总论一日一夜,成八时也。若初夜尽时，其知事人则于寺上阁鸣鼓以警众。此是那烂陀寺漏法。又日将没时及天晓时，皆于门前打鼓一通。斯等杂任，皆是净人及户人所作。日没之后，乃至天光，大众全无鸣犍椎法。凡打犍椎，不使净人，皆维那(一)自打。犍椎有四五之别，广如余处。

［注释］

（一）维那：又称“授事”。见卷四“灌沐尊仪”章中义净原注。

其莫诃菩提及俱尸那寺(一)，漏乃稍别，从旦至中，碗沉十六。若南海骨仑国(二)，则铜釜盛水，穿孔下流，水尽之时，即便打鼓。一尽一打，四椎至中，齐暮还然。夜同斯八，总成十六。亦是国王所施。由斯漏故，纵使重云闇昼，长无惑午之辰；密雨连宵，终罕疑更之夜。若能奏请置之，深是僧家要事。其漏器法，然须先取昼夜停时，旦至午时，八碗沉没。如其减八，钻孔令大，调停节数，还须巧匠。若日夜渐短，即可增其半抄。若日夜渐长，复须减其半酌，然以消息为度。维那若房设小杯，准理亦应无过。然而东夏五更，西方四节，调御之教，但列三时，谓分一夜为三分也。初分后分，念诵思惟，处中一时，系心而睡。无病乖此，便招违教之愆，敬而奉行，卒有自他之利矣。

［注释］

（一）莫诃菩提及俱尸那寺：莫诃菩提即大觉寺，梵文 Mahābodhivihāra，在古印度摩揭陀国释迦牟尼成道处。俱尸那寺在俱尸那城。俱尸那，梵文 Kuśīnāra 或 Kuśīnagara。释迦牟尼在此地涅槃。城故址在今印度北方邦 Gorakhpur 东三十五英里处的 Kāsiā。

（二）南海骨仑国：即前所称“昆仑国”。

南海寄归内法传卷第四

三藏沙门义净撰

三十一、灌沐尊仪

详夫修敬之本，无越三尊，契想之因，宁过四谛。然而谛理幽邃，事隔粗心，灌洗圣仪，实为通济。大师虽灭，形像尚存。翘心如在，理应遵敬。或可香华每设，能生清净之心。或可灌沐恒为，足荡昏沉之业。以斯摽念，无表之益自收；劝奖余人，有作之功兼利。冀希福者宜存意焉。

但西国诸寺，灌沐尊仪，每于禺中之时，授事便鸣揵稚。授事者，梵云羯磨陀那[一]。陀那是授，羯磨是事，意道以众杂事指授于人。旧云维那者非也。维是周语，意道纲维；那是梵音，略去羯磨陀字也。寺庭张施宝盖，殿侧罗列香瓶。取金银铜石之像，置以铜金石木盘内。令诸妓女，奏其音乐。涂以磨香，灌以香水，取旃檀沉水香木之辈，于础石上，以水磨使成泥，用涂像身，方持水灌。以净白氎而揩拭之。然后安置殿中，布诸花彩。此乃寺众之仪，令羯磨陀那作矣。然于房房之内，自浴尊仪，日日皆为，要心无阙。但是草木之花，咸将奉献，无论冬夏，芬馥恒然。市肆之间，卖者亦众。且如东夏，莲华石竹，则夏秋散彩，金荆桃杏，乃春日敷荣。木槿石榴，随时代发，朱樱李柰，逐节扬葩。园观蜀葵之流，山庄香草之类，必须持来布列，无宜遥指树园。冬景片时，或容阙乏，剪诸缯彩，坌以名香，设在尊前，斯实佳也。

［注释］

（一）羯磨陀那：梵文 karmadāna。解释见下文。

至于铜像，无问小大，须细灰砖末，揩拭光明，清水灌之，澄华若镜。大者月半月尽，合众共为。小者随己所能，每须洗沐。斯则所费虽少，而福利尤多。其浴像之水，举以两指，沥自顶上，斯谓吉祥之水，冀求胜利。奉献残花，不合持齅。弃水弃花，不应履践，可于净处而倾置之。岂容白首终年，尊像曾不揩沐，红花遍野，本自无心奉荐，而逐省懒作。遥指池园，即休畏苦。惰为开堂，普敬便罢。此则师资绝绪，遂使致敬无由。造泥制底及拓模泥像，或印绢纸，随处供养，或积为聚，以砖裹之，即成佛塔，或置空野，任其销散。西方法俗，莫不以此为业。

又复凡造形像及以制底，金、银、铜、铁、泥、漆、砖、石，或聚沙雪。当作之时，中安二种舍利（一），一谓大师身骨，二谓缘起法颂。其颂曰："诸法从缘起，如来说是因，彼法因缘尽，是大沙门说。"要安此二，福乃弘多。由是经中广为譬喻，欢其利益，不可思议。若人造像如穬麦，制底如小枣，上置轮相，竿若细针，殊因类七海（二）而无穷，胜报遍四生而莫尽。其间委细，具在别经（三），幸诸法师等，时可务哉。洗敬尊容，生生值佛之业；花香致设，代代富乐之因。自作教人，得福无量。曾见有处四月八日（四），或道或俗，持像路边，灌洗随宜，不知揩拭，风飘日曝，未称其仪矣。

［注释］

（一）舍利：同卷二“尼衣丧制”章“设利罗”。

（二）七海：佛教传说世界以须弥山（Sumeru）为中心，共有九山八海。八海中七为内海，一为外海。见《俱舍论》卷十一（T29/57a）。

（三）其间委细，具在别经：如唐地婆诃罗译《佛说造塔功德经》及唐提云般若译《佛说大乘造像功德经》等。

（四）四月八日：依中国佛教传统，四月八日为释迦牟尼诞生日，此日僧俗共同举行浴佛活动。

三十二、赞咏之礼

神州之地，自古相传，但知礼佛题名，多不称扬赞德。何者？闻名但听其名，罔识智之高下，赞叹具陈其德，故乃体德之弘深。即如西方制底畔睇，及常途礼敬，每于晡后，或昏黄时，大众出门，绕塔三匝，香花具设，并悉蹲踞。令其能者作哀雅声，明彻雄朗，赞大师德。或十颂，或二十颂。次第还入寺中，至常集处。既其坐定，令一经师，升师子座（一），读诵少经。其师子座在上座头，量处度宜，亦不高大。所诵之经多诵《三启》（二），乃是尊者马鸣（三）之所集置。初可十颂许，取经意而赞叹三尊。次述正经，是佛亲说。赞诵既了，更陈十余颂论，回向发愿，节段三开，故云三启。经了之时，大众皆云苏婆师多（四）。苏即是妙，婆师多是语，意欲赞经是微妙语。或云娑度（五），义曰善哉。经师方下，上座先起，礼师子座。修敬既讫，次礼圣僧座，还居本处。第二上座，准前礼二处已，次礼上座，方居自位而坐。第三上座，准次同然，迄乎众末。若其众大，过三五人，余皆同时，望众起礼，随情而去。斯法乃是东圣方耽摩立底国僧徒轨式。

［注释］

（一）师子座：梵文 siṃhāsana 的意译。

（二）《三启》：《三启经》，即《佛说无常经》，义净汉译一卷。

（三）尊者马鸣：马鸣，梵文 Aśvaghoṣa。古印度著名佛教僧人，活动时间在公元一、二世纪间。主要著作有《佛所行赞》等。

（四）苏婆师多：梵文 subhāṣita，译为“妙语”。

（五）娑度：梵文 sādhu。

至如那烂陀寺，人众殷繁，僧徒数出三千（一），造次难为翔集。寺有八院，房有三百（二），但可随时当处，自为礼诵。然此寺法，差一能唱导师，每至晡西，巡行礼赞。净人童子持杂香华，引前而去。院院悉过，殿殿皆礼。每礼拜时，高声赞叹，三颂五颂，响皆遍彻。迄乎日暮，方始言周。此唱导师，恒受寺家别料供养。或复独对香台，则只坐而心赞。或翔临于梵宇，则众跪而高阐。然后十指布地，叩头三礼，斯乃西方承藉礼敬之仪。而老病之流，任居小座，其赞佛者而旧已有，但为行之稍别，不与梵同。且如礼佛之时，云叹佛相好者，即合直声长赞，或十颂二十颂，斯即其法也。又如来等偈，元是赞佛，良以音韵稍长，意义难显。或可因斋静夜，大众凄然，令一能者，诵《一百五十赞》及《四百赞》（三），并余别赞，斯成佳也。

［注释］

（一）僧徒数出三千：《大唐西域求法高僧传》卷上记那烂陀寺：“此寺内僧众有三千五百人。”本书卷二“衣食所须”章说法亦同。

（二）寺有八院，房有三百：《大唐西域求法高僧传》卷上：“如斯等类，乃有八寺。”一院即一寺。《慈恩传》卷三：“庭序别开，中分八院。”（T50/236b）今考古发掘结果同。八座寺院遗址编号分别为 1、4、6、7、8、9、10、11。详拙稿《大唐西域求法高僧传校注》此条注。

（三）一百五十赞及四百赞:《一百五十赞》即《一百五十赞佛颂》,梵文 Śatapañcāśatka。义净汉译本一卷。梵本亦存,已校勘出版。见 Shackleton Bailey, *The Śatapañcāśatka of Mātṛceṭa*, Cambridge, 1951。《四百赞》,梵文 *Catuḥśataka*。无汉译。有藏译,藏译本梵名 *Varṇanārhavarṇana*。见 M.Winternitz, *History of Indian Literature*, Delhi, 1977, Vol. Ⅱ, p. 272。梵本仅有残卷发现。

然而西国礼敬,盛传赞叹,但有才人,莫不于所敬之尊而为称说。且如尊者摩咥丁结反。里制吒(一)者,乃西方宏才硕德,秀冠群英之人也。传云昔佛在时,佛因亲领徒众,人间游行。时有莺鸟,见佛相好,俨若金山,乃于林内,发和雅音,如似赞咏。佛乃顾诸弟子曰:“此鸟见我欢喜,不觉哀鸣。缘斯福故,我没代后,获得人身,名摩咥里制吒,广为称叹,赞我实德也。”摩咥里是母,制吒是儿也。其人初依外道出家,事大自在天(二),既是所尊,具伸赞咏。后乃见所记名,翻心奉佛,染衣出俗,广兴赞叹。悔前非之已往,遵胜辙于将来。自悲不遇大师,但逢遗像。遂抽盛藻,仰符授记,赞佛功德。初造《四百赞》,次造《一百五十赞》,总陈六度(三),明佛世尊所有胜德。斯可谓文情婉丽,共天花而齐芳;理致清高,与地岳而争峻。西方造赞颂者,莫不咸同祖习。无著、世亲菩萨(四)悉皆仰止。故五天之地,初出家者,亦即诵得五戒十戒,即须先教诵斯二赞,无问大乘小乘,咸同遵此。有六意焉:一能知佛德之深远,二体制文之次第,三令舌根清净,四得胸藏开通,五则处众不惶,六乃长命无病。诵得此已,方学余经。

[注释]

(一)尊者摩咥里制吒:摩咥里制吒,梵文 Mātṛceṭa。佛教僧人,与迦腻色迦(Kaniṣka)王及马鸣同时,或稍长于马鸣。

(二)大自在天:梵文 Maheśvara。婆罗门教主神之一。又称湿婆(Śiva)。

(三)六度:度,梵文 pāramitā。六度是:施(dāna),戒(śila),忍(kṣānti),精进(vīrya),定(dhyāna 或 samādhi),慧(prajñā)。

(四)无著、世亲菩萨:无著,梵文 Asaṅga。世亲,梵文 Vasubandhu。两人是兄弟,四五世纪时人。兄弟共创立大乘佛教瑜伽行派,为著名佛教论师。

然而斯美未传东夏。造释之家,故亦多矣。为和之者,诚非一算。陈那菩萨(一)亲自为和,每于颂初,各加其一,名为《杂赞》,颂有三百。又鹿苑名僧号释迦提婆(二),复于陈那颂前各加一颂,名《糅杂赞》,总有四百五十颂。但有制作之流,皆以为龟镜矣。

[注释]

(一)陈那菩萨:陈那,梵文 Dignāga。南印度人,活动时间在5世纪后期至6世纪初期。他是大乘瑜伽行派的著名论师,创佛教新因明学。本书卷四"长发有无"章:"因明著功,镜彻陈那之八论。"义净译有陈那著作五种。

(二)释迦提婆:梵文 Śākyadeva。

又龙树菩萨以诗代书,名为《苏颉里离佉》(一),译为《密友书》,寄与旧檀越(二)南方大国王号娑多婆汉那,名市演得迦(三),可谓文藻秀发,慰诲勤勤,的指中途,亲逾骨肉。就中旨趣,寔有多意。先令敬信三尊,供养父母,持戒舍恶,择人乃交,于诸财色，修不浮观，检校家室，正念无常。广述饿鬼傍生，盛道人天地狱。火燃头上，无暇拂除。缘起运心，专求解脱。劝行三慧，明圣道之八支(四)；令学四真，证圆凝之两得(五)。如观自在(六)，不简怨亲；因阿弥陀(七)，恒居浮土。斯即化生之术，要无以加。五天创学之流，皆先诵此书赞。归心系仰之类，靡不研味终身，若神州法侣诵《观音》《遗教》(八)，俗徒读《千文》《孝经》矣。莫不钦翫，用为师范。

［注释］

(一)苏颉里离佉：梵文 *Suhṛllekha*。汉译有三种：一、《龙树菩萨为禅陀王说法要偈》，一卷，刘宋求那跋摩译；二、《劝发诸王要偈》，一卷，刘宋僧伽跋摩译；三、《龙树菩萨劝诫王颂》，一卷，义净译。藏译 *bshes pavi spring yig*，译者 Sarvajñādeva。

(二)檀越：即施主。见卷一"受斋轨则"章中义净原注的解释。

(三)南方大国王号娑多婆汉那，名市演得迦：娑多婆汉那，梵文 Sātavāhana。此指南憍萨罗国(Dakṣiṇa-Kosala)的一位国王。玄奘《大唐西域记》卷十译名作"娑多婆诃"(Sātavāha)，又意译作"引正"(校注本，第 824 页)。近人考证，多以为指约 2 世纪后期 Sātavāhana 王朝的国王 Gautamīputra Satakarṇi。见 S. Dietz，Der Autor des Suhṛllekha，*Proceedings of the Csoma de Korös Symposium*，Velm/Wien，Sept. 13th—19th，1981；R. C. Majumdar，*The Classical Age, The History and Culture of the Indian People*，Vol. Ⅲ，Bombay，1954，p. 218。市演得迦，高楠拟还原为 Jetaka，但目前没有其他旁证。

(四)劝行三慧，明圣道之八支：《成实论》卷十六："三慧：闻慧、思慧、修慧。"(T32/366c)八支，指八正道。

(五)令学四真，证圆凝之两得：四真，指四谛。

(六)观自在：即观世音，梵文 Avalokiteśvara 的意译。

（七）阿弥陀：梵文 Amitābha 或 Amitāyus，意译“无量光”或“无量寿”。

（八）《观音》《遗教》：《观音》，《观世音经》，指《法华经》中《观世音菩萨普门品》。《遗教》，《遗教经》，指《佛垂般涅槃略说教诫经》，后秦鸠摩罗什汉译，一卷。

其社得迦摩罗（一）亦同此类，社得迦者，本生也。摩罗者，即是贯焉。集取菩萨昔生难行之事，贯之一处。若译可成十余轴。取本生事，而为诗赞，欲令顺俗妍美，读者欢爱，教摄群生耳。时戒日王（二）极好文笔，乃下敕曰：“诸君但有好诗赞者，明日旦朝，咸将示朕。”及其总集，得五百夹。展而阅之，多是社得迦摩罗矣。方知赞咏之中，斯为美极。南海诸岛有十余国，无问法俗，咸皆讽诵。如前诗赞，而东夏未曾译出。

［注释］

（一）社得迦摩罗：梵文 Jātakamālā。下文原注有解释。梵本今存一种，编著者为 Āryaśūra，由 H. Kern 校勘，收入 *Harvard Oriental Series*, Vol. Ⅰ, Harvard, 1943。另有两种残本。见 M. Hahn, *Haribhaṭṭa and Gopadatta: Two Authors in the Succession of Āryaśūra, On the Rediscovery of Parts of their Jātakamālās*, Tokyo, 1977。中国赵宋时绍德等汉译《菩萨本生鬘论》十六卷亦属此类著作。

（二）戒日王：戒日，梵文 Śīlāditya 的意译，音译尸罗阿迭多。7 世纪时印度羯若鞠阇（Kanyākubja）国国王。又名曷利沙伐弹那（Harṣavardhana）。在位时间 606 年至 647 年，与玄奘同时，略早于义净。他曾征服北印度，成为当时的霸主。又支持佛教，与玄奘友善，并与中国通使。爱好文学，有剧作及诗篇。为印度古代最有名的国王之一。参见 D. Devahuti, *Harsa: A Political Study*,

Oxford,1970。

又戒日王取乘云菩萨以身代龙之事,缉为歌咏,奏谐弦管,令人作乐,舞之蹈之,流布于代(一)。又东印度月官大士作毗输安呾啰太子歌词,人皆舞咏,遍五天矣,旧云苏达拏太子者是也(二)。又尊者马鸣亦造歌词及《庄严论》(三),并作《佛本行诗》(四),大本若译有十余卷,意述如来始自王宫,终乎双树,一代佛法,并辑为诗。五天南海,无不讽诵。意明字少,而摄义能多,复令诵者心悦忘倦,又复纂持圣教,能生福利。其《一百五十赞》及龙树菩萨书,并别录寄归,乐赞咏者,时当诵习。

[注释]

(一)流布于代:此指戒日王所作剧本 *Nāgānanda*,汉译名《龙喜记》。乘云,梵文 Jīmūtavāhana 的意译,剧中主角名。

(二)旧云苏达拏太子者是也:月官,梵文 Candragomin 的意译。大乘僧人,也是梵文文法家。与义净同时。有著作多种,多保存在藏文译本中。毗输安呾啰太子即苏达拏太子。苏达拏,梵文 Sudāna,意译"善施"。佛经中讲苏达拏太子极好布施。见《太子须大拏经》《六度集经》卷二、《根本说一切有部毗奈耶破僧事》卷十六等。苏达拏的故事流传很广,被采入诗歌、歌舞甚至壁画中。

(三)《庄严论》:此指《大庄严论经》,梵文名 Sūtrālaṅkāraśāstra。汉译本十五卷,原题马鸣著,十六国时后秦鸠摩罗什译。近代在新疆吐鲁番发现的一个梵文残卷,内容与此书相似,题名 Kalpanāmaṇḍitikā 与 Kalpanālaṅkṛtikā,作者不是马鸣,而是 Kumāralāta。或以为此即《大庄严论经》的真正作者及原本。见 H. Lüders, *Bruchstncke der Kalpanāmaṇḍitikā des Kumāralāta*, Leipzig,

1926。

（四）《佛本行诗》：此指马鸣著《佛所行赞》，梵文名Buddhacarita。汉译本五卷，旧题北凉昙无谶译，或说失译。梵文原本存前半部分，最早由 E. B. Cowell 刊行，Oxford，1893。其后又有新的刊本及各种西文译本，如 E. H. Johnston 的刊本及英译本：*Buddhacarita, Sanskrit īext*, Panjab University Oriental Publications, Calcutla, 1935；translation, ibid., 1936, 1937；以及 F. Weller, *Zwei Zentralasiatische Fragmente des Buddhacarita (Sanskrit), Abhandlungen der Sächsischen Akademie der Wissenschaften zu Leipzig*, Phil. -hist. kl., 1953。

三十三、尊敬乖式

夫礼敬之仪，教有明则。自可六时策念，四体翘勤，端居一房，乞食为业。顺杜多之行，修知足之道。但著三衣，不畜盈长。无生致想，有累全祛。岂得辄异僧仪，别行轨式，披出家服，不同常类，而在鄽肆之中，礼诸流俗。检寻律教，全遮此事。佛言有二种应礼，所谓三宝及大己苾刍。又有赍持尊像在大道中，尘坌圣容，以求财利。或有钩身刺脸，断节穿肌，诈托好心，本希活命。如斯之色，西国全无。宜劝导人，勿复行此。

三十四、西方学法

夫大圣一音，则贯三千而总摄。或随机五道[一]，乃彰七九而弘济[二]。七九者，即是声明中七转九例也，如下略明耳。时有意言法藏，天帝领无说之经。或复顺语谈诠，支那悟本声之字。致使投缘发惠，各称虚心，准义除烦，并凝圆寂。至于胜义谛理[三]，迥绝名言，覆俗道中[四]，非无文句。覆俗谛者，旧云世俗谛，义不尽也，意道俗事覆他真理。色本非瓶，妄为瓶解。声无歌曲，漫作歌心。又复识相生时，体无分别。无明所蔽，妄起众形。不了自心，谓境居外。蛇绳并谬，正智斯沦。由此盖真，名为覆俗也。此据覆即是俗，名为覆俗。或可但云真谛覆谛。然则古来译者，梵轨罕谈。近日传经，但云初七[五]，非不知也，无益不论。今望总习梵文，无劳翻译之重。为此聊题节段，粗述初基者欤。然而骨仑速利，尚能总读梵经，岂况天府神州而不谈其本说？故西方赞云：曼殊室利现在并州[六]，人皆有福，理应钦赞。其文既广，此不繁录。

［注释］

（一）五道：同五趣：天、人、畜生，饿鬼、地狱。

（二）彰七九而弘济：七九，下文原注中解释："即是声明中七转九例也。"七指梵文中名词、代词及形容词的七种格位变化（nominal declensions），又称"七转声"。九指梵文动词的九种变化形式（verbal conjugations），下文中又称为"二九韵"。

（三）胜义谛理：胜义谛，梵文 paramārthasatya。下文中有解释。

（四）覆俗道中：指覆俗谛，梵文 saṃvṛtisatya。下文中亦有解释。

（五）初七：即上文中所讲七转声。

（六）曼殊室利现在并州：曼殊室利，前卷三"进药方法"章作"文殊师利"。并州，唐代州治太原，今山西太原。州境内有五台山，佛教传说文殊师利菩萨住此。J. Brough 认为，曼殊室利来自梵文原名 Mañjuśrī，文殊师利则源自印度西北俗语。见其 I-ching on the Sanskrit Grammarians, *BSOAS*, XXXVI, 2, 1973, p. 252。

夫声明者，梵云摄拖苾驮[一]。停夜反。摄拖是声，苾驮是明，即五明论之一明也[二]。五天俗书，总名毗何羯喇拏[三]。大数有五，同神州之五经也。旧云毗伽罗论，音讹也。

［注释］

（一）摄拖苾驮：梵文 śabdavidyā。

（二）即五明论之一明也：见前卷三“先体病源”章“五明论”条注。

（三）毗何羯喇拏：梵文 vyākaraṇa。或意译“记论”。

一则创学《悉谈章》，亦云《悉地罗窣堵》（一）。斯乃小学标章之称，但以成就吉祥为目，本有四十九字，共相乘转，成一十八章，总有一万余字，合三百余颂（二）。凡言一颂，乃有四句，一句八字，总成三十二言（三）。更有小颂大颂，不可具述（四）。六岁童子学之，六月方了。斯乃相传是大自在天之所说也。

［注释］

（一）创学《悉谈章》，亦云《悉地罗窣堵》：悉谈，梵文 siddha 的音译。又译“悉昙”，意译“成就”。此指梵文的字母，所谓悉谈字。《悉谈章》以此为名，为古代学习梵文的初级教材。《悉地罗窣堵》，梵文 Siddhirastu。高楠以为此书或指 Śivasūtra，即 Pāṇinisūtra 卷首所列字母表。J. Brough 指出其误，以为义净此处讲到“本有四十九字”，而 Śivasūtra 则只有四十三字。Brough 的意见是对的。义净下文讲此书“成一十八章，总有一万余字，合三百余颂”，亦与全文仅十四句的 Śivasūtra 不同。但 Brough 认为此即《慈恩传》卷三所记“字体三百颂”（T50/239a）的看法亦误。《慈恩传》中“字体”与“字缘”相对，是指词干（word-stem），不是字母（akṣara，syllabary），即此处所谓“字”或“言”。见 J. Brough 上引文，p. 249。《大唐西域记》卷二“印度总述”条：“开蒙诱进，先导十二章。”（校注本，第 185 页）大约指同一类书，但分章节不同。又日本种智院大学密教学会编《梵字大鉴》亦收有一种《悉昙十八章》，见原书,昭和五十八年(1983)出版,第247—394页。关于悉谈字,可参见H. van Gulik, *Siddham*, Nagpur, 1956。

(二)合三百余颂:四十九字,此指梵文有四十九个字母。《大唐西域记》卷二讲"四十七言"(校注本,第182页),不包括送气音ḥ和鼻化音ṃ,此处则一并包括在内。颂,此指śloka体,下文有解释。

(三)总成三十二言:此指梵文颂体诗每颂四个音步(pāda),每个音步八个音节,全颂共三十二个音节。即śloka体。

(四)更有大颂小颂,不可具述:指梵文其他的颂体诗音节数或多于此,或少于此。

二谓《苏呾啰》(一),即是一切声明之根本经也,译为略诠意明。略诠要义,有一千颂,是古博学鸿儒波尼你(二)所造也,为大自在天之所加被,面现三目,时人方信(三)。八岁童子,八月诵了。

[注释]

(一)苏呾啰:梵文sūtra,意译"经"。此指古代印度最著名的梵文文法书*Pāṇinisūtra*(《波尼你经》),又称*Aṣṭādhyāyī*(《八章书》)。近代有O. Böhtlingk的校刊本(1840)及德文译本(1887),S. C. Vasu的英译本(1891—1898),Louis Renou的法译本(1954)。参见G. Cardona, *Pāṇini: A Survey of Rescarch*, Mouton, Hague, 1976, pp. 142—143, 275—276。

(二)波尼你:梵文Pāṇini。《大唐西域记》卷二译作"波你尼",《慈恩传》卷三译作"波腻尼"。古印度最著名的梵文文法家,公元前4世纪时人。据《大唐西域记》,生在古健驮罗国娑罗覩罗(Śalātura)邑。生平除一些神话传说外,多不能考。参见G. Cardona上引书,pp. 260—278。

（三）面现三目，时人方信：印度神话讲大自在天（湿婆）有三目。此处讲波尼你为大自在天所加被，面现三目，其他文献中似未见有此传说。J. Brough 因此认为这是义净的误解。但是一、其他文献中没有的传说，7 世纪时未必不可能有；二、Brough 和高楠一样，把"时人"理解为 Indian stoday，即义净当时人，是错误的，此指传说发生时人。又波尼你得大神湿婆启示而造文法的传说亦见 11、12 世纪时成书的 *Kathāsaritsāgara* 第四"潮"，第二十至二十五颂。

三谓《驮睹章》（一），有一千颂，专明字元（二），功如上经矣。

［注释］

（一）《驮睹章》：驮睹，梵文 dhātu，旧译"界"。《驮睹章》指梵文文法著作 *Dhātupāṭha*，又译《界读》。界即词根。此书讨论动词词根的变化，一般把它作为 *Pāṇinisūtra* 的附录之一。原书举出词根 1943 个或再多一个。参见 G. Cardona 上引书，pp. 144，161—164。

（二）字元：指动词词根，又译"字界"，即 dhātu。波尼你文法体系认为动词词根是一切词汇产生的根本。

四谓《三弃攞章》，是荒梗之义，意比田夫创开畴畎，应云《三荒章》（一）。一名《频瑟吒驮睹》（二），一千颂。二名《文荼》（三），一千颂。三名《邬拏地》（四），一千颂。《驮睹》者，则意明七例（五），晓十罗声（六），述二九之韵（七）。言七例者，一切声上皆悉有之，一一声中，各分三节，谓一言二言多言，总成二十一言也（八）。如唤男子，一人名补噜洒，两人名补噜稍，三人名补噜沙，此中声有呼喻重轻之别（九）。于七例外，更有呼名声，便成八例（十）。初句既三，余皆准此，恐繁不录，名苏盘多声（十一）。

总有三八二十四声。十罗声者，有十种罗字，显一声时，便明三世之异(十二)。二九韵者，明上中下尊卑彼此之别，言有十八不同，名丁岸哆声也(十三)。《文荼》则合成字体(十四)。且如树之一目，梵云苾力叉，便引二十余句经文，共相杂糅，方成一事之号也(十五)。《邬拏地》则大同斯例，而以广略不等为异。此三荒章，十岁童子三年勤学，方解其义。

[注释]

(一)三荒章：弃攞，梵文 khila。义净此处谓“是荒梗之义”。梵文原字亦可转义为“附录”“补充”，此处应用此转义。《三荒章》意思是三种附录。

(二)《颇瑟吒驮睹》：此书梵文原名可还原为 Aṣṭadhātu。《慈恩传》卷三也提到同名的一种文法著作：“又有《八界论》八百颂，此中略合字之缘体。”(T50/239a)但二者除颂数不同外，义净下文中叙述前者的内容，包括名词的变格、动词的人称、时态及语态等，也与《慈恩传》所说“略合字之缘体”不同。此外，这一书名仅见于《寄归传》与《慈恩传》，因此进一步了解原书颇难。J. Brough 因为义净上段中所举《驮睹章》即 Dhātupātha 实际上就是 Pāṇinisūtra 的第一种附录，认为义净此处是把 Aṣṭadhātu 与 Dhātupāṭha 混淆了起来，第一种 khila 应是 Dhātupāṭha，而 Aṣṭadhātu 则是 7 世纪时所使用的 *Aṣṭādhyāyī* 的另一个名字。见上引 Brough 文，pp. 250—251。但义净上段中既已举出《苏呾啰》，即 *Aṣṭādhyāyī*，何以又重复列举，而且列入《三弃攞章》之内？义净(甚至包括玄奘)似不应无知如此。仍疑此书是另一专门的文法著作。

(三)文荼：梵文 Muṇḍa。《慈恩传》卷三也提到这部书：“又有字缘两种，一名《间择迦》，三千颂，一名《温那地》，二千五百颂。此别辩字缘字体。”(T50/239a)J. Brough 正确地指出《间择迦》应作《闻择迦》,即梵文 Muṇḍaka,认为此即 *Pāṇinisūtra* 的另一种附录 Gaṇapāṭha。亦见其上引文。Gaṇapāṭha 可译名为《群读》。参见 G. Cardona 上引书,pp.144,164—167。

(四)邬拏地:梵文 Uṇādi。《慈恩传》卷三译作《温那地》,记载有二千五百颂。见上条注中引文。Uṇādi 意即“以 uṇ 为首的”。梵文书名又称 Uṇādisūtra。现存的本子共五节,七百多条,讨论构词法中后缀的变化。也是 Pāṇinisūtra 的一种附录。参见 G. Cardona 上引书,pp. 170—174。

(五)七例:即上文中“七转”。有体(prathamā)、业(karman)、具(karaṇa)、为(sampradāna)、从(apādāna)、属(ṣaṣṭhī)、依(adhikaraṇa)七格。呼格(āmantrita)常与体格形式相同,此处略去。若加上呼格,则称为“八例”或“八转声”。

(六)十罗声:指梵文动词的十种变化。依波尼你文法,动词变化分为十式,每一式有一个代号,都以 l 起头,因此称为“十罗声”。十罗声是:laṭ(现在式)、laṅ(未完成过去式)、liṭ(完成式)、liṅ(祈求式与愿望式)、luṭ(第一将来式)、luṅ(不定过去式)、lṛṭ(第二将来式)、lṛṅ(假定式)、leṭ(虚拟式)、loṭ(命令式)。

(七)二九之韵:指梵文中十八个不同的动词词尾。梵文动词变化分 parasmaipada(主动)和 ātmanepada(中间)两种语态,每种语态分第一、第二、第三三种人称,每一人称又分单、双、复数,合计共十八个词尾。又称“十八转声”。但实际上梵文中动词词尾不止十八个。

(八)总成二十一言也;一言、二言、多言,指名词变格中的单数、双数、复数。七种格共二十一种变化。

(九)此中声有呼噏重轻之别:男子,梵文 puruṣa。补噜洒,梵文 puruṣaḥ,此举阳性单数体格为例。补噜稍,梵文 puruṣau,此举阳性双数体格。补噜沙,梵文 puruṣāḥ,此举阳性复数体格。

（十）更有呼名声，便成八例：呼名声即呼格（āmantrita）。

（十一）苏盘多声：苏盘多，梵文 subanta，意为“以 sup 为结尾的”。波尼你文法中以此指名词格的变化，即上文中“八例”。八格三数，共有二十四种，即下文原注中“三八二十四声”。《慈恩传》卷三译作“苏漫多声”。

（十二）便明三世之异：十种罗字即十罗声。三世，过去、现在、将来。此指十罗声的变化与动词的时态有关。

（十三）名丁岸哆声也：丁岸哆，梵文 tiṅanta，意为“以 tiṅ 结尾的”。波尼你文法中专门的术语，指动词词尾的变化。此处举出“十八不同”。见前“二九之韵”条注。《慈恩传》卷三译作“底彦多声”。上中下，此应为波尼你文法中 uttama、madhyama、prathama 三个词的直译，即动词变化中的第一、第二、第三人称（*Pāṇinisūtra*，1. 4. 105—108）。但 prathama 一词意为“第一”，很难译作“下”，这可能是义净行文时的一种误解。又高楠以为，此处“彼此”可能是指梵文动词变化中 parasmaipada 和 ātmanepada 两种语态。J. Brough 对此表示异议。高楠并对义净此处讲到“尊卑”感到十分奇怪。实际上，“尊卑”似应指语言表达中常以第三人称代替第二人称以表示对对方的尊敬，以第三人称代替第一人称以表示谦恭。“彼此”亦即“你我”，表示人称的区别。二者还是讲动词在不同人称的变化。

（十四）《文荼》则合成字体：字体，指词干（prakṛti），与字缘相对。但义净下文中所举例子却出于 Uṇādi。义净对 Muṇḍa 即 Gaṇapāṭha 与 Uṇādi 在内容上的分别似乎不是很清楚。

（十五）方成一事之号也：苾力叉，梵文 vṛkṣa。根据波尼你文法，vṛkṣa 一词来自动词词根 vraśc（意为“砍”）。从 vraśc 变为 vṛkṣa 及举出 vṛkṣa 的各种变化，所使用的波尼你文法的规则需要二十多条甚至更多，即“引二十余句经文”。此处第一条即见

Uṇādi 3.62，3.66。J. Brough 上引文中已举出构词时所需用的最主要的规则十余条，原文，pp. 254—255。

五谓《苾栗底苏呾罗》(一)，即是前《苏呾罗》释也。乃上古作释，其类寔多，于中妙者，有十八千颂。演其经本，详谈众义。尽寰中之规矩，极人天之轨则。十五童子，五岁方解。神州之人，若向西方求学问者，要须知此，方可习余，如其不然，空自劳矣。斯等诸书，并须暗诵。此据上人为准，中下之流，以意可测。翘勤昼夜，不遑宁寝。同孔父之三绝(二)，等岁释之百遍。牛毛千数，麟角唯一。比功与神州明上经相似。此是学士阇耶昳底所造(三)。其人乃器量弘深，文彩秀发，一闻便领，讵假再谈。敬重三尊，多营福业。没代于今，向三十载矣。

[注释]

(一)苾栗底苏呾罗：梵文 Vṛttisūtra。高楠认为此指 7 世纪时的梵文文法著作 *Kāśikāvṛtti*，一般又称为 *Kāśikā*。但 H. Oldenberg 认为义净此处是把 *Kāśikā* 与另一部大约在公元前 3 世纪成书的修订和补充 *Pāṇinisūtra* 的文法著作 *Vārttika* 混淆了起来。见其为高楠《寄归传》英译本所作书评，载 *Deutsche Literaturzeitung*，1897, pp. 530—532。J. Brough 意见同，认为义净本意是要介绍 *Vārttika*，但犯了两个错误：一是 *Vārttika* 不能被称作 *Vṛttisūtra*；二是 *Vārttika* 的作者不是阇耶昳底(见下文)。阇耶昳底只是 *Kāśikā* 的作者之一。见其上引文，pp. 255—257。

(二)同孔父之三绝：孔子晚年读《易》，"韦编三绝"。见《史记》卷四七《孔子世家》(6/1937)。

(三)此是学士阇耶昳底所造：阇耶昳底，梵文 Jayāditya。Jayāditya 与 Vāmana 同是 *Kāśikā* 的作者。依义净下文"没代于今，向三十载矣"，Jayāditya 是 7 世纪时人。参见 G. Cardona 上引书，

pp. 278—280。但 J. Brough 怀疑这一记载的可靠性，见其上引文，p. 256。此外，义净此段叙述本身也存在一些问题。见前注及下文及其注。

闲斯释已，方学缉缀书表，制造诗篇，致想因明(一)，虔诚《俱舍》(二)。寻《理门论》，比量善成(三)；习《本生贯》(四)，清才秀发。然后函丈传授，经三二年，多在那烂陀寺中天也。，或居跋腊毗国(五)西天也。。斯两处者，事等金马石渠(六)、龙门阙里(七)，英彦云聚，商榷是非。若贤明叹善，遐迩称俊，方始自忖锋锷，投刃王庭，献策呈才，希望利用。坐谈论之处，己则重席表奇(八)；登破斥之场，他乃结舌称愧。响震五山(九)，声流四域。然后受封邑，策荣班，赏素高门，更修余业矣。

［注释］

（一）因明：梵文 hetuvidyā。印度古代逻辑学，五明之一。

（二）《俱舍》：指《俱舍论》，梵文 *Abhidharmakośaśāstra*。世亲著，汉译有南北朝真谛译本二十二卷及唐玄奘译本三十卷。

（三）寻《理门论》，比量善成：《理门论》，指《因明正理门论》，梵文 *Nyāyamukha*。陈那著。有义净汉译本一卷。另有玄奘汉译本一卷，译名《因明正理门论本》。义净译本除卷首三百余字外，其余与玄奘译本几乎完全一样，显然是借用了玄奘的译文。比量，梵文 anumānapramāṇa，因明用语。

（四）本生贯：梵文 Jātakamālā。即前“赞咏之礼”章中“社得迦摩罗”。

（五）跋腊毗国：跋腊毗，梵文 Valabhī。《大唐西域记》卷十一译作“伐腊毗”，有专条（校注本，第 911 页）。旧地在今印度 Kathiawar 半岛上，都城遗址在今 Wala。7 世纪时是西印度佛教流行的主要地区之一。

（六）金马石渠：见卷三“先体病源”章中“金马之门”及“石渠之署”条注。

（七）龙门阙里：龙门，太史公司马迁出生处。《史记》卷七十《太史公自序》：“迁生龙门。”（10/3293）在汉夏阳县（今陕西韩城）。阙里，春秋时孔子住地，在今山东曲阜城内阙里街。孔子曾在此讲学。此处以此二地名比喻人文荟萃之地。

（八）重席表奇：《大唐西域求法高僧传》卷下：“谈论之锐，固当重席之美。”《梵语千字文》：“文参叠席，聪过阅肆。”叠席即重席。“后序”中解释：“论坛制胜者之叠堕负者之席。”（T54/1196c）《后汉书》卷七九上《戴凭传》：“正旦朝贺，百僚毕会，帝令群臣能说经者更相难诘。义有不通，辄夺其席以益通者。凭遂重坐五十余席。”（9/2554）

（九）响震五山：古摩揭陀国王舍城周围五山环绕。《法显传》：“出城（指王舍新城）南四里，南向入谷，至五山里。五山周围，状若城郭，即是蓱沙王旧城。”（T51/862c）

复有《苾栗底苏呾罗》议释名《朱你》，有二十四千颂，是学士钵颠社攞所造（一）。斯乃重显前经（二），擘肌分理，详明后释（三），剖析毫芒。明经学此，三岁方了，功与《春秋》《周易》相似。

［注释］

（一）是学士钵颠社攞所造：《朱你》，梵文 Cūrṇi。此指约在公元前 2 世纪成书的梵文文法著作 *Vyākaraṇamahābhāṣya*，一般多称 *Mahābhāṣya*。钵颠社攞，梵文 Patañjali，*Mahābhāṣya* 的作者。他又被称作 Cūrṇikṛt 或 Cūrnikāra，意为“Cūrṇi 的作者”。参见 G. Cardona 上引书，pp. 260—270。

（二）重显前经：前经，指前面所举《苏呾啰》，即 *Pāṇinisūtra*。

Mahābhāṣya 内容是疏解 *Pāṇinisūtra*。参见 G. Cardona 上引书, pp. 243—260,276—278。

（三）详明后释：依上下文，后释应指上文中所举《苾栗底苏呾罗》。但义净整个叙述因此就自相矛盾。如果《苾栗底苏呾罗》是指阇耶昳底所著 *Kāśikāvṛtti*, Patañjali 的年代远早于阇耶昳底，他根本不可能去解释后者的著作。在 Patañjali 之前，只有 Kātyāyana 所著 *Vārttika* 是解释补充 *Pāṇinisūtra* 的著作，原书早佚，正好保存在 *Mahābhāṣya* 里。因此只能设想，义净前面举出《苾栗底苏呾罗》，本意是指 Vārttika。见前注。高楠和 Max Müller 都没注意到这里的问题。

次有《伐掇呵利论》，是前《朱你》议释，即大学士伐掇呵利所造（一），有二十五千颂。斯则盛谈人事声明之要，广叙诸家兴废之由，深明唯识（二），善论因喻（三）。此学士乃响震五天，德流八极，彻信三宝，谛想二空。希胜法而出家，恋缠染而便俗。斯之往复，数有七焉。自非深信因果，谁能若此勤著？自嗟诗曰："由染便归俗，离贪还服缁，如何两种事，弄我若婴儿！"即是护法师（四）之同时人也。每于寺内，有心归俗，被烦恼逼，确尔不移，即令学生舆向寺外。时人问其故，答曰："凡是福地，本拟戒行所居。我既内有邪心，即是亏乎正教。十方僧地，无处投足。"为清信士，身著白衣，方入寺中，宣扬正法。舍化已来，经四十年矣。

[注释]

（一）大学士伐掇呵利所造：伐掇呵利，梵文 Bhartṛhari。《伐掇呵利论》，高楠还原作 Bhartṛhari-śāstra，但据写本题记，应作 *Bhartṛhari-ṭīkā*。此书又称 *Mahābhāṣya-ṭīkā* 或 *Mahābhāṣya-dīpikā*。现存唯一的写本残卷已校刊出版一部分。见 V. Swaminathan(ed.),

Mahābhāṣyaṭīkā by Bhartṛhari, Ⅰ, Banaras, 1965。又依义净下文记载，伐搋呵利为 6 至 7 世纪时人。但有的学者认为，伐搋呵利的时代可能要早于此两个世纪，与陈那同时或更早。见 J. Brough 上引文, p. 259; H. Nakamura, Tibetan Citations of Bhartṛhari's Verses and the Problem of his Date, *Studies in Indology and Buddhology, presented in honour of Professor S. Yamaguchi*, Kyoto, 1955, pp. 122—136; G. Cardona 上引书, pp. 298—299。

（二）唯识：梵文 vijñaptimātratā。此指大乘唯识宗即瑜伽行派的学说。高楠还原作 vidyāmatra，英译 sole knowledge，不确。

（三）因喻：因缘和譬喻。《法华经》卷一："种种因缘，种种譬喻。"（T9/5c）

（四）护法师：护法，梵文 Dharmapāla。约 6 世纪时人，生在南印度达罗毗荼国建志补罗城（Kāñcīpura）。曾主持那烂陀寺，又著《成唯识宝生论》等。弟子中有戒贤等。《大唐西域记》卷五、卷八、卷九、卷十都有关于他的记载。

次有《薄迦枳也反论》（一），颂有七百，释有七千，亦是伐搋呵利所造，叙圣教量及比量义（二）。次有《革筝》（三），颂有三千，释有十四千。颂乃伐搋呵利所造，释则护法论师所制。可谓穷天地之奥秘，极人理之精华矣。若人学至于此，方曰善解声明，与九经百家（四）相似。

［注释］

（一）《薄迦论》：薄伽，梵文 Vākya。《薄迦论》即 *Vākyapadīya*。文法著作。义净下文讲"颂有七百"，J. Brough 认为此数大致与 *Vākyapadīya* 的第一、第二 kāṇḍa 两部分颂数之和相等。见其上引文, p. 260。又参见 G. Cardona 上引书, pp. 295—297。

（二）圣教量及比量义：圣教量，梵文 āgamapramāṇa。比量见前注。俱为因明用语。

(三)《荜挐》:J. Brough 引 Rangaswamy Iyengar 与 Subramania Iyer 的说法,认为此应指文法著作 Prakīrnaka,即上举 Vākyapadīya 的第三部分。J. Brough 还构拟出一个俗语词 *piṇṇa 作为"荜挐"一名的来源。见上引文, p. 260。高楠未能指出此为何书,但引 G. Bühler 的意见,认为"荜挐"原字或为 beḍā 或 veḍā。此说比较缺乏根据。

(四)九经百家:唐代以科举取士,设明经科,考试"三礼"(《周礼》《仪礼》《礼记》)、"三传"(《左传》《公羊传》《穀梁传》)及《周易》《尚书》《诗经》共九部书,合称"九经"。见《新唐书》卷四四《选举志》上(4/1160)。百家,诸子百家。

斯等诸书,法俗悉皆通学。如其不学,不得多闻之称。若出家人,则遍学毗奈耶,具讨经及论。挫外道若中原之逐鹿,解傍诘同沸鼎之销凌。遂使响流赡部之中,受敬人天之上。助佛扬化,广导群有。此则弈代挺生,若一若二。取喻同乎日月,表况譬之龙象。斯乃远则龙猛、提婆、马鸣之类(一),中则世亲、无著、僧贤、清辩之徒(二),近则陈那、护法、法称、戒贤及师子月、安惠、德惠、惠护、德光、胜光之辈(三)。斯等大师无不具前内外众德,各并少欲知足,诚无与比。俗流外道之内,实此类而难得。广如《西方十德传》(四)中具述。法称则重显因明,德光乃再弘律藏,德惠乃定门澄想,惠护则广辨正邪。方验鲸海巨深,名珍现彩,香峰高峻,上药呈奇。是知佛法含弘,何所不纳。莫不应响成篇,宁烦十四之足(五);无劳百遍,两卷一闻便领。有外道造六百颂,来难护法师,法师对众一闻,文义俱领(六)。

[注释]

(一)龙猛、提婆、马鸣之类:龙猛,即龙树。见卷一"朝嚼齿木"章中注。提婆,梵文 Deva,又称 Āryadeva,约 3 世纪时人。龙树弟子,大乘佛教中观派的创立者之一。著有《中论》《四百论》等。马鸣,见前"赞咏之礼"章中注。

(二)世亲、无著、僧贤、清辩之徒:世亲、无著,见前"赞咏之礼"章中注。僧贤,梵文 Saṅghabhadra,清辩,梵文 Bhāvaviveka。僧贤为大乘瑜伽行派僧人,下文"论有则妙体僧贤"。清辩为 5 至 6 世纪间人,为大乘中观派论师。《大唐西域记》卷十有记载。著有《大乘掌珍论》等。

(三)胜光之辈:所举共十人。陈那、护法见前注。法称,梵文 Dharmakīrti。戒贤,梵文 Śīlabhadra。师子月,梵文 Siṃhacandra。安惠,梵文 Sthiramati。德惠,梵文 Guṇamati。惠护,梵文 Prajñāgupta。德光,梵文 Guṇaprabha。胜光,梵文 Jinaprabha。以上多为 6 至 7 世纪间大乘僧人。其中法称善因明,有因明著作甚多。戒贤是玄奘在那烂陀时的老师。安惠亦曾向玄奘传授因明。护法、安惠、德惠都是瑜伽行派的著名论师,先后住那烂陀寺。德光善律藏,有律疏方面的著作,初信大乘,后改习小乘。胜光为义净同时人,在那烂陀寺,善中观学说。中国求法僧玄照曾师事于他。见《大唐西域求法高僧传》卷上。

(四)《西方十德传》:此书不存,似亦为义净的著作。从上下文看,其内容应为上面所举十位僧人的传记。

(五)宁烦十四之足:谓才思敏捷。曹植作七步诗,两足为一步,七步共十四足。见《世说新语·文学》。

(六)法师对众一闻,文义俱领:此故事详见《大唐西域记》卷五"憍赏弥国"条,只是外道"作伪邪书千颂"略异(校注本,第 472—473 页)。

又五天之地,皆以婆罗门为贵胜,凡有座席,并不与余三姓同行。自外杂类，故宜远矣(一)。所尊典诰，有四《薛陀书》，可十万颂。《薛陀》是明解义(二)，先云《围陀》者讹也。咸悉口相传授，而不书之于纸叶。每有聪明婆罗门，诵斯十万，即如西方相承，有学聪明法。一谓覆审生智，二则字母安神。旬月之间，思若泉涌，一闻便领，无假再谈。亲睹其人，固非虚耳。于东印度，有一大士，名曰月官(三)，是大才雄菩萨人也。净到之日，其人尚存。或问之曰："毒境与毒药，为害谁为重？"应声答曰："毒药与毒境，相去实成遥。毒药餐方害，毒境念便烧。"

[注释]

(一)自外杂类，故宜远矣：《大唐西域记》卷二"印度总述"条："若夫族姓殊者，有四流焉：一曰婆罗门（Brāhmaṇa），净行也，守道居贞，洁白其操；二曰刹帝利（Kṣatriya），王种也，奕世君临，仁恕为志；三曰吠奢（Vaiśya），商贾也，贸迁有无，逐利远近；四曰戍陀罗（Śūdra），农人也，肆力畴垄，勤身稼穑。凡兹四姓，清浊殊流，婚娶通亲，飞伏异路，内外宗枝，姻媾不杂。"（校注本，第197页）

(二)《薛陀》是明解义：《薛陀》，梵文Veda，今多译《吠陀》。四《薛陀书》即四部《吠陀》，或称"四明"。见卷二"衣食所须"章"俗言之四明"条注。Veda一名，来自动词词根vid，意为"明解"。

(三)月官：见前"赞咏之礼"章中注。

又复腾兰乃震芳声于东洛(一)，真谛则驾逸响于南溟(二)。大德罗什，致德匠于他土(三)；法师玄奘，演师功于自邦(四)。然今古诸师，并光传佛日。有空齐致，习三藏以为师；定慧双修，指七觉(五)而为匠。其西方现在，则羝罗荼寺有智月法师(六)，那烂陀中则宝师子大德(七)。东方即有地婆羯啰蜜呾啰(八)，南裔有呾他揭多揭婆(九)，南海佛誓国则有释迦鸡栗底(十)。今现在佛誓国，历五天而广学矣。斯并比秀前贤，追踪往哲。晓因明论，则思拟陈那;味瑜伽宗,实罄怀无著。谈空则巧符龙猛,论有则妙体僧贤。此诸法师,净并亲狎筵机,餐受微言。庆新知于未闻,温旧解于曾得。想传灯之一望,实喜朝闻;冀荡尘之百疑,则分随昏灭。尚乃拾遗珠于鹫岭,时得其真;择散宝于龙河,颇逢其妙。仰蒙三宝之远被,赖皇泽之遐沾,遂得旋踵东归,鼓帆南海,从耽摩立底国,已达室利佛誓,停住已经四年,留连未及归国矣(十一)。

［注释］

(一)腾兰乃震芳声于东洛:腾兰,摄摩腾与竺法兰。摄摩腾,梵文 Kāśyapamātaṅga。竺法兰,梵文 Dharmarakṣa。据《高僧传》卷一,二人俱为中印度僧人,汉明帝永平十年(67)应邀来到洛阳,翻译佛经,是为中国译经之始。但此说记载较晚,有人以为不可信。东洛即洛阳。

(二)真谛则驾逸响于南溟:真谛,梵文 Paramārtha。印度僧人。南朝梁中大同元年(546)经海路至南海(今广州),后至建康(今南京)。在中国译经甚多,经论纪传共六十四部二百七十八卷,为中国佛教史上最著名的译经家之一。卒于陈太建元年(569),年七十一。《续高僧传》卷一有传(T50/429c—431a)。

(三)大德罗什,致德匠于他土:鸠摩罗什,梵文 Kumārajīva。后秦时僧人,生于西域龟兹国(今新疆库车)。后秦弘始三年(401)至长安。一生译经甚多,译文亦佳,为历史上最著名的译家之一。卒于弘始十一年(409)。《高僧传》卷二有传(T50/330a—333a)。

(四)法师玄奘,演师功于自邦:指玄奘在印度从戒贤学习《瑜伽师地论》,回国后创中国佛教法相宗一事。

(五)七觉:梵文 saptabodhyaṅga。即七觉支,此不详举。见《俱舍论》卷二五(T29/133a)。

(六)瓶罗荼寺有智月法师:瓶罗荼寺即《大唐西域记》卷八

所记“鞮罗择迦伽蓝”,《慈恩传》卷三作“低罗磔迦寺”“低罗择迦寺”,梵文原名 Telāḍhaka。在古摩揭陀国。A. Cunningham 考定在今那烂陀所在的 Barāgaon 西北十七英里处,Phalgu 河岸东岸的 Tillāra。已为考古发掘所证实。见其 *The Ancient Geography of India, Delhi*,1979,p. 385。智月,梵文 Jñānacandra。据《大唐西域记》卷九,智月原在那烂陀寺,“智月则风鉴明敏”。与玄奘,亦与义净同时。

(七)宝师子大德:宝师子,梵文 Ratnasiṃha。善大乘瑜伽行派学说。中国求法僧玄照曾在那烂陀从其学《瑜伽十七地》。见《大唐西域求法高僧传》卷上。

(八)地婆羯啰蜜呾啰:梵文 Divākaramitra。

(九)呾他揭多揭婆:梵文 Tathāgatagarbha。

(十)南海佛誓国则有释迦鸡栗底:佛誓,室利佛誓,或作室利佛逝、尸利佛逝。梵文 Śrīvijaya。旧地在今印度尼西亚苏门答腊岛上巨港(Palembang)。见卷一“序”中有关南海诸洲条注。释迦鸡栗底,梵文 Śākyakīrti。以上后三人,仅知为义净同时代僧人。义净并译有《手杖论》一卷,题释迦称造,释迦称即释迦鸡栗底。余莫能考。

(十一)留连未及归国矣:义净从印度返回,到达室利佛誓,时在垂拱三年(687),至此时《寄归传》写成,在天授二年(691),其间正好四年。

三十五、长发有无

长发受具,五天所无。律藏不见有文,徇古元无此事。但形同俗相,难为护罪。既不能持,受复何益?必有净心,须求剃发。染衣洁念,解脱为怀。五戒十戒,奉而不亏。圆具圆心,遵修律藏。瑜伽毕学,体穷无著之八支;一、《二十唯识论》;二、《三十唯识论》;三、《摄大乘论》;四、《对法论》;五、《辨中边论》;六、《缘起论》;七、《大庄严论》;八、《成业论》。此中虽有世亲所造,然而功归无著也(一)。因明著功,镜彻陈那之八论。一、《观三世论》;二、《观总相论》;三、《观境论》;四、《因门论》;五、《似因门论》;六、《理门论》;七、《取事施设论》;八、《集量论》(二)。习阿毗达磨,则遍窥六足(三);学阿笈摩经,乃全探四部(四)。然后降邪伏外,榷扬正理。广化群物,弘诱忘疲。运想二空,澄怀八道。敬修四定,善护七篇。以此送终,斯为上也。

[注释]

(一)无著之八支:一、《二十唯识论》,又称《唯识二十论》,梵文 *Viṃśatikavijñāptimātratāsiddhiḥ*。世亲著,玄奘汉译一卷。异译本有北魏菩提流支译《唯识论》一卷,南朝陈真谛译《大乘唯识论》一卷。二、《三十唯识论》,又称《唯识三十论》或《唯识三十论颂》,梵文 *Triṃśikvijñāptimātratāsiddhiḥ*。世亲著,玄奘汉译一卷。三、《摄大乘论》,梵文 *Mahāyānasaṃparigrahaśāstra*。无著著,汉译有北魏佛陀扇多译二卷本,陈真谛译三卷本,唐玄奘译三卷本。四、《对法论》,指《大乘阿毗达磨集论》,梵文 *Mahāyānābhidharmasamuccaya*。无著著,玄奘汉译七卷。五、《辨中边论》,梵文 *Madhyāntavibhāgaśāstra*。世亲著,玄奘汉译三卷。异译本有陈真谛译《中边分别论》二卷。六、《缘起论》,此论今不存。高楠英译文中列出南条编号 1227 即《缘生论》,1314 即《大乘缘生论》,1211 即《十二因缘论》,意谓与此论同。但三书虽书名与《缘起论》相近,前二书同本异译,著者为郁楞迦,后一书著者为净意,均非无著或世亲。高楠此说恐误。七、《大乘庄严经论》,梵文 *Mahāyānasūtrālaṅkāra*。无著著,唐波罗颇蜜多罗汉译十三卷。八、《成业论》,即《大乘成业论》,梵文 *Karmasiddhiprakaraṇa*。世亲著,玄奘汉译一卷。异译本有东魏毗目智仙译《业成就论》一卷。

（二）陈那之八论：一、《观三世论》，梵文 *Traikālyaparīkṣā*。无汉译。今存藏译，译名 *dus gsum brtag pa zhes bya ba*，译者 Śāntākaragupta 与 Tshul khrims。二、《观总相论》，即《观总相论颂》，梵文 *Sāmānya(lakṣaṇa)parīkṣā*。义净汉译一卷。三、《观境论》，高楠以为或指南条编号 1173 即《观所缘缘论》，玄奘汉译一卷。四、《因门论》与五、《似因门论》两书俱不存。六、《理门论》，即《因明正理门论》。见前注。七、《取事施设论》，即《取因假设论》，梵文 *Upādāyāprajñāptiprakaraṇa*。义净汉译一卷。八、《集量论》，梵文 *Pramāṇasamuccaya*。义净汉译四卷，但译本开元年间即已亡佚。现存藏译。近年法尊法师从藏译转译成汉译。见《世界宗教研究》，1981 年，第 2 期；《集量论略解》，中国社会科学出版社，1982 年。

（三）习阿毗达磨，则遍窥六足：阿毗达磨，梵文 abhidharma，此指佛教文献中的论，尤指说一切有部的六部论书，所谓“六足”。一、《阿毗达磨集异门足论》，梵文 *Abhidharmasaṅgītiparyāyapādaśāstra*。传为舍利弗著，玄奘汉译二十卷。二、《阿毗达磨法蕴足论》，梵文 *Abhidharmaskandhapādaśāstra*。传为大目犍连著，玄奘汉译十二卷。三、《阿毗达磨识身足论》，梵文 *Abhidharmavijñānakāyapādaśāstra*。提婆设摩著，玄奘汉译十六卷。四、《阿毗达磨品类足论》，梵文 *Abhidharmaprakaraṇapādaśāstra*。世友著，玄奘汉译十八卷。五、《阿毗达磨界身足论》，梵文 *Abhidharmadhātukāyapādaśāstra*。世友著，玄奘汉译三卷。六、《施设足论》，梵文 *Prajñāptipādaśāstra*。传为大迦多衍那著，后有赵宋法护汉译三卷。

（四）学阿笈摩经，乃全探四部：阿笈摩经即《阿含经》，梵文 Āgamāsūtra。此指北传四部《阿含经》。一、《长阿含经》，梵文 *Dīrghāgamasūtra*。后秦佛陀耶舍与竺佛念汉译，二十二卷。二、《中阿含经》,梵文 *Madhyamāgamasūtra*。东晋僧伽提婆汉译,六十卷。三、《杂阿含经》,梵文 *Saṃyuktāgamasūtra*。南朝宋求那跋陀罗汉译,五十卷。四、《增一阿含经》,梵文 *Ekottarāgamasūtra*。东晋瞿昙僧伽提婆汉译,五十一卷。

如其不尔,虽处居家,不染私室,端然一体,以希出离。随乞丐以供公上,著粗服而遮羞耻。守持八戒,一不杀生,二不偷盗,三不淫泆,四不妄语,五不饮酒,六不作乐、冠华、涂香,七不坐高广大床,八不非时食。尽形寿以要心;归敬三尊,契涅槃而近想。斯其次也。必其现处樊笼,养育妻息,恭心敬上,慈怀念下,受持五戒,恒作四斋,黑月八日,或十四日,或十五日,白月八日、十五日(一),此日要须受其八戒,方称圣修。若无前七,而唯第八,获福因甚少焉。意在防余七过,不但饿腹而已。忠恕在人,克勤于己,作无罪事,以奉官输,斯亦佳也。无罪谓是兴易,由其不损众生。西国时俗,皆以商人为贵,不重农夫,由其耕垦多伤物命。又养蚕屠杀,深是苦因,每一年中,损害巨亿。行之自久,不以为非。未来生中,受苦无极。不为此业,名为无罪也。至如俗徒蠢蠢,不识三归(二),尽寿遑遑,宁持一戒。不解涅槃是圆寂,岂悟生死是轮回。镇为罪业,斯其下也。

[注释]

(一)白月八日、十五日:黑月,又称“黑分”,梵文 kṛṣṇapakṣa。白月,又称“白分”,梵文 śuklapakṣa。印度古代历法分一月为黑白两部分。《大唐西域记》卷二“印度总述”条:“月盈至满,谓之白分;月亏至晦,谓之黑分。黑分或十四日、十五日,月有大小故也。黑前白后,合为一月。”(校注本,第 168 页)黑分相当于中国阴历的十六日至晦日,白分则相当于朔日至十五日。

(二)三归:所谓三归依。归依佛,归依法,归依僧。

三十六、亡则僧现

凡有欲分亡苾刍物，律具广文，此备时须，但略疏出。先问负债、嘱授及看病人，依法商量，勿令乖理。余残之物，准事应知。嗢柁南(一)曰：田宅店卧具，铜铁及诸皮，剃刀等瓶衣，诸竿并杂畜，饮食及诸药，床座并券契，三宝金银等，成未成不同。如是等诸物，可分不可分。随应简别知，是世尊所说。

［注释］

(一)嗢柁南：梵文udāna。此指摄颂。以下文字多同胜友集《根本萨婆多部律摄》卷七(T24/567c—588a)。

言随应者，所谓田宅、邸店、卧具、毡褥、诸铜铁器，并不应分。于中铁钵、小钵及小铜碗、户钥、针锥、剃刀、刀子、铁勺、火炉及斧凿等，并盛此诸袋，若瓦器，谓钵、小钵、净触君持及贮油物，并盛水器，此并应分，余不合分。其木器、竹器，及皮卧物、剪发之具，奴婢、饮食、谷豆，及田宅等，皆入四方僧。若可移转物，应贮众库，令四方僧共用。若田宅、村园、屋宇，不可移者，应入四方僧。若有所余一切衣被，无问法衣、浴衣，若染、不染，及皮油瓶、鞋履之属，并现前应分。元云同袖不分，白衣入重者，盖是以意斟酌也。

大竿可为赡部光像处悬幡之竿。言赡部光像者，即如律中所出缘起，元为世尊不处众时，众无威肃，致使给园长者(一)请世尊曰：愿作赡部光像，众首置之。大师许作。细者可作锡杖，行与苾刍。言锡杖者，梵云吃弃罗(二)，即是鸣声之义。古人译为锡者，意取锡锡作声，鸣仗锡仗，任情称就。目验西方所持锡仗，头上唯有一股铁卷，可容三二寸，安其錞管，长四五指。其竿用木，粗细随时，高与眉齐。下安铁纂，可二寸许。其镮或圆或匾，屈合中间，可容大指，或六或八，穿安股上，铜铁任情。元斯制意，为乞食时防其牛犬。何用辛苦，擎奉劳心。而复通身总铁，头上安四股，重滞将持，非常冷涩，非本制也。

[注释]

（一）给园长者：指给孤独长者，梵文名 Anāthapiṇḍika，释迦牟尼在世时舍卫城富商，曾为佛建园林一座，称为“给孤独园”，或称祇园（Jetavana）。即前卷三“受戒轨则”章中“逝多（林）”。

（二）吃弃罗：梵文 khakkhara。

四足之内，若是象、马、驼、骡、驴乘，当与国王家。牛羊入四方僧，不应分也。若甲铠之类，亦入国王家。杂兵刃等，可打作针锥、刀子及锡杖头，行与现前僧伽。纵不普遍，从大者行。罟网之属，应用罗窗。若上彩色，又黄朱碧青绿等物，应入佛堂，拟供像用。白土赤土及下青色，现前应分。若酒欲酸，可埋于地，待成醋已，僧应食之。若现是酒，应可倾弃，不合酤卖。佛言：“汝诸苾刍，若有依我出家，不得将酒与他，及以自饮，乃至不合茅尖滴酒，沥置口中。若将酒及糟起面并糟䴵之类，食者咸招越法之罪。”律有成制，不须致疑。灵岩道场（一）常以麸浆起面，避其酒过，先人诚有意焉。

[注释]

（一）灵岩道场：即灵岩寺。见卷一“食坐小床”章“灵岩四禅”条注。

诸有杂药之属，应安净库，以供病者，随意通用。诸有珍宝珠玉，分为二份，一份入法，一份入僧。法物可书佛经，并料理师子座。入僧者现前应分。若宝等所成床榻之属，应须出卖，现前应分。木所成者，入四方僧伽。所有经典章疏，皆不应分，当纳经藏，四方僧共读。其外书卖之，现前应分。所有券契之物，若能早索得者，即可分之。如未得者，券当贮库，后时索得，充四方僧用。若诸金银及成未成器，贝齿诸钱，并分为三份，一佛陀，二达摩(一)，三僧伽。佛物应修理佛堂及发爪窣覩波所有破坏。法物写佛经，料理师子座。众物现前应分，六物当与看病人。自余杂碎之物，准此应知，具如大律。

［注释］

（一）达摩：梵文 dharma，意译“法”。此指佛法。

三十七、受用僧衣

现今西方所有诸寺，苾刍衣服多出常住僧。或是田园之余，或是树果之利。年年分与，以充衣直。问曰：“亡人所有谷食，尚遣入僧，况复众家豆粟，别人何合分用？”答：“施主本舍村庄，元为济给僧众，岂容但与其食，而令露体住乎？”又复详审，当事并有功劳，家人尚自与衣，曹主何宜不合。以其道理，供食之余，充衣非损。斯乃西国众僧大途议论，然其律典时含出没耳。

又西国诸寺，别置供服之庄。神州道场，自有给衣之所。亦得食通道俗，此据施主元心。设令餐噉，理亦非过。凡是布施僧家田宅，乃至杂物，并通众僧衣食者，此则诚无疑虑之患。若元心作无尽无障之意者，虽施僧家，情乃普通一切，但食用者，咸无过也，并由施主先心所期耳。但神州之地，别人不得僧衣。为此孜孜，实成妨业。设使应供存命，非是不劳心力。若其常住，有食兼著僧衣，即可端拱不出寺门，亦是深成省事。况乎粪扫三衣，巡家乞食，兰若依树，正命自居(一)。定慧内融，极想木叉之路(二)；慈悲外发，标心普济之津。以此送终，斯为上矣。

[注释]

(一)兰若依树，正命自居：兰若，梵文 āraṇya，意为树林。此句指所谓"杜多行"。见卷二"衣食所须"章"十三杜多"条注。

(二)木叉之路：木叉，梵文 mokṣa 的音译，意为解脱。

然则常住之物，用作衣被床褥之流，并杂资具，平分受用，不属别人。掌爱护持，事过己物。有大者至，辍小而与。斯乃圣教，佛自明言。如法用之，诚无罪咎。足得资躯，免追求之费。宁容寺家巨富，谷麦烂仓，奴婢满坊，钱财委库，不知受用，相共抱贫。可否之宜，智者时镜。或有寺家不立众食，僧物分以私餐。遮他常住十方，邪命但存一己。斯乃自行非法，苦报谁代当来。

三十八、烧身不合

诸出家众内，颇有一途。初学之流，情存猛利。未闲圣典，取信先人。将烧指作精勤，用然肌为大福。随情即作，断在自心。然经中所明，事存通俗，己身尚劝供养，何况诸余外财？是故经中但言若人发心，不道出家之众。意者出家之人，局乎律藏，戒中无犯，方得通经。于戒有违，未见其可。纵使香台草茂，岂损一茎；旷野独饥，宁餐半粒。然众生喜见[一]，斯乃俗流，烧臂供养，诚其宜矣。可以菩萨舍男舍女[二]，遂遣苾刍求男女以舍之；大士捐目捐身[三]，即令乞士将身目而行施。仙预断命[四]，岂律者所为；慈力舍身[五]，非僧徒应作。比闻少年之辈，勇猛发心，意谓烧身便登正觉，遂相踵习，轻弃其躯。何则？十劫百劫，难得人身，千生万生，虽人罕智。稀闻七觉，不遇三尊。今既托体胜场，投心妙法，才持一颂，弃眇肌而尚轻；暂想无常，舍尘供而宁重。理应坚修戒品，酬惠四恩[六]，固想定门，冀拔三有。小愆大惧，若越深海之护浮囊；行慧坚防，等履薄冰而策奔骏。然后凭善友力，临终助不心惊；正念翘怀，当来愿见慈氏(七)。若希小果，即八圣可求(八)；如学大因，则三祇斯克(九)。始匆匆自断躯命，实亦未闻其理。自杀之罪，事亚初篇矣(十)。检寻律藏，不见遣为。灭爱亲说要方，断惑岂由烧己？房中打势，佛障不听。池内存生，尊自称善。破重戒而随自意，金口遮而不从。以此归心，诚非圣教。必有行菩萨行，不受律仪，亡己济生，固在言外耳。

［注释］

（一）众生喜见：菩萨名，梵文 Sarvasattvapriyadarśana 的意译。众生喜见菩萨曾烧身供养佛。见《法华经》卷六（T9/53a—b），*Saddharmapuṇḍarīkasūtra*，XXII，Bhaiṣjyarājapūrvayoga。

（二）菩萨舍男舍女：此指苏达拏（Sudāna）太子故事。苏达拏太子极好施舍，所有财产施舍净尽，最后竟将自己的儿女也施舍与人。见《根本说一切有部毗奈耶破僧事》卷十六、《六度集经》卷二、《太子须大拏经》、Jātakamālā，IX等。参见前“赞咏之礼”章。

（三）大士捐目捐身：此不详何指。高楠谓指尸毗王以身代鸽饲鹰事，似不确。

（四）仙预断命：指仙预王断婆罗门命根故事。见北本《大般涅槃经》卷十二（T12/434c）。高楠谓指慈力王舍身事，不确，对原文理解亦误。

（五）慈力舍身：慈力，梵文 Maitrībala 的意译。慈力王舍身故事见《贤愚经》卷二（T4/360b—c）、*Jātakamālā*，VIII等。

（六）四恩：《大乘本生心地观经》：“世界之恩有四种：一父母恩，二众生恩，三国主恩，四三宝恩。”（T3/297a）

（七）慈氏：梵文 Maitreya 的意译。即弥勒菩萨。

（八）八圣可求：八圣，八圣道，即八正道。见卷二“衣食所须”

章“八正”条注。

（九）三衹斯克：三衹，三阿僧衹劫。见卷一“受斋轨则”章“三大”条注。

（十）事亚初篇矣：初篇，见卷二“随意成规”章“初篇若犯”条注。事亚初篇，指次于波罗夷的过失。

三十九、傍人获罪

凡烧身之类，各表中诚。或三人两人，同心结契，诱诸初学，详为劝死。在前亡者，自获偷兰（一）。末后命终，定招夷罪（二）。不肯持禁，而存欲得，破戒求死，固守专心，曾不窥教。傥有傍人劝作，即犯针穴之言（三）。若道何不投火，便招折石之过（四）。呜呼！此事诚可慎哉！俗云：杀身不如报德，灭名不如立节。然而投体饿虎，是菩萨之济苦（五）；割身代鸽，非沙门之所为（六）。以此同科，实非其况。聊准三藏，略陈可不。进退之宜，智者详察。然恒河之内，日杀几人（七）；伽耶山边，自殒非一（八）。或饿而不食，或上树投身。斯等迷途，世尊判为外道。复有自刑断势，深乖律典。设有将为非者，恐罪不敢相谏，若其缘斯致命，便误一生大事。佛因斯理，制而不许。上人通识，自不肯为。古德相传，述之如后。

［注释］

（一）自获偷兰：偷兰，即偷兰遮。见卷一“序”中“七篇”条注。

（二）定招夷罪：夷罪，指波罗夷。同上见卷一“序”中“七篇”条注。

（三）针穴之言：谓诱人自溺，如在浮囊上以针穿穴。见卷一“受斋轨则”章“浮囊不泄”条注。同章：“护囊穿之小隙，慎针穴之大非。”

（四）折石之过：如石破折，不可复合。所谓波罗夷四喻之一。

（五）投体饿虎，是菩萨之济苦：此指摩诃萨埵王子以身饲虎的传说。见《贤愚经》卷一、《六度集经》卷一、《菩萨本生鬘论》卷一、Jātakamālā，I 等。

（六）割身代鸽，非沙门之所为：指尸毗王以身代鸽饲鹰的故事。见《贤愚经》卷一、《六度集经》卷一、《菩萨本生鬘论》卷一、《智度论》卷四及 Fausböll，Jātaka，No. 499 等。

（七）恒河之内，日杀几人：《大唐西域记》卷五“钵逻耶迦国”条记恒河与阎牟那河合流处：“大施场东合流口，日数百人自溺而死。彼俗以为欲求生天，当于此处绝粒自沉，沐浴中流，罪垢消灭。”（校注本，第 464 页）

（八）伽耶山边，自殒非一：伽耶山，梵文 Gayāśira。在印度古摩揭国伽耶城即今比哈尔邦 Gaya 西南。今名 Brahmayoni。见《大唐西域记》卷八（校注本，第 663 页）。

四十、古德不为

且如净亲教师，则善遇法师也，轨范师则慧习禅师也。年过七岁，幸得亲侍。斯二师者，并太山金舆谷圣人朗禅师所造神通寺之大德也（一），俗缘在乎德贝二州矣（二）。二德以为山居独善，寡利生之路，乃共诣平林，俯枕清涧，于土窟寺式修净居，即齐州城西四十里许（三）。营无尽藏食，供养无碍。所受檀施，咸随喜舍。可谓四弘誓愿（四），共乾坤而罔极；四摄广济（五），等尘沙而不穷。敬修寺宇，盛兴福业。略叙法师之七德焉。

［注释］

（一）太山金舆谷圣人朗禅师所造神通寺之大德也：朗禅师即竺僧朗。东晋时僧人，本京兆人。前秦皇始元年（351）卜居泰山，于泰山西北建精舍数十余区，此所谓神通寺。即今山东长清灵岩寺前身。僧朗事迹见《高僧传》卷五（T50/354b）。道宣《集神州三宝感通录》卷中以僧朗为冀人，姓李（T52/414a）。僧朗名重一时，今《广弘明集》卷二八收有当时南北诸帝与僧朗书六通（T52/322a—c）。

（二）俗缘在乎德贝二州矣：谓原籍在德州、贝州。德州，唐时辖境约相当于今山东德州市及陵县、平原一带。贝州，唐时辖境约相当于今河北清河，山东临清、武城、夏津等县地。

（三）齐州城西四十里许：齐州，唐时治所在历城，即今山东济南市。辖境更稍宽。此土窟寺疑在山茌县，即今长清县境内。详本书《前言》第一章“义净生平考述”。

（四）四弘誓愿：所谓一、众生无边誓愿渡；二、烦恼无数誓愿断；三、法门无尽誓愿知；四、无上菩提誓愿证。见《往生要集》卷上（T84/48c）。

（五）四摄广济：四摄，所谓四摄事或四摄法：布施、爱语、利行、同事。见《杂阿含经》卷二六（T2/185a）。

一法师之博闻也。乃正窥三藏，傍睇百家，两学俱兼，六艺通备（一）。天文地理之术，阴阳历筭之奇，但有经心，则妙贯神府。洋洋慧海，竟泻流而罔竭；粲粲文囿，镇敷荣而弗萎。所制文藻及《一切经音》，并诸字书，颇传于世。每自言曰：“我若不识，则非是字。”

［注释］

（一）两学俱兼，六艺通备：两学，内学、外学。六艺，此指六经：《礼》《乐》《诗》《书》《易》《春秋》。

二法师之多能也。巧篆籀，善钟张（一）。听丝桐若子期之验山水(二),运巧斧等匠石之去飞泥(三)。哲人不器,斯之谓也。

［注释］

(一)善钟张:钟,钟繇,三国魏人,精隶、楷。张,张芝,东汉人,善章草,创今草。此以钟张代指书法。

(二)听丝桐若子期之验山水:子期,钟子期。传说伯牙奏曲,子期知其意在高山流水。见《列子·汤问》。

(三)运巧斧等匠石之去飞泥:《庄子·徐无鬼》:"郢人垩慢其鼻端,若蝇翼,使匠石斫之。匠石运斤成风,听而斫之,尽垩而鼻不伤。郢人立不失容。"(《诸子集成》本《庄子集解》,第159页)此喻善遇多能而技艺精湛。

三法师之聪慧也。读《涅槃经》,一日便遍。初诵斯典,四月部终。研味幽宗,妙探玄旨。教小童则诱之以半字,诚无按剑之疑;授大机则泻之于完器,实有捧珍之益。昔因隋季道销,法师乃梗迁杨府(一)。诸僧见说,咸云鲁汉,体多质朴。遂令法师读《涅槃经》,遣二小师将看随句。法师于时慷慨喉吻,激扬音旨。旦至日角,三帙已终。时人莫不庆赞请休,嗟叹希有。此乃众所共知,非私赞也。

［注释］

(一)杨府:"杨"字应作"扬"。扬府即扬州,今江苏扬州市。唐代曾于此置大都督府。见《旧唐书》卷四十《地理志》三(5/1571)。

四法师之度量也。但有市易,随索随酬,无论高下,曾不减价。设有计直到还,亦不更受。时人以为雅量超群也。

五法师之仁爱也。重义轻财,遵菩萨行。有人从乞,咸不逆言。日施三文,是常所愿。又曾于隆冬之月,客僧道安冒雪远行，腨足皆破，停村数日，溃烂脓流。村人车载，送至寺所。法师新造一帔，才始擐体，出门忽见，不觉以帔掩其脓血。傍人止之曰："宜觅故物，莫污新者。"法师曰："交济严苦，何暇求余。"时人见闻，莫不深赞。虽复事非过大，而能者故亦鲜矣。

六法师之策厉也。读八部《般若》(一)，各并百遍。转一切经时，屡讫终如。修净方业，日夜翘勤。莹佛僧地，希生不动。大分涂跣，恐损众生。运想标心，曾无懈替。扫洒香台，类安养之莲开九品；庄严经室，若鹫岭之天雨四花。其有见者，无不赞叹功德。躬自忘倦，毕命为期。又转读之余，念阿弥陀佛，四仪无阙(二)，寸影非空，计小豆粒可盈两载。弘济之端，固非一品。

［注释］

（一）八部《般若》：旧说《般若经》有十万颂、二万五千颂、一万八千颂、八千颂、四千颂、二千五百颂、六百颂、三百颂八种，称为八部《般若》。但实际种类则不止此数。《般若经》，梵文 *Prajñāpāramitāsūtra* 或 *Prajñāpāramitopadeśa*。

（二）四仪无阙：四仪，见卷二"便利之事"章"四仪无累"条注。

七法师之知命也。法师将终，先一年内，所有文章杂史书等，积为大聚，裂作纸泥，寺造金刚两躯，以充其用。门人进而谏曰："尊必须纸，敢以空纸换之。"师曰："耽著斯文，久来误我，岂于今日而误他哉！譬乎令餐鸩毒，指往险途，其未可也。废正业，习傍功，圣开上品，耽成大过。己所不欲，勿施他矣。"门徒称善而退。其《说文》及字书之流，幸蒙曲赐，乃垂诲曰："汝略披经史，文字薄识，宜可钦情胜典，勿著斯累。"将欲终时，先告门人曰："吾三数日定当去矣，然于终际，必抱扫箒而亡。我之余骸，当遗广泽。"后于晨朝，俯临清涧，萧条白杨之下，彷徉绿筱之侧，孑然独坐，执篲而终。门人慧力禅师侵明就谒，怪声寂尔,乃将手亲附,但见热气冲头,足手俱冷,遂便大哭,四远咸集。于时法侣悲啼,若金河之流血洒地(一);俗徒号恸,等玉岭之摧碎明珠。伤道树之早凋,叹法舟之遽没。殡于寺之西园,春秋六十三矣。身亡之后,缘身资具但有三衣及故鞋履二量,并随宜卧具而已。

[注释]

(一)若金河之流血洒地:金河,指有金河。梵文 Hiraṇyavatī。为释迦牟尼涅槃处河名。见卷一“序”中“熙连后唱”条注。此处仅用作比喻。

法师亡日,净年十二矣。大象既去,无所依投。遂弃外书,钦情内典。十四得沾缁侣,十八拟向西天。至三十七,方遂所愿。净来日就墓辞礼,于时已霜林半拱,宿草填茔。神道虽疏,展如在之敬;周环企望,述远涉之心。冀福利于幽灵,报慈颜之厚德矣。

禅师则专意律仪,澄心定潋。昼夜勤六时而不倦,旦夕引四辈(一)而忘疲。可谓处乱非喧,闹而逾静。道俗咸委,非曲亲也。诵《法华经》(二)六十余载,每日一周,计二万余遍。纵经隋季版荡,逐命波迁,然此契心曾无有废。现得六根清善,四大平和,六十年中了无他疾。每俯涧诵经,便有灵禽萃止;堂隅转读,则感鸣鸡就听。善缘情,体音律,尤精草隶,唱导无尽。虽不存心外典,而天纵其然,所造《六度颂》及发愿文并书于土窟寺灯台矣。乃虔心洁净,写《法华经》,极铨名手。尽其上施,含香吐气,清净洗浴,忽于经上爰感舍利。经成乃帖以金字,共银钩而合彩;盛之宝函,与玉轴而交映。驾幸太山,天皇知委,请将入内供养(三)。斯二师者,即是继踵先圣朗禅师之后也。

［注释］

(一)四辈:即四众:苾刍、苾刍尼、邬波索迦、邬波斯迦。

(二)法华经:《妙法莲华经》,梵文 *Saddharmapuṇḍarīkasūtra*。汉译有三种:后秦鸠摩罗什译七卷本;西晋竺法护译《正法华经》十卷本;隋阇那崛多共达磨笈多译《添品妙法莲华经》七卷本。

(三)请将入内供养:太山即泰山。此应是高宗麟德二年(665)十二月至泰山封禅时事。见《资治通鉴》卷二〇一(14/6436)。高宗一朝,封禅泰山仅此一次。

朗禅师乃现生二秦之时(一),扬声五众之表。分身受供,身流供者之门;随事导机,事惬机情之愿。但为化超物外,故以神通而命寺焉。神德难思,广如别传所载(二)。当是时也,君王稽首,僚庶虔心。初欲造寺,创入则见虎叫北川,将出复闻马鸣南谷。天井汲水而不灭,天仓去米而随平。虽神迹久湮,而余风未殄。及亲教二师并余住持大德明德禅师等,并可谓善闲律意,妙体经心。烧指焚肌,曾无此教。门徒训匠,判不许为。并是亲承,固非传说。

［注释］

(一)二秦之时:指前秦、后秦。

(二)广如别传所载:指《高僧传》卷五所载《竺僧朗传》(T50/354b)。

又复详观往哲,侧听前规,自白马停辔之初,青象挂鞍之后,腾兰启曜(一),作神州之日月;会显垂则(二),为天府之津梁。安远则虎踞于江汉之南(三),休厉乃鹰扬于河济之北(四)。法徒绍继,慧瀲犹清,俗士赞称,芳尘靡歇。曾未闻遣行烧指,亦不见令使焚身。规镜目前,智者详悉。

［注释］

（一）腾兰启曜：腾兰，摄摩腾与竺法兰。见前“西方学法”章中注。传说摄摩腾与竺法兰初至中国，用白马驮来佛经及佛像。汉明帝因此在洛阳建白马寺，寺今犹在。旧说是为中国译经之始。

（二）会显垂则：会指康僧会，三国吴僧人。其先康居人，世居天竺，其父因商贾移于交趾。少年时出家。吴赤乌十年（247）到建业（今南京）。曾编译《六度集经》等。晋太康元年（280）卒。《高僧传》卷一有传（T50/325a—326b）。显指法显。法显在东晋隆安三年（399）发自长安，取陆路到印度，后从海路返国，于义熙八年（412）回到中国。

（三）安远则虎踞于江汉之南：安指道安，远指慧远。二人俱为东晋时名僧。道安常山扶柳（今河北冀县）人，俗姓卫，十二岁出家。其著作甚多，为一代宗师。卒于晋太元十年（385），年七十二。《高僧传》卷五有传（T50/351c—354a）。慧远雁门楼烦（今山西宁武附近）人，俗姓贾，出家后为道安弟子。东晋太元六年（381）入庐山，住东林寺，名重一时。卒于晋义熙十二年（416），年八十三。《高僧传》卷六有传（T50/357c—361b）。

（四）休厉乃鹰扬于河济之北：休指慧休，厉指法厉。慧休，姓乐氏，瀛州（治所在今河北河间县）人，十六岁出家。唐永徽五年（654）道宣为其作传时年已九十八。事见《续高僧传》卷十五（T50/544b—545a）。法厉亦作法砺，姓李，赵州（今河北赵县）人。为律宗三派之一的相部宗创始人。卒于贞观九年（635），年六十七。《续高僧传》卷二二有传（T50/615c）。二人俱为隋唐间名僧，曾合撰《四分律疏》十卷、《羯磨疏》三卷。

又禅师每于闲夜，见悲龆丱，曲伸进诱。或调言于黄叶，令蠲忆母之忧。或喻说于乌禽，希怀报养之德：“汝可务绍隆三宝，令使不绝，莫纵心百氏，而虚弃一生。”既而童年十岁，但领其言，而未闲深旨。每至五更，就室参请。禅师必将慈手赐抚搦摩，实如慈母之育赤子。或餐甘膳，多辍味见贻。但有取求，无违所请。法师乃恩厉父严，禅师则慈伸母爱。天性之重，诚无以加。

及至年满进具，还以禅师为和尚。既受戒已，忽于清夜行道之际，烧香垂涕而伸诲曰：“大圣久已涅槃，法教讹替，人多乐受，少有持者。汝但坚心重禁，莫犯初篇。余有罪愆，设令犯者，吾当代汝入地狱受之。烧指烧身，不应为也。”进奉旨日，幸蒙慈悲，赐以圣戒，随力竭志，敢有亏违，虽于小罪，有怀大惧。于是五稔之间，精求律典。厉律师之文疏，颇议幽深(一)；宣律师之钞述，窃谈中旨(二)。既识持犯，师乃令讲一遍，方听大经。乞食一餐，长坐不卧。虽山寺村遥，亦未曾有废。每想大师慈训，不觉流泪何从。方验菩萨之恩济苦类，投炎炽之大火；长者之悲念穷子，窥迮隘之小门，故非是谬。每亲承足下，不行远听，便赐告曰：“我目下且有余人给侍，勿废听读，而空住于此。”乃杖锡东魏，颇沉心于《对法》《摄论》(三)；负笈西京，方阅想于《俱舍》《唯识》(四)。

［注释］

（一）厉律师之文疏，颇议幽深：厉律师即法厉。见前注。

（二）宣律师之钞述，窃谈中旨：宣律师即道宣。唐代名僧，俗姓钱，润州丹徒（今属江苏）人，一说长城（治所在今浙江长兴）人。十五岁出家。隋大业中从智首受戒，专究律学。亦曾参加玄奘译场。一生著述极多。唐乾封二年（667）卒，年七十二。《宋高僧传》卷十四有传（T50/790b）。宣律师钞述指道宣所著《四分律删繁补阙行事钞》三卷（或分十二卷）、《四分律拾毗尼义钞》三卷（或分六卷）、《四分比丘尼钞》三卷（或分六卷）、《四分律比丘含注戒本》

三卷、《四分律删补随机羯磨》二卷，合称五大部，为中国佛教律宗的重要著作。

（三）杖锡东魏，颇沉心于《对法》《摄论》：东魏，指今河南一带。《对法》即《对法论》，《摄论》即《摄大乘论》。见前“长发有无”章中注。

（四）负笈西京，方阅想于《俱舍》《唯识》：西京指长安。《俱舍》即《俱舍论》，《唯识》指《二十唯识论》或《三十唯识论》。俱见前注。

来日从京重归故里，亲请大师曰：“尊既年老，情希远游，追览未闻，冀有弘益，未敢自决。”师乃流诲曰：“尔为大缘，时不可再。激于义理，岂怀私恋？吾脱存也，见尔传灯。宜即可行，勿事留顾。观礼圣踪，我实随喜。绍隆事重，尔无间然。”既奉慈听，难违上命。遂以咸亨二年十一月，附舶广州，举帆南海，缘历诸国，震锡西天。至咸亨四年二月八日，方达耽摩立底国，即东印度之海口也。停至五月，逐伴西征，至那烂陀及金刚座。遂乃周礼圣踪，旋之佛誓耳。可谓大善知识，能全梵行，调御诚教，斯岂爽欤！大师乃应物挺生，为代模范，亲自提奖，以至成人。若海槎之遇将一日，即生津之幸会二师也。

夫以小善小惠，尚播美于弦歌，况大智大恩，而不传于文赞云尔：令哉父母，旷劫相持。粤我龆龀，携就明师。童年尚小，辍爱抽悲。学而时习，杖德箴规。俦朋两曜，比德双仪。砺我惠锷，长我法肌。提携鞠育，亲诲忘疲。中宵废寝，日旰停饥。上德不德，远而莫知。埋光岱岭，蕴德齐涯。洋洋慧海，郁郁禅枝。文藻粲粲，定彩曦曦。磨而不磷，涅而不缁（一）。坐迁表异，鸡听彰奇。年在弱岁，一留一遗。所有福业，并用薰资。酬恩死别，报德生离。愿在在遭会而延庆，代代奉训以成褫。积义利乎同岳，委净定也如池。冀龙华之初会，听慈氏之玄漪(二)。遍四生而运想，满三大之长衹(三)。

［注释］

（一）磨而不磷，涅而不缁：《论语·阳货》："不曰坚乎，磨而不磷；不曰白乎，涅而不缁。"孔注："磷，薄也。涅可以染皂。言至坚者磨之而不薄，至白者染之于涅而不黑。喻君子虽在浊乱，浊乱不能污。"（《诸子集成》本，1/372）

（二）冀龙华之初会，听慈氏之玄漪：慈氏，见前"烧身不合"章中注。佛教传说，弥勒佛（慈氏）将在华林园龙华树下成道，三度说法，度尽一切众生，此谓龙华三会或龙华总会。见《弥勒下生经》等。

（三）三大之长衹：见卷一"受斋轨则"章"三大"条注。

恐闻者以为凭虚，聊疏法师之所制。大师曾因二月十五日(一)，法俗咸诣南山朗公圣迹之所，观天井天仓之异，礼灵龛灵庙之奇。不远千里，盛兴供养。于时齐王下文学，悉萃于此。俱怀笔海，并擅文峰。各竞囊锥，咸矜柜玉。欲咏朗公之庙像，共推法师以为先作。师乃不让当仁，江池先溢。援翰写壁，曾不停毫，走笔成篇，了无加点。诗曰："上圣先茂列，英猷畅溟海。空谷自栖迟，荣命虚相待。万古山川旷，千年人代改。真识了无生，徒见丹青在。"诸文士既睹法师之制，俱怀内恧之心，或阁笔于松枝，或投砚于岩曲，佥曰："西施显貌，嫫母何颜？"才子如林，竟无一和耳。所余文章，具如别集。

［注释］

（一）二月十五日：中国佛教传统，以此日为释迦牟尼涅槃日。

义净敬白大周诸大德：或曾听受虚筵，或咨论法义，或相知弱冠，或通怀中年，咸悉大者和南，小者千万。所列四十条论要略事，凡此所录，并是西方师资现行，著在圣言，非是私意。夫命等逝川，朝不谋夕，恐难面叙，致此先呈。有暇时寻，幸昭远意。斯依萨婆多，非余部矣。重曰：敬陈令则，恢乎大猷。咸依圣教，岂曰情求？恐难面谒，寄此先酬。幸愿系辕不弃，刍荛见收。追踪百代，播美千秋。实望齐鹫峰于少室，并王舍于神州！

附录

1. 中文专名索引

说明:本索引收入《南海寄归内法传》原书中的专名及少数词语。所有条目按首字笔画多少排列。条目后数字表示该条专名出现在本书中的页码。

一画

二画

三画

四画

五画

六画

七画

八画

九画

十画

十一画

十二画

十三画

十四画

十五画

十六画

十七画

十八画

覆疮疥衣 275

二十画

骦州 242

2. 专名译名对照

说明：本对照将《南海寄归内法传》原书中经还原后的外文专名（绝大多数为梵文，亦有少数其他外文）编入，并同时列出原书中所使用的中文译名。为方便一般读者，所有外文专名均按拉丁字母顺序排列。

A

Abhidharmakośaśāstra 俱舍（论）

ācarya 阿遮利耶，轨范师，阿阇梨

agada 恶揭陀药

Āgamasūtra 阿笈摩经

Ājñāta 了教

akṣara 字母

Ānanda 欢喜

Amitābha 阿弥陀

Anāthapiṇḍika 给园长者

Aniruddha 无灭

antarvāsa 安呾婆娑，内衣

anumoda 阿奴谟柂，随喜

āpattipratideśana 阿钵底钵喇底提舍那

ārogya 痾嚕杌

Āryadeśa 阿离耶提舍，圣方

Āryadeva 提婆

Āryamahāsāṅghikanikāya 阿离耶莫诃僧祇尼迦耶,圣大众部

Āryamūlasarvāstivādanikāya 阿离耶慕攞萨婆悉底婆拖尼迦耶,圣根本说一切有部

Āryasaṃmitiyanikāya 阿离耶三蜜栗底尼迦耶,圣正量部

Āryasthaviranikāya,阿离耶悉他陛攞尼迦耶,圣上座部

Asaṅga 无著

Aśoka 阿输迦王

Aṣṭadhātu 頞瑟吒驮覩

Aśvaghoṣa 马鸣

Avalokiteśvara 观世音,观自在

B

Bandhana-mahāvihāra 般弹那寺

Baros 婆鲁师洲

Bhartṛhari-ṭīkā 伐掇呵利论

Bhāvaviveka 清辩

Biṃbisāra 频毗娑罗王

Bnam 跋南国,扶南

Bodhidruma 觉树

C

caitya 制底

caityavandana 制底畔弹那

caityavande 制底畔睇

Campā 临邑(国),占波

Candragomin 月官

Catuḥśataka 四百赞

Cīna 支那

citi 质底

civāra 支伐啰,三衣

Cūrṇi 朱你,朱利

D

dahara 铎曷攞,小师

dakṣināgāthā 特欹拏伽他

dakṣinīya 特欹尼野

dānagāthā 陀那伽他

dānapati 陀那钵底,檀越,施主

dantakāṣṭha 惮哆家瑟诧,齿木

deśana 提舍那

Devaputra 提婆弗呾攞,天子

Dharmagupta 法护(部)

Dharmakīrti 法称

Dharmapāla 护法

Dharmarakṣa 兰(竺法兰)

dhātu 字元

Dhātupāṭha 驮覩章

Dignāga 陈那

Divākaramitra 地婆羯啰蜜呾啰

Dvārapatī 杜和钵底国,杜和罗

G

gandhakuṭī 香台

Gaṅgā 恒河

gāthā 伽他

Gayāśira 伽耶山

Gṛdhrakūṭa 鹫岭,鹫山

Guṇamati 德惠

Guṇaprabha 德光

guru 窭噜

H

harītakī 诃黎勒

Hāritī 呵利底母,鬼子母

hetuvidyā 因明

Hīnayāna 小乘

Hindu 呬度

Hiraṇyavatī 熙连

J

Jambudvīpa 赡部(洲)

Jātakamālā 社得迦摩罗,本生贯

Jayāditya 阇耶昳底

Jetavana 逝多

Jīmūtavāhana 乘云(菩萨)

Jinaprabha 胜光

Jīvaka 祇域

Jñānacandra 智月

K

kambala 敢曼

kanthā 乾陀

kapha 燮跛

Kapilavastu 父城

karmadāna 维那

karpāsa 劫贝

Kārttikamāsa 歌栗底迦月

kaṣāya 加沙，袈裟

Kāśmīra 羯湿弥罗

Kāśyapamātaṅga 腾(摄摩腾)

Kāśyapīya 迦摄卑(部)

kaṭhina 羯绨那衣，迦提

kauśeya 高世耶

khakkhara 吃弃罗

Khila 三荒章，三弃攞章

Khotan 于阗

kṣamā 忏摩

Kukkuṭeśvara 俱俱吒暋说罗，鸡贵

kūla 俱攞

kulapati 俱罗钵底

Kumārajīva 罗什(鸠摩罗什)

kuṇḍika 君持

Kuśīnāra 俱尸那

kusūlaka 俱苏洛迦，篅衣

L

Langhasuka 郎迦戍国

M

Mādhyamika 中观

Madhyāntavibhāgaśāstra 辨中边论

Magadha 摩揭陀(国)

Mahābodhivihāra 莫诃菩提，大觉寺

Mahādeva 大天

Mahākāla 莫诃歌罗，大黑神

Mahāparinirvāṇasūtra 涅槃经

Mahāsāṃghikanikāya（摩诃）僧祇（部），大众（部）

Mahāyāna 大乘，大教

Mahāyānābhidharmasamuccaya 对法论

Mahāyānasaṃparigrahaśāstra 摄大乘论

Mahāyānasutrālaṅkāraṭīkā 大庄严论

Maheśvara 大自在天

Mahīśasaka 化地（部）

Maitreya 慈氏（菩萨）

Maitrībala 慈力（王）

Malāyu 末罗游（洲）

māṇava 童子

Mañjuśrī 文殊师利，曼殊室利

Mātṛceta 摩咥里制吒

Mṛgadāva 鹿园，鹿苑

Mucilinda 目真邻陀（龙），文池

Mūlasarvāstivādacarmavastu 皮革事

Mūlasarvāstivādaikaśatakarma 百一羯磨

Mūlasarvāstivādanikāya（根本说一切）有部

Muṇḍa 文荼

N

Nāgārjuna 龙树，龙猛

Nālandā 那烂陀（寺）

niṣīdana 尼师但那，坐卧具

Nyāyamukha 理门论

P

pañcabhojanīya 半者蒲膳尼，五噉食

pañcakhādanīya 半者珂但尼，五嚼食

pañcavidyā 五明论

Pāṇini 波尼你

Pāṇinisūtra 苏呾啰,波尼你经

Paramārtha 真谛(陈真谛)

Pārasa 波刺斯

parimaṇḍalanivāsana 钵履曼荼罗泥婆娑,圆整著裙

parisrāvaṇa 钵里萨啰伐拏,滤水罗

Patañjali 钵颠社攞

pātra 波呾啰,钵

pitta 毕哆

poṣadha 褒洒陀

pradakṣiṇa 钵喇特崎拏,旋右

Prajñāgupta 惠护

Prajñāpāramitāsūtra 般若(经)

Prakīrnaka 革拏

Prakṛti 字体

pravāraṇa 钵剌婆剌拏,随意

Pramāṇasamuccaya 集量论

Prasenajit 胜光王

pulapādatra 富罗

puruṣa 补噜洒,布路沙,男子

pūtimuktibhaiṣajya 晡堤木底鞞杀社,陈弃药

R

Rāhulamitra 曷罗户罗蜜呾啰

Rājagṛha 王舍(城),王城

Ratnakuṭasūtra 宝积经

Ratnasiṃha 宝师子

S

śabdavidyā 摄拖苾驮,声明

Saddharmapuṇḍarīkasūtra 法华经

sādhu 娑度,善哉

Śakra 帝释

Śākyadeva 释迦提婆

Śākyakīrti 释迦鸡栗底

Sākyamuni 释迦

sāmagrī 三摩近离,和集

Saṃmitiyanikāya 正量(部)

saṃpragata 三钵罗佉哆,善至

Saṅgha 僧伽,大众

Saṅghabhadra 僧贤

saṅghāṭī 僧伽胝,复衣

saṅkakṣikā 祇支,僧脚崎,掩腋衣

Saṅkhya 僧佉

Śāriputra 身子

śarīrā 设利罗

Sāmānya(lakṣaṇa)parīkṣā 观总相论

Sarvasattvapriyadarśana 众生喜见

Sarvāstivādanikāya 说一切有部,有部,萨婆多

Śatapañcāśatka 一百五十赞

Sātavāhana 娑多婆汉那

Siddhirastu 悉地罗窣堵,悉谈章

śikṣamāṇā 正学女

Śilāditya 戒日王

Śīlabhadra 戒贤

Siṃhacandra 师子月
Siṃhadvīpa 师子洲
Sindhu 信度
śitavana 尸林
śramaṇera 室罗末尼罗，沙弥
Śrīkṣetra 室利察呾罗国
Śrīvijaya 尸利佛逝国
sthavira 悉他薛攞，住位
Sthaviranikāya 上座(部)
Sthiramati 安惠
stūpa 窣睹波
subanta 苏盘多声
Subhadra 妙贤
subhāṣita 苏婆师多，微妙语
Sudāna 苏连拏太子
Suhṛllekha 苏颉里离佉，密友书
Sūlika 速利国
suṣvāgata 窣莎揭哆，极善来
Sūtrālaṅkāraśāstra 庄严论
svāgata 莎揭哆，善来

T

Tāmralipti 耽摩立底国
Tathāgatagarbha 呾他揭多揭婆
Tazi 多氐国
Telāḍhaka 羝罗荼寺
tiṅanta 丁岸哆声
Traikālyaparīkṣā 观三世论

Tukhāra 覩货罗

Turk 突厥

U

udāna 嗢柁南

Udyāna 乌长那国

Uṇādi 邬拏地

Upādāyāprajñāptiprakaraṇa 取事施设论

upādhyāya 邬波驮耶，亲教师

upasaṃpanna 邬波三钵那，受大戒

upāsaka 邬波索迦

upāsikā 邬波斯迦

utkuṭuka 嗢屈竹迦，蹲居

uttarāsaṅga 嗢呾啰僧伽，上衣

V

Vaiśālī 薜舍

Vaiśeṣika 薜世

Vajrāsana 金刚座

Vākya 薄迦论

Valabhī 跋腊毗国

vandana 畔憚南，敬礼，和南

vande 畔睇

Vasubandhu 世亲

vāta 婆哆

Veda 围陀，薜陀（书）

velācakra 薜攞斫羯攞，时轮

Viṃśatikavijñāptimātratāsiddhiḥ 二十唯识论

Triṃśikāvijñāptimātratāsiddhiḥ 三十唯识论

vinaya 毗尼

Viśvāntara 毗输安呾啰太子

Vṛttisūtra 苾栗底苏呾罗

Vyākaraṇa 毗何羯喇拏,毗伽罗论

Y

yakṣa 药叉

Yogācāra 瑜伽

后记

本书的书名，与我 1987 年在北京大学东语系完成的博士论文题目相同。当时的论文题目是“南海寄归内法传研究”，也分为上下两篇，上为“研究篇”，下为“校注篇”。论文经过修改后，1995 年由中华书局正式出版，书名改为《南海寄归内法传校注》，原来的“研究篇”成为“校注前言”。作为古籍整理与研究的著作，中华书局出版时使用的是繁体字。

两年前，我的几位负责编辑和出版《东方文化集成》的同事，希望我也在《东方文化集成》中出一本书，他们还具体建议我，以简体字的形式重印原来的《南海寄归内法传校注》。他们说，这样可以方便现今更多的、习惯读简体字的读者。对此我最初很是犹豫，但犹豫一阵后，我还是接受了同事们的建议，不过不是简单地改繁为简的重印，而是对原来研究部分做了不少的修改，重新编排，同时还增加了我后来所写的几篇与《南海寄归内法传》直接相关的论文。原来的校注部分，则保留注释，删去了校记。所有这些，合在一起，以简体字的形式，成为一部新书。这样，书名虽然与三十多年前的博士论文题目相同，但内容上已经有了较大的差别。我的想法，从某种意义上讲，这也可以算是自己对《南海寄归内法传》研究的进一步的提高和小结吧。

《东方文化集成》是季羡林先生在 20 世纪 90 年代中期发起的一个学术出版项目。从一开始，我就参与其中，但做的工作和贡献很少，因此一直感觉惭愧。现在能把自己的一本书稿——尽管大部分是在旧稿基础上做的修订，增加了内容，重新编排——交给《东方文化集成》出版，也算多少尽了一点力。我因此要感谢我在北京大学原东方学系，现在的东方学研究院的这几位老同事，没有他们的督促，我完成不了这项工作。当然，所有的一切我最要感谢的，还是季羡林先生。我 1979 年考入当时由中国社会科学院与北京大学合办的南亚研究所读研究生，我的硕士论文和博士论文，都是在季先生的指导下完成，后来又一直与季先生在一起工作。季先生是我的恩师，师恩如父，没有季先生，可以说就没有我的今天。季先生 2009 年去世，已经过去了 12 年，至今仍不时回想起当年跟随季先生学习和工作中的许多往事，思念至此，心中不禁又生出一阵伤悲。

王邦维

2021 年 3 月 28 日于龙背村南

《东方文化集成》已出版丛书目录

季羡林主编

书　　名	作　者
《文化交流的轨迹——中华蔗糖史》	季羡林
《东西文化议论集》(上、下册)	季羡林、张光璘
《新诗格律与语言的诗化》	林　庚
《古犹太文化史》	朱维之、韩可胜
《现代伊斯兰主义》	陈嘉厚　等
《阿拉伯史纲》	郭应德
《中阿关系史》	江淳、郭应德
《当代中国伦理与道德》	魏英敏
《阿拉伯伊斯兰文化史纲》	孙承熙
《中国评书艺术论》	汪景寿、曾惠杰　等
《当代中国经济学》	宋光华
《世界四大文化与东南亚文学》	梁立基、李谋
《战后东南亚华人社会变化研究》	梁英明
《日本文学思潮史》	叶渭渠
《伊朗通史》(上、下册)	叶奕良(译)

《印度古代史纲》	林承节
《蒙古国现代文学》	史习成
《佛法与宇宙》	池田大作〔日本〕
《诸神流窜——论日本古事记》	梅原猛〔日本〕
《日本文化论》	加藤周一〔日本〕 叶渭渠　等(译)
《汉代丝绸之路的咽喉——河西路》	王宗维
《中国—朝鲜·韩国关系史》(上、下册)	杨昭全、何彤梅
《东方文学交流史》	孟昭毅
《东方戏剧美学》	孟昭毅
《同根生的民族——壮泰各族渊源与文化》	范宏贵
《中缅关系史》	余定邦
《敦煌文化》	颜廷亮
《亚洲汉文学》	王晓平
《日本天皇制及其精神结构》	王金林
《古代波斯医学与中国》	宋　岘
《印度神话》	孙士海、王镛(译)
《布哈里圣训实录全集》①②③	康有玺(译)
《现代日本政治》	王新生
《中亚五国概论》	赵常庆　等
《简明伊斯兰史》	马明良
《新兴宗教与日本近现代社会》	张大柘
《印度苏非派及其历史作用》	唐孟生

《满汉全席源流考述》	赵荣光
《印度独立后的政治经济社会发展史》	林承节
《中印文学比较研究》	薛克翘
《唐代前期军事史略论稿》	王永兴
《儒释道背景下的唐代诗歌》	陈炎、李红春
《日本文学史》(近代卷、现代卷)	叶渭渠、唐月梅
《印度尼西亚文学史》(上、下册)	梁立基
《五四文学思想主流与基督教文化》	喻天舒
《波斯文学史》	张鸿年
《泰戈尔文学作品研究》	唐仁虎　等
《中国—朝鲜·韩国文化交流史》(1—4卷)	杨昭全
《日本文学史》(古代卷上、下)	叶渭渠、唐月梅
《日本文学史》(近古卷上、下)	叶渭渠、唐月梅
《道安评传》	方广锠
《朝鲜—韩国当代文学史》	金柄珉　等
《文史探真》	汪春泓
《日本起源考》	沈仁安
《阿拉伯现代文学史》	仲跻昆
《中亚五国与中国西部大开发》	赵常庆　等
《易学哲学史》(1—4卷)	朱伯崑
《近代中国与日本——互动与影响》	王晓秋
《吐火罗人起源研究》	徐文堪
《东南亚近现代史》(上、下册)	梁英明、梁志明　等

《印度的罗摩故事与东南亚文学》	张玉安、裴晓睿
《斯里兰卡的民族宗教与文化》	王　兰
《早期道教史》	汤一介
《蒙元驿站交通研究》	党宝海
《佛教与中国文化》	薛克翘
《印象：东方戏剧叙事》	孟昭毅　等
《从唐音到宋调——以北宋前期诗歌为中心》	曾祥波
《唐五代北宋前期词之研究——以诗词互动为中心》	董希平
《汉魏两晋南北朝佛教史》(增订本)	汤用彤
《佛经文学与古代小说母题比较研究》	王　立
《日本近现代经济简史》	周启乾
《赫梯条约研究》	李　政
《“升起来吧！像太阳一样”——解析苏美尔史诗〈恩美卡与阿拉塔之王〉》	拱玉书
《希伯来语圣经——来自考古和文本资料的信息(至公元前586年)》	陈贻绎
《尼泊尔——人民和文化》	王宏纬
《中国印度诗学比较》	郁龙余　等
《阿富汗文化和社会》	张　敏
《波斯拉施特〈史集·中国史〉研究与文本翻译》	王一丹
《新时代的日本经济》	张舒英
《古代东南亚历史与文化研究》	梁志明、李谋　等

《中国知识分子的形与神》	乐黛云
《东方民间文学概论》(1—4卷)	张玉安、陈岗龙　等
《中国楹联学概论》	谷向阳
《中国印度文化交流史》	薛克翘
《陶渊明集译注及研究》	孟二冬
《日本戏剧史》	唐月梅
《梵语诗学论著汇编》(上、下册)	黄宝生
《现代汉语话语情态研究》	徐晶凝
《缅甸语与汉藏语系比较研究》	汪大年
《厨川白村文艺思想研究》	李　强
《中国建筑与城市文化》	吴良镛
《隋唐审计史略》	李锦绣
《中国新诗格律问题》	丁　鲁
《战后日本出版文化研究》	诸葛蔚东
《中国哲学大纲》(上、下卷)	张岱年
《〈聊斋志异〉——中印文学溯源比较研究》	王立、刘卫英
《中世纪印度宗教文学》(上、下卷)	薛克翘、唐孟生　等
《日本近现代佛教史》	杨曾文　等
《马来古典文学史》(上、下卷)	廖裕芳〔新加坡〕 张玉安　等(译)
《中国文学与阿拉伯文学比较研究》	林丰民　等
《海洋文化影响下的中国神话与小说》	王　青
《阿拉伯电影史》	陆孝修、陈冬云

《〈西游补〉校注》	李前程(校著)
《波斯古典诗学研究》	穆宏燕
《中国古代绘画理论要旨》	杨　铸
《东方文学史论》	黎跃进
《大帆船贸易与跨太平洋文化交流》	吴杰伟
《日本古代史》	王海燕
《日本中世史》(上、下卷)	王金林
《中日经济关系史》(上、下卷)	郭蕴静、周启乾
《东方现代民族主义思潮研究》(上、下卷)	黎跃进　等
《波斯帝国史》	张鸿年
《“同文”的现代转换——日语借词中的思想与文学》	董炳月
《中亚五国新论》	赵常庆
《中国东方文学翻译史》(上、下卷)	孟昭毅　等
《日本古代诗学汇译》(上、下卷)	王向远(译)
《华夷译语》研究	黄宗鑑
《中庸与调和——儒家和阿拉伯伊斯兰思想的比较研究》	吴旻燕
《阿拉伯古代文学史》(上、下卷)	仲跻昆
《近代中日文化交流史人物研究》	王晓秋
《世界文明起源研究——历史与现状》	拱玉书　等
《古代近东教谕文学》(上、下卷)	李　政　等
《东方文艺思潮研究》	孟昭毅

《蒙汉目连救母故事比较研究》	陈岗龙
《日本近世史》	李 卓 等
《日本近现代文论》(上、下卷)	李 强 等
《赫梯文明研究》	李 政
《占婆文化史》	刘志强
《一个蕴含史诗美丽的中国民间故事》	刘守华
《三国演义》在东方(上中下)	张玉安 陈岗龙等
《中国与东北亚文化交流志》	严绍璗 刘勃
《东方文艺创作的他者化倾向》	林丰民
《红楼求真录》	陈熙中
《中日人物文化交流研究史》	王晓秋
《日本古典诗学汇译》(上下)	王向远
《日本诗歌史》	唐月梅
《蒙古秘史》文献版本考	白·特木尔巴根
《中国古籍中有关泰国资料汇编》	余定邦 等
《印度近20年的发展历程》	林承节
《印度近现代文学》(上下)	薛克翘 唐孟生
《伊利汗中国科技珍宝书》校注	时光
《喀尔喀历史地理研究》	那顺达来
《蒙古文〈索勒哈尔奈故事〉的文化背景研究》	宝 花
《〈山海经〉在日本的传播和研究》	张西艳
《叙事学视域中的〈平家物语〉研究》	邵艳平
《宫崎市定史学方法论》	王广生

《俄国地理学会的中国边疆史地考察与研究(迄于1917年)》	张艳璐
《印度古典诗学》	黄宝生
《印度作家阿格叶耶小说创作研究》	郭童
《佛学概论》	姚卫群
《诺贝尔文学奖东方获奖作家研究》(上下)	孟昭毅
《东南亚古代史史料汇编》(上下)	李谋
《凤凰再生——伊朗现代新诗研究》	穆宏燕
《南海寄归内法传》研究	王邦维

《东方文化集成》拟出版丛书目录

《东南亚古代文化：整体、多样与发展》（上下）　　贺圣达

《菲律宾阿拉安人的神话、巫术与仪式》（上下）　　史阳

《中国载籍中南亚史料汇编》（上下）　　耿引曾等

《撒哈拉以南非洲文学》　　魏丽明等

日本文化编

主编 叶渭渠 **编委** 潘金生 王家烨 卞崇道 王新生

朝鲜、韩国、蒙古文化编

主编 陶炳蔚 **编委** 金柄珉 金景一 史习成 陈岗龙

东南亚文化编

主编 梁立基 **编委** 梁英明 梁志明 李 谋 裴晓睿

南亚文化编

主编 黄宝生 **编委** 王邦维 王 镛 刘曙雄 葛维均

伊朗、阿富汗文化编

主编 叶奕良 **编委** 张鸿年 张 敏

西亚、北非文化编

主编 郭应德 赵国忠 **编委** 杨灏城 孙承熙

中亚文化编

主编 赵常庆 **编委** 余太山 王小甫

古代东方文化编

主编 林志纯 **编委** 拱玉书

《东方文化集成》编辑部

主任 张殿英 **副主任** 卢蔚秋 张玉安 马克承 张光璘

编辑 李 强 姚秉彦 唐孟生 傅增有

《东方文化集成》书籍设计 朱 虹

丛书编辑出版监制 张良村

作者简介

王邦维　北京大学博雅讲席教授，主要从事梵语及汉语佛教文献、佛教文学、佛教历史以及中印文化交流史等方面的教学和研究。自1984年起在中国包括台湾地区以及德国、法国、印度、日本、瑞典、爱沙尼亚、荷兰、美国、丹麦、尼泊尔出版或发表多种与专业相关的学术著作及多篇学术论文，其中包括《佛经故事》《大唐西域求法高僧传校注》《南海寄归内法传校注》《华梵问学集》《跨文化的想象：文献、神话与历史》《交流与互鉴：佛教与中印文化关系论集》《奇人奇地奇书：玄奘与〈大唐西域记〉》等书。

内容简介

在中国古代佛教的文献中,《南海寄归内法传》是一部颇为特别的著作。作者义净,是唐代的高僧。义净在高宗年间赴印度求法,返回中国时曾经停留在今天印度尼西亚的苏门答腊岛,其间写成此书。全书四卷,分为四十章,详细记录了义净当时对印度及南海佛教尤其是佛教的宗教生活全面考察的结果,由此为研究7世纪前后印度和东南亚地区佛教的历史提供了重要而丰富的资料。本书以现代的学术视野,研究《南海寄归内法传》,提出问题,同时结合各方面的资料,加以分析和研究。希望通过这样的研究,增加今天对古代印度与南海地区佛教各方面的状况以及中印文化交往历史的了解。